빅데이터 분석의 첫걸음

R코딩 플러스

장용식 · 최진호 지음

생능출판

빅데이터 분석의 첫걸음

R코딩 플러스

초판 인쇄 2023년 6월 29일
초판 발행 2023년 7월 17일

지은이 | 장용식, 최진호
펴낸이 | 김승기, 김민수
펴낸곳 | (주)생능출판사
등 록 | 제406-2005-000002호(2005년 1월 21일)
주 소 | 10881 경기도 파주시 광인사길 143
전 화 | (031) 955-0761
팩 스 | (031) 955-0768
홈페이지 | http://www.booksr.co.kr

책임편집 | 신성민
편 집 | 이종무, 유제훈
디자인 | 유준범
마케팅 | 최복락, 심수경, 차종필, 백수정, 송성환, 최태웅, 명하나, 김민정
인쇄 · 제본 | (주)상지사 P&B

ISBN 979-11-92932-25-5 (93000)
값 30,000원

머리말

DALL-E가 요하네스 베르메르의 '진주귀걸이를 한 소녀'로부터 그린 그림

4차 산업혁명으로 들면서 2016년 바둑 경기에서 컴퓨터가 이세돌을 이긴 사건은 인공지능이 세상의 주목을 다시 받는 계기가 되었다. 최근 OpenAI의 chatGPT는 인간과의 대화 문맥을 이해하고 논리적인 글을 만들어낼 정도로 더 진화하였고, DALL-E는 문자 또는 이미지로 새로운 그림을 만들어내고 있다. 이처럼 인공지능은 하루가 다르게 발전하면서 인간의 창의적인 영역까지 두각을 나타내고 있어, 앞으로 인공지능의 도움으로 우리의 생활이 더욱 풍요로워질 것으로 기대되고 있다.

인공지능은 여러 가지 기법으로 구현 가능하다. chatGPT와 DALL-E 같이 데이터를 기반으로 하는 인공지능 기법들이 크게 활용 가치를 발휘하는 가운데, 인공지능을 이해하고 구현하거나 데이터를 읽고 분석하는 데이터 리터러시data literacy 능력은 주요 경쟁력의 하나가 되고 있다.

인공지능을 구현하는 여러 도구들이 있지만, R은 우리에게 새로운 기회가 될 수 있다. 통계 패키지로 출발한 R은 SAS, MATLAB, SPSS 보다 더 선호되고 있으며, 범용 프로그래밍 언어인 Java, C/C++, Python 못지 않게 인기가 높다. R은 일반적인 데이터 처리를 위한 뛰어난 기능이 있고, 간단한 코딩으로 표, 차트, 지도 등 다양한 시각화 자료를 쉽게 만들어 내며, 웹을 통한 정보 추출과 인공지능 구현을 위한 손쉬운 기능 등을 제공하고 있어 배울수록 흥미가 커질 것이다.

이 책은 R을 통해 데이터 활용에 대한 흥미와 코딩에 대한 자신감을 높이는 계기가 되었으면 하는 기대로, 이전의 R로 배우는 코딩 시리즈를 최신 환경의 변화에 따라 전면 개편한 것이다. 특히, 처음 데이터를 다루는 입문자를 위해 R의 기초 문법과 여러 흥미로운 주제를 쉽게 이해할 수 있도록 내용을 구성하였다. 학습효과를 높이기 위해서는 학습자 역시 관심과 반복으로 스스로 깨우치려는 노력을 아끼지 말아야 할 것이다.

끝으로 이 책의 기획에 큰 도움을 주신 생능출판사의 김민수 이사님과 품격 높은 편집으로 좋은 책을 만들어주신 편집부 여러분께 감사드린다.

2023년 6월 저자 일동

학습 내용과 절차

이 책의 학습 내용은 크게 R의 시작 – 시각화 – 데이터 수집과 전처리 – 시뮬레이션과 데이터 분석의 4개 파트로 구성되어 있다. 첫 번째 파트인 R의 시작에서는 1장에서 4차 산업혁명 시대의 데이터 분석 사례를 통해 그 중요성을 이해하고, 데이터 분석 도구인 R의 개요를 살펴보자. 2장에서는 R과 RStudio 개발환경을 구축하고 시작하는 과정을, 3장에서는 R 데이터 구조와 데이터 세트, 그리고 함수를 통해 기초적인 문법을 익혀보자. 두 번째 파트인 시각화 파트는 데이터 분석 효과를 높이기 위해 그래프, 애니메이션, 지도 출력 방법을 알아보자. 4장에서 ggplot2 패키지를 이용한 고급 그래프를 출력하는 방법을 살펴보고, 5장에서는 그래프 애니메이션과 이미지 애니메이션을 제작해본다. 6장에서는 세계지도와 우리나라 행정지도를 이용한 지도의 활용 방법을 살펴본다. 세 번째 파트는 데이터 분석에 필요한 데이터 수집과 전처리 과정을 익히고, 7장~9장에서 웹스크래핑, 공공데이터와 네이버의 Open API를 이용한 실용적인 데이터를 수집하는 방법을 살펴보자. 또한, 10장에서 데이터 프로파일링, 데이터 정제, 데이터 병합 등의 데이터 전처리에 대해 살펴보자. 마지막 시뮬레이션과 데이터 분석 파트에서는 11장에서 복잡한 실세계의 문제를 컴퓨터 시뮬레이션으로 해결하는 원리를 이해하고, 12장에서 사회관계분석을 위한 네트워크 분석, 13장에서 인공신경망과 딥러닝의 원리를 살펴본다.

학습 절차는 시간적인 제약과 흥미에 따라 달리할 수 있을 것이다. 파트 1과 2는 R의 기초적인 내용으로 순서에 따라 학습하면 좋을 것이다. 한편, 파트 3과 4의 각 주제는 장별 순서대로 학습하거나 주제별로 선별해서 순서와 무관하게 학습할 수 있다. 다만, 8장의 공공 데이터 활용과 9장의 네이버 오픈 API 활용은 7장의 웹스크래핑 원리를 익힌 후에 학습하기를 권한다.

파트 3과 4의 각 주제는 개요, 원리 이해, 기초 실습, 응용 실습 단계로 기술하여, 학습자가 혼자서 또는 그룹으로 토의하면서 내용들을 이해할 수 있도록 하였다. 또한, 각 주제별 학습 후에는 연습문제와 응용문제를 통해 스스로 이해 수준을 파악하고 응용력을 키울 수 있도록 하였다.

학습은 스스로 하는 자세가 중요하다. 처음에 이해가 되지 않더라도 여러 번 반복해서 살펴보고 스스로 질문하면서 답을 찾는 노력이 필요하다. 그 노력의 결과는 자신도 모르는 사이에 코딩이 편하고 데이터 분석에 대한 자신감으로 나타나게 될 것이다.

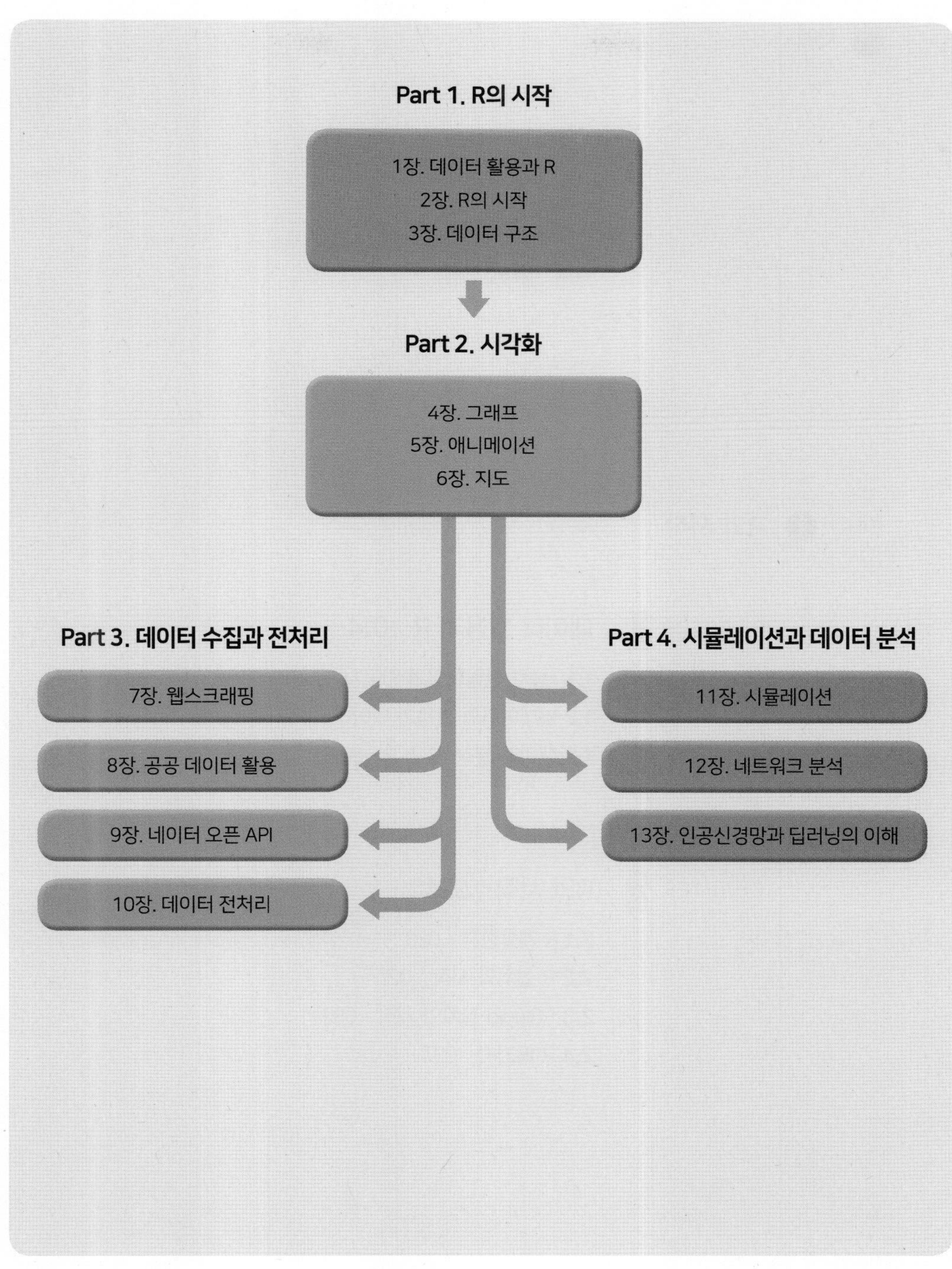
Part 1. R의 시작
1장. 데이터 활용과 R
2장. R의 시작
3장. 데이터 구조
Part 2. 시각화
4장. 그래프
5장. 애니메이션
6장. 지도
Part 3. 데이터 수집과 전처리
7장. 웹스크래핑
8장. 공공 데이터 활용
9장. 네이터 오픈 API
10장. 데이터 전처리
Part 4. 시뮬레이션과 데이터 분석
11장. 시뮬레이션
12장. 네트워크 분석
13장. 인공신경망과 딥러닝의 이해

차례

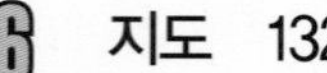

PART 3 데이터 수집과 전처리

PART

1

R의 시작

1장 데이터 활용과 R | 2장 R의 시작 | 3장 데이터 구조

CHAPTER R 코딩 플러스

1 데이터 활용과 R

학습목표

데이터 분석과 R의 활용 이유

학습내용

산업혁명과 인공지능
데이터 분석의 활용 예
R 개요

Henri Matisse(앙리 마티스)_The Lute

1.1 제4차 산업혁명과 인공지능

우리는 다양한 분야 간 기술의 융합이 기반이 되는 제4차 산업혁명 시대에 살고 있다. 1769년 영국의 제임스 와트James Watt가 증기기관을 발명하며 시작된 제1차 산업혁명으로 가내 수공업 생산은 기계로 대체되었고, 농업사회는 산업사회로 전환되었다. 이후 전기와 컨베이어 벨트 등에 의한 대량생산 체계의 제2차 산업혁명으로 이어졌고, 컴퓨터, 인터넷, 스마트폰의 디지털 혁명에 의한 생산의 자동화 및 정보화 사회의 제3차 산업혁명으로 발전하게 되었다. 2016년 1월에는 세계경제포럼World Economic Forum 회장인 클라우스 슈밥이 '제4차 산업혁명의 이해'라는 주제로 발표하면서 사회가 나아가는 새로운 방향을 제시하였다. 즉, 제4차 산업혁명은 빅데이터, 인공지능, 사물인터넷, 가상현실, 로봇, 자율주행차, 드론, 바이오 등의 다양한 기술이 융합되어 경제, 정치, 사회 등 모든 분야에서 혁신적 변화가 나타나는 새로운 패러다임의 세상으로 이끌고 있다.

1차 산업혁명
생산의 기계화
(섬유공장)

2차 산업혁명
대량생산 체계
(포드 자동차 생산 라인)

3차 산업혁명
생산 자동화/정보화
(산업로봇)

4차 산업혁명
융합
(자율주행자동차)

산업혁명의 변화

제4차 산업혁명 시대에서 데이터는 세상의 흐름을 주도하고 변화시키는 주요 자원 중 하나이다. 전세계 연도별 데이터 처리량은 해를 거듭할수록 점점 커지고 있는데, 이 거대한 데이터를 빅데이터라고 한다. 빅데이터는 다양한 분석으로 그 가치가 발휘되면서, 학문 영역은 물론 기업과 우리 생활에 큰 편익을 주고 있다. 지난 2016년에 바둑의

DALL-E가 요하네스 베르메르의 '진주귀걸이를 한 소녀'로부터 그린 그림[1]

수많은 기보 데이터로 학습한 구글의 알파고가 이세돌을 4대 1로 이긴 사건은 '인공지능AI: Artificial Intelligence'이 새롭게 세상의 화두가 되는 계기가 되었다. 최근에는 바둑과 같은 특정 분야를 넘어 인간의 창의적 영역까지 도전을 받고 있다. OpenAI가 2021년 1월에 공개한 DALL-E는 텍스트 또는 이미지로부터 새로운 이미지를 그려주며, 2022년 11월에 출시한 대화형 인공지능 챗봇인 ChatGPT는 대화의 문맥을 이해하고 논리적인 글을 만들거나 프로그래밍 코드까지 만들어내는 놀라운 성능을 보이면서 계속 진화하고 있어, 인공지능이 산업과 우리 생활에 더 큰 변화를 야기할 것으로 보인다.

사람의 지능을 닮아가려는 인공지능 연구는 1956년 미국 다트머스 대학의 워크숍에서 시작되었고, 'AI'라는 용어는 컴퓨터 과학자인 존 매카시John McCarthy가 창안하였다.[2] 인공지능은 전문가시스템, 퍼지시스템, 유전알고리즘, 기계학습(머신러닝) 등으로 구현된다. 정의된 규칙(명제)을 기반으로 관측 사실에 대한 판단을 하는 연역법적인 접근의 전문가시스템과 퍼지시스템은 모든 규칙을 사전에 정의해야 하는 한계가 있다. 이에 비해 기계학습은 경험과 같은 데이터들로부터 컴퓨터가 패턴을 발견하여 학습모형을 만들고 새로운 관측 사실에 대해 판단하는 귀납적 추론을 기반으로 하고 있다. 컴퓨팅 기술의 발전과 그 동안 쌓인 빅데이터는 기존 방법론의 한계를 극복하고 기계학습 분야에서 높은 정확도로 유용하게 활용되고 있다.

[1] OpenAI, https://openai.com/blog?topics=product

[2] Wikipedia, https://en.wikipedia.org/wiki/Artificial_intelligence

1956년 여름 다트머스 학회[3]
(왼쪽부터 Trenchard More, John McCarthy, Marvin Minsky, Oliver Selfridge, Ray Solomonoff)

1.2 빅데이터의 활용과 데이터 리터러시

빅데이터 분석은 각 산업은 물론, 우리의 실생활에도 큰 편익을 제공하고 있다. 모빌리티mobility의 새로운 패러다임으로 크게 기대되는 자율주행 기술은 운전자 개입이 필요 없는 완전 자율주행을 목표로 발전하고 있다. 이는 빅데이터 기반 학습모형을 이용하여 차량 주변의 실시간 데이터를 정확하고 빠르게 분석한다. 빅데이터의 학습에 의한 이미지 인식 기술은 무인 상점에서 고객의 행동과 계산대에 올려진 상품의 자동 인식, 출입자의 얼굴 인식, 의료영상(초음파, CT, MRI 등)에 대한 질병 진단 및 발병 가능성 예측 등의 폭 넓은 분야에 널리 활용되고 있다. 빅데이터의 원문들을 읽고 학습하여 최적의 번역문을 만들어내는 기계번역은 글로벌 사회에서 다국적 언어 간 소통을 원활하게 해줄 것으로 역시 기대되고 있다. 서비스 및 생활 로봇은 사물을 인식하고 상황을 판단하며, 사람과의 대화를 통해 소통하기도 한다. 개인 스마트폰, 착용형 기기wearable device, 또는 병원정보시스템으로부터 수집한 개별 습관, 신체 특성, 의료 자료의 분석을

[3] Forbes, https://www.forbes.com

기반으로 하는 디지털 헬스케어 분야도 자세 교정, 운동 관리, 질병 진단 및 예측 등 다양한 서비스로 발전하고 있다. 농산물 재배, 축산물과 어류 양식에도 인공지능과 로봇이 도입된 스마트 팜smart farm이 확산되고 있다. 농산물의 재배를 위한 온도와 습도, 햇볕의 양, 토양 성분 등을 분석하여 자동제어로 최적 상태를 유지하여 품질 향상과 생산성을 높여 주며, 우리에게 신선한 식품을 제공한다.

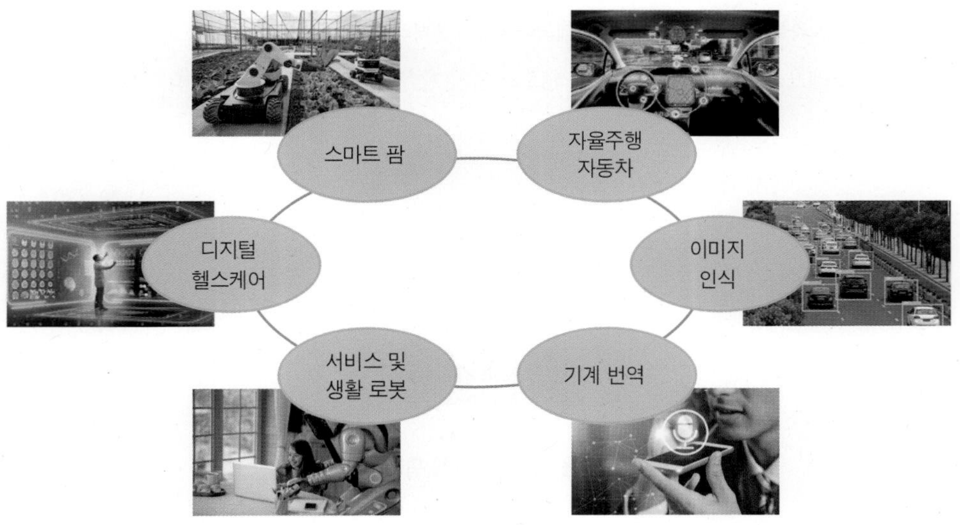

우리 생활의 데이터 분석 활용 예

이렇듯 빅데이터가 다양하게 활용되고 있는 이즈음에, 문제를 해결하기 위해 데이터를 읽고 분석해서 활용하는 능력, 즉 데이터 리터러시data literacy는 주요 경쟁력 중 하나이다. 데이터 리터러시는 기초 통계량 조사부터 고급 데이터 분석 기법까지 넓은 범위가 있지만, 각 분야의 문제 영역에 따라 달라질 것이다. 본 책은 데이터 분석을 위한 입문서로서 데이터 분석 도구인 R(1.3절 참조)을 이용하여 데이터 활용 능력을 키울 수 있도록 여러 주제로 구성되어 있다. 문법 위주의 지루한 학습을 지양하고 흥미 있는 주제를 따라 가다 보면 기초 문법과 활용 방법을 익힐 수 있도록 하였다.

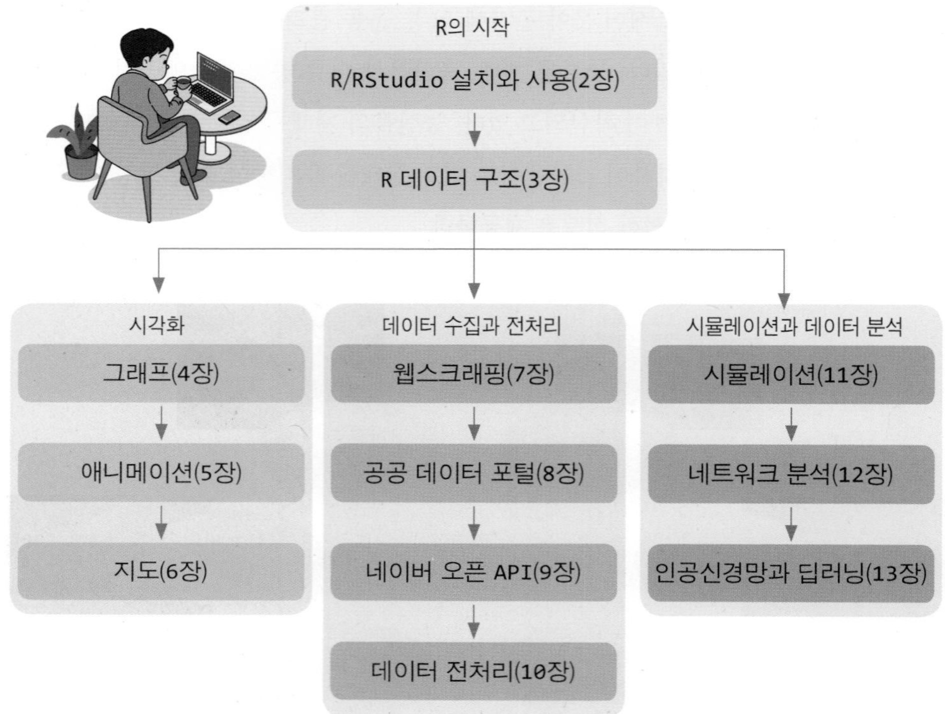

데이터 활용의 기초 역량을 위한 학습 내용

데이터를 다루는데 탁월한 기능이 있는 R의 설치와 데이터 구조를 익히는 것은 그 시작이 될 것이다(2장, 3장). 시각화는 데이터를 탐색하거나 분석결과의 해석 및 활용을 용이하게 한다. 원그래프, 막대그래프, 산포도, 히스토그램, 박스플롯 등 다양한 그래프를 그리고(4장), 그래프에 애니메이션 효과를 추가하여 분석결과를 효과적으로 전달하도록 해보자(5장). 또한, 지역별 미세먼지, 코로나 감염자 수 등은 지도 분포로 나타내면 전달 효과를 높일 수 있을 것이다(6장). 데이터 수집과 전처리 부분에서는 웹스크래핑, 공공데이터 포털, 네이버 API 등을 활용하여 데이터를 수집하는 과정을 살펴보고(7~9장), 데이터를 탐색하고 결측치 등을 제거하는 데이터 정제를 거쳐서 데이터 분석에 용이하도록 데이터를 변환하는 데이터 전처리 과정을 살펴본다(10장). 마지막 부분에서는 시뮬레이션과 기초적인 데이터 분석을 시도해보자. 컴퓨터 실험으로 문제를 해결하는 디지털 시뮬레이션은 문제 해결 절차, 논리적 사고력, 결과 데이터의 활용 역량을 키워줄 것이다(11장). 현대사회는 사람–사람, 사물–사물, 사람–사물들이 서로 연결된 초연결 사회이다. 개체들의 연결 관계를 네트워크 분석을 통해 해석해보자(12장). 인공신경망과 딥러닝은 데이터 분석의 핵심기술로 크게 기대되고 있다. 예제를 통해 그 개념을 이해해보기로 하자(13장).

1.3 데이터 분석 도구: R

R은 통계처리 전문 툴이자 데이터 분석 도구이다. 그 동안 통계처리는 MATLAB, SAS, SPSS 등이 주로 사용되었는데, 최근 R이 그 자리를 대신하고 있으며 파이썬과 더불어 데이터 분석 도구로도 인기가 높다.

R은 1961년 미국 벨 연구소의 존 챔버스John Chambers와 그의 동료들에 의해 개발된 S 언어에 그 뿌리를 두고 있다. R은 1996년도에 뉴질랜드의 오클랜드 대학교에서 로스 이하카Ross Ihaka와 로버트 젠틀맨Robert Gentleman이 개발하였으며, 자신들의 이름을 기념하기 위해 R이라는 이름이 지어졌다고 한다.[4] 왜 R이 인기가 높을까? R은 설치가 간단하고, 문법은 물론, 절차에 따라 명령어들을 기술한 R스크립트의 편집과 실행이 쉽다. 특히, 데이터를 다루는 능력이 뛰어나며, 8,000여 개의 라이브러리가 있어 몇 줄의 코드만으로 고급 데이터 분석이 가능하고, 분석결과의 시각화 방법도 간단하고 다양하다. R은 다른 프로그래밍 언어 속에 섞여 코드화되는 임베디드embedded 기능이 있고, 기존 라이브러리를 활용해서 여러 기능으로 쉽게 확장할 수 있다. 또한, R에는 풍부한 실습용 데이터 세트가 제공되기 때문에 학습하기에 용이하다. 아마 무엇보다 중요한 요인은 무료로 사용 가능하기 때문일 것이다.

또한, R을 기반으로 하는 통합개발환경인 RStudio는 편집과 실행을 용이하게 해준

[4] Wikipedia, https://en.wikipedia.org/wiki/R_(programming_language)

다. RStudio는 유료와 무료 버전이 있는데, 무료 버전을 사용하면 될 것이다. 한편, 온라인으로 웹에 접속하여 R을 실행할 수 있는 클라우드 환경을 이용하는 것도 한 방법이다. 클라우드 서비스를 이용하면 별도 설치없이 R을 무료로 사용할 수 있다. R의 온라인 개발 클라우드는 RStudio Cloud https://rstudio.cloud, 구글의 Colab https://colab.research.google.com, Kaggle https://www.kaggle.com 등이 있다.

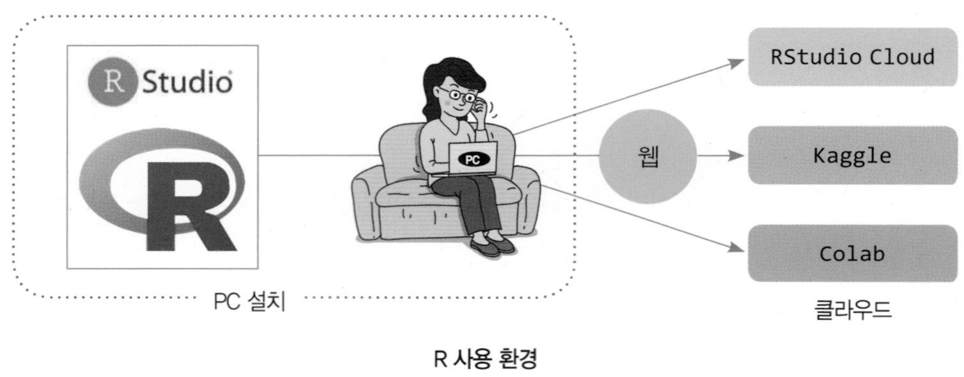

R 사용 환경

본 책은 R 기반의 개발환경을 익히고 이해하기 위해, R과 RStudio를 설치하고 학습하는 과정을 소개하였다. 가능하면 RStudio 환경에서 실습하면서 기초역량을 키우기를 권장한다.

2

학습목표

R 개발환경의 이해와 시작하기

학습내용

R과 개발환경 이해
RStudio의 개발환경 이해
R 패키지의 이해

Jan Miense Molenaer(얀 민서 몰레나르)_Two Boys and a Girl Making Music

2.1 R 개발환경

R은 전 세계에 분포되어 있는 CRANThe Comprehensive R Archive Network, https://cran.r-project.org/서버에서 다운로드 받아 간단히 설치할 수 있다. CRAN은 R 설치 파일뿐만 아니라 R 관련 유용한 자료를 관리하는 미러mirror 사이트이기 때문에 어느 곳에 접속하더라도 같은 내용을 볼 수 있다.

R 설치 후에 R 명령어가 나열된 스크립트를 작성하고 실행하거나, 입출력창인 콘솔console로 출력되는 결과를 확인할 수 있다. 그래프는 별도의 팝업 창으로 출력된다. 한편, R을 기반으로 하는 통합개발환경IDE: Integrated Development Environment인 RStudio는 편집과 파일 관리가 더 유용한 기능을 제공하고 있다. R과 RStudio 설치 및 사용법을 단계적으로 살펴보자. 3장부터는 RStudio의 사용을 권장한다.

구분	설명
R	통계와 그래픽 처리를 위한 무료 오픈 소프트웨어[2.2절 참조]
RStudio	R을 위한 통합개발환경 (무료와 유료 버전이 있음)[2.3절 참조] ※ R이 설치된 상태에서 사용 가능

2.2 R 설치와 시작

(1) R의 설치

R은 R 홈페이지www.r-project.org에서 'CRAN'사이트로 이동하여 최신 버전을 다운로드 받아 설치하면 된다.

R 설치

설치 과정은 부록 1을 참고하기 바란다. 이 책에서는 윈도우 운영체계를 중심으로 설치하는 과정을 설명한다.

(2) R의 시작

화면 아래 쪽의 작업표시줄에서 왼쪽에 있는 '시작' 버튼을 클릭하면 나타나는 '시작 메뉴'에서 R의 메뉴목록에 있는 'R 버전'을 클릭하거나, 바탕 화면에 있는 'R 버전' 아이콘을 클릭하여 R을 시작한다.

(3) R의 편집과 실행

R의 편집은 콘솔을 이용하는 방법(①)과 스크립트를 이용하는 방법(②)이 있다. 콘솔에서는 행 단위로 명령어 작성과 실행이 가능하며, 스크립트 창에서는 여러 명령어들을 편집하고 한꺼번에 실행할 수 있다.

① 콘솔 이용 방법

먼저, 콘솔 창을 이용하는 방법을 살펴보자. 다음은 콘솔의 1행에 1부터 10까지의 정수를 x 변수에 할당하고, 2행에서 그 값들을 합하는 명령어를 실행하는 예이다.

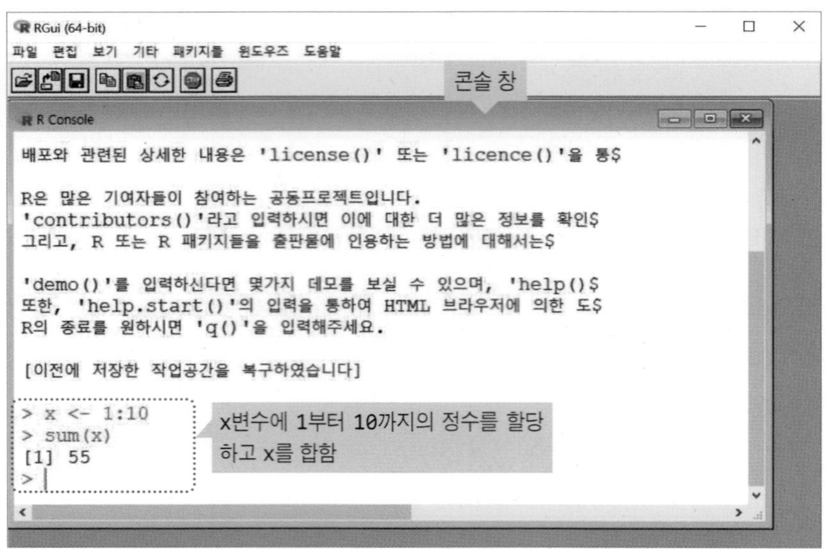

② 스크립트를 이용하는 방법

스크립트 창을 열고, 한 개 이상의 명령어를 작성해서 실행할 영역을 마우스로 블록 지정한 다음, 'Ctrl+R' 키를 입력하면 콘솔에 명령어들이 자동으로 복사되고 실행 결과가 나타난다.

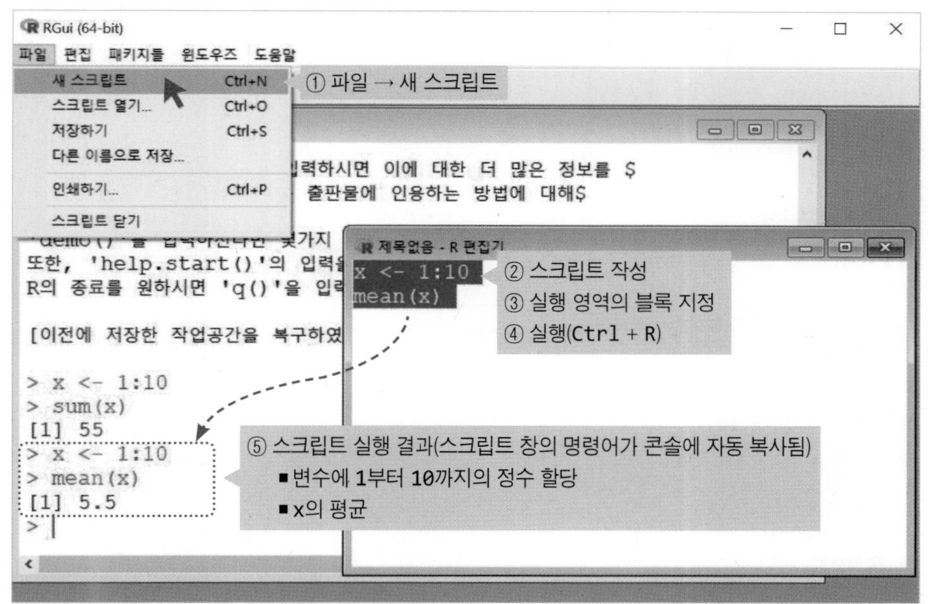

(4) 스크립트의 저장과 열기

스크립트를 저장하면 불러오기를 통해 재사용이 가능하다. 저장할 스크립트 창을 선택한 다음에 "파일 → 다른 이름으로 저장" 메뉴를 선택한다. 윈도우 탐색기가 나타나면 임의의 폴더로 이동해서 저장하면 된다. 스크립트 파일명만 기입하면 확장자는 .R로 자동 저장된다.

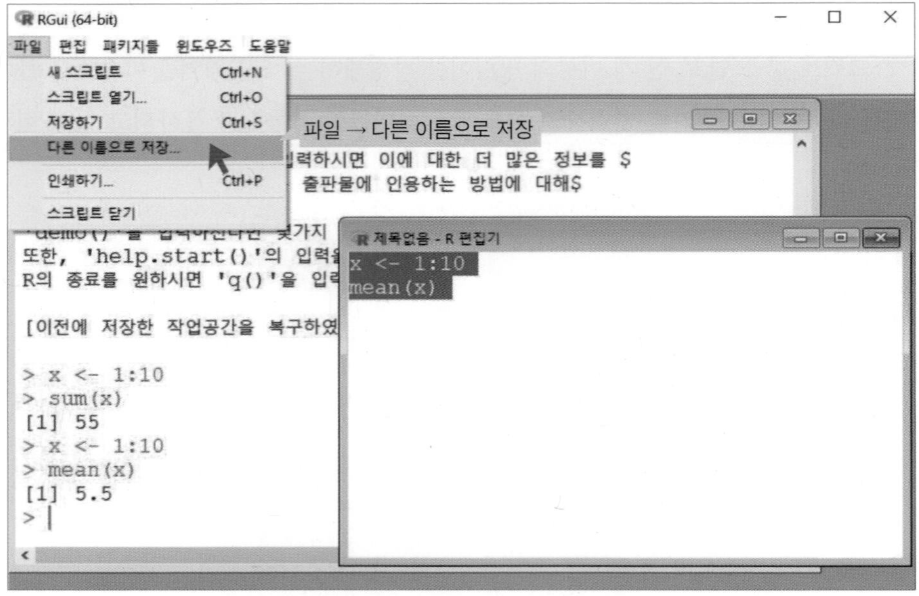

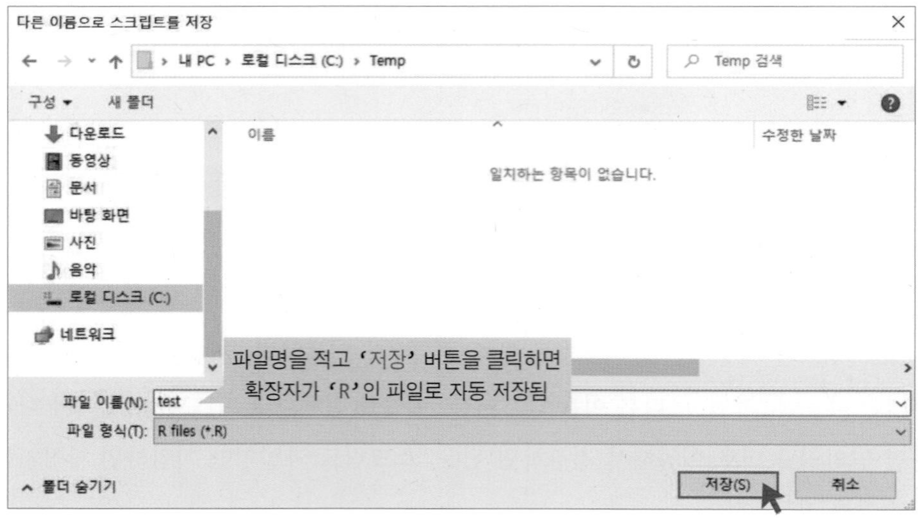

저장된 스크립트 파일을 재사용하려면, "파일 → 스크립트 열기" 메뉴를 선택한다. 윈도우 탐색기에서 임의 폴더로 이동해서 파일을 선택하면 된다.

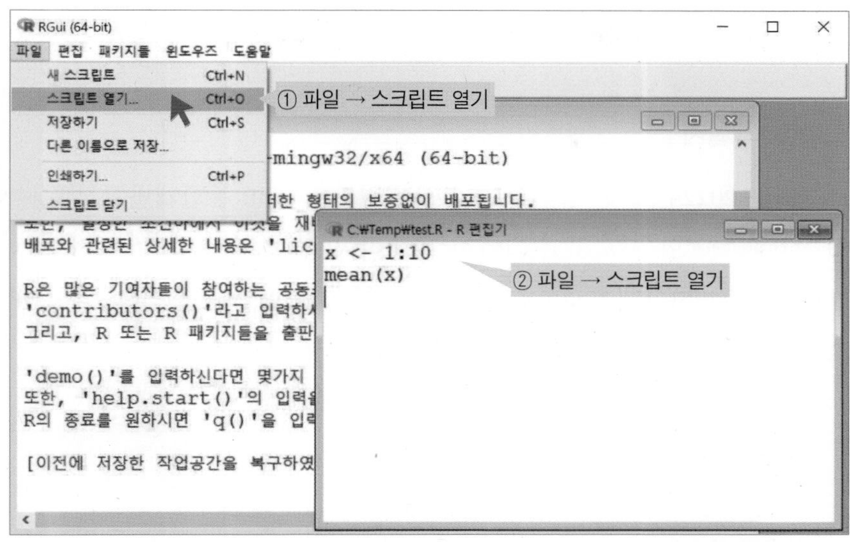

(5) R의 종료

화면 오른쪽 상단에 있는 "닫기" 버튼을 클릭하거나 콘솔에서 q() 또는 quit() 함수를 실행하면 R은 종료된다.

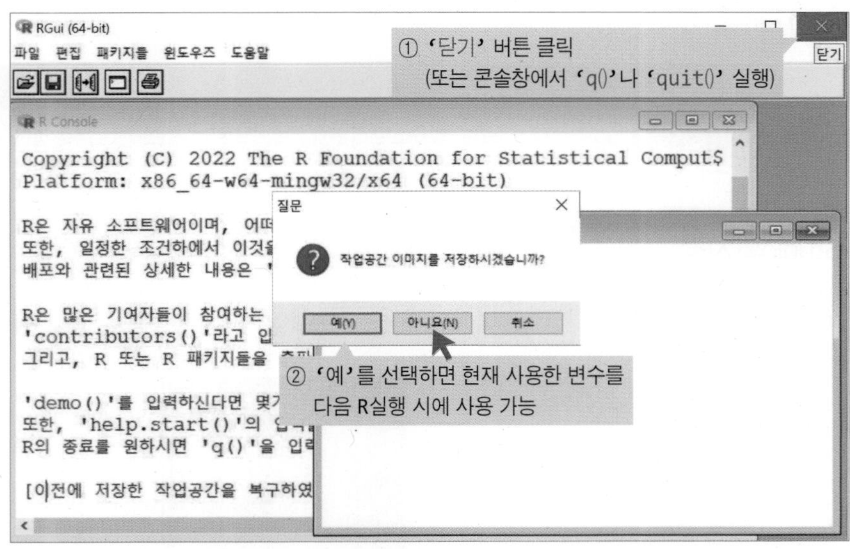

2.3 RStudio 설치와 시작

(1) RStudio의 설치

Rstudio는 2022년도에 사명을 Posit로 변경하였다. R 통합개발환경IDE: Integrated Development Environment인 RStudio는 Posit 홈페이지https://posit.co에서 "DOWNLOAD RSTUDIO"를 클릭하거나 "PRODUCTS RStudio IDE" 메뉴를 클릭하여 무료 버전을 다운로드 받아 설치하면 된다.

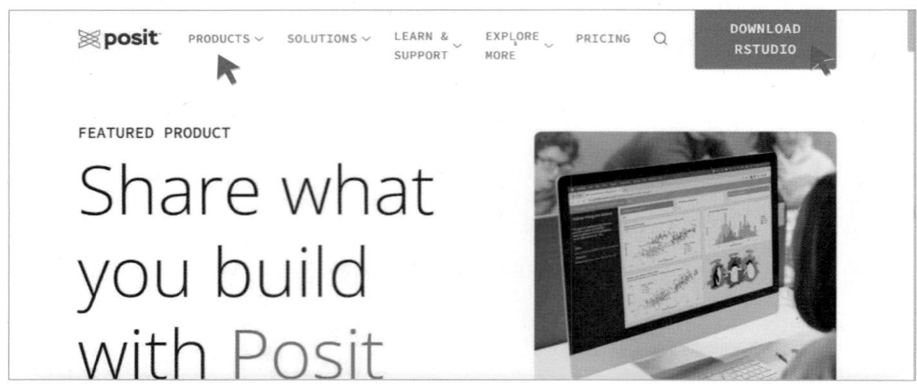

RStudio 설치

설치 과정은 부록 2를 참고하기 바란다. 이 책에서는 윈도우 운영체계를 중심으로 설치하는 과정을 설명한다.

(2) RStudio의 시작

컴퓨터 왼쪽 하단부의 '시작' 버튼을 클릭하고 메뉴에서 'RStudio'를 클릭한다.

초기에는 콘솔(좌), 실행환경 등(우상단), 그래픽 출력과 패키지 관리 등(우하단)에 관한 3개의 창으로 구성되어 있다.

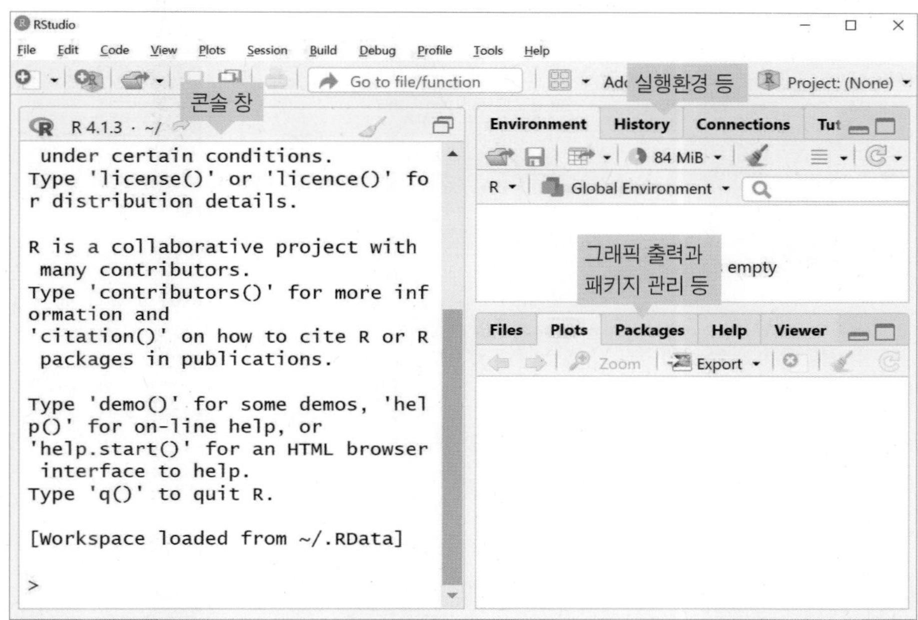

(3) RStudio 실행

RStudio에서 R의 실행은 콘솔을 이용하는 방법과 스크립트를 이용하는 방법이 있다. 콘솔 창에서는 명령어 작성과 실행이 가능하지만, "File → New File → R Script" 메뉴를 클릭하여 스크립트 창을 만들면 더 효과적인 코딩이 가능하다.

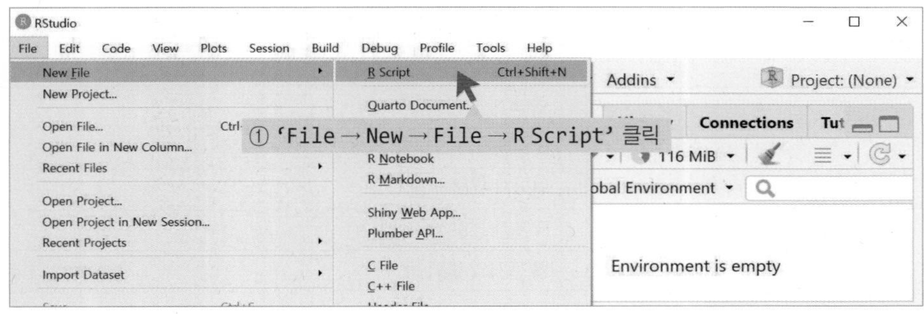

스크립트 창에서 실행버튼을 클릭하거나, 'ctrl+Enter' 키로 실행할 수 있다(행 단위 실행은 p.29 참조). 실행결과가 그래프일 때에는 그래프 출력과 패키지 관리 창에 있는 'Plots' 탭에 나타난다.

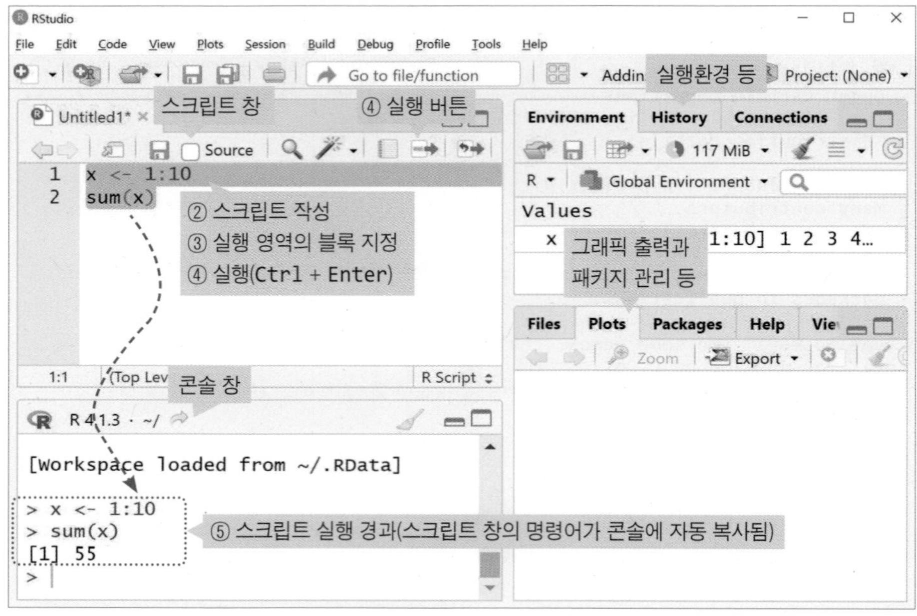

RStudio를 구성하는 각 창의 기능은 다음과 같다.

구분	탭	기능
콘솔	Console	R 명령어 입력 및 결과 출력
스크립트	Script	스크립트 작성 및 저장
실행환경 등	Environment	Console에 입력한 변수와 값
	History	현재까지 실행한 명령어
그래픽 출력과 패키지관리 등	File	외부 파일 입출력
	Plots	R 실행결과(그래픽)
	Packages	패키지 목록과 설치
	Help	R 관련 정보
	Viewer	웹 문서의 출력 등

(4) 스크립트의 저장과 열기

작성한 스크립트를 저장하려면, “File → Save as” 메뉴를 선택해서 임의의 폴더로 이동해서 저장하면 된다. 스크립트 파일명만 기입하면 확장자는 ‘.R’로 자동 저장된다.

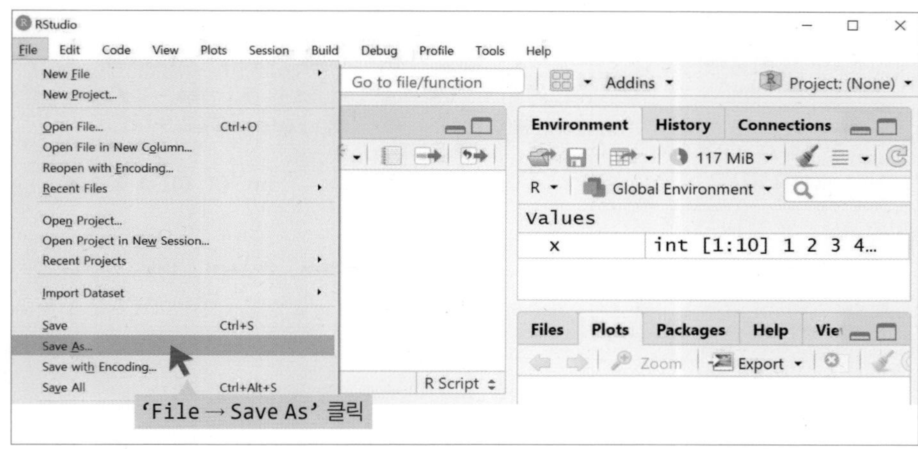

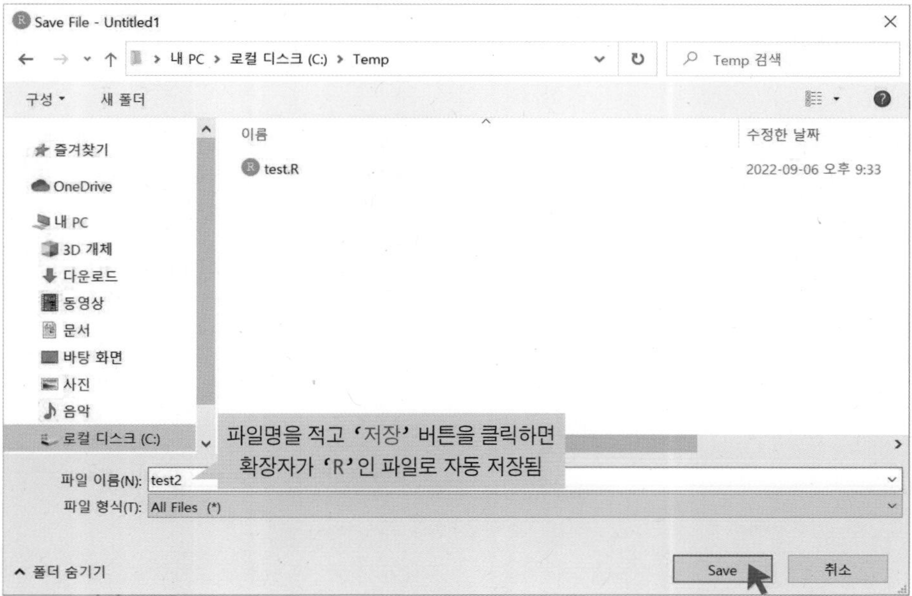

저장된 스크립트 파일을 재사용하려면, "File → Open file" 메뉴를 선택하고 윈도우 탐색기를 통해 임의 폴더로 이동해서 파일을 선택하면 된다.

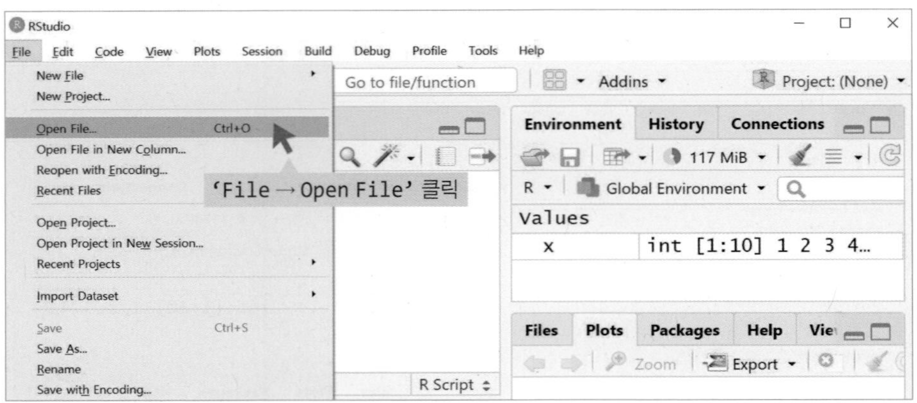

(5) RStudio의 종료

'닫기' 버튼을 클릭하거나, 콘솔에서 q() 또는 quit() 함수를 사용하면 RStudio를 마칠 수 있다. 또한, 메뉴에서는 "File → Quit Session"을 클릭하면 종료된다.

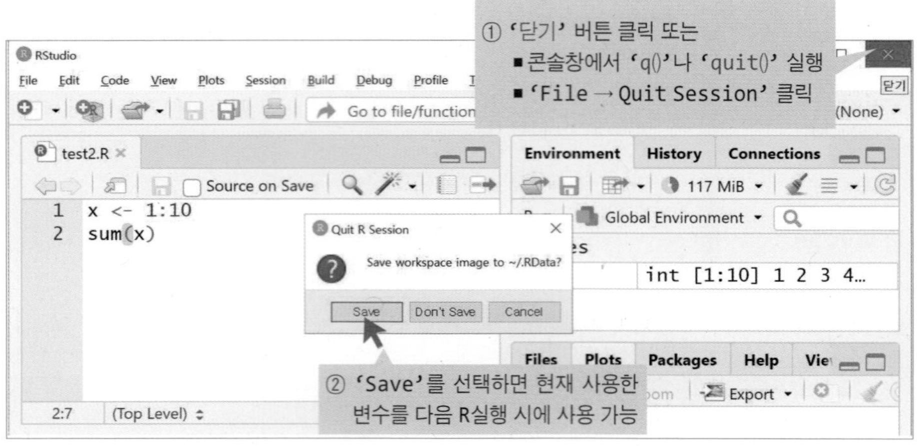

2.4 R 패키지

(1) 패키지와 라이브러리

패키지package는 R 함수와 데이터 등을 모아 놓은 컬렉션이며, 라이브러리library는 설치된 패키지가 있는 R의 폴더를 의미하지만, 패키지 로딩 시에 library() 함수를 사용하듯이 패키지와 라이브러리를 같은 개념으로 사용하기도 한다. 패키지는 R 설치 시에 자동적으로 설치되는 기본 패키지(①)와 추천 패키지(②)가 있고, 추가 기능이 필요할 때 별도로 추가 설치하는 기타 패키지(③)가 있다. 기본 패키지는 R을 사용할 때 별도의 로딩 과정 없이 바로 불러 사용할 수 있으며, 추천 패키지는 로딩 과정을 거쳐야 한다. 한편, 기타 패키지는 필요 시에 R에 추가 설치하고 R 사용 시에는 항상 로딩 과정을 거쳐야 한다. 단, 한 번 설치한 후에는 다시 설치할 필요는 없다.

패키지 구분		설치	사용 방법
Base system	① 기본 패키지 (base packages)	별도 설치 불필요 (Base system에 포함)	R로 패키지의 불러오기(로딩) 없이 기본 패키지의 모든 기능 사용 가능
	② 추천 패키지 (recommended packages)		추천 패키지에 있는 기능 사용 시마다 R 실행 후 로딩 과정 필요 library(패키지명)
③기타 패키지 (other packages)		필요 시, 추가 설치 (4장 참조)	패키지 1회 설치 (재설치 가능) install.packages("패키지명") R 사용 시마다 로딩 과정 필요 library(패키지명)

① 패키지 목록

R에 설치된 패키지 목록을 보자. 먼저 기본 패키지와 추천 패키지는 다음과 같다. 기본 패키지는 'Priority' 항목에 'base', 추천 패키지는 'recommended'로 구분되어 있다.

기본 패키지와 추천 패키지 목록

```
# 설치된 패키지
pkg <- installed.packages()
# 기본 패키지와 추천 패키지
pkg[pkg[,"Priority"] %in% c("base","recommended"), c("Package",
"Priority")]
```

검색 조건: pkg에 있는 Priority열의 데이터가 'base'또는 'recommended'에 해당하는 경우

출력 항목: 'Package'열과 'Priority'열

출력 결과

```
           Package      Priority
base       "base"       "base"
boot       "boot"       "recommended"
class      "class"      "recommended"
cluster    "cluster"    "recommended"
codetools  "codetools"  "recommended"
compiler   "compiler"   "base"
datasets   "datasets"   "base"
foreign    "foreign"    "recommended"
graphics   "graphics"   "base"
grDevices  "grDevices"  "base"
grid       "grid"       "base"
KernSmooth "KernSmooth" "recommended"
lattice    "lattice"    "recommended"
MASS       "MASS"       "recommended"
Matrix     "Matrix"     "recommended"
methods    "methods"    "base"
mgcv       "mgcv"       "recommended"
nlme       "nlme"       "recommended"
nnet       "nnet"       "recommended"
parallel   "parallel"   "base"
rpart      "rpart"      "recommended"
spatial    "spatial"    "recommended"
splines    "splines"    "base"
stats      "stats"      "base"
stats4     "stats4"     "base"
survival   "survival"   "recommended"
tcltk      "tcltk"      "base"
tools      "tools"      "base"
utils      "utils"      "base"
```

한편, 기타 패키지 목록을 보자. 기타 패키지 목록은 사용자의 개발환경에 따라 다르게 된다. R을 사용하면서 기타 패키지를 추가하게 되면 목록으로 나타나게 된다. 기타 패키지는 'Priority' 항목에 'NA'로 구분되어 있다.

기타 패키지 목록

```
# 설치된 패키지
pkg <- installed.packages()
# 기타 패키지
pkg.other <- pkg[!(pkg[,"Priority"] %in% c("base","recommended")),
c("Package", "Priority")]
# 데이터의 앞부분
head(pkg.other)
```

검색 조건: pkg에 있는 Priority열의 데이터가 'base'또는 'recommended'가 아닌 경우

출력 결과

```
          Package     Priority
ade4      "ade4"      NA
animation "animation" NA
ash       "ash"       NA
askpass   "askpass"   NA
backports "backports" NA
base64enc "base64enc" NA
```

② 설치 패키지 경로

패키지가 설치된 경로를 확인하려면 다음과 같이 R 명령어를 실행해보자. 앞의 'Users' 폴더 경로는 기타 패키지의 설치 경로이며, 뒤의 경로는 기본 및 추천 패키지의 경로를 의미한다.

패키지 설치 경로

```
.libPaths()
```

출력 결과

```
[1] "C:/Users/사용자계정/Documents/R/win-library/4.1"
[2] "C:/Program Files/R/R-4.1.3/library"
```

기타 패키지 경로

기본 및 추천 패키지의 경로

각 경로로 가서 확인하면 여러 폴더의 라이브러리로 설치되어 있는 것을 볼 수 있다.

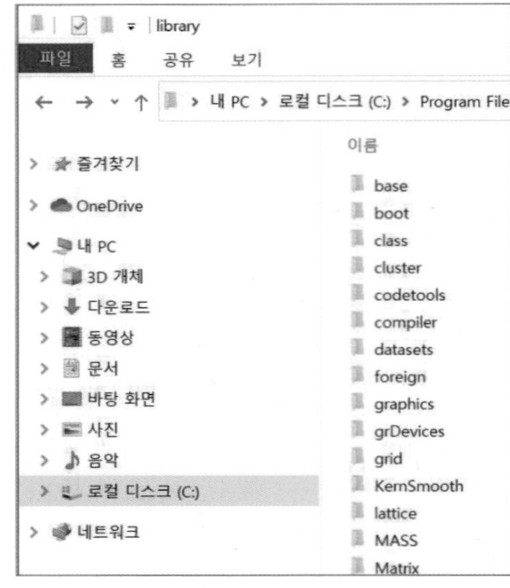

기본 및 추천 패키지

기타 패키지

(2) R 내장 데이터 세트

기본 패키지인 datasets에는 여러 데이터 세트들이 있다. 필요에 따라 추가적으로 설치된 패키지에 있는 데이터 세트를 사용할 경우에는, 먼저 library()로 그 패키지를 로딩하고 데이터 세트를 부르면 된다. datasets 패키지에 있는 데이터 세트 목록을 보자.

데이터 세트 저장하고 읽기

```
data(package = "datasets")   # datasets 패키지의 데이터 목록
```

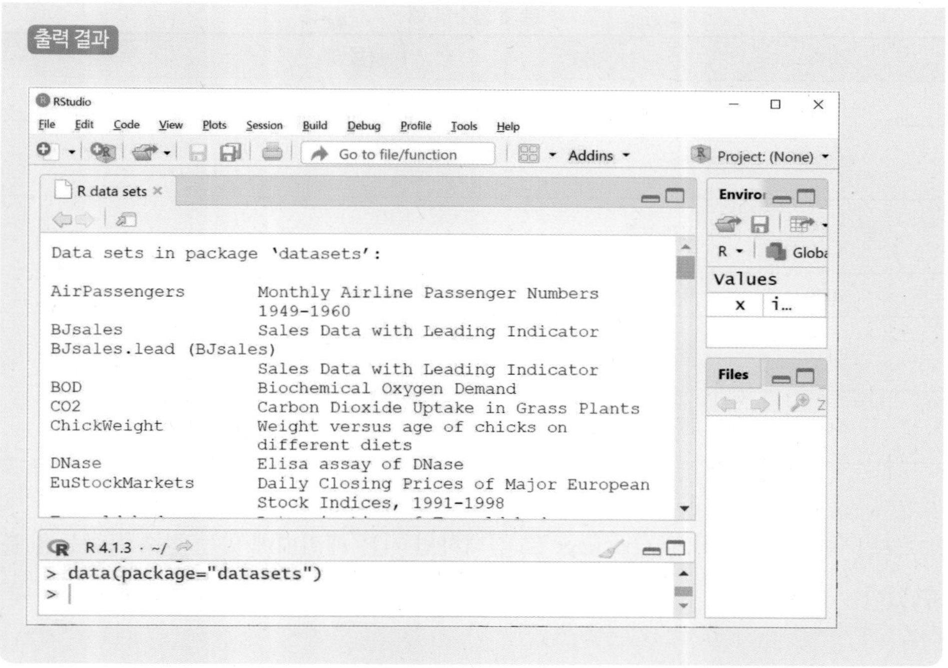

학습용으로 간단히 활용되는 데이터 세트로는 보스톤 시의 주택 가격에 관한 Boston, 붓꽃 종의 분류를 나타내는 iris, 피지 섬 주변의 지진 발생지와 규모를 나타내는 quakes, 북미에 있는 주요 강의 길이를 나타내는 rivers, 여성 키와 몸무게 간의 관계를 파악할 수 있는 women 등이 있다.

(3) R의 함수

함수는 하나 이상의 명령어들을 묶어 이름을 준 것이다. 함수를 사용하면 번거로운 반복적인 코딩 시간의 절약으로 효율성을 높일 수 있고, 검증된 코드 사용에 따른 프로그래밍 효과를 높일 수 있다. R은 통계처리 및 데이터 분석을 위해 필요한 많은 기능들을 함수로 만들어 기본 패키지를 통해 제공하고 있다. 다음은 그 예이다.

• 통계 함수의 예 •

함수	기능	사용 예	결과
abs()	절대값	abs(-10)	10
mean()	평균	x <- 1:10 mean(x)	5.5
sd()	표준편차	x <- 1:10 sd(x)	3.02765
sqrt()	제곱근	sqrt(100)	10
sum()	합	x <- 1:10 sum(x)	55
var()	분산	x <- 1:10 var(x)	9.166667

포털사이트에서 'R base package'로 검색하면 기본 패키지에 있는 함수 목록들을 볼 수 있다.

Documentation for package 'base' version 4.3.0

- DESCRIPTION file.
- Code demos. Use demo() to run them.

Help Pages

A B C D E F G H I J K L M N O P Q R S T U V W X Z misc

base-package	The R Base Package

-- A --

abbreviate	Abbreviate Strings
abs	Miscellaneous Mathematical Functions
acos	Trigonometric Functions
acosh	Hyperbolic Functions
activeBindingFunction	Binding and Environment Locking, Active Bindings
addNA	Factors

함수를 이해하기 위해, 삼각형의 면적을 구하는 기능을 함수로 정의하고 호출하는 과정을 보기로 하자. 함수 정의는 function 키워드와 함께 전달 받을 데이터에 해당하는 매개변수(인자)를 지정한다. 함수를 호출할 때에는 정의된 매개변수의 수에 대응하는 인수들을 나열해야 한다.

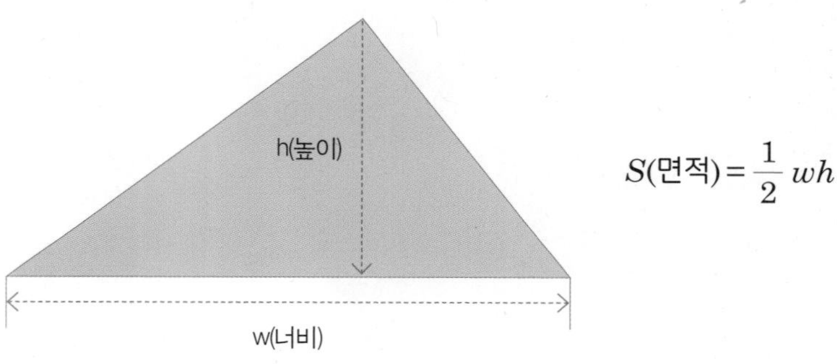

$$S(\text{면적}) = \frac{1}{2}wh$$

함수 정의와 호출

```
# 함수 정의
getTriangleArea <- function(w, h){
  area <- w * h / 2
  return(area)
}

# 함수 호출
getTriangleArea(10, 5)
```

함수 정의
☞ 함수 이름: getTriangleArea
☞ function 키워드
- (…)에는 인수에 대응하는 인자(매개변수)
- {…}에는 실행할 명령어 (필요 시, return() 함수를 통해 결과를 반환)

삼각형의 밑변 너비(10)와 높이(5)를 인수로 설정하고 함수 호출

출력 결과

```
[1] 25
```

CHAPTER 3 R 코딩 플러스

데이터 구조

학습목표

R의 데이터 구조별 개념 이해

학습내용

데이터 구조의 개념 이해
데이터 구조별 활용법

Wassily Kandinsky(바실리 칸딘스키)_Impression III Concert

3.1 데이터 구조의 이해

R은 벡터vector, 요인factor, 배열array, 리스트list, 데이터 프레임data frame의 다양한 데이터 구조data structure를 지원한다. 벡터는 하나의 순서화된 동일한 데이터 유형(숫자 또는 문자 등)의 값들로 구성된다. 요인은 문자 벡터에 데이터의 카테고리(예: 남, 여)가 추가되어 있는 데이터 구조이다. 배열은 동일한 데이터 유형을 갖는 1차원 이상의 데이터 구조이다. 특히 행과 열로 구성되는 2차원 배열을 행렬matrix이라고 한다. 리스트는 각 요소들이 이름을 가질 수 있으며 서로 다른 데이터 유형으로 구성될 수 있는데, 각 요소는 벡터, 배열 또는 리스트가 될 수 있다. 데이터 프레임은 2차원 테이블 형태로 각 열은 하나의 벡터에 해당한다.

다음 3명의 학생에 대한 데이터를 생각해보자. 항목은 성명, 성별, 나이, 국어 성적과 음악 성적으로 구성되어 있다.

3명의 데이터를 벡터, 요인, 행렬, 리스트, 데이터 프레임 구조로 예시하면 다음과 같다. 가장 기본이 되는 데이터 구조인 벡터부터 데이터 프레임에 이르기까지 서로 구성되는 관계를 파악할 수 있다.

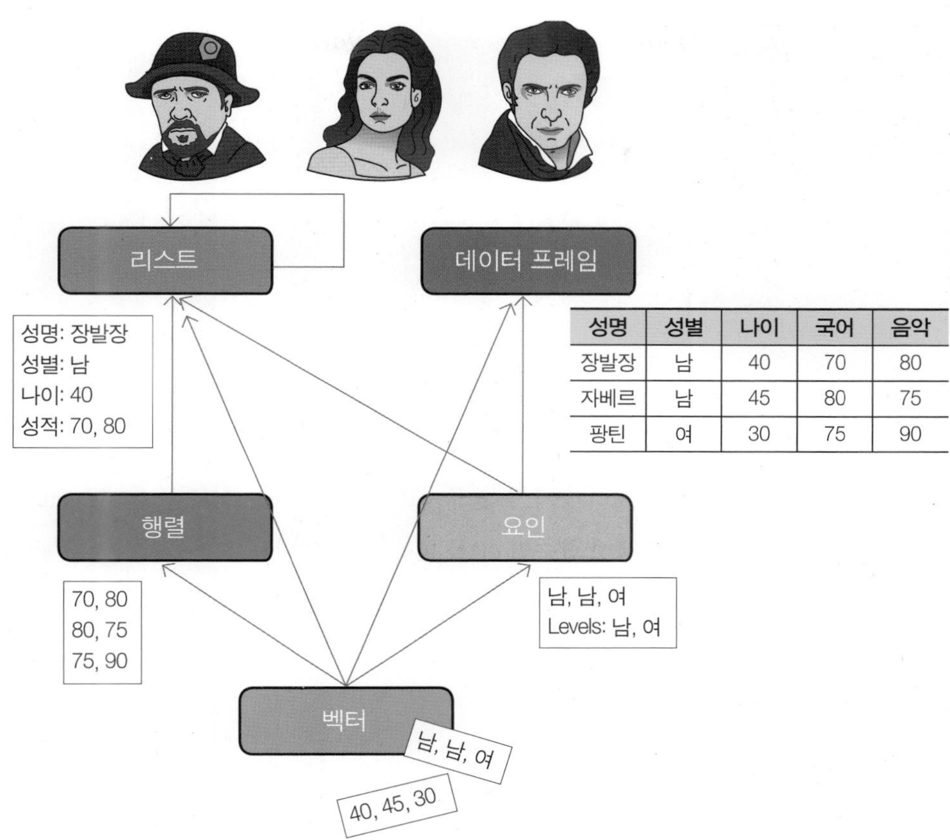

3.2 벡터와 연산자

(1) 벡터 만들기와 수정

벡터는 동일한 데이터 유형(숫자 또는 문자 등)의 단일 값들이 일차원적으로 구성된 것이다.

국어 성적

70	80	75
X[1]	X[2]	X[3]

3개의 원소로 구성되는 x 벡터

먼저 벡터를 만들어보자. 여러 숫자(또는 문자)들을 하나로 연결시키는 'concatenate'의 의미를 가지고 있는 벡터 생성 함수인 c()를 이용한다. 데이터를 변수에 저장할 때에는 대입(할당) 연산자인 '<-' 사용한다.

R 벡터 만들기

```
score <- 70          1개 데이터를 할당할 때는 c() 함수 생략 가능
score                데이터 출력
                     ☞ print(score)와 동일
```

출력 결과

```
[1] 70
```

```
score <- c(70, 88, 75)   3개 요소로 구성되는 벡터 생성
score
```

출력 결과

```
[1] 70 80 75
```

```
score[4] <- 100      4번째 요소의 데이터 추가
score[3] <- 95       3번째 요소의 데이터 수정
score
```

출력 결과

```
[1]  70  80  95 100
```

```
name <- c("장발장", "자베르", "팡틴")
name
```

문자 데이터인 경우에는, 데이터의 시작과 끝에 큰따옴표("") 또는 작은 따옴표('') 사용

출력 결과

```
[1] "장발장" "자베르" "팡틴"
```

식별자identifier는 변수 또는 함수 등을 다른 것들과 구별하기 위해 사용하는 '이름' 들을 지칭하는 용어이다. 식별자 이름은 일련의 문자, 숫자, '마침표(.)' 그리고 '밑줄(_)'로 구성된다. 단, 식별자 이름은 문자 또는 마침표로 시작해야 하며, 마침표로 시작할때는 그 뒤에 숫자를 사용할 수 없다. 또한, R에서 정의되어 있는 예약어도 사용할 수 없다.

구분	예
사용 가능한 식별자의 예	• score, Score, SCORE, .score • score1, score.student, score_student
사용 불가능한 식별자의 예	• 5a, _b, .5 • R 예약어: if, else, repeat, while, function, for, in, next, break, TRUE, FALSE, NULL, Inf, NaN, NA 등

규칙이 있는 수열의 경우, seq() 함수를 사용하면 벡터를 편리하게 만들 수 있다.

연속적인 값들의 벡터 만들기

```
x <- seq(1, 10, by=3)    # 1부터 10 범위의 숫자에서 1부터 3 간격인 수
x
```

출력 결과

```
[1]  1  4  7 10
```

```
x <- 1:10    # 1부터 10 범위의 정수 ☞ seq(1, 10, by=1)과 동일
x
```

출력 결과

```
[1]  1  2  3  4  5  6  7  8  9 10
```

```
x <- 10:1    # 10부터 1 범위의 정수 ☞ seq(10, 1, by=-1)과 동일
x
```

출력 결과

```
[1] 10  9  8  7  6  5  4  3  2  1
```

```
x <- seq(0, 10, length.out=5)    # 0부터 10 범위에서 같은 간격으로 구성된 5개의 숫자
x
```

출력 결과

```
[1]  0.0  2.5  5.0  7.5 10.0
```

반복적인 값들로 구성되는 벡터를 만들 때는 rep() 함수가 유용하다.

반복적인 값들의 벡터 만들기

```
x <- c(1, 2, 3)
y <- rep(x, times=2)    # x 벡터를 2번 반복
y
```

```
y <- rep(x, each=2)    x 벡터의 원소를 순서대로 각각 2번 반복
y
```

출력 결과

```
[1] 1 1 2 2 3 3
```

(2) 연산자

연산자에는 값을 할당하는 대입(할당) 연산자(<–), 사칙연산 등을 위한 산술 연산자, 값들의 크기를 비교하기 위한 비교 연산자, 그리고 참과 거짓에 대한 논리적 판단을 위한 논리 연산자가 있다.

① 산술연산자

산술연산자는 데이터 간의 사칙연산, 나머지와 몫을 계산할 때 사용한다.

유형	기호	예	결과
다하기	+	10+3.5	13.5
빼기	-	10-3.5	6.5
곱하기	*	10*3	30
나누기	/	10/2	5
거듭제곱	^ 또는 **	5^3	125
나머지	%%	7%%3	1
몫	%/%	7%/%3	2

덧셈과 거듭제곱의 예를 보자.

산술 연산

```
10+3.5
```

출력 결과

```
[1] 13.5
```

```
5^3
```

출력 결과

```
[1] 125
```

벡터에 대해 산술연산을 적용하면 각 요소에 모두 적용되고, 두 벡터 간 연산자를 적용하면 벡터의 길이에 따라 달라지게 된다. 다음 예를 참고하자.

벡터와 사칙 연산

```
x <- c(10, 20, 30, 40)
y <- c(10, 5, 12, 15)
w <- c(100, 200)

x+5
```

x 벡터의 각 원소들을 5 더함

출력 결과

```
[1] 15 25 35 45
```

```
x+y
```

x와 y 벡터 간에 순서대로 대응하는 원소들을 각각 더함

출력 결과

```
[1] 20 25 42 55
```

```
x+w
```
두 벡터의 길이가 배수 관계여야 함
길이가 짧은 벡터를 반복해서 적용

출력 결과

```
[1] 110 220 130 240
```

② 비교 연산자

비교 연산자는 두 값들을 비교하는데 사용된다.

유형	기호	예	결과
작음	<	5 < 10	TRUE
이하	<=	5 <= 10	TRUE
큼	>	5 > 10	FALSE
이상	>=	5 >= 10	FALSE
같음	==	5 == 10	FALSE
같지 않음	!=	5 != 10	TRUE

벡터에 대해 비교연산자를 적용하면, 모든 요소에 다 적용된다. any()는 벡터 값들이 하나라도 조건을 만족하면 TRUE이며, all() 함수는 모두 조건을 만족할 때 TRUE가 된다. 한편, 특정 조건을 만족하는 요소들만 추출할 수도 있다.

비교 연산자

```
5 < 10
```
5는 10보다 작은가?

출력 결과

```
[1] TRUE

x <- c(10, 20, 30)
x <= 10
```
x의 각 원소는 10 이하인가?

출력 결과

```
[1]  TRUE FALSE FALSE
```

```
x <- c(10, 20, 30)
any(x <= 10)
```
x 벡터에서 하나라도 10 이하인 원소가 있는가?

출력 결과

```
[1] TRUE
```

```
all(x <= 10)
```
x 벡터는 모든 원소가 10 이하인가?

출력 결과

```
[1] FALSE
```

```
x[x>15]
```
x 벡터에서 15보다 큰 원소

출력 결과

```
[1] 20 30
```

③ 논리 연산자

논리 연산자는 TRUE, FALSE의 진위 값들을 다룰 때 사용한다.

<table>
<tr><th>유형</th><th>기호</th><th>예</th><th>결과</th></tr>
<tr><td>논리합</td><td>|</td><td>x <- TRUE
y <- FALSE
x | y</td><td>TRUE</td></tr>
<tr><td>논리곱</td><td>&</td><td>x <- TRUE
y <- FALSE
x & y</td><td>FALSE</td></tr>
<tr><td rowspan="2">논리부정</td><td rowspan="2">!</td><td>x <- TRUE
!x</td><td>FALSE</td></tr>
<tr><td>x <- 3
!x</td><td>FALSE
☞ 숫자의 경우 0이면 FALSE, 그 외는 TRUE로 인식됨</td></tr>
<tr><td>진위여부</td><td>isTRUE(x)</td><td>x <- TRUE
isTRUE(x)</td><td>TRUE</td></tr>
</table>

다음 AND, OR, XOR exclusive OR 연산에 대한 진리표를 참고하여 실행해보자.

X	Y	X AND Y	X OR Y	X XOR Y
TRUE	TRUE	TRUE	TRUE	FALSE
TRUE	FALSE	FALSE	TRUE	TRUE
FALSE	TRUE	FALSE	TRUE	TRUE
FALSE	FALSE	FALSE	FALSE	FALSE

논리 연산자

```
x <- c(TRUE, TRUE, FALSE, FALSE)
y <- c(TRUE, FALSE, TRUE, FALSE)
x & y    x AND y
```

출력 결과

```
[1]  TRUE FALSE FALSE FALSE
```

```
x | y    x OR y
```

출력 결과

```
[1]  TRUE  TRUE  TRUE FALSE
```

```
xor(x, y)    x XOR y
```

출력 결과

```
[1] FALSE  TRUE  TRUE FALSE
```

(3) 결측치(NA)와 널(NULL)

데이터를 다루는 과정에서 생길 수 있는 결측치와 널값들을 살펴보자. NA not available 는 데이터가 누락된 것을 의미하며, 설문조사 과정에서 무응답이 그 예이다. NULL은 변수를 만드는 과정에서 변수 이름만 있는 경우로 초기화 과정에서 많이 사용된다. 한편, 0이 아닌 수를 0으로 나누거나, 0을 0으로 나눌 수는 없다. 전자는 불능으로 무한대를 의미하는 Inf^infinity^, 후자는 부정을 의미하며 NaN^not a number^으로 표시된다.

결측치와 널 확인

```
x <- NULL
is.null(x)      x 벡터는 널인가?
```

출력 결과

```
[1] TRUE
```

```
y <- c(1, 2, 3, NA, 5)      4번째 요소가 비어 있는 벡터
y
```

출력 결과

```
[1]  1  2  3 NA  5
```

```
z <- 10/0      불능(무한대)
z
```

출력 결과

```
[1] Inf
```

```
u <- 0/0      부정
u
```

출력 결과

```
[1] NaN
```

3.3 요인

요인은 문자 벡터에 그룹으로 분류한 범주 정보를 저장하는 데이터 구조이다. 성별 데이터로 구성되는 벡터의 경우, "남"과 "여"로 분류되는 범주 정보가 추가된다. 요인은 factor() 함수를 이용하고 요인의 수준(범주)은 levels 인수로 지정한다. 요인으로 저장하면 요인의 데이터는 levels 인수에 없는 값으로 수정할 수 없으며, 데이터들을 범주별로 집계하는 등 유용하게 사용할 수 있는 장점이 있다. 범주 변수의 데이터를 요인으로 설정하지 않더라도, R은 내부적으로 요인으로 처리하기 때문에 반드시 요인으로 설정할 필요는 없다.

성별

'남' | '남' | '여'

levels: '남', '여'

요인 유형으로 나타나는 성별

요인 만들기

```
gender <- c("남", "남", "여")   성별 벡터 데이터
gender
```

출력 결과

```
[1] "남" "남" "여"
```

```
gender.factor <- factor(gender)   성별 벡터를 성별 요인으로 변환
gender.factor
```

출력 결과

```
[1] 남 남 여
Levels: 남 여
```
데이터의 그룹 분류(라벨) 정보

수준의 범위를 벗어나는 데이터로 수정하거나 추가하게 되면 에러가 발생한다. 이 경우, 수준을 추가하고 변경하면 된다. 수준을 추가할 때는 levels(gender.factor) <- c(levels(gender.factor), "추가할 수준명")을 실행하면 된다.

3.4 배열과 행렬

배열은 한 개 이상의 벡터로 구성되며 동일한 데이터 유형을 갖는다. 배열은 행과 열로 구성되고, 다차원으로 확장 가능하다. 1차원 배열은 벡터와 같다. 배열을 만들기 위해 사용하는 함수는 array()이다.

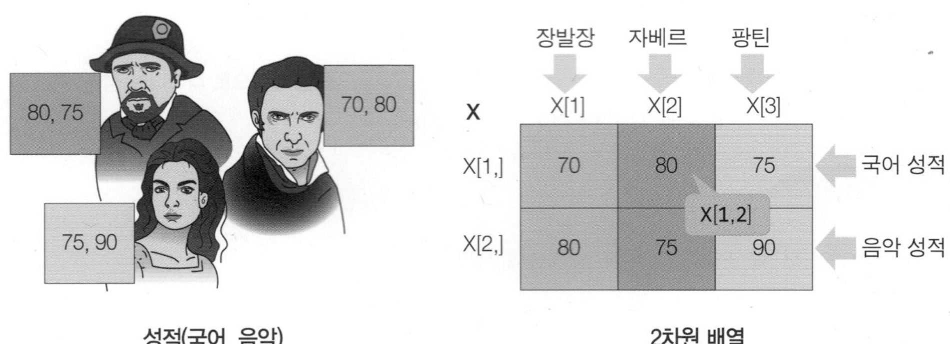

성적(국어, 음악) 2차원 배열

2차원 배열을 수직으로 쌓으면 3차원 배열이 된다. 다음은 학년별 과목별 성적의 예이다. 위에 있는 2차원 배열은 1학년 때의 성적, 아래에 있는 2차원 배열은 2학년 때의 성적으로 표현할 수 있다.

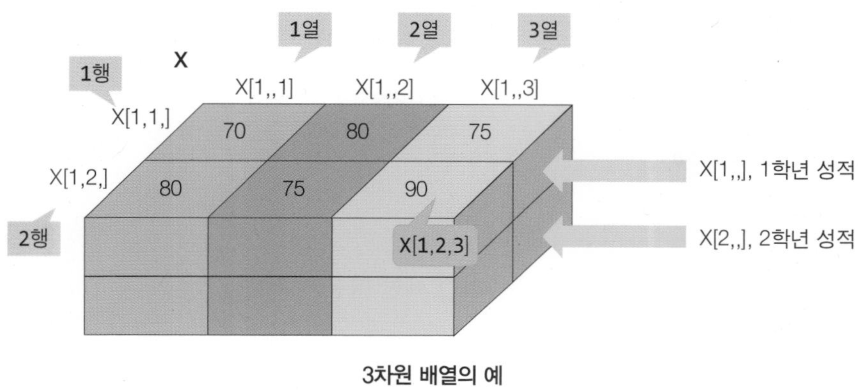

3차원 배열의 예

array() 함수로 배열을 만들어 보자. 배열의 행과 열에는 이름을 줄 수 있다.

배열 만들기

```
x <- c(70, 80, 75)
arr <- array(x)
arr
```

x 벡터 데이터를 1차원 배열로 변환

출력 결과

```
[1] 70 80 75
```

```
z <- 1:6
arr <- array(z, dim=c(2,3))
arr
```

x 벡터 데이터를 2행 3열 배열로 변환
☞ 데이터는 1열부터 열 단위로 배치

출력 결과

```
     [,1] [,2] [,3]
[1,]    1    3    5
[2,]    2    4    6
```

```
name <- list(c("장발장", "자베르", "팡틴"), c("국어", "음악"))
score <- c(70, 80, 80, 75, 75, 90)
arr <- array(score, dim=c(3,2), dimnames=name)
```

행 이름에 사용할 벡터와 열 이름에 사용할 벡터는 리스트로 구성
☞ 리스트는 3.5절 참조

배열을 만들 때, 행과 열 이름 설정

```
arr
```

출력 결과

```
        국어 음악
장발장    70   75
자베르    80   75
팡틴      80   90
```

배열을 수정하고, 특정 요소를 추출하는 예는 다음과 같다.

배열 수정과 원소 출력

```
arr[3,2] <- 95    3행 2열 데이터 수정
arr[3,2]
```

출력 결과

```
[1] 95
```

```
arr[1,]    1행 데이터
```

출력 결과

```
국어 음악
  70   75
```

```
arr[,2]    2열 데이터
```

출력 결과

```
장발장 자베르   팡틴
    75     75     95
```

행과 열로 구성되는 2차원 배열을 행렬이라고 한다. 행렬을 만들 때는, matrix() 함수가 편리하게 이용된다.

2 행렬

```
x <- 1:6
mtx <- matrix(x, nrow=2)
mtx
```

행렬 만들기
☞ 데이터가 6개이기 때문에, 행의 수를 2로 설정하면 (nrow=2) 열의 수는 3으로 자동 설정
☞ 데이터는 1열부터 열 단위로 설정

출력 결과

```
     [,1] [,2] [,3]
[1,]    1    3    5
[2,]    2    4    6
```

```
name <- list(c("1행", "2행"), c("1열", "2열", "3열"))
mtx <- matrix(x, nrow=2, dimnames=name, byrow=TRUE)
mtx
```

데이터 배치 순서를 행 기준으로 설정 (1행부터 행 단위로 설정)

출력 결과

```
    1열 2열 3열
1행   1   2   3
2행   4   5   6
```

```
y <- c(7, 8, 9)
mtx <- rbind(mtx, y)
rownames(mtx)[3] <- "3행"
mtx
```

mtx 행렬에 y 벡터를 행 단위로 추가

3번째 행의 이름 설정

출력 결과

```
    1열 2열 3열
1행   1   2   3
2행   4   5   6
3행   7   8   9
```

```
z <- c(10, 11, 12)
mtx <- cbind(mtx, z)
colnames(mtx)[4] <- "4열"
mtx
```

mtx 행렬에 z 벡터를 열 단위로 추가

4번째 열의 이름 설정

출력 결과

```
    1열 2열 3열 4열
1행   1   2   3  10
2행   4   5   6  11
3행   7   8   9  12
```

3.5 리스트

리스트는 벡터, 요인, 배열, 리스트들을 요소로 구성된다. 각 요소는 이름을 가질 수 있다.

리스트를 만드는 함수는 list()이다. 장발장을 성명, 나이, 성적 요소로 구성되는 리스트로 나타내보자. 리스트는 성적과 같은 한 요소에 다중 값(국어 성적, 음악 성적)을 둘 수 있는 장점이 있다.

리스트 만들기

```
# 장발장 리스트
lst1 <- list(성명="장발장", 나이=40, 성적=c(70, 80))
lst1
```

출력 결과

```
$성명   ◀ 첫 번째 요소
[1] "장발장"

$나이
[1] 40

$성적
[1] 70 80
```

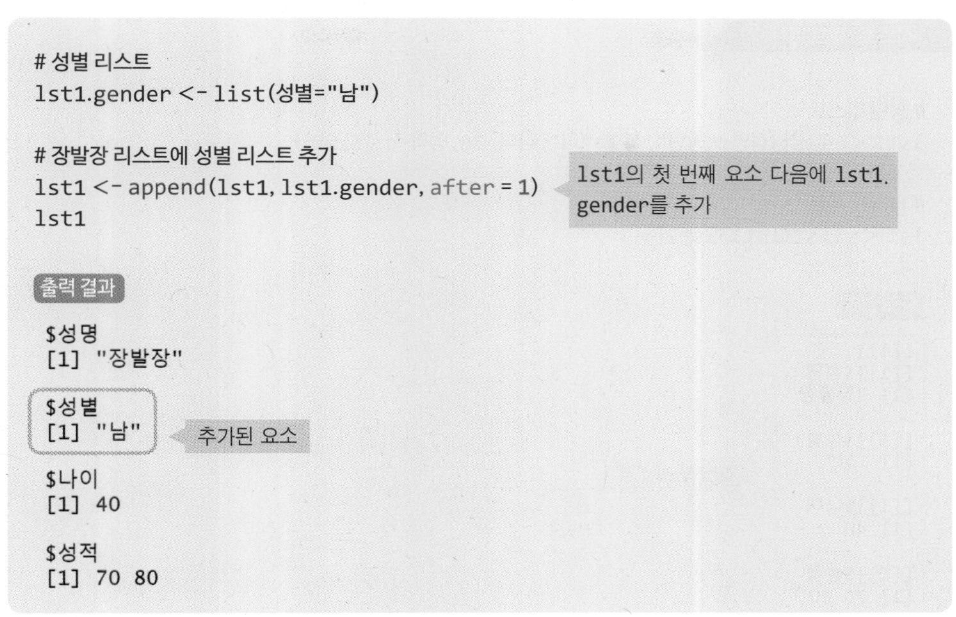

```
# 성별 리스트
lst1.gender <- list(성별="남")

# 장발장 리스트에 성별 리스트 추가
lst1 <- append(lst1, lst1.gender, after = 1)
lst1
```



```
$성명
[1] "장발장"

$성별
[1] "남"

$나이
[1] 40

$성적
[1] 70 80
```

팡틴 리스트를 추가로 만들고 앞에서 만든 장발장 리스트와 묶어 리스트세트를 만들어 보자.

• 학생 (리스트 세트) •

성명	나이	성별	성적
장발장	40	남	(70, 80)
팡틴	30	여	(75, 90)

리스트 세트 만들기

```
# 팡틴 리스트
lst2 <- list(성명="팡틴", 성별="여", 나이=30, 성적=c(75, 90))

# 리스트 세트
lst <- list(lst1, lst2)
```

출력 결과

```
[[1]]
[[1]]$성명
[1] "장발장"

[[1]]$성별
[1] "남"

[[1]]$나이
[1] 40

[[1]]$성적
[1] 70 80
```

장발장 리스트

```
[[2]]
[[2]]$성명
[1] "팡틴"

[[2]]$성별
[1] "여"

[[2]]$나이
[1] 30

[[2]]$성적
[1] 75 90
```

팡틴 리스트

```
# 장발장 리스트 출력
lst[1]
```

출력 결과

```
[[1]]
[[1]]$성명
[1] "장발장"

[[1]]$성별
[1] "남"

[[1]]$나이
[1] 40

[[1]]$성적
[1] 70 80
```

장발장 리스트

```
# 장발장 리스트의 원소
lst[[1]]
```

출력 결과

```
$성명
[1] "장발장"
```

첫 번째 원소

```
$성별
[1] "남"

$나이
[1] 40

$성적
[1] 70 80
```

```
# 장발장 리스트의 첫 번째 원소
lst[[1]][1]
```

출력 결과

```
$성명
[1] "장발장"
```

첫 번째 원소의 항목명과 값

```
lst[[1]][[1]]
```

장발장 리스트의 첫 번째 요소 값

출력 결과

```
[1] "장발장"
```

첫 번째 원소의 값

```
lst[[1]]$성명
```

장발장 리스트의 성명 요소 값

출력 결과

```
[1] "장발장"
```

3.6 데이터 프레임

데이터 프레임은 동일한 크기의 여러 벡터들이 열 단위로 구성된 2차원 테이블 구조이다. 각 열들은 데이터 유형이 서로 다를 수 있으며, 각 벡터의 원소들은 단일 값으로 구성된다. 데이터 분석에 활용되는 많은 데이터들은 데이터 프레임 형태로 제공되고 있다. 이번 절에서는 데이터 프레임의 구조적인 관점에서 살펴보고, 각 장에서 데이터 프레임을 다루는 부분을 살펴보기로 하자. 학생에 대한 성명, 나이, 국어(성적), 음악(성적)을 데이터 프레임 형태로 표현한 예는 다음과 같다.

• 학생 (데이터 프레임) •

성명	나이	성별	국어	음악
장발장	40	남	70	80
자베르	45	남	80	75
팡틴	30	여	75	90

데이터 프레임은 data.frame() 함수로 만들 수 있다.

두 학생의 데이터 프레임 만들기

```
df <- data.frame(성명=c("장발장", "자베르"), 성별=c("남", "남"), 나이=c(40, 45),
       국어=c(70, 80))
df
```
두 학생의 데이터 프레임

출력 결과

```
    성명 성별 나이 국어
 1 장발장   남   40   70
 2 자베르   남   45   80
```

```
str(df)
```
데이터 프레임 구조

출력 결과

```
'data.frame':   2 obs. of  4 variables:
 $ 성명: chr  "장발장" "자베르"
 $ 성별: chr  "남" "남"
 $ 나이: num  40 45
 $ 국어: num  70 80
```
4개 변수의 2개행

변수명, 데이터 유형, 데이터의 일부

데이터 프레임에 열과 행을 추가해보자.

열과 행 단위 추가

```
df <- cbind(df, 음악=c(80, 75))
df
```
df 데이터 프레임에 음악 성적을 열 단위로 추가

출력 결과

```
    성명 성별 나이 국어 음악
 1 장발장   남   40   70   80
 2 자베르   남   45   80   75
```

```
df <- rbind(df, data.frame(성명="팡틴", 성별="여", 나이=30, 국어=75, 음악=90))
df
```
df 데이터 프레임에 팡틴 데이터 프레임을 행 단위로추가

출력 결과

```
      성명  성별  나이  국어  음악
1  장발장    남    40    70    80
2  자베르    남    45    80    75
3    팡틴    여    30    75    90
```

데이터 프레임의 요소 값 보기는 다음과 같다.

요소 값 보기

```
df[3, 2]
```

3행 2열의 요소 값

출력 결과

```
[1] "여"
```

```
df[3,]
```

3행의 모든 값

출력 결과

```
  성명  성별  나이  국어  음악
3 팡틴    여    30    75    90
```

```
df[, 2]
```

2열의 모든 값
☞ df[,"성별"], df$성별과 동일

출력 결과

```
[1] "남" "남" "여"
```

```
df[-2,]
```

2행을 제외한 모든 값

출력 결과

```
     성명  성별  나이  국어  음악
1  장발장    남    40    70    80
3    팡틴    여    30    75    90
```

```
df[, -3]
```

3열을 제외한 모든 값

출력 결과

```
     성명 성별 국어 음악
1 장발장   남   70   80
2 자베르   남   80   75
3   팡틴   여   75   90
```

특정 요소의 값을 수정하는 방법은 다음과 같다.

요소 값 수정

```
df[3,5] <- 95    # 3행 5열 값의 수정
df
```

출력 결과

```
     성명 성별 나이 국어 음악
1 장발장   남   40   70   80
2 자베르   남   45   80   75
3   팡틴   여   30   75   95
```

1. 다음 중 변수명으로 적당하지 않는 것을 모두 고르시오.

① next ② name.stud ③ _name ④ count3

2. 다음 중 다른 결과 값을 갖는 것은?

① 5-3 ② 5%%3 ③ 3·2 – 7**1 ④ 5%/%3 + 1

3. x <- 1:10 일 때, 다음 값은?

① any(x <=5) ② all(x <= 5) ③ sum(x[x<=5])

4. 다음 중 NaN에 해당하는 값은?

① 5/0 ② -3/-9 ③ NA ④ 0/0

5. x <- matrix(11:16, ncol=2) 일 때, x[2,1]의 값은?

6. 상품명(p_name)이 "ABC", 가격(price)이 10000, 할인율(discount_rate)이 0.2인 리스트를 만드시오.

7. 상품명(p_name)이 각각 "P1"과 "P2"이고 가격(price)이 각각 10,000과 15,000이며, 할인율(discount_rate)이 각각 0.2, 0.3인 데이터 프레임을 만드시오.

PART

2

시각화

CHAPTER 4 그래프

학습목표

다양한 시각화 방법의 이해

학습내용

차트 유형
차트 유형별 시각화 방법
데이터 유형별 시각화 방법

Jan Miense Molenaer(얀 민서 몰레나르)_Family portrait of Jan Miense Molenaer

4.1 그래프의 활용과 유형

그래프는 데이터 분석결과를 효과적으로 전달하기 위해 유용하게 사용되고 있다. 그래프의 종류는 다양하지만, 기초적인 공부를 위해 단순하고 쉽게 사용할 수 있는 막대 그래프, 선 그래프, 산포도, 원 그래프, 히스토그램, 박스 플롯 등에 대해 살펴보기로 하자.

그래프는 데이터 유형에 따라 다양한 형태로 활용될 수 있다. 데이터 유형은 크게 범주형과 수치형이 있고, 범주형은 명목형과 순서형이 있다. 명목형은 단순히 데이터의 분류를 목적으로 하며, 성별, 지역 등이 있다. 순서형은 데이터 간에 순서가 의미가 있는 경우로 성적 등급(A, B, C)이 예이다. 한편, 수치형에는 이산형과 연속형이 있다. 이산형은 일정한 간격이 있는 셀 수 있는 이산적인 값을 갖는 경우로 근무년수 등이 예이며, 연속형은 키, 지진 규모 등이 그 예이다. 원 그래프와 막대 그래프는 범주형 데이터를 비교할 때 사용되며, 산포도, 히스토그램, 박스플롯은 수치형 데이터의 분포를 표현할 때 사용된다.

그래프는 기본 패키지인 graphics를 이용한 전통적 그래픽 시스템을 이용하는 방법이 있는데, 이는 사용이 간단하지만 화면 구성이 단순한 한계가 있다(부록 2 참조). 이에 비해 고급 그래픽 방식인 ggplot2 패키지는 그리드 형태(grid 패키지 기반)의 배경을 바탕으로 한다. 또한, 그래프 형태에 관한 다양한 기능들을 추가하면서 수준 높은 그래프를 만들 수 있다.

■ graphics 패키지를 이용한 그래프

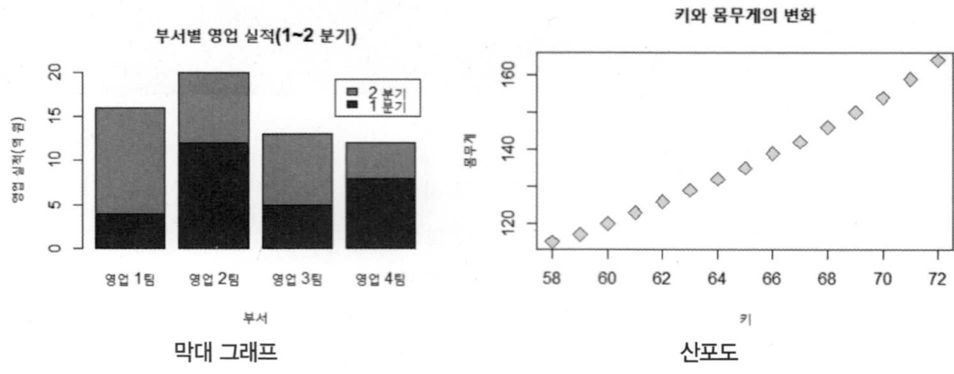

막대 그래프　　산포도

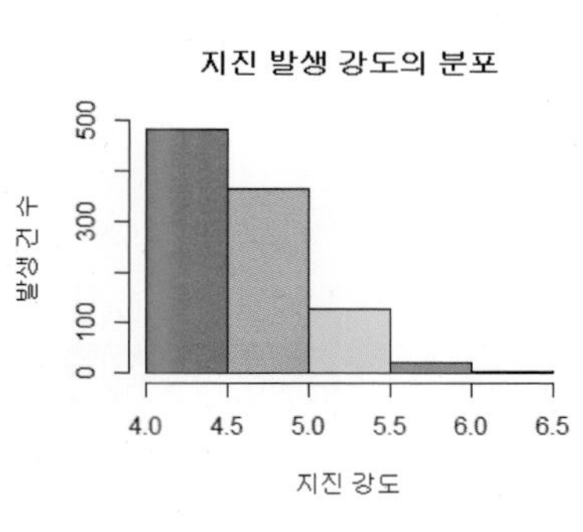

히스토그램

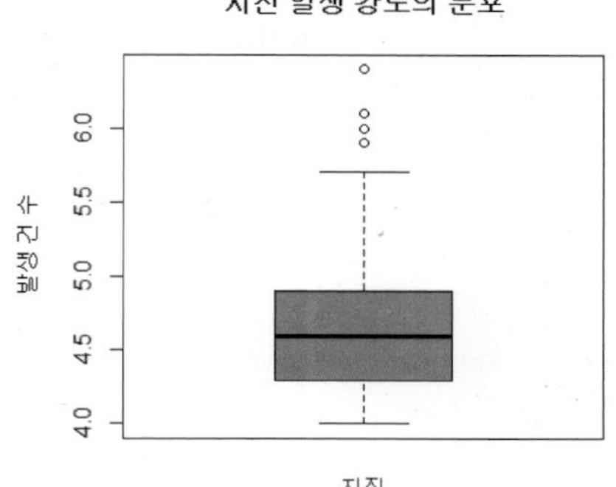

박스 플롯

■ ggplot2 패키지를 이용한 그래프

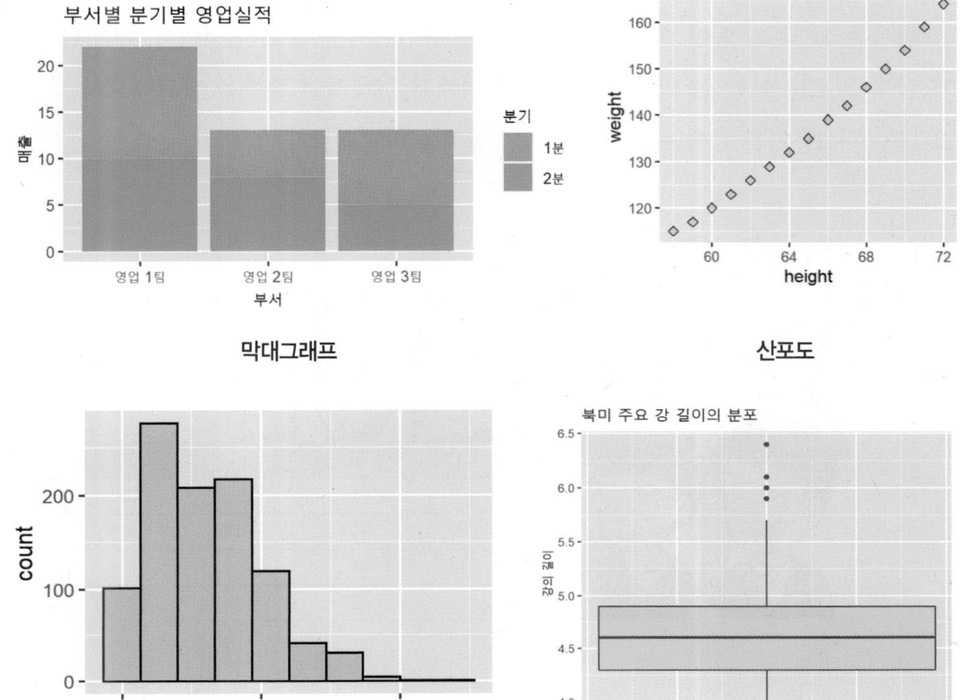

히스토그램

박스플롯

본 장은 ggplot2 패키지를 사용한 예로 구성되어 있다. 예시한 그래프들을 그리는 방법을 살펴보자. ggplot2 패키지는 기타 패키지이기 때문에, 패키지를 별도로 설치해야 한다.

✪ 패키지

패키지	설명
ggplot2	그래픽 출력을 위한 기능을 제공함. 데이터 프레임의 다수 데이터에 대한 풍부한 그래픽 시각화가 가능함

4.2 막대 그래프

다음은 1, 2분기 동안 어느 기업의 부서별 영업실적을 나타낸 것이다. 부서별 1분기 실적 분포는 어떨까? 막대 그래프로 출력해서 전체적인 경향을 비교해보자. 그리고 1분기와 2분기를 함께 보면서 전체적인 실적을 비교해보자.

부서	1분기(억 원)	2분기(억 원)
영업 1팀	4	12
영업 2팀	12	8
영업 3팀	5	8
영업 4팀	8	4

ggplot2 패키지에서 ggplot()는 데이터 프레임을 사용하며 그래프를 초기화하는 함

수이다. 그래픽 형태(예: 막대 그래프, 선 그래프, 산포도 등)를 정하는 함수 등을 '+'로 확장하면서 다양한 그래프를 만들게 된다. 그래프를 그리는 여러 방법이 있지만, 일반적인 방법을 살펴보기로 하자.

(1) 단일 그룹(1분기)의 막대 그래프

ggplot2 패키지를 설치하고, 1분기 영업실적 데이터를 부서, 매출, 분기로 구성되는 데이터 프레임으로 만들어 출력해보자.

패키지 설치 및 1분기 데이터의 데이터 프레임 만들기

```
install.packages("ggplot2")   패키지 설치
library(ggplot2)   패키지 로딩

# 1분기 데이터 작성
dept <- c("영업 1팀", "영업 2팀", "영업 3팀")
sales <- c(12, 5, 8)
df1 <- data.frame(부서=dept, 매출=sales, 분기="1분기")
df1
```

출력 결과

```
       부서 매출  분기
1 영업 1팀   12 1분기
2 영업 2팀    5 1분기
3 영업 3팀    8 1분기
```

먼저 ggplot() 함수로 사용할 데이터와 출력할 변수를 정하여 그래프를 초기화 한다. 변수는 aes()에 설정한다. 다음으로 그래프의 형태를 정하게 되는데, geom_bar()는 막대 그래프를 출력하는 함수이다. 추가적으로 labs()에서는 그래프 제목, X축 라벨, Y축 라벨을 정할 수 있다. X, Y축 라벨의 값을 설정하지 않으면, 데이터 프레임의 x, y 변수에 해당하는 열 이름(부서, 매출)이 라벨로 나타난다.

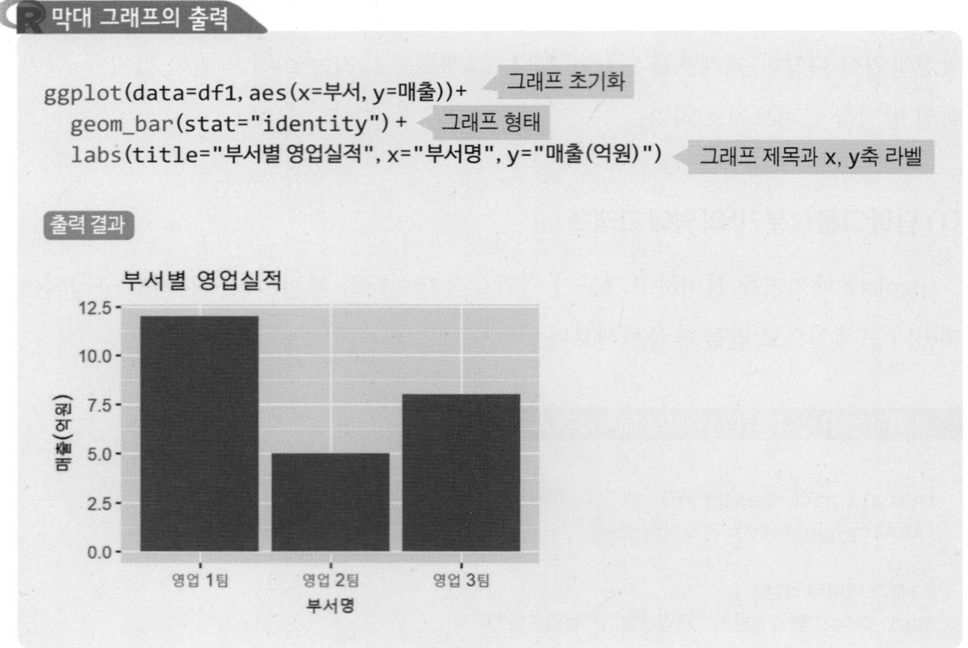

geom_bar()의 옵션에서 'identity'는 데이터(매출)의 크기로 출력하고, 'count'는 데이터의 건 수로 크기를 나타낸다. 다음을 비교해보자.

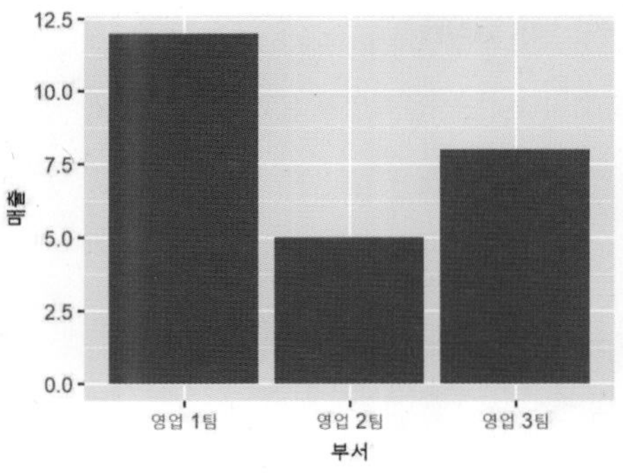


```
ggplot(df1,aes(x=부서, y=매출))+
  geom_bar(stat="identity")
```

■ 각 부서별(x) 매출(y)을 의미함

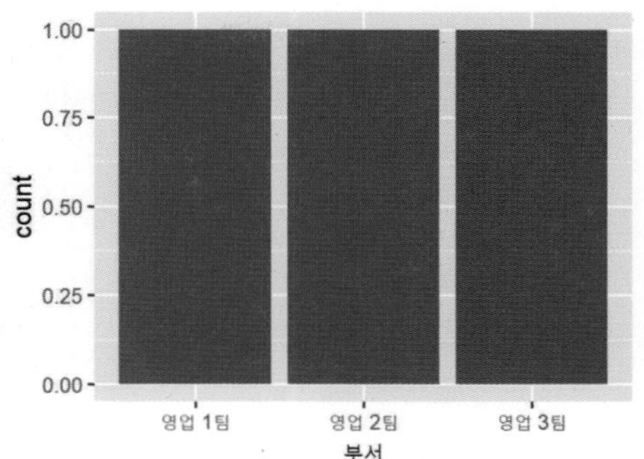


```
ggplot(df1,aes(x=부서))+
  geom_bar(stat="count")
```

■ 각 부서별(x) 건 수(행의 수)를 의미함

부서별 색을 다르게 해보자. aes()에 막대의 배경 색(fill)을 '부서'로 설정하면 자동으로 색이 나타나고 범례로 표시된다.

부서별 색 출력

```
ggplot(df1, aes(x=부서, y=매출, fill=부서)) +
  geom_bar(stat="identity") +
  labs(title="부서별 영업실적", x="부서명", y="매출(억원)")
```

부서별로 색을 지정
☞ 색은 자동으로 정해짐

출력 결과

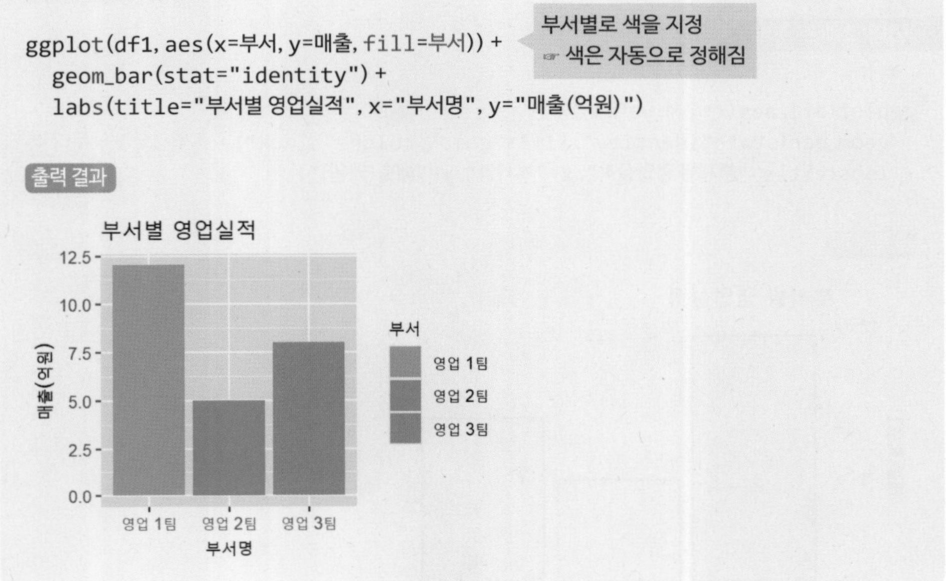

색을 지정하지 않으면 부서별 막대 색은 자동으로 어떤 색이 나타날까?

다음과 같이 16진수로 표현된 색 코드를 출력하면, 디폴트로 나타나는 색을 확인할 수 있다.

```
install.packages("scales")
library(scales)
hex <- hue_pal()(2)    2가지 색 코드
show_col(hex)
```

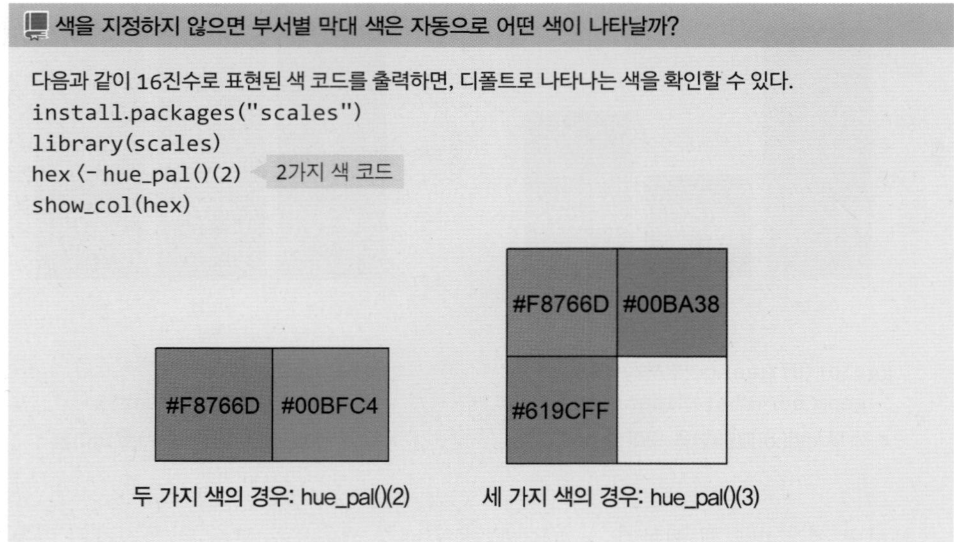

두 가지 색의 경우: hue_pal()(2)　　세 가지 색의 경우: hue_pal()(3)

그래프의 막대 색은 geom_bar()에서 fill과 color로 각각 배경과 테두리를 임의로 정할 수 있다.

막대 그래프 출력

```
ggplot(df1, aes(x=부서, y=매출))+
  geom_bar(stat="identity", fill="gold", color="black") +    배경색과 테두리 색 지정
  labs(title="부서별 영업실적", x="부서명", y="매출(억원)")
```

출력 결과

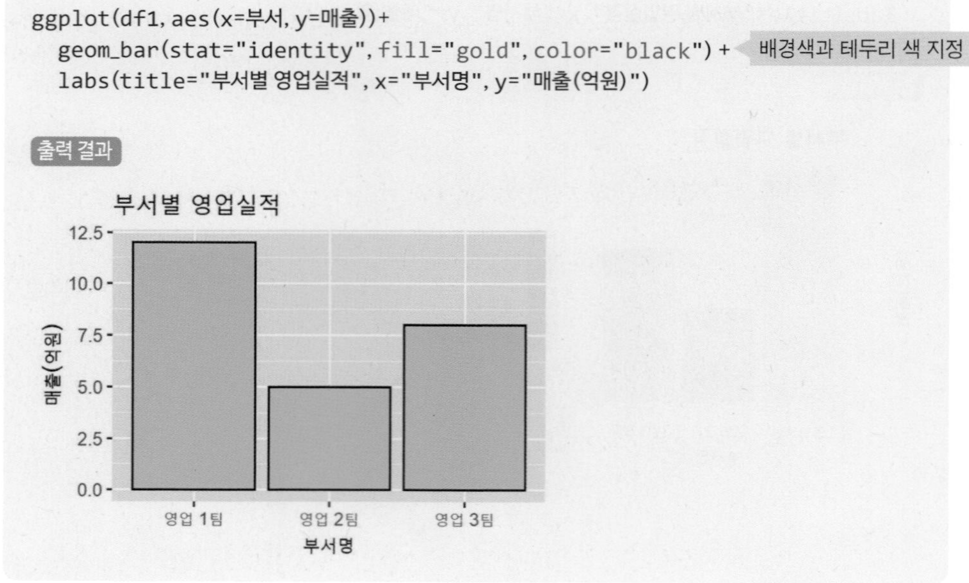

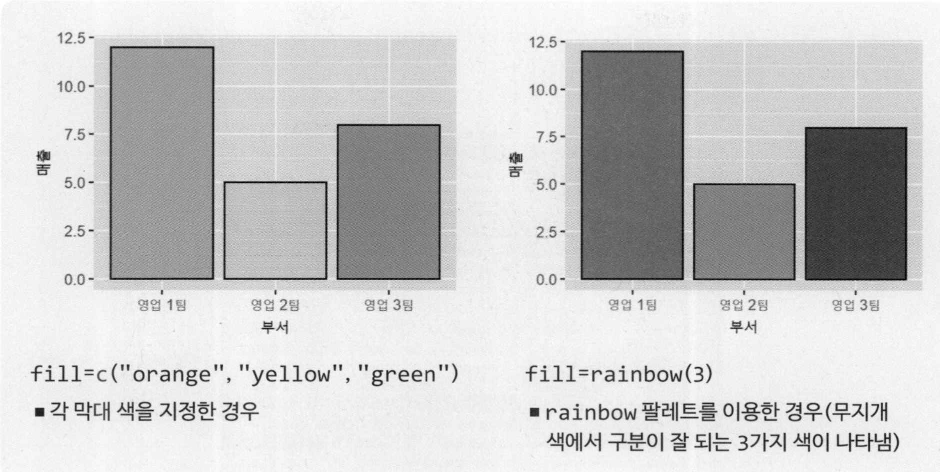

`fill=c("orange", "yellow", "green")`

■ 각 막대 색을 지정한 경우

`fill=rainbow(3)`

■ rainbow 팔레트를 이용한 경우(무지개 색에서 구분이 잘 되는 3가지 색이 나타냄)

사용 가능한 색 이름 찾기

기본 패키지인 grDevices에서 제공되는 colors() 함수를 호출하면, 사용 가능한 내장된 색의 이름(built-in color names)을 확인 할 수 있다.

```
  [1] "white"                 "aliceblue"             "antiquewhite"
  [4] "antiquewhite1"         "antiquewhite2"         "antiquewhite3"
  [7] "antiquewhite4"         "aquamarine"            "aquamarine1"
 [10] "aquamarine2"           "aquamarine3"           "aquamarine4"
 [13] "azure"                 "azure1"                "azure2"
 [16] "azure3"                "azure4"                "beige"
 [19] "bisque"                "bisque1"               "bisque2"
 [22] "bisque3"               "bisque4"               "black"
 [25] "blanchedalmond"        "blue"                  "blue1"
```

```
[631] "tomato1"               "tomato2"               "tomato3"
[634] "tomato4"               "turquoise"             "turquoise1"
[637] "turquoise2"            "turquoise3"            "turquoise4"
[640] "violet"                "violetred"             "violetred1"
[643] "violetred2"            "violetred3"            "violetred4"
[646] "wheat"                 "wheat1"                "wheat2"
[649] "wheat3"                "wheat4"                "whitesmoke"
[652] "yellow"                "yellow1"               "yellow2"
[655] "yellow3"               "yellow4"               "yellowgreen"
```

각 이름에 대응하는 색은 다음과 같다(https://www.r-graph-gallery.com/colors).

white	aliceblue	antiquewhite	antiquewhite1	antiquewhite2
antiquewhite3	antiquewhite4	aquamarine	aquamarine1	aquamarine2
aquamarine3	aquamarine4	azure	azure1	azure2
azure3	azure4	beige	bisque	bisque1
bisque2	bisque3	bisque4		blanchedalmond
blue	blue1	blue2	blue3	blue4
blueviolet	brown	brown1	brown2	brown3
brown4	burlywood	burlywood1	burlywood2	burlywood3
burlywood4	cadetblue	cadetblue1	cadetblue2	cadetblue3
cadetblue4	chartreuse	chartreuse1	chartreuse2	chartreuse3
chartreuse4	chocolate	chocolate1	chocolate2	chocolate3
chocolate4	coral	coral1	coral2	coral3
coral4	cornflowerblue	cornsilk	cornsilk1	cornsilk2
cornsilk3	cornsilk4	cyan	cyan1	cyan2
cyan3	cyan4	darkblue	darkcyan	darkgoldenrod
darkgoldenrod1	darkgoldenrod2	darkgoldenrod3	darkgoldenrod4	darkgray
darkgreen	darkgrey	darkkhaki	darkmagenta	darkolivegreen
darkolivegreen1	darkolivegreen2	darkolivegreen3	darkolivegreen4	darkorange
darkorange1	darkorange2	darkorange3	darkorange4	darkorchid
darkorchid1	darkorchid2	darkorchid3	darkorchid4	darkred
darksalmon	darkseagreen	darkseagreen1	darkseagreen2	darkseagreen3
darkseagreen4	darkslateblue	darkslategray	darkslategray1	darkslategray2
darkslategray3	darkslategray4	darkslategrey	darkturquoise	darkviolet
deeppink	deeppink1	deeppink2	deeppink3	deeppink4
deepskyblue	deepskyblue1	deepskyblue2	deepskyblue3	deepskyblue4

팔레트

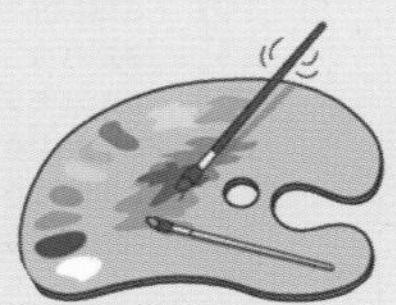

차트에서 사용할 색은 col=c("red", "blue", "green", "yellow")와 같이 구체적인 색을 지 정해도 되지만, R에서는 쉽게 사용할 수 있는 팔레트를 제공하고 있다. 팔레트란 그림 물감을 섞기 위한 판이다. 여러 가지 패키지에서 제공하는 팔레트가 있지만, 간단하고 많이 사용하는 기본 패키지인 gdRdriver에서 제공하는 팔레트와 기타 패키지인 RColorBrewer 패키지가 제공하는 팔레트를 살펴보자.

(1) gdRdriver 패키지의 팔레트

col에 지정한 팔레트를 원 그래프로 출력해 보면, 다양한 색의 변화를 볼 수 있다.

```
x <- rep(1, 12)
pie(x, labels=seq(1,12), col=rainbow(12))
```

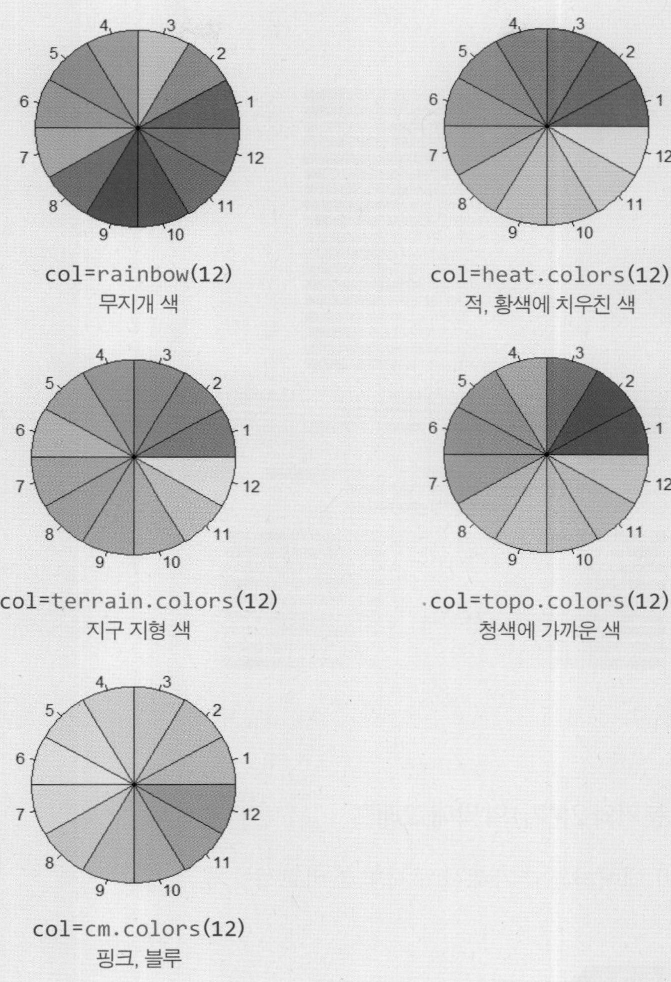

col=rainbow(12)
무지개 색

col=heat.colors(12)
적, 황색에 치우친 색

col=terrain.colors(12)
지구 지형 색

col=topo.colors(12)
청색에 가까운 색

col=cm.colors(12)
핑크, 블루

(2) RColorBrewer 패키지의 팔레트

RColorBrewer 패키지는 기타 패키지이기 때문에 별도로 설치 과정을 거쳐야 한다. 팔레트는 Sequential palettes, Qualititive palettes, Diverging palettes와 같은 다양한 형태가 있다.

```
Install.packages("RColorBrewer")
library(RColorBrewer)
display.brewer.all()   RColorBrewer 패키지가 제공하는 모든 팔레트 출력
```

출력 결과

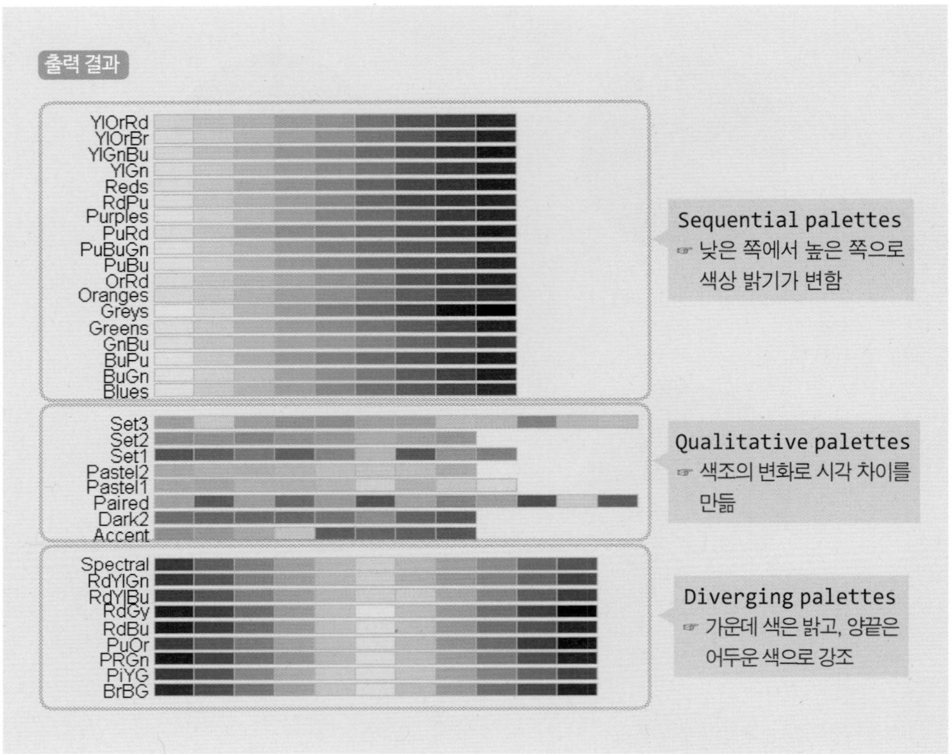

(2) 두 그룹(1분기와 2분기)의 막대 그래프

이제, 2분기 데이터를 추가해서 부서별로 비교해보자.

2분기 데이터의 추가

```
dept <- c("영업 1팀", "영업 2팀", "영업 3팀")
sales <- c(10, 8, 5)
df2 <- data.frame(부서=dept, 매출=sales, 분기="2분기")
df <- rbind(df1, df2)
df
```

출력 결과

```
        부서 매출   분기
1 영업 1팀   12 1분기
2 영업 2팀    5 1분기
3 영업 3팀    8 1분기
4 영업 1팀   10 2분기
5 영업 2팀    8 2분기
6 영업 3팀    5 2분기
```

다음은 부서별로 분기별 막대를 쌓아 올린 스택형 막대 그래프로 나타난 예이다.

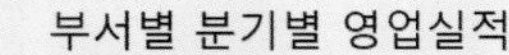


```
ggplot(df, aes(x=부서, y=매출, fill=분기)) +
  geom_bar(stat="identity") +
  labs(title="부서별 분기별 영업실적")
```

fill을 '분기'로 지정하면 df 내의 분기별 데이터가 구분되어 나타남

출력 결과

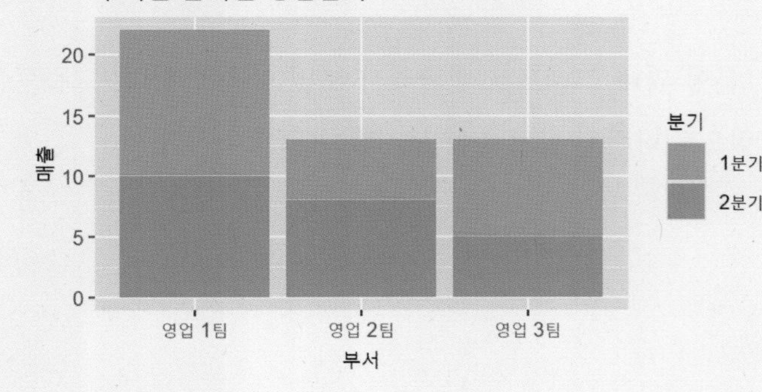

분기별 색은 임의로 지정할 수 있다.

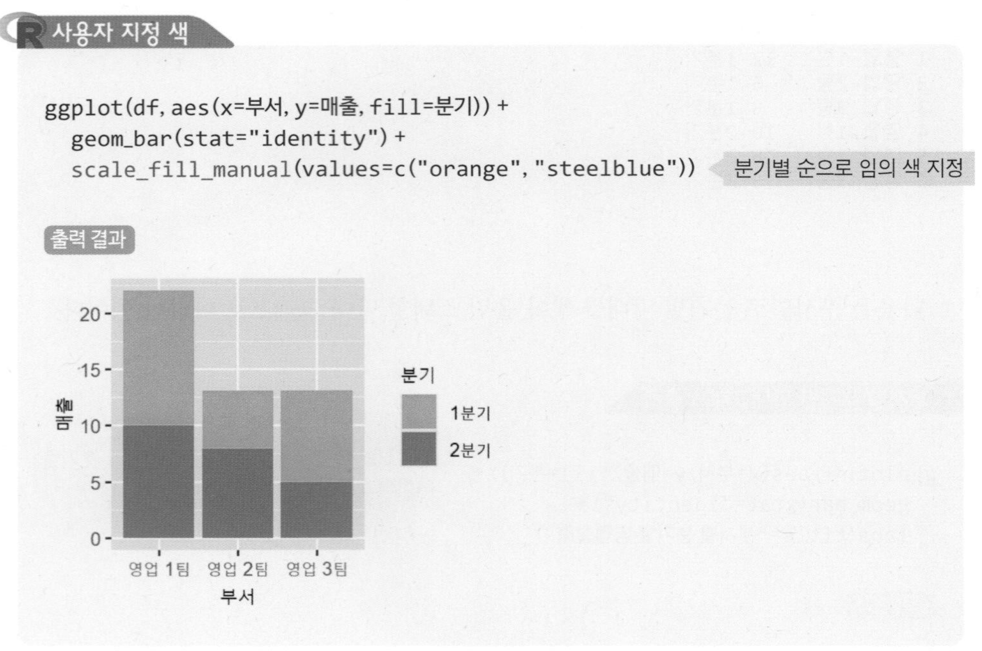

한편, 분기별 실적을 그룹형 막대 그래프로 변환해서 보면 다음과 같다. 그룹형은 부서별로 1, 2분기 실적을 옆으로 나란히 펼쳐 놓아 분기별 비교에 편하다.

그룹형 막대 그래프

```
ggplot(df, aes(x=부서, y=매출, fill=분기)) +
  geom_bar(stat="identity", position="dodge")
```

그룹형 막대 그래프

출력 결과

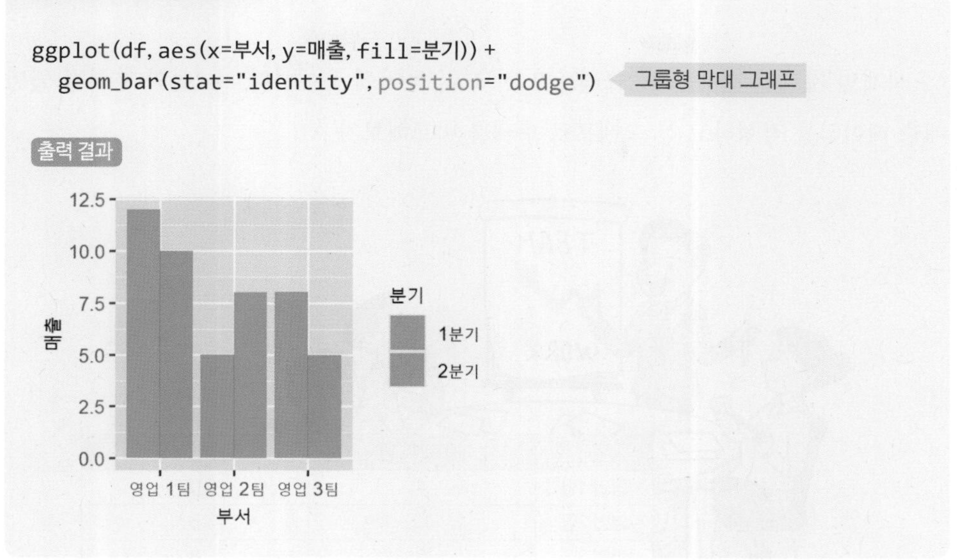

그래프를 이미지 파일로 저장하면 보고서 또는 여러 자료에 활용할 수 있다. ggsave() 함수는 임의 폴더에 png, jpg 포맷 등으로 저장하게 한다. 다음은 현재 출력되어 있는 그래프를 저장하는 예이다.

그래프의 저장

```
ggsave("c:/Temp/test.png", width = 10, height = 15, units = "cm")
```

PNG 파일 포맷으로 저장 (가로와 세로는 10X15이며, 단위는 cm로 설정한 예)
☞ 경로를 지정하지 않으면 R소스와 같은 폴더에 저장됨)

4.3 선 그래프

시계열 자료인 경우는 선 그래프가 비교 및 분석에 용이하다. 4.2절의 부서별 월별 매출 데이터를 작성하고 선 그래프로 추세를 비교해보자.

부서	1분기(억 원)	2분기(억 원)
영업 1팀	4	12
영업 2팀	12	8
영업 3팀	5	8
영업 4팀	8	4

부서별 월별 매출에 관한 데이터는 다음과 같다.

R 데이터 작성

```
# install.packages("ggplot2")
library(ggplot2)

# 영업1팀 데이터
month <- c(1, 2, 3, 4, 5, 6)
sales <- c(3, 3.5, 5, 7, 6, 4)
df1 <- data.frame(부서="영업1팀", 월=month, 매출=sales)

# 영업2팀 데이터
month <- c(1, 2, 3, 4, 5, 6)
```

```
sales <- c(2, 2, 4, 8, 9, 6)
df2 <- data.frame(부서="영업2팀", 월=month, 매출=sales)

# 데이터 통합
df <- rbind(df1, df2)
df
```

출력 결과

```
       부서  월  매출
1   영업1팀  1  3.0
2   영업1팀  2  3.5
3   영업1팀  3  5.0
4   영업1팀  4  7.0
5   영업1팀  5  6.0
6   영업1팀  6  4.0
7   영업2팀  1  2.0
8   영업2팀  2  2.0
9   영업2팀  3  4.0
10  영업2팀  4  8.0
11  영업2팀  5  9.0
12  영업2팀  6  6.0
```

먼저 영업1팀(df1)에 대한 선 그래프를 출력해보자. 선 그래프는 geom_line() 함수를 이용해서 출력한다.

선 그래프 출력

```
ggplot(data=df1, aes(x=월, y=매출, group=부서)) +   ◀ 부서별 구분
  geom_line() +   ◀ 선 그래프
  labs(title="월별 매출")
```

출력 결과

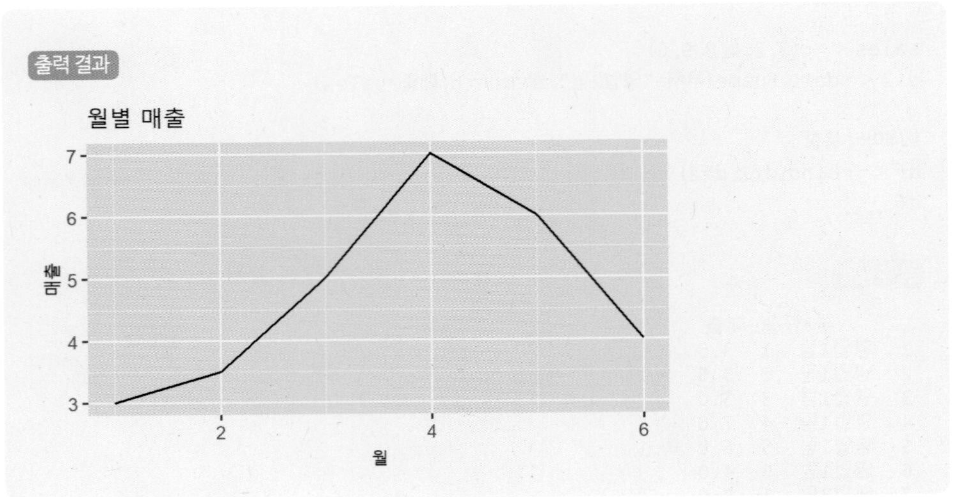

선 그래프에 색을 칠하고 각 월에는 점을 찍어 두 부서별 월별 매출액(df)을 비교해 보자. geom_point()는 5.4절의 산포도 부분에서 보기로 한다.

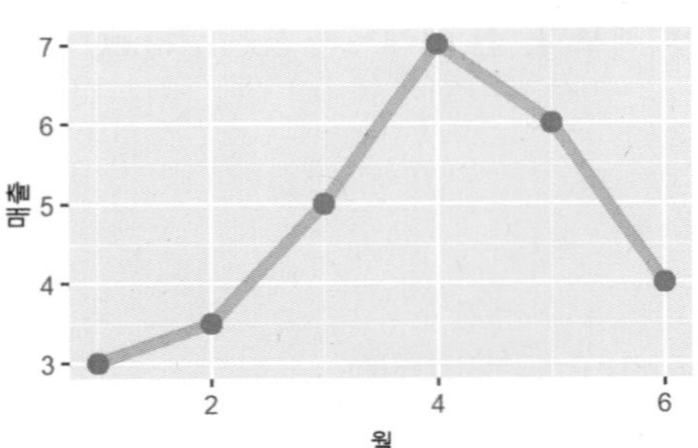


```
ggplot(data=df1, aes(x=월, y=매출,
        group=부서)) +
  geom_line(color="orange", size=2) +
  geom_point(color="red", size=3)
```

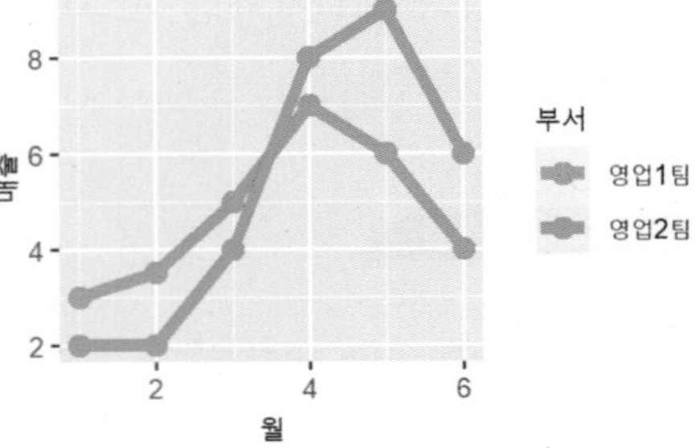


```
ggplot(data=df, aes(x=월, y=매출,
       group=부서, color=부서)) +
  geom_line(size=2) +
  geom_point(size=3)
```

4.4 산포도

키와 몸무게는 비례적으로 늘어날까? 30~39세의 미국 여성 15명의 키(height, 인치 단위)와 몸무게(weight, 파운드 단위)에 대해 데이터 프레임으로 작성된 women 데이터 세트로부터 키가 크면 몸무게도 비례적으로 늘어나는 현상을 볼 수 있는지 산포도로 살펴보자. women 데이터 세트는 R의 기본 패키지인 datasets에 내장되어 있다.

먼저 데이터 세트를 출력해보자.

데이터 세트의 출력

```
women
```

출력 결과

```
   height weight
1      58    115
2      59    117
3      60    120
4      61    123
5      62    126
6      63    129
7      64    132
8      65    135
9      66    139
10     67    142
11     68    146
12     69    150
13     70    154
14     71    159
15     72    164
```

산포도는 geom_point() 함수를 이용해서 출력한다. 다음은 키height에 따른 몸무게weight의 변화를 나타낸 것이다.

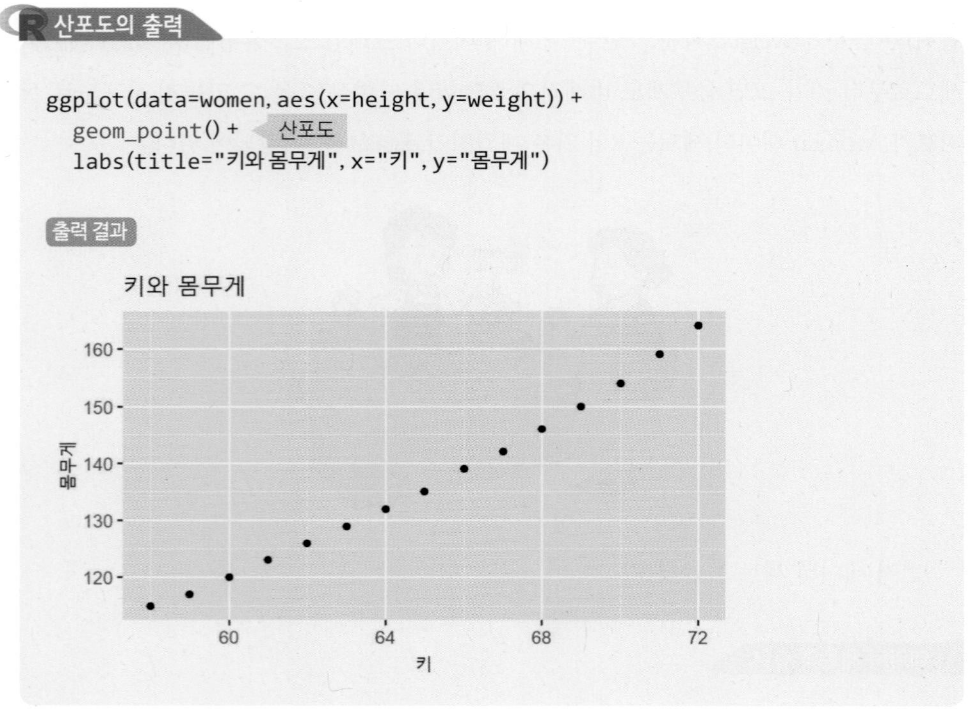

그래프에 나타나는 점의 모양point shape은 플로팅 문자plotting character에 정의된 다양한 형태로 표현 가능하다. 산포도에서 점의 모양을 지정하지 않으면 검은 색이 채워져 있는 16번 모양의 원이 디폴트로 나타난다.

플로팅 문자(PCH)의 심벌

pch (plotting character) 심벌은 그래프에 나타나는 점을 문자로 표시하기 위한 것으로 21~25의 문자에 대해서는 문자의 경계선 색으로 color="", 문자의 내부를 채우기 위한 색으로 fill=""를 사용할 수 있다. 그 외는 color=""만 사용한다.
cex (character expansion)는 문자의 크기를 나타낸다. 디폴트 크기는 1이며, 1.5는 50% 더 크며, 0.5는 50% 더 작게 나타나게 한다.

0: □	5: ◇	10: ⊕	15: ■	20: •	25: ▼	A: A	`: `
1: ○	6: ▽	11: ✡	16: ●	21: ●	@: @	a: a	.: ·
2: △	7: ⊠	12: ⊞	17: ▲	22: ■	+: +	B: B	,: ,
3: +	8: ✳	13: ⊗	18: ◆	23: ◆	%: %	b: b	?: ?
4: ×	9: ◇	14: ⊠	19: ●	24: ▲	#: #	S: S	*: *

플로팅 문자를 지정해보자. 15번 문자는 단색이며, 23번 문자는 테두리(color)는 청색으로 배경(fill)은 노란색으로 구분한 예이다.

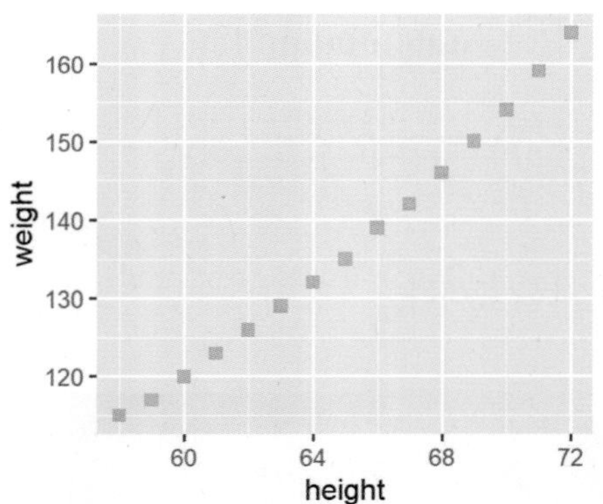


```
ggplot(..) +
  geom_point(shape=15,
   color="orange", size=2)
```

■ 15번 문자 기호는 배경과 테두리가 같기 때문에 color만 지정하면 됨

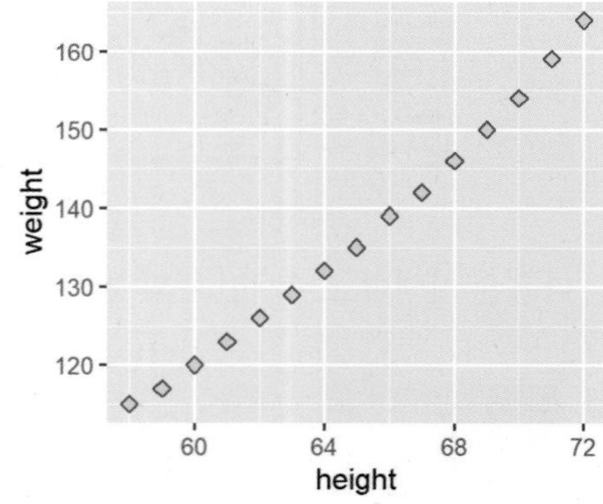


```
ggplot(..) +
  geom_point(shape=23,
   fill="yellow", color="blue", size=2)
```

■ 23번 문자 기호는 배경과 테두리가 다르기 때문에 fill과 color로 색을 구분함

4.5 원 그래프

미세먼지는 우리생활에 많은 악영향을 끼치고 있다. 실제 시도별 미세먼지 농도를 원 그래프로 그려 그 현황을 비교해보자. 미세먼지 농도는 한국환경공단에서 실시간으로 대기환경정보를 제공하는 에어코리아https://www.airkorea.or.kr에서 파악할 수 있다.

다음은 지역별 초미세먼지 일평균 농도를 조사한 표이다.

시도명	초미세먼지 농도($\mu g/m^3$)
서울	18
부산	21
대구	21
인천	17
광주	8
대전	11
울산	25

먼저 초미세먼지의 농도를 데이터 프레임으로 만들어 보자.

R 데이터 프레임 만들기

```
# install.packages("ggplot2")
library(ggplot2)

city <- c("서울", "부산", "대구", "인천", "광주", "대전", "울산")
pm25 <- c(18, 21, 21, 17, 8, 11, 25)
df <- data.frame(지역=city, 초미세먼지농도=pm25)
df
```

출력 결과

```
  지역 초미세먼지농도
1 서울             18
2 부산             21
3 대구             21
4 인천             17
5 광주              8
6 대전             11
7 울산             25
```

다음과 같이 ggplot()과 geom_bar()로 막대 그래프를 출력 후에, coord_polar() 함수를 이용하면 원 그래프로 변형되어 나타난다. 단계적으로 실행하면서, 그 변화를 살펴보자.

R 그래프 출력

```
ggplot(df, aes(x = "", y = 초미세먼지농도, fill = 지역)) +
  geom_bar(stat='identity', color="black") +   막대 그래프
  coord_polar(theta = "y") +   원 그래프로 변환
  geom_text(aes(label = 초미세먼지농도),
            color = "black",
            position = position_stack(vjust = 0.5)) +
  theme_void() +   그래프 테마 삭제
  scale_fill_manual(values = c("red", "orange", "gold", "yellow", "green",
            "cyan", "skyblue"))   그래프 색
```

라벨 출력: 초미세먼지농도 값 검은 색: 검정
글자 위치: 각 부채꼴의 중심 각도

출력 결과

(단계별 실행의 예)

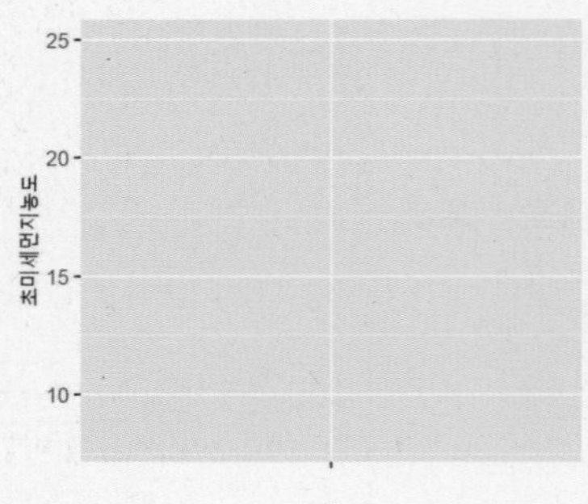

ggplot(..)

■ 그래프 영역 출력

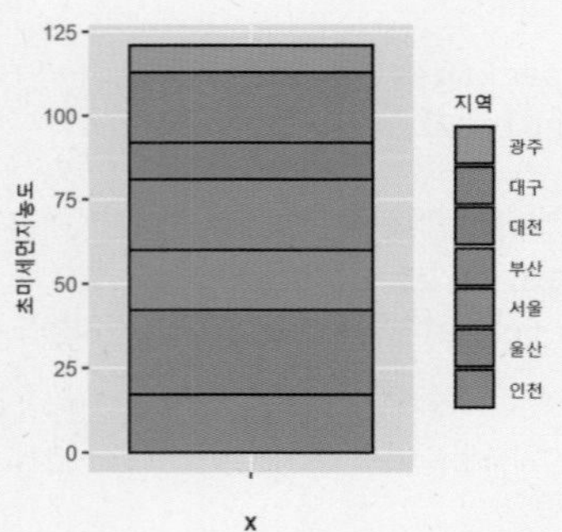

ggplot(..) + geom_bar(..)

■ 초미세먼지농도의 크기별로 수직으로 쌓임(지역명의 가나다순)

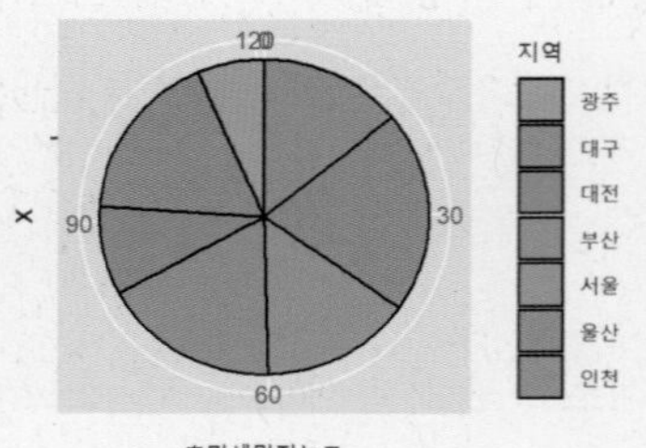

ggplot(..) + geom_bar(..) + coord_polar(..)

■ 파이차트 형태로 변환

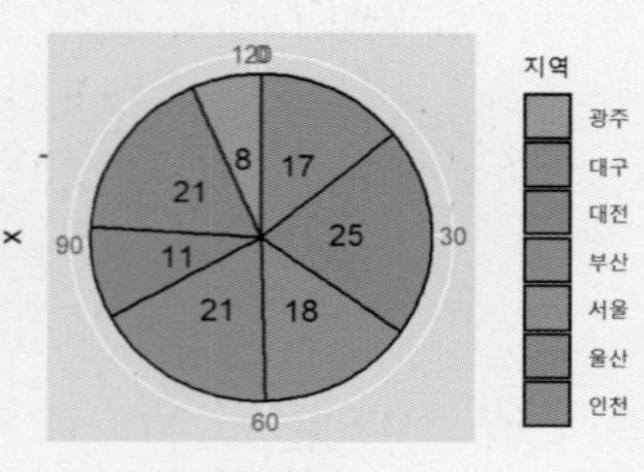

ggplot(..) + geom_bar(..) + coord_polar(..) + geom_text(..)

■ 각 부채꼴 중간 부분에 라벨 출력

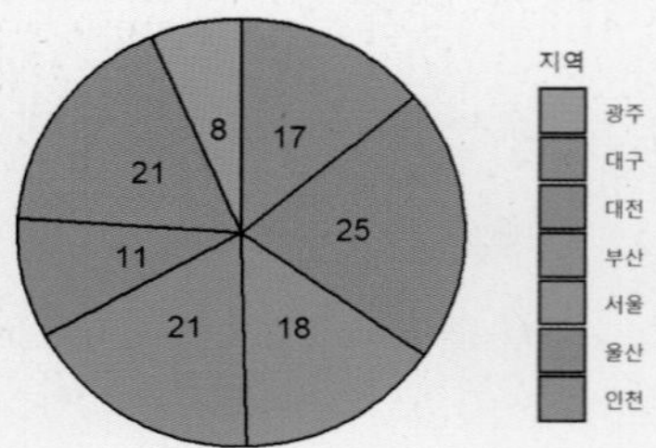

ggplot(..) + geom_bar(..) + coord_polar(..) + geom_text(..) + theme_void(..)

■ 그래프 테마 삭제

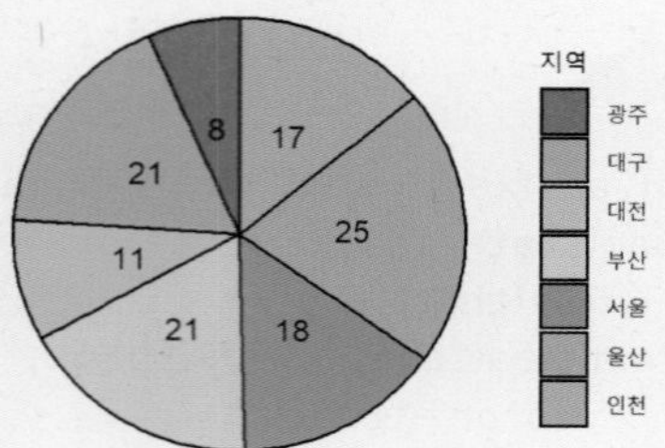

ggplot(..) + geom_bar(..) + coord_polar(..) + geom_text(..) + theme_void(..) + scale_fill_manual(..)

■ 임의 색 지정

4.6 히스토그램

datasets 패키지의 quakes 데이터 세트는 오세아니아에 있는 피지Fiji 섬 근처에서 발생한 1,000개 지진 정보를 담고 있다. 히스토그램으로 그 분포를 파악해 보자.

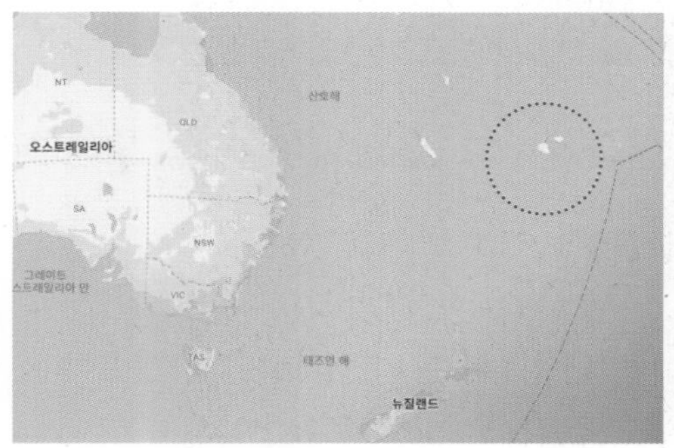

먼저 quakes 데이터 세트를 출력해보자. 열 이름은 위도latitude, 경도longitude, 진원지depth, 지진 규모magnitude, 관측소 번호stations 순이다.

데이터 출력

```
# install.packages("ggplot2")
library(ggplot2)

quakes  지진 데이터
```

출력 결과

```
       lat   long depth mag stations
1   -20.42 181.62   562 4.8       41
2   -20.62 181.03   650 4.2       15
3   -26.00 184.10    42 5.4       43
4   -17.97 181.66   626 4.1       19
5   -20.42 181.96   649 4.0       11
6   -19.68 184.31   195 4.0       12
198 -24.00 182.75   175 4.5       14
199 -20.41 181.74   538 4.3       31
200 -17.72 180.30   595 5.2       74
 [ reached 'max' / getOption("max.print") -- omitted 800 rows ]
```

히스토그램은 geom_histogram() 함수로 나타낸다. 다음은 지진규모에 대한 분포이다.

히스토그램 출력

```
ggplot(data=quakes, aes(x=mag)) +
  geom_histogram(col="black", fill="gold") +
  labs(title="지진강도의 분포", x="지진강도", y="빈도")
```

히스토그램

출력 결과

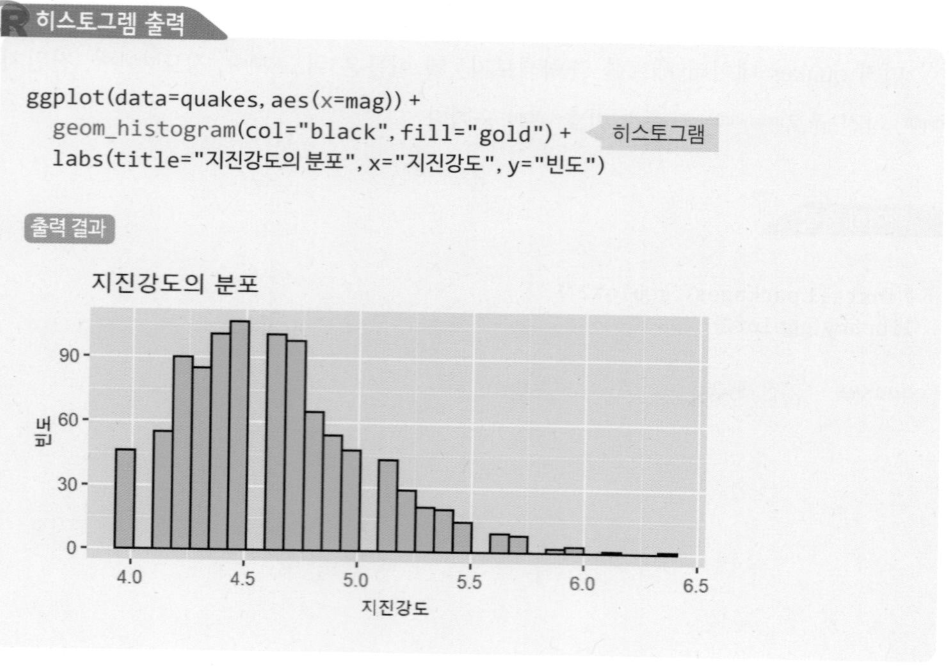

계급의 수는 디폴트로 30개가 나타난다. 데이터 분포를 파악하기에 적절하지 않는 경우에는 분포가 잘 나타나도록 계급의 수를 조정 하면 된다. 데이터의 수(n)에 따라 적정한 계급의 수(k)를 정하는 Sturges 공식은 한 방법이다. ⌈ ⌉는 천장 함수ceiling function로 그 수보다 큰 점수들 중에서 가장 작은 점수를 의미한다.

$$k = \lceil 1 + 3.3\log(n) \rceil$$

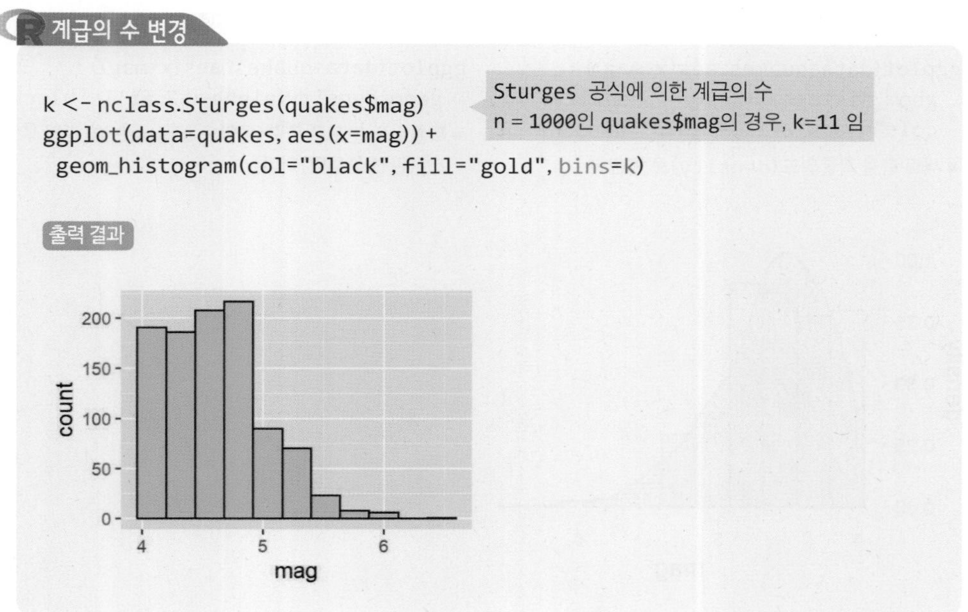

한편, 확률밀도로 출력하는 과정은 다음과 같다.

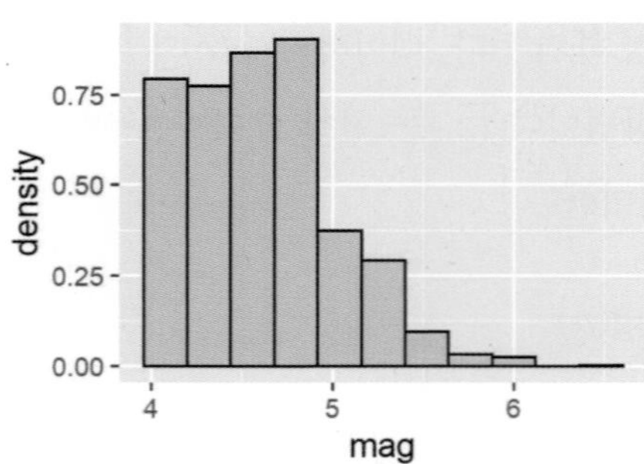


```
ggplot(data=quakes, aes(x=mag)) +
  geom_histogram(aes(y=..density..),
  col="black", fill="gold", bins=k)
```

■ 세로 축을 확률밀도(density)로 변환함

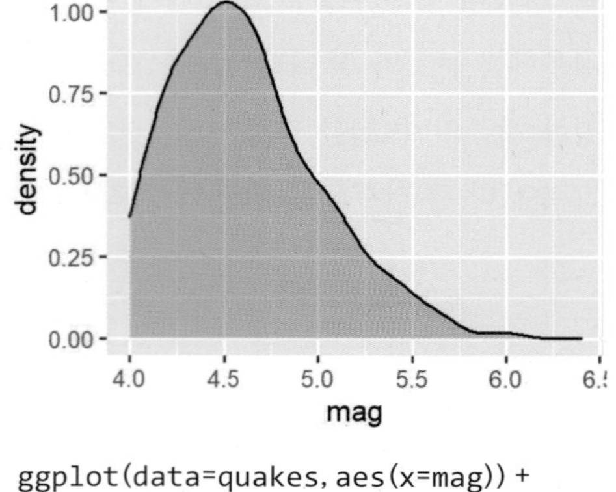


```
ggplot(data=quakes, aes(x=mag)) +
  geom_density(alpha=0.2, fill="black")
```

■ 확률밀도 분포로 출력(투명도 alpha는 0(완전 투명)~1(완전 불투명)이다)

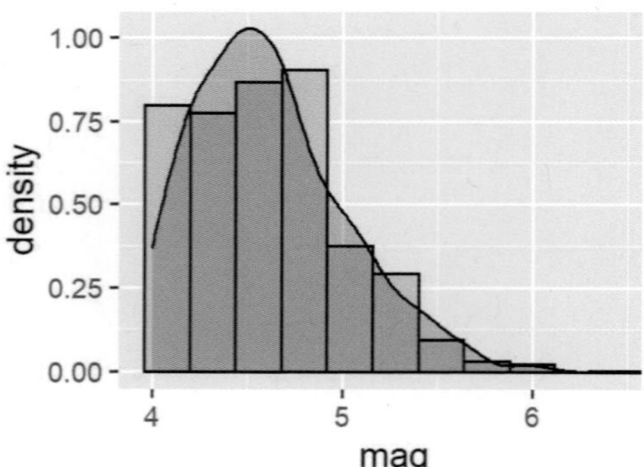


```
ggplot(data=quakes, aes(x=mag)) +
  geom_histogram(aes(y=..density..),
    col="black", fill="gold", bins=k) +
  geom_density(alpha=0.2, fill="black")
```

■ 히스토그램과 확률밀도 분포를 겹침

4.7 박스 플롯

박스 플롯은 데이터의 최소, 최대, 제 1사분위수, 중앙값(2사분위수), 제 3사분위수 등으로 개략적인 분포의 형태를 파악할 수 있다. 4.6절의 지진강도mag 분포를 박스플롯으로 출력해보자. 박스 플롯은 geom_boxplot() 함수로 나타낸다.

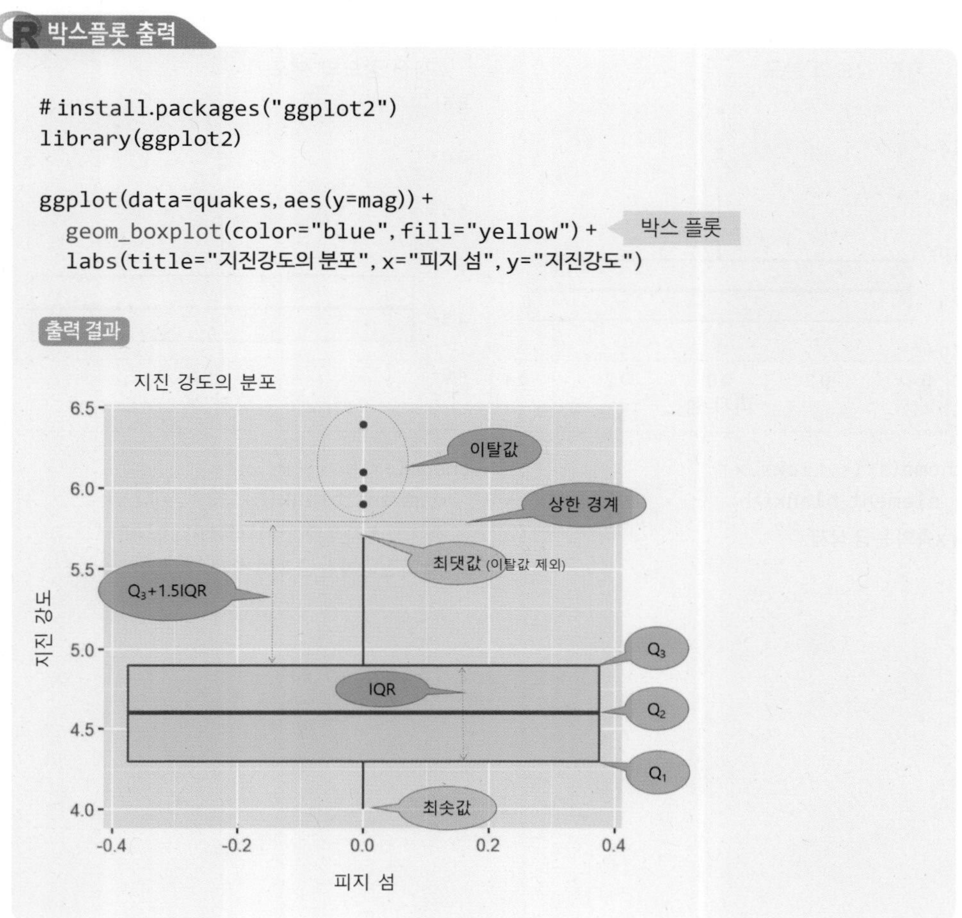

박스플롯 출력

```
#install.packages("ggplot2")
library(ggplot2)

ggplot(data=quakes, aes(y=mag)) +
  geom_boxplot(color="blue", fill="yellow") +     ◀ 박스 플롯
  labs(title="지진강도의 분포", x="피지 섬", y="지진강도")
```

출력 결과

박스 플롯은 제 1사분위수(Q_1), 제 2사분위수(Q_2, 중앙값) 제 3사분위수(Q_3) 그리고 이탈값outlier들을 보여준다. 이탈값을 구분하는 상한 경계는 Q_3 + 1.5 IQR이다. IQR은 사분위수 범위inter quartile range로 $Q_3 - Q_1$의 크기이며, 이 범위에 드는 데이터는 50%가 된다. 한편, 하한 경계는 Q_1 − 1.5 IQR이다. quakes 데이터에는 하위의 이탈값은 보이지 않는다. 최솟값과 최댓값은 상한과 하한 경계 범위 내의 값에서 정해진다.

X축의 눈금tick은 의미가 없기 때문에 눈금과 눈금 라벨을 지운다면 다음과 같다.

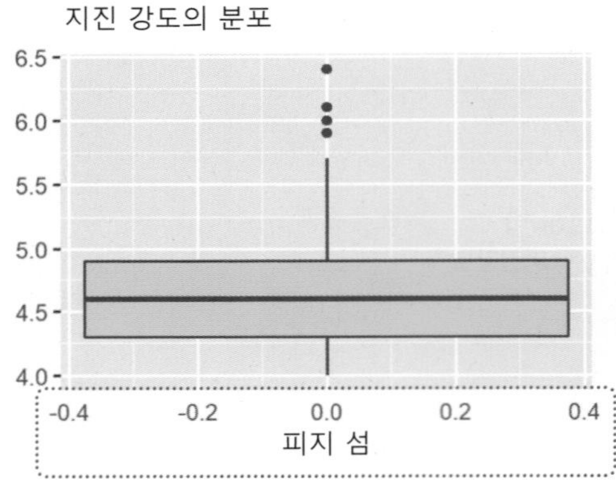


```
theme(axis.ticks.x =
  element_blank())
```

■ X축의 눈금 삭제

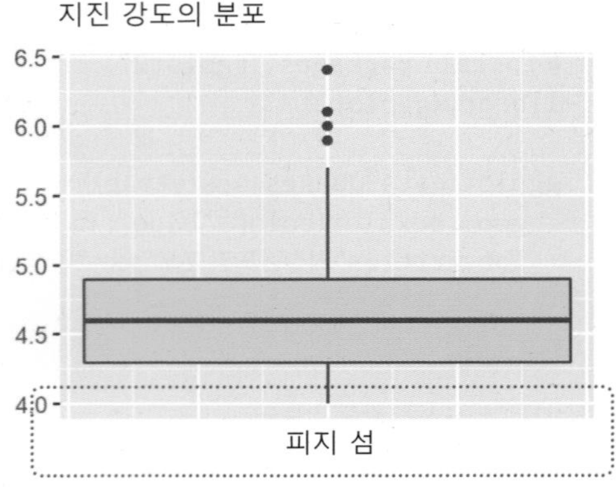


```
theme(axis.ticks.x =
  element_blank(),
  axis.text.x = element_blank())
```

■ X축의 눈금과 눈금 라벨 삭제

1. 다음 중 서로 관련 있는 것끼리 1:1로 연결하시오.

① 막대그래프	a `coord_polar()`
② 원그래프	b `bins`
③ 산포도	c `geom_bar()`
④ 선그래프	d `geom_boxplot()`
⑤ 히스토그램	e `geom_line()`
⑥ 박스 플롯	f `geom_point()`

2. 데이터 프레임 df는 '학년'과 '재학생수' 열로 구성되어 있다. 학년별 재학생수를 막대그래프로 출력하려고 한다. 학년별로는 다른 색을 출력하도록 밑줄을 완성하시오.

```
ggplot(df1,aes(x=__________, y=__________, __________)) +
  geom_bar(stat="identity")
```

3. 데이터 프레임 df는 '지역'과 '월', '코로나누적확진자수'의 열로 구성되어 있다. '지역'별로 '월'에 따른 '코로나누적확진자수'를 선그래프로 출력하려고 한다. 밑줄을 완성하시오.

```
ggplot(df1,aes(x=__________, y=__________, group=__________)) +
  __________()
```

4. 히스토그램과 관련되지 않은 것을 찾으시오.

① ..density.. ② fill ③ bins ④ y=문자형변수명

5. 박스플롯과 관련된 것을 찾으시오.

① x=숫자형변수명 ② x=문자형변수명 ③ y=숫자형변수명 ④ y=문자형변수명

응용 문제1 CDNow 거래 데이터를 이용한 분포 분석

CDnow는 1992년도에 설립된 닷컴의 대표적인 온라인 유통회사로서, 2002년도에 아마존에 매각되었다. 1997년 1월부터 1998년 6월까지 6919건의 거래에서 각 거래별 CD 판매량(cds)에 대해 히스토그램으로 분포를 살펴보자.

▶ CDNow 데이터 소스

URL: https://raw.githubusercontent.com/cran/BTYD/master/data/cdnowElog.csv

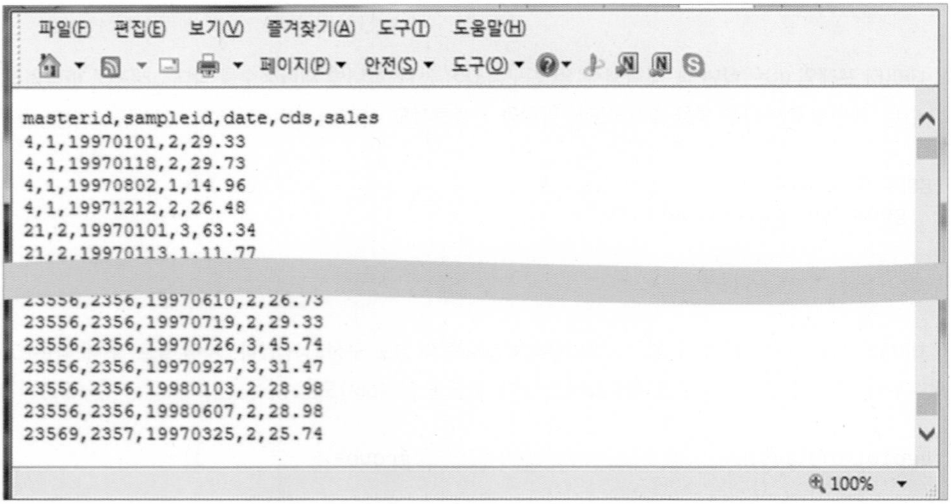

```
masterid,sampleid,date,cds,sales
4,1,19970101,2,29.33
4,1,19970118,2,29.73
4,1,19970802,1,14.96
4,1,19971212,2,26.48
21,2,19970101,3,63.34
21,2,19970113,1,11.77
23556,2356,19970610,2,26.73
23556,2356,19970719,2,29.33
23556,2356,19970726,3,45.74
23556,2356,19970927,3,31.47
23556,2356,19980103,2,28.98
23556,2356,19980607,2,28.98
23569,2357,19970325,2,25.74
```

▶ 항목명

항목명	내용
mastered	고객 ID
sampleid	고객 ID(10%로 줄인 데이터에 대해 새로 부여한 고객 ID)
data	거래일자
cds	CD 판매량
sales	CD 판매액

▶ R 스크립트 (힌트)

```
library(ggplot2)
# CDnow 데이터 소스 위치
url <- "https://raw.githubusercontent.com/cran/BTYD/master/data/
cdnowElog.csv"
# 데이터 읽기
data <- read.csv(url, header=T)

# 데이터 앞부분 출력
head(data)
```

출력 결과

CD 거래량

```
  masterid sampleid     date cds sales
1        4        1 19970101   2 29.33
2        4        1 19970118   2 29.73
3        4        1 19970802   1 14.96
4        4        1 19971212   2 26.48
5       21        2 19970101   3 63.34
6       21        2 19970113   1 11.77
```

```
# 거래량
quantity <- data$cds

# 거래량에 대한 빈도 수를 히스토그램으로 출력
```

강의 길이에 대한 분포 분석

rivers 데이터 세트는 R의 내장 데이터 세트로서(2.4절 참조), 북미의 141개 주요 강의 길이를 나타내는 벡터이다. 강의 길이에 대한 분포를 박스 플롯으로 출력하여 전반적인 분포를 파악하고, 이탈값을 찾아보자.

▶ R 스크립트 (힌트)

```
library(ggplot2)

# 데이터 확인
rivers
# 데이터 프레임으로 변환
df <- data.frame(rivers)
df

# 강의 길이에 대한 박스 플롯 출력
```

CHAPTER R 코딩 플러스

5 애니메이션

학습목표

시각효과를 높이는 애니메이션 제작

학습내용

애니메이션 원리
그래프의 애니메이션 효과
이미지 파일을 이용한 애니메이션

Carl Larsson(칼 라르손)_Playing piano

5.1 애니메이션 개요

애니메이션은 조금씩 다른 일련의 여러 이미지를 빠르게 출력하여 사람들로 하여금 움직임과 변화에 대한 착각을 일으키게 하는 기법으로 시작하였다. 애니메이션은 처음 그림 카드를 넘겨 보는 플립 북으로 시작하였고, 원판을 회전하여 보는 페나키스토스코프로 발전하였다가 영사기의 발명으로 영화 필름이 사용되면서 애니메이션이 대중화되었다. 최근에는 컴퓨터 소프트웨어의 발전으로 여러 그림 파일들을 연속적으로 실행하거나, 수학적 함수로 파도를 치거나, 불이 난 장면, 눈이 내리는 장면 등 사실보다 더 아름다운 영상의 컴퓨터 그래픽을 만드는 고급 기법이 영화 산업에 활용되고 있다.

플립 북(flip book, 1868)

페나키스토스코프(phenakistoscope, 1893)

영화 필름

디즈니의 모아나

(자료원: Wikipedia)

이번 장에서는 ggplot2 패키지로 그린 그래프의 애니메이션을 위해 gganimate 패키지를 사용해보자. 이때, GIF 이미지 변환 기능을 제공하는 gifski 패키지가 사용된다. 또한, 여러 이미지를 합성하는 magick 패키지로 활이 날아가는 애니메이션 그림을 만들어보자.

✪ 패키지

패키지	설명
gganimate	ggplot2 패키지의 그래프에 대한 애니메이션
ggplot2	그래픽 출력을 위한 기능을 제공함. 데이터 프레임의 다수 데이터에 대한 풍부한 그래픽 시각화가 가능함(4장 참조)
gifski	고품질의 GIF 파일 변환
magick	다양한 이미지 포맷을 처리하는 패키지

5.2 그래프 애니메이션: 막대 그래프

ggplot2 패키지로 출력한 막대 그래프(4.2절 참조)에 애니메이션을 추가하여 효과적인 분석이 가능하도록 해보자. 먼저, 패키지를 설치 및 로딩하고, 각 부서별 분기별 매출의 데이터 프레임을 만들면 다음과 같다.

R 데이터 준비

```
install.packages("gganimate")
#install.packages("ggplot2")
install.packages("gifski")
library(gganimate)
library(ggplot2)
library(gifski)

# 1분기 데이터
dept <- c("영업 1팀", "영업 2팀", "영업 3팀")
```

```
sales <- c(12, 5, 8)
df1 <- data.frame(부서=dept, 매출=sales, 분기="1분기")

# 2분기 데이터
dept <- c("영업 1팀", "영업 2팀", "영업 3팀")
sales <- c(10, 8, 5)
df2 <- data.frame(부서=dept, 매출=sales, 분기="2분기")

# 1, 2 분기 데이터 통합
df <- rbind(df1, df2)
df
```

출력 결과

```
     부서 매출  분기
1 영업 1팀   12 1분기
2 영업 2팀    5 1분기
3 영업 3팀    8 1분기
4 영업 1팀   10 2분기
5 영업 2팀    8 2분기
6 영업 3팀    5 2분기
```

부서별 분기별 막대 그래프를 출력하고, 애니메이션 효과를 추가로 설정한다. 애니메이션 효과는 여러 방법이 있는데, 먼저 transition_states() 함수를 사용해보자. 이 함수는 설정된 변수의 데이터별로 출력하여 여러 장면들을 하나씩 전환하는 효과를 준다. 다음은 막대 그래프를 6초 내에 1분기와 2분기로 구분하여 출력하도록 설정된 예이다. 한편, 출력되는 애니메이션은 gif 파일로 저장하여 재사용할 수 있다.

애니메이션 실행과 저장

```
# 그래프 및 애니메이션 설정
anim <- ggplot(df, aes(x=부서, y=매출, fill=분기)) +
  geom_bar(stat="identity") +
  labs(title="부서별 분기별 영업실적") +
  transition_states(분기)   # 분기별로 전환
```

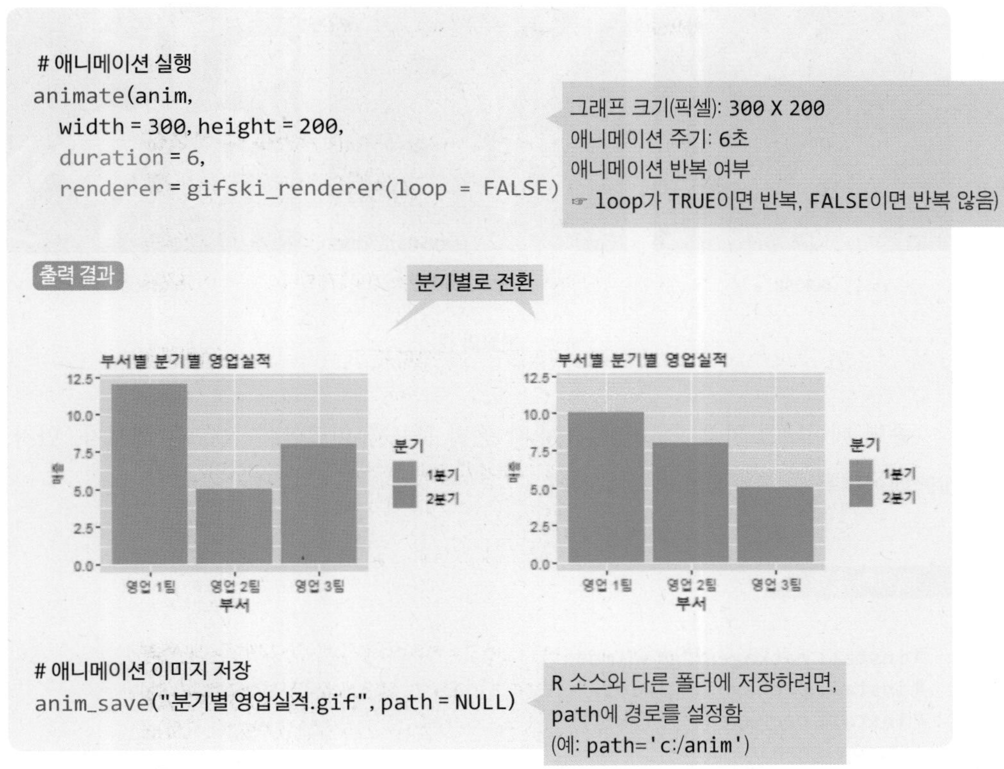

```
# 애니메이션 실행
animate(anim,
   width = 300, height = 200,
   duration = 6,
   renderer = gifski_renderer(loop = FALSE))
```



```
# 애니메이션 이미지 저장
anim_save("분기별 영업실적.gif", path = NULL)
```


5.3 그래프 애니메이션: 산포도

datasets 패키지에는 150개 붓꽃을 setosa, versicolor, virginica의 세 가지 종species으로 분류한 iris 데이터 세트가 있다. iris 데이터 세트는 1936년에 영국의 통계학자이자 생물학자인 Ronald Fisher에 의해 소개되었으며, 종을 분류하는 변수는 꽃받침의 길이sepal length와 너비sepal width, 꽃잎의 길이petal length와 너비petal width이다.

setosa

versicolor

virginica

붓꽃의 종

종별 데이터를 차례대로 출력하여 각 종별 분포를 비교할 수 있도록 해보자. 먼저, iris 데이터를 출력해보면 다음과 같다.

데이터 출력

```
#install.packages("gganimate")
#install.packages("ggplot2")
#install.packages("gifski")
library(gganimate)
library(ggplot2)
library(gifski)

#iris 데이터
iris
```

출력 결과

```
  Sepal.Length Sepal.Width Petal.Length Petal.Width Species
1          5.1         3.5          1.4         0.2  setosa
2          4.9         3.0          1.4         0.2  setosa
3          4.7         3.2          1.3         0.2  setosa
4          4.6         3.1          1.5         0.2  setosa
5          5.0         3.6          1.4         0.2  setosa
6          5.4         3.9          1.7         0.4  setosa
```

다음은 꽃받침의 길이와 너비에 따른 종의 분포를 산포도로 나타낸 그래프이다.

산포도 출력

```
# 산포도 그래프 출력
ggplot(data=iris, aes(x=Sepal.Length, y=Sepal.Width, fill=Species,
        color = Species)) +
  geom_point(size = 3, alpha=0.5) +
  labs(title="꽃받침 크기와 종의 분포", x="꽃받침 길이", y="꽃받침 너비")
```

출력 결과

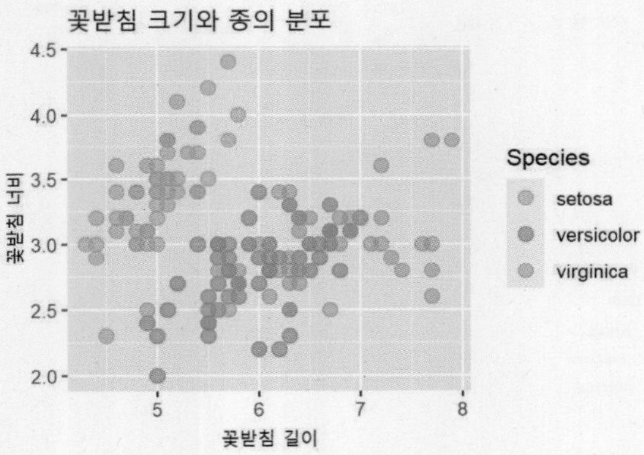

종Species의 분포별로 장면들을 전환하여 단계적으로 출력해보자. 5.2절과 같이 transition_states()를 사용하여 애니메이션 효과가 나타나게 한다.

애니메이션 실행과 저장

```
# 그래프 및 애니메이션 설정
anim <- ggplot(data=iris, aes(x=Sepal.Length, y=Sepal.Width, fill=Species,
              color = Species)) +
  geom_point(aes(color = Species), size = 3) +
  labs(title="꽃받침 크기와 종의 분포",
       x="꽃받침 길이", y="꽃받침 너비") +
  transition_states(Species)   Species 별 데이터 분포가 단계적으로 전환

# 애니메이션 실행
animate(anim, width = 300, height = 200, duration = 6,
```

```
        renderer = gifski_renderer(loop = FALSE))
```

출력 결과

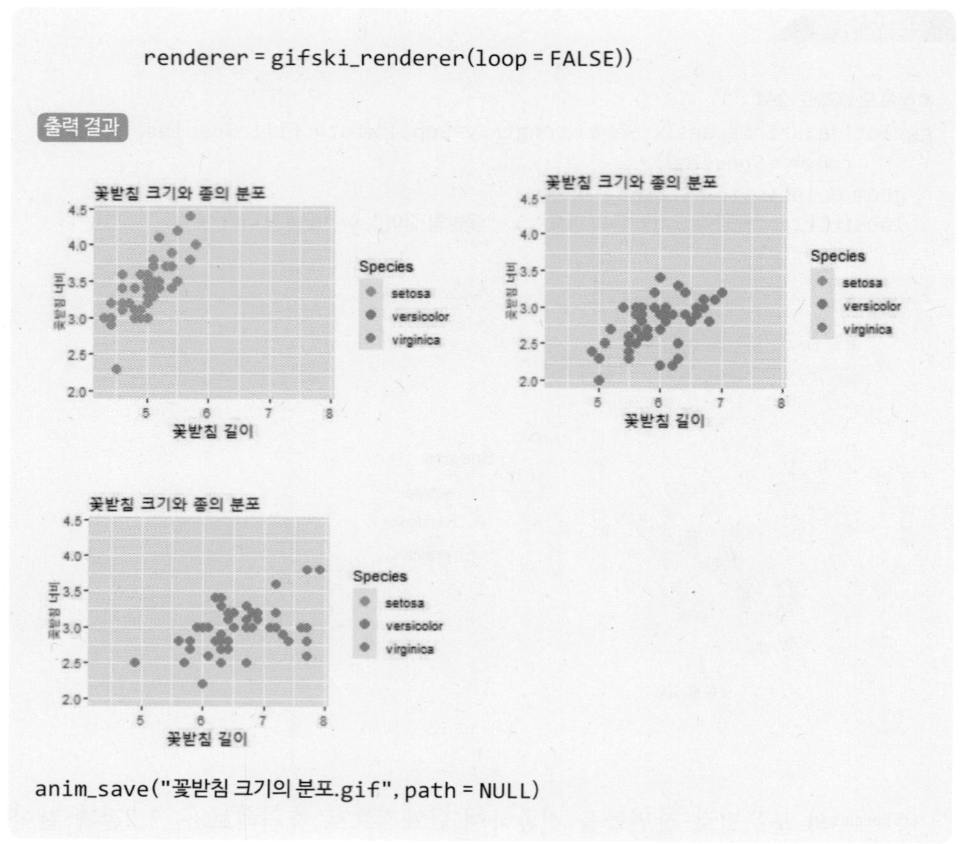


```
anim_save("꽃받침 크기의 분포.gif", path = NULL)
```

5.4 그래프 애니메이션: 선 그래프

선 그래프는 일반적으로 X 축은 순서가 있는 서열변수로 설정된다. 이 경우, 장면이 전환되는 막대그래프와 달리 X축의 왼쪽에서 오른쪽 방향으로 데이터 출력이 단계적으로 진행되는 것이 효과가 있다. 4.3절의 선그래프에 애니메이션 효과를 추가해보자. 이 경우, transition_reveal() 함수를 이용할 수 있다. 먼저, 다음과 같이 1월부터 6월까지의 월별 부서별 매출에 관한 데이터 세트를 만들어보자.

R 데이터 작성

```
# install.packages("gganimate")
# install.packages("ggplot2")
# install.packages("gifski")
library(gganimate)
library(ggplot2)
library(gifski)

# 영업1팀 데이터
month <- c(1, 2, 3, 4, 5, 6)
sales <- c(3, 3.5, 5, 7, 6, 4)
df1 <- data.frame(부서="영업1팀", 월=month, 매출=sales)

# 영업2팀 데이터
month <- c(1, 2, 3, 4, 5, 6)
sales <- c(2, 2, 4, 8, 9, 6)
df2 <- data.frame(부서="영업2팀", 월=month, 매출=sales)

# 데이터 통합
df <- rbind(df1, df2)
df
```

출력 결과

```
      부서 월 매출
1  영업1팀  1  3.0
2  영업1팀  2  3.5
3  영업1팀  3  5.0
4  영업1팀  4  7.0
5  영업1팀  5  6.0
6  영업1팀  6  4.0
7  영업2팀  1  2.0
8  영업2팀  2  2.0
9  영업2팀  3  4.0
10 영업2팀  4  8.0
11 영업2팀  5  9.0
12 영업2팀  6  6.0
```

transition_reveal() 함수에 X축 관련 속성인 '월'을 설정하면 왼쪽에서 오른쪽 방향으로 X축의 눈금tick 레벨(월)이 증가함에 따라 선그래프가 연결되어 나타나게 된다.

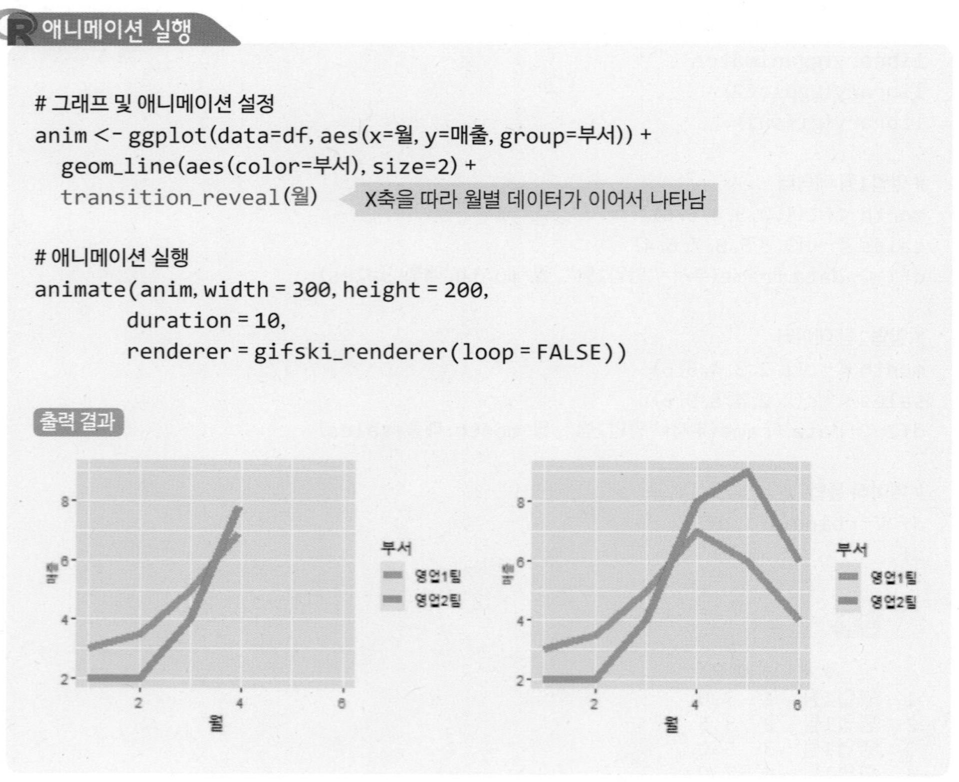

애니메이션 실행

```
# 그래프 및 애니메이션 설정
anim <- ggplot(data=df, aes(x=월, y=매출, group=부서)) +
  geom_line(aes(color=부서), size=2) +
  transition_reveal(월)   X축을 따라 월별 데이터가 이어서 나타남

# 애니메이션 실행
animate(anim, width = 300, height = 200,
        duration = 10,
        renderer = gifski_renderer(loop = FALSE))
```

출력 결과

오른쪽 방향으로 선그래프가 이어 나타나는 부분에 임의의 플로팅 문자(PCH)를 설정하면 애니메이션 효과가 더 잘 보이게 된다. geom_point()에서 shape를 별도로 지정하지 않으면, 플로팅 문자는 디폴트로 원 기호가 나타난다.

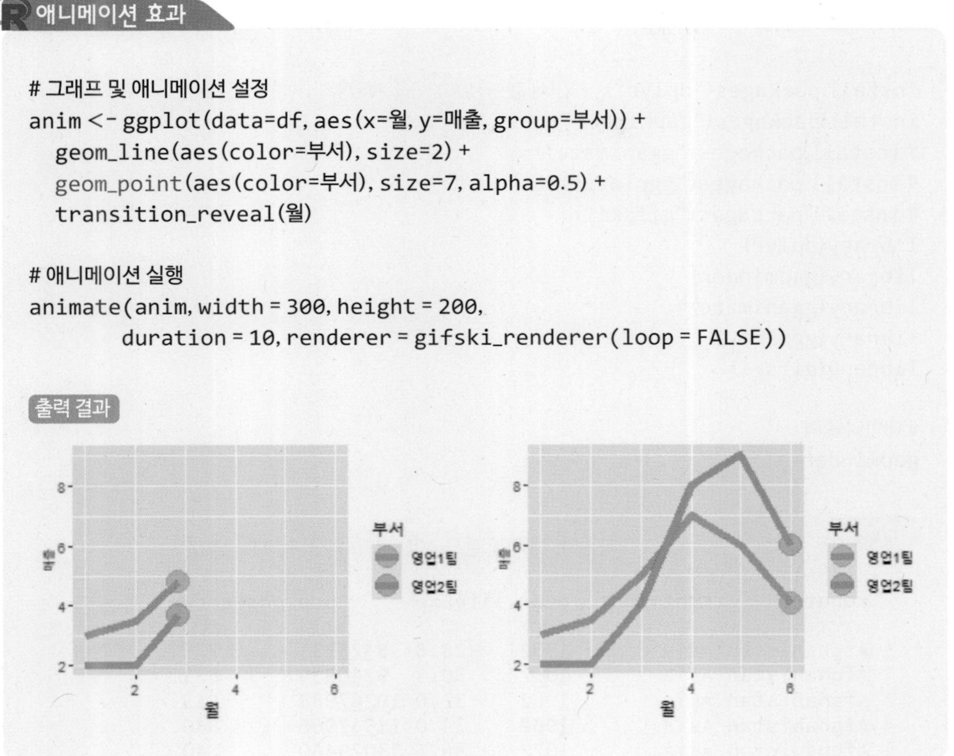

애니메이션 효과

```
# 그래프 및 애니메이션 설정
anim <- ggplot(data=df, aes(x=월, y=매출, group=부서)) +
  geom_line(aes(color=부서), size=2) +
  geom_point(aes(color=부서), size=7, alpha=0.5) +
  transition_reveal(월)

# 애니메이션 실행
animate(anim, width = 300, height = 200,
        duration = 10, renderer = gifski_renderer(loop = FALSE))
```

출력 결과

5.5 그래프 애니메이션: 시계열 데이터

X축이 시간 축으로 설정되어 있거나 산포도에서 모든 시간 대의 데이터들이 혼재되어 있을 때, 시간 단위로 출력하면 현상을 파악하는데 도움이 된다. 연도별 국내총생산 대비 기대 수명의 분포를 연도별로 출력해보자. 이 경우, transition_time() 함수를 이용할 수 있다(단, 이 함수는 선그래프에는 적용되지 않는다). gapminder 패키지에 있는 gapminder 데이터 세트는 전세계 국가에 대한 연도별 기대수명과 인구 수, 국내총생산(GDP)을 보여준다. 다음과 같이 먼저 데이터를 확인해보자.

데이터 출력

```
install.packages("dplyr")   연쇄 연산자(%>%)를 제공함
install.packages("gapminder")
# install.packages("gganimate")
# install.packages("ggplot2")
# install.packages("gifski")
library(dplyr)
library(gapminder)
library(gganimate)
library(ggplot2)
library(gifski)

# 데이터 출력
gapminder
```

출력 결과

국가명, 대륙명, 연도, 기대수명, 인구 수, 1인당 GDP

```
# A tibble: 1,704 x 6
   country     continent  year lifeExp      pop gdpPercap
   <fct>       <fct>     <int>   <dbl>    <int>     <dbl>
 1 Afghanistan Asia       1952    28.8  8425333      779.
 2 Afghanistan Asia       1957    30.3  9240934      821.
 3 Afghanistan Asia       1962    32.0 10267083      853.
 4 Afghanistan Asia       1967    34.0 11537966      836.
 5 Afghanistan Asia       1972    36.1 13079460      740.
 6 Afghanistan Asia       1977    38.4 14880372      786.
 7 Afghanistan Asia       1982    39.9 12881816      978.
 8 Afghanistan Asia       1987    40.8 13867957      852.
 9 Afghanistan Asia       1992    41.7 16317921      649.
10 Afghanistan Asia       1997    41.8 22227415      635.
# ... with 1,694 more rows
```

우리나라와 베트남, 핀란드 데이터 만으로 애니메이션 그래프를 출력해 보자. 조건에 맞는 데이터를 추출하기 위해서는 filter() 함수가 한 방법이다. 연도별로 1인당 GDP 대비 기대 수명의 분포의 흐름을 비교해 볼 수 있다. 연쇄연산자(%>%)는 왼쪽의 함수 결과를 오른쪽 함수로 전달하며, 간결한 코딩이 가능하게 한다.

애니메이션 실행

```
# 데이터 추출
df <- gapminder %>%
  filter(country == "Finland" | country == "Korea, Rep." | country == "Vietnam")

# 그래프 및 애니메이션 설정
anim <- ggplot(df, aes(x=gdpPercap, y=lifeExp, size=pop, colour = country)) +
  geom_point(alpha = 0.5) +
  scale_size(range = c(5, 15)) +
  labs(title = '연도: frame_time', x = '1인당 GDP', y = '기대 수명') +
  transition_time(year) +
  shadow_wake(0.5)

# 애니메이션 실행
animate(anim, width = 400, height = 300,
        duration = 10, renderer = gifski_renderer(loop = FALSE))
```

- gapminde 데이터에 대해 filter() 함수로 국가명이 "Finland', 'Korea, Rep.', 'Vietnam'인 데이터 추출
- size로 설정된 pop 변수의 데이터에 대한 출력 기호의 최소와 최대 범위
- 연도별 데이터가 단계적으로 출력되고 사라짐
- 데이터가 기호로 출력되어 지나가는 잔상 효과(0~1)

출력 결과

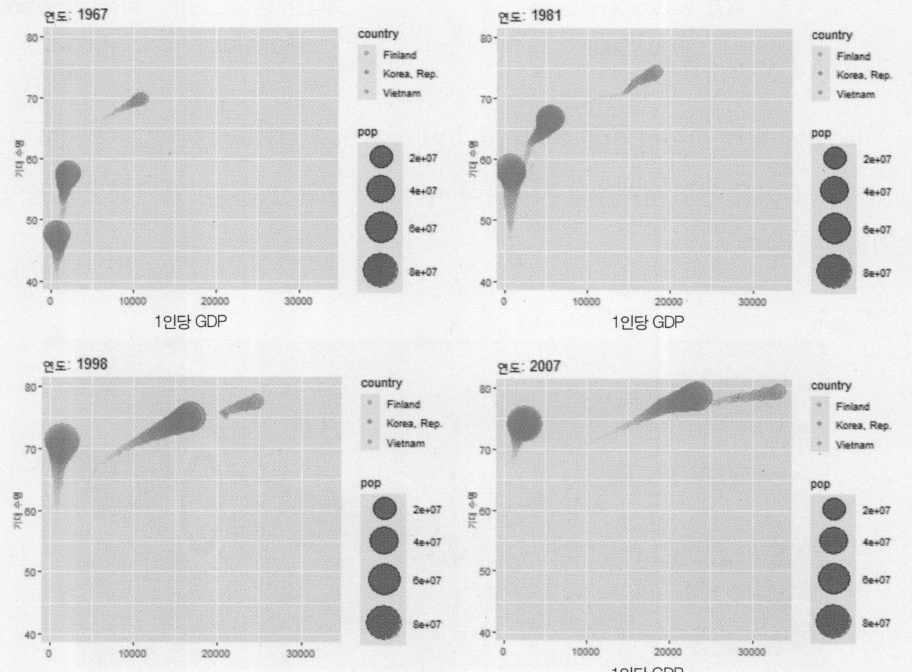

5.6 그림 애니메이션: 양궁

(1) 이미지 파일 준비

산중턱에 있는 과녁판으로 화살이 날아가는 애니메이션을 만들어보자. 배경 이미지, 과녁판, 화살 이미지를 준비하면 된다. 배경이미지는 가로와 세로로 600×300 픽셀, 과녁판은 80×170, 화살은 100×25 정도로 하자.

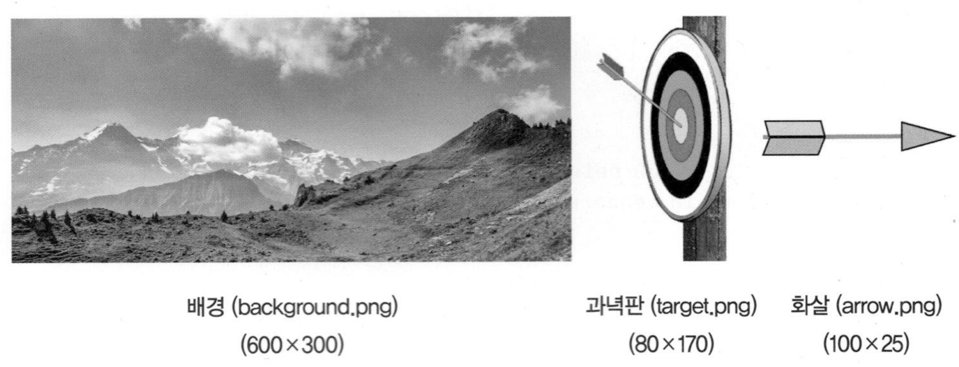

배경 (background.png) (600×300) 과녁판 (target.png) (80×170) 화살 (arrow.png) (100×25)

이미지가 모두 만들어지면, 배경이미지의 (450, 80) 위치에 과녁판을 합성하여 고정시키고, 화살은 왼쪽 아래에서 시작하여 사선으로 조금씩 움직이면서 과녁의 중앙에 도착하도록 한다.

(2) 이미지 파일 읽기

먼저, R 소스와 같은 폴더에 있는 이미지 파일을 읽고, 크기를 변환하여 출력해보자. 한편, 화살은 약간 윗쪽 방향을 가리키도록 반시계 방향으로 11도 회전시키면 된다.

이미지 파일 읽기와 크기 조정

```
install.packages("magick")
library(magick)

# 이미지 읽기
bg  <- image_read("background.png")
target <- image_read("target.png")
arrow <- image_read("arrow.png")

# 이미지 크기 조정
bg  <- image_scale(bg, "600×300!")
target <- image_scale(target, "80×170!")
arrow <- image_scale(arrow, "100×25!")

# 이미지 출력
print(bg)
```

R 스크립트와 같은 폴더에 있지 않은 경우는 경로를 지정해야 함

"가로X세로!"(단위는 픽셀)

출력 결과

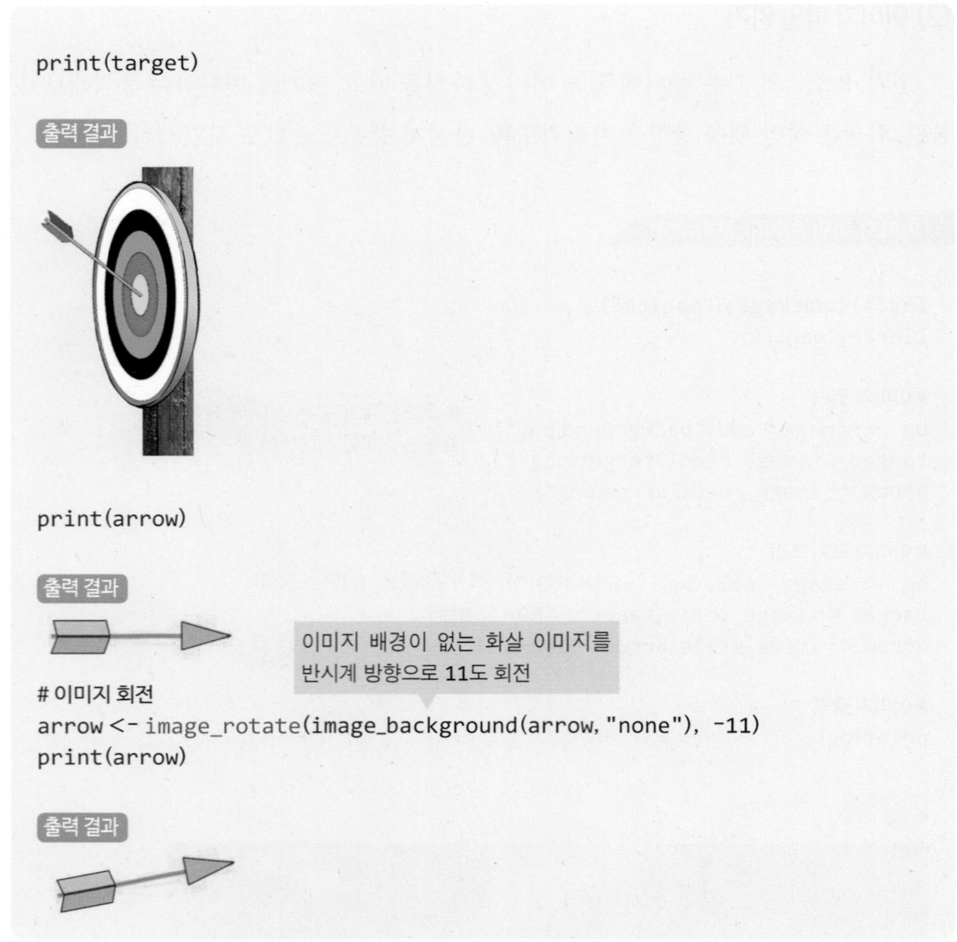

(3) 이미지 합성 연습

이제, 배경 이미지의 (X, Y) = (450, 80) 위치에 과녁판의 왼쪽 위쪽 부분을 합성해 보자.

이미지 합성

```
bg2 <- image_composite(bg, target, offset = geometry_point(450, 80))
print(bg2)
```

bg 이미지의 (450, 80) 위치에 target 이미지를 합성

출력 결과

(4) 애니메이션

애니메이션 전체 과정을 만들어보자. 앞에서 연습했던 이미지 읽기, 크기 변환, 이미지 합성 후에, 화살을 과녁판 쪽으로 조금씩 이동시키면 된다. 각 반복 과정에서는 0.1초 동안 정지하면서 애니메이션 효과가 나타나게 하자.

애니메이션

```
# install.packages("magick")
library(magick)

# 이미지 읽기
bg   <- image_read("background.png")
target <- image_read("target.png")
arrow <- image_read("arrow.png")

# 이미지 크기 조정
bg <- image_scale(bg, "600x300!")
```

```
target <- image_scale(target,"80x170!")
arrow <- image_scale(arrow,"100x25!")
arrow <- image_rotate(image_background(arrow, "none"), -11)

# 이미지 합성
bg2 <- image_composite(bg, target, offset = geometry_point(450, 80))

# 화살 이미지의 초기 위치
x <- 0
y <- 220

# 반복을 통한 애니메이션 실행
while(TRUE) {
  # 화살 이미지의 위치 설정
  position = geometry_point(x, y)
  # 이미지 합성
  img <- image_composite(bg2, arrow, offset = position)
  # 이미지 출력
  print(img)                bg2 이미지의 position 위치에 arrow 이미지를 합성

  # 실행 대기
  Sys.sleep(0.1)

  # 반복 종료
  if (x == 400)    화살 이미지의 x 좌표가 400이면 반복문 종료
     break

  # 화살 이미지의 위치 이동
  x <- x + 20
  y <- y - 4
}
```

출력 결과

실제 화살은 중력에 의해 위로 날았다가 아래로 날아가는 포물선을 그리면서 과녁판을 명중시키게 된다. 좀 더 현실적인 애니메이션으로 수정할 필요가 있다(응용문제 2 참조).

1. 지역별 코로나확진자수를 막대그래프로 출력하려고 한다. 이 막대그래프를 월별로 구분해서 출력하는 애니메이션 효과에 적당한 함수는?

① transition_time(월) ② transition_state(월)
③ transition_reveal(월) ④ shadow_wake(월)

2. 선그래프에서 X축의 값이 증가하는 방향으로 Y값이 출력되는 애니메이션 효과에 적당한 함수는?
① shadow_wake() ② transition_time() ③ transition_reveal() ④ transition_state()

3. magick 패키지로 읽은 img 이미지를 오른쪽 방향으로 30도 회전하려고 한다. 밑줄을 완성하시오.

```
__________(image_background(_______, "none"), __________)
```

4. magick 패키지로 읽은 사과나무 배경 이미지(bg)와 여백이 투명한 사과 이미지(apple)가 있다. 사과의 초기 위치는 x=100, y=80이며, 아래로 떨어지는 애니메이션을 만들려고 한다. 배경에 사과 이미지의 초기 위치로 합성하는 코드를 완성하시오.

(100, 80) (100, 330)	
bg.png	apple.png

```
__________(_______, _______, offset = geometry_point(_______, _______))
```

애니메이션 그래프

다음은 한국환경공단에서 실시간으로 대기환경정보를 제공하는 에어코리아(https://www.airkorea.or.kr) 홈페이지이다(4.5절 참조).

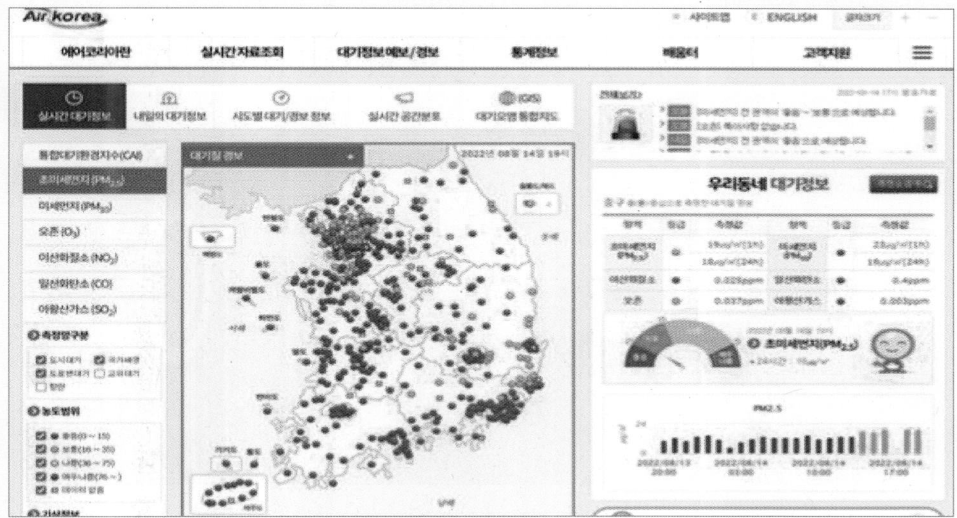

(1) 특정 날짜에 대한 지역별 미세먼지 농도를 막대 그래프의 애니메이션으로 출력해보자.

(2) 최근 일주일 간의 지역별 미세먼지 농도에 대한 선그래프를 애니메이션으로 출력해보자.

포물선으로 날아가는 화살

화살이 직선 궤도를 따라 과녁판으로 날아가는 5.5절의 애니메이션을 참고하여, 다음과 같이 현실감 있게 포물선의 궤도로 날아가도록 해보자. 초기 각도와 화살이 움직이는 속력, 그리고 중력에 따른 곡선 형태는 임의로 설정하자.

당구공 굴리기

당구공이 굴러 가도록 해보자. 먼저, 당구대와 당구공 이미지를 만들고, 각각 가로×세로 크기를 300×400, 40×40으로 변환한다.

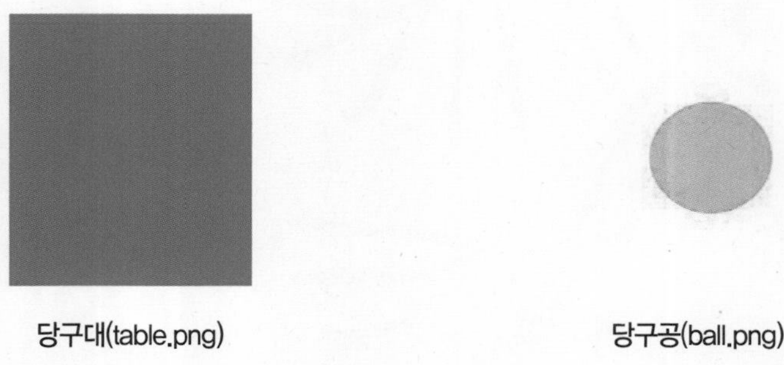

당구공의 초기 위치는 (0, 0)이며, 한번 이동의 크기를 임의로 정하여(예: 10) x, y 방향으로 움직이도록 한다.

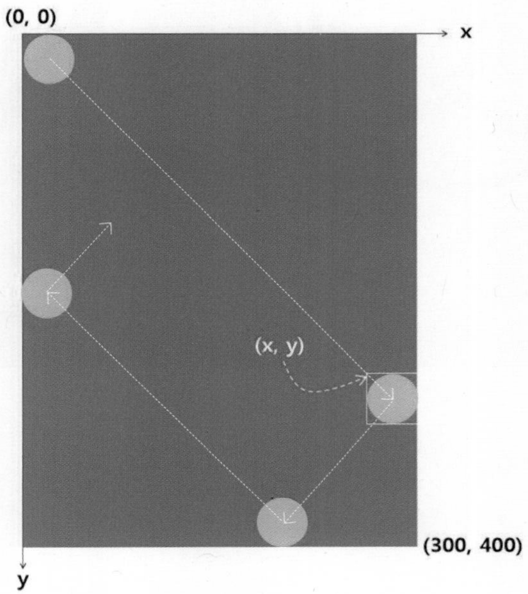

CHAPTER 6 R 코딩 플러스

지도

학습목표

지도 활용의 기본 원리 이해

학습내용

지형정보 지도의 활용
행정경계 지도의 활용

김홍도_무동(단원풍속도첩)

6.1 지도 개요

지도는 지도에 표시될 수 있는 유용한 정보인 부동산 정보, 맛집 찾기, 지역별 미세먼지 분포, 지역별 코로나 확진자 분포 등의 다양한 서비스에 활용되고 있다. 위성사진, 도로명 지도, Street View (360도 거리 전망), 행정구역 등의 다양한 지도 형태를 활용하면 더 효과적인 서비스가 가능할 것이다.

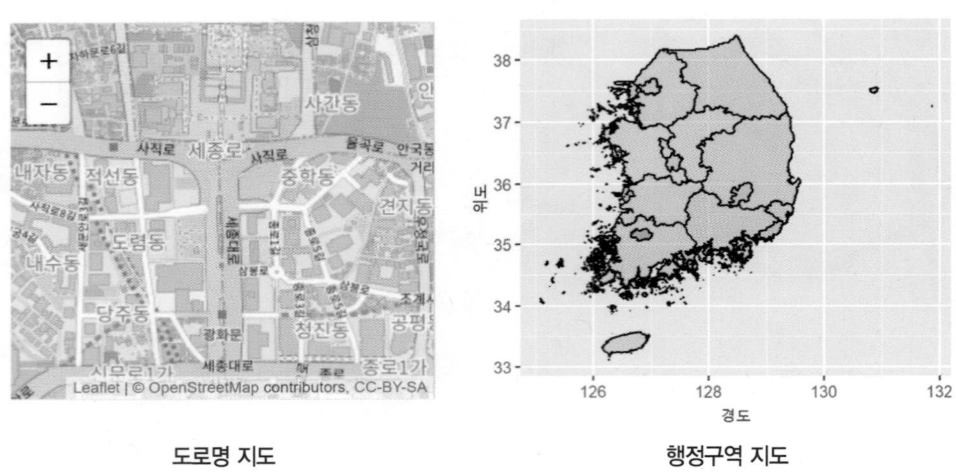

도로명 지도 행정구역 지도

구글, 네이버 등은 회원 가입 후에 지도 관련 서비스를 유료 또는 무료로 제공하고 있다. 이번 장에서는 회원 가입 절차없이 인터랙티브 지도interactive map를 출력하는 leaflet 패키지를 활용해서 세계지도와 우리나라의 지형정보 지도(도로명, 건물명 포함)를 활용하는 방법을 살펴보자. 또한, 국토교통부가 운영하는 국가공간정보포털www.nsdi.go.kr에서 제공하는 행정구역 지도를 활용해보기로 한다.

⊕ 패키지

패키지	설명
ggplot2	그래픽 출력을 위한 기능을 제공함. 데이터 프레임의 다수 데이터에 대한 풍부한 그래픽 시각화가 가능함(4장 참조)
leaflet	상호작용 가능한 지도 출력
openxlsx	Excel 파일(xlsx) 입출력 처리
rgdal	지도 좌표계 파일을 읽고 변환

6.2 지형정보 지도

이번 절에서는 우리나라의 광화문광장(경도: 126.976882, 위도: 37.574187)을 중심으로 하는 지형정보 지도를 출력해보고, 다음 절에서는 세계지도를 출력하는 방법을 살펴보자.

광화문 광장

먼저 leaflet 패키지를 설치 및 로딩한다. 지도는 디폴트로 OpenStreetMap(OSM)이 설정되어 있다. OpenStreetMap은 전세계 누구나 참여하여 만들고 사용할 수 있는 오픈 소스 방식의 무료 지도 서비스이며, 비영리의 오픈스트리트맵 재단www.openstreetmap.org이 운영하고 있다. 지도 왼쪽 위에 있는 '+', '–' 버튼으로 지도를 확대 또는 축소할 수 있다.

```
install.packages("leaflet")
library(leaflet)

m <- leaflet() %>%          leaflet 객체 생성
  setView(lng=126.976882, lat=37.574187, zoom = 14) %>%
  addTiles()                OpenStreetMap 지도 타일 추가
m                           지도 출력
```

경도(lng), 위도(lat)를 중심으로 하는 지도 설정.
지도 크기(zoom)는 14

출력 결과

줌 레벨(1~18)에 따라 지도의 크기는 다음과 같이 나타난다. 줌 레벨 1은 가장 축소된 전세계 지도를 출력하고, 줌 레벨 18은 가장 확대된 지도를 보여준다. 지역명은 각 국가별 언어로 표기된다.

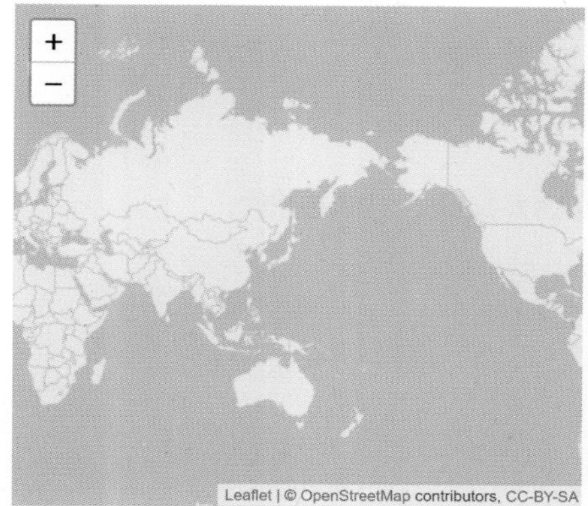

zoom level = 1

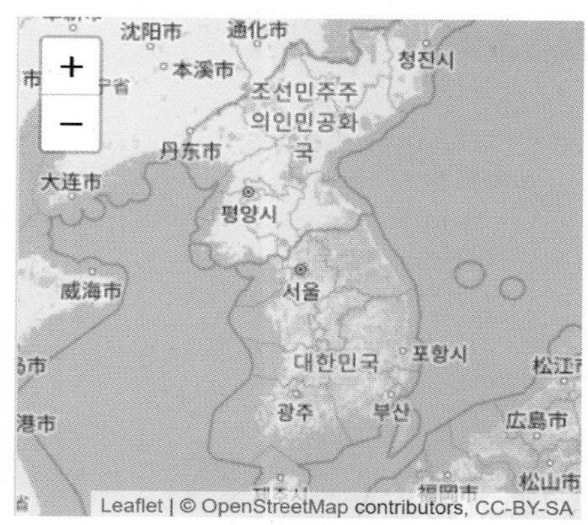

zoom level = 5

zoom level = 15

zoom level = 18

특정 지점에 마커marker를 설정하면, 마커를 중심으로 지도가 출력된다. 또한, 마우스를 마커 위에 대면 label에 설정된 문자가 나타나고, 클릭을 반복하면 popup에 설정된 문자가 나타났다가 사라진다.

지도 중심의 마커 출력

```
m <- leaflet() %)%
  addTiles() %>%
  addMarkers(lng=126.976882, lat=37.574187, label="광화문광장",
     popup="행사 안내")
m
```

마커 위치 설정(경도, 위도)
마커 위에 마우스를 대면, 라벨(label)이 나타남
마우스 클릭하면, 팝업창으로 나타남

출력 결과

지도 중심이 아닌 임의 위치에 마커 위치를 설정하려면, setView()에서 지도 중심을 설정하고 addMarkers()에서 마커의 위치를 지정하면 된다.

지도 중심 외의 마커 설정

```
m <- leaflet() %>%
  setView(lng=126.976882, lat=37.574187, zoom = 14) %>%
  addTiles() %)%
  addMarkers(lng=126.986882, lat=37.574187,
     label="광화문광장", popup="행사 안내")
m
```

지도 중심

마커 위치

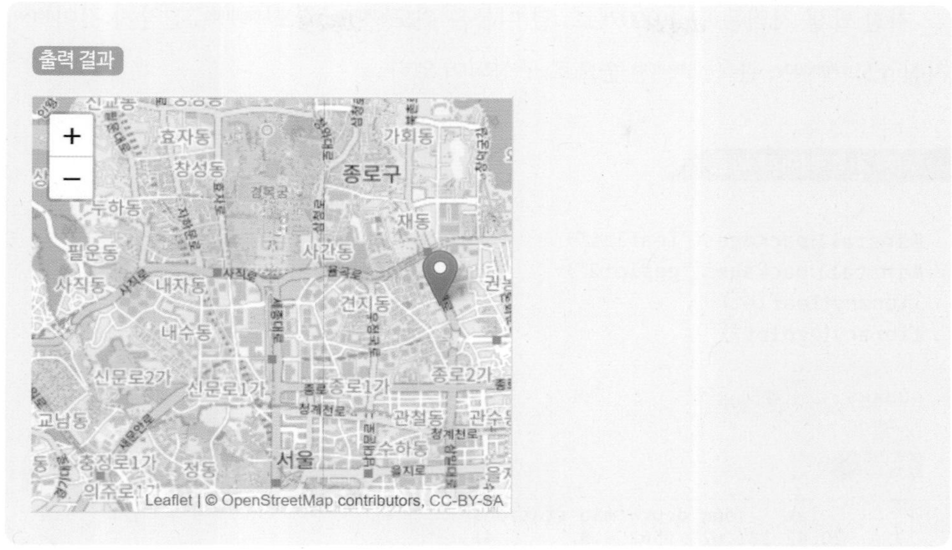

6.3 지형정보 지도를 이용한 지진 분포 파악

기본 패키지인 datasets 패키지에 있는 quakes 데이터 세트(4.3절 참조)를 이용해서 피지Fiji 섬 부근의 지진 발생 분포를 세계지도에 출력해보자.

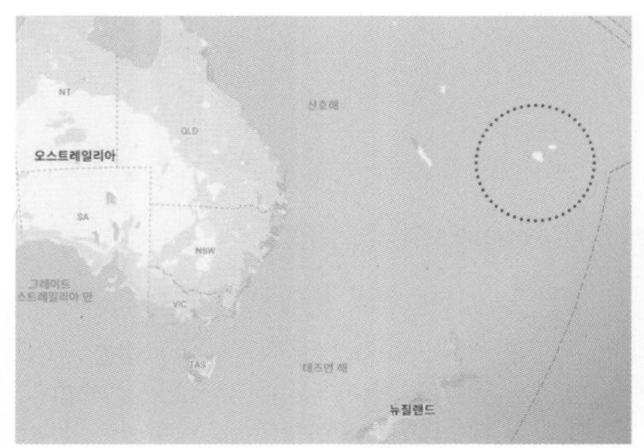

지진 발생 지역은 총 1,000개로, 열 이름은 위도latitude, 경도longitude, 진앙지 깊이depth, 지진규모magnitude, 관측소stations 순으로 구성되어 있다.

지진 관측 데이터 세트

```
#install.packages("leaflet")
#install.packages("ggplot2")
library(leaflet)
library(ggplot2)

quakes
```

지진 데이터

출력 결과

```
       lat   long depth mag stations
1   -20.42 181.62   562 4.8       41
2   -20.62 181.03   650 4.2       15
3   -26.00 184.10    42 5.4       43
4   -17.97 181.66   626 4.1       19
5   -20.42 181.96   649 4.0       11
6   -19.68 184.31   195 4.0       12
198 -24.00 182.75   175 4.5       14
199 -20.41 181.74   538 4.3       31
200 -17.72 180.30   595 5.2       74
 [ reached 'max' / getOption("max.print") -- omitted 800 rows ]
```

지진 발생 지역별로 지진 규모의 크기에 따라 원의 크기가 나타나도록 표시해보자. 지진 발생 지역은 특정 지역에 분포된 것을 볼 수 있다.

지진 규모에 따른 분포

```
leaflet(data = quakes) %>%
  addTiles() %>%
  addCircleMarkers(
    ~long, ~lat,
    radius = ~mag,
    stroke = TRUE, weight = 1, color = "black",
    fillColor = "red", fillOpacity = 0.3)
```

leaflet 객체에 quakes 데이터 설정

원 모양의 마커 추가
- 위치: quakes 데이터의 경도(long), 위도(lat)
- 반경: quakes 데이터의 지진규모(mag)
- 테두리(stroke): 1의 굵기(weight), 색(color)은 검정
- 배경색(fillColor): 적색
- 배경 불투명도(fillOpacity): 0.3(0: 완전 투명, 1: 완전 불투명)

출력 결과

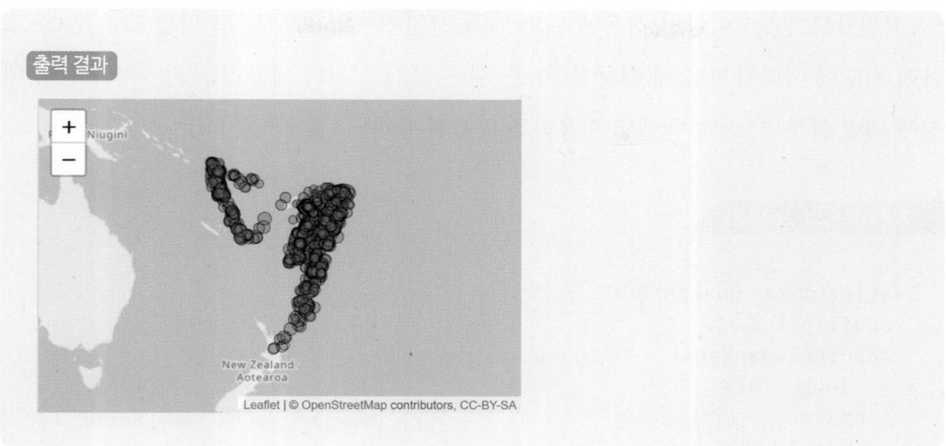

지진규모가 큰 분포를 쉽게 파악을 할 수 있도록 해보자. 6 이상의 지진 규모는 반경 radius이 10의 크기인 원으로, 그 외는 1의 크기인 원으로 출력하면 다음과 같다.

지진 규모의 크기(1)

```
leaflet(data = quakes) %>%
  addTiles() %>%
  addCircleMarkers(
    ~long, ~lat,
    radius = ~ifelse(mag >= 6, 10, 1),
    stroke = TRUE, weight = 1, color = "black",
    fillColor = "red", fillOpacity = 0.3)
```

mag가 6 이상이면 radius는 10, 그렇지 않으면 1

출력 결과

지진규모가 5.5 이상인 경우에 원의 반경 크기radius를 10으로, 그 외는 크기를 0으로 하여 지도에 나타나지 않게 해보자. 또한, 같은 조건을 원의 테두리 굵기weight와 원의 배경에 대한 불투명도fillOpacity에도 적용하면 다음과 같다.

지진 규모의 크기(2)

```
leaflet(data = quakes) %>%
  addTiles() %>%
  addCircleMarkers(
    ~long, ~lat,
    radius = ~ifelse(mag >= 5.5, 10, 0),
    stroke = TRUE,
    weight = ~ifelse(mag >= 5.5, 1, 0),
    color = "black",
    fillColor = "red",
    fillOpacity = ~ifelse(mag >= 5.5, 0.3, 0))
```

mag가 5.5 이상이면 radius는 10, 그렇지 않으면 0

mag가 5.5 이상이면 weight는 1, 그렇지 않으면 0

mag가 5.5 이상이면 배경 투명도 0.3, 그렇지 않으면 0

출력 결과

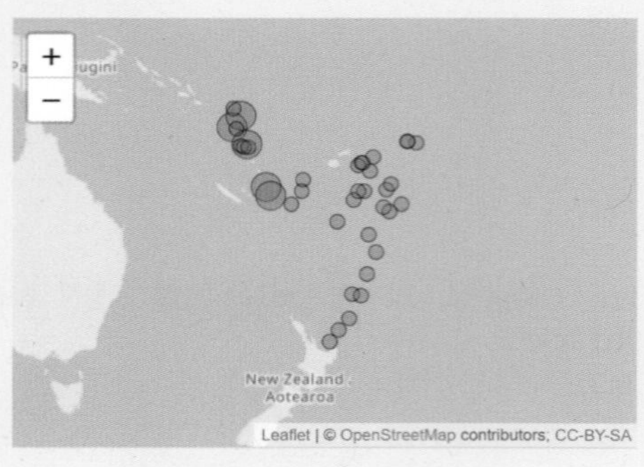

지진규모가 6 이상이면 원의 반경 크기를 10, 배경은 적색으로 하자. 그리고 지진규모가 6보다 작고 5.5 이상이면 크기를 5.5로 하고, 배경은 녹색으로 구분해서 분포를 파악해보자.

지진 규모의 크기와 색

```
leaflet(data = quakes) %>%
  addTiles() %>%
  addCircleMarkers(
    ~long, ~lat,
    radius = ~ifelse(mag >= 6, 10, ifelse(mag >= 5.5, 5, 0)),
    stroke = TRUE,
    weight = ~ifelse(mag >= 5.5, 1, 0),
    color = ~ifelse(mag >= 5.5, 'black', NA),
    fillColor = ~ifelse(mag >= 6, 'red', ifelse(mag >= 5.5, 'green', NA)),
    fillOpacity = ~ifelse(mag >= 5.5, 0.3, 0))
```

mag가 6 이상이면 반경은 10, 그렇지 않고 5.5 이상이면 5, 그렇지 않으면 0

mag가 6 이상이면 배경색은 'red', 그렇지 않고 5.5 이상이면 'green', 그렇지 않으면 NA(색이 없음)

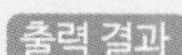
출력 결과

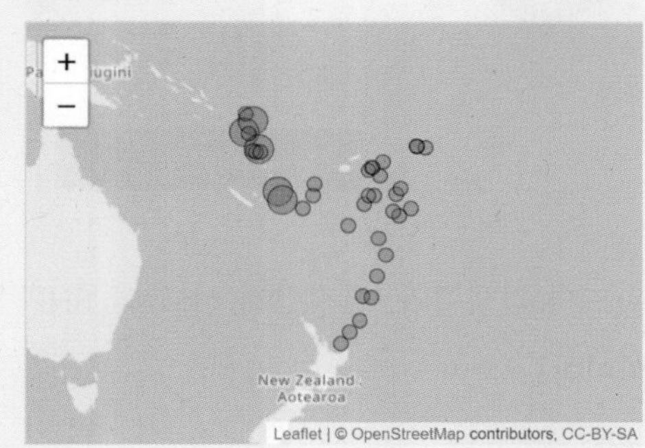

6.4 우리나라 행정경계 지도

(1) 행정경계 지도 다운로드

우리나라의 시도별 행정구역 지도는 국토교통부가 운영하는 국가공간정보포털www.nsdi.go.kr에 회원 가입하고 다운로드 받을 수 있다. 국가공간정보포털에서는 다양한 형태의 지도를 제공하고 있다. 국가공간정보포털의 오픈마켓에서 행정경계 지도를 다운로드 받는 절차를 보자.

① 국가공간정보포털(www.nsdi.go.kr) 접속 및 로그인

② 개방공간 메뉴에 있는 오픈마켓을 클릭

③ 행정경계 지도 검색: '행정경계' 키워드의 검색결과, 행정경계(시도)의 'SHP' 버튼을 클릭한다 (SHP는 shapefile을 의미함).

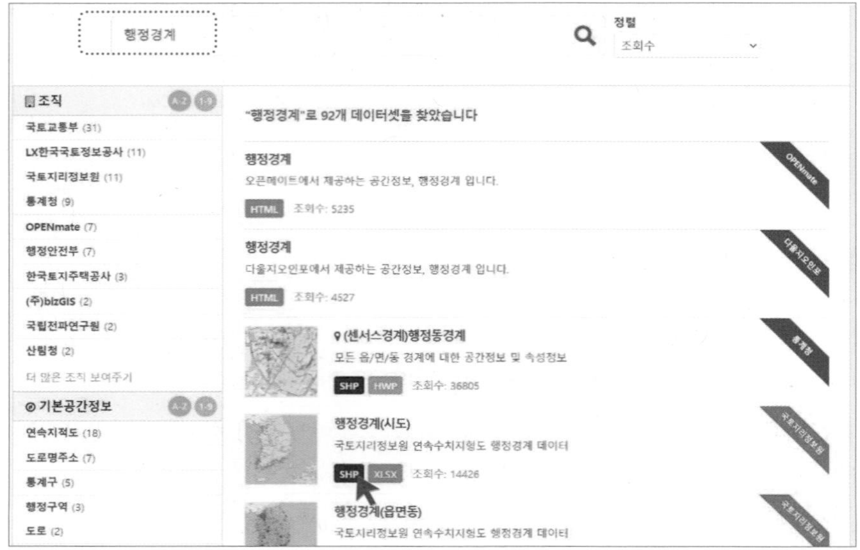

> **쉐이프파일 (shapefile)**
>
> 쉐이프파일은 지리정보시스템에서 지도를 표현하는 데이터 형식을 말한다. 쉐이프파일은 3개의 필수 파일(mandatory files)과 기타 파일(other files)로 구성되어 있다. 필수 파일은 shp 파일(지도형태 정보), shx 파일(색인 정보), dbf 파일(항목 정보)이며, 다운로드 받으면 기타 파일인 prj 파일(좌표 정보)이 포함되어 있다.

④ 행정경계(시도) 지도 다운로드

⑤ 쉐이프파일 저장: zip 파일(NGII_CDM_행정경계(시도).zip)을 압축해제하면 shp 파일을 포함한 4개의 파일이 있다. 이 파일들을 임의 폴더에 저장한다.

(2) 행정경계 지도 출력

이제, 행정경계 지도를 출력해보자. 다음과 같이 rgdal 패키지의 readOGR() 함수로 shp 파일을 읽고, ggplor2 패키지의 fortift() 함수로 shp 파일을 데이터 프레임으로 변환한다.

행정경계 지도 정보

```
#install.packages("ggplot2")
install.packages("rgdal")
library(ggplot2)
library(rgdal)

# shp 파일 읽기
map <- readOGR('Z_NGII_N3A_G0010000.shp')

# 데이터 프레임으로 변환
df_map <- fortify(map)
head(df_map)
```

경도와 위도별 지도 정보(order는 다각형을 그리는 순서, id는 시도, group은 다각형을 그리는 권역을 의미함)

출력 결과

```
       long     lat order  hole piece id group
1 932629.3 1508520     1 FALSE     1  0   0.1
2 932629.5 1508518     2 FALSE     1  0   0.1
3 932629.3 1508515     3 FALSE     1  0   0.1
4 932628.8 1508513     4 FALSE     1  0   0.1
5 932621.1 1508483     5 FALSE     1  0   0.1
6 932619.8 1508482     6 FALSE     1  0   0.1
```

데이터 프레임으로 변환된 지도정보를 geom_ploygon() 함수로 출력하면 지도형태가 출력된다.

행정경계 지도

```
ggplot(data = df_map, aes(x = long, y = lat, group = group)) +
  geom_polygon(fill = "white", color = "black")
```

다각형 그래프(배경색은 흰색, 테두리색은 검정)

출력 결과

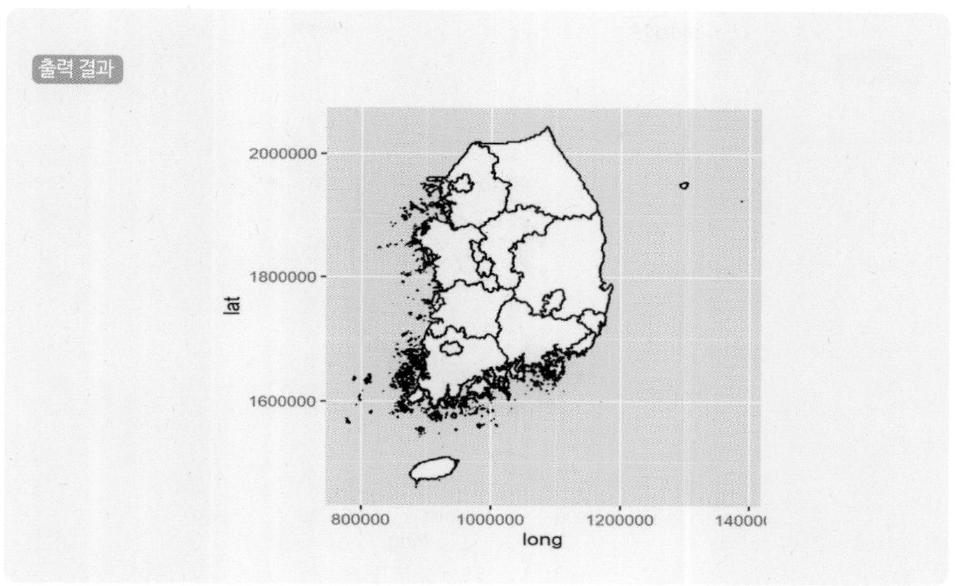

시도별id로 색을 다르게 채우고, 경계선은 검은 색으로 출력하면 다음과 같다. 색의 구분에 따른 범례가 오른쪽에 나타나기 때문에 불필요한 범례는 나타나지 않게 한다.

지역별 색 구분

```
ggplot(data = df_map,
       aes(x = long, y = lat, group = group, fill = id)) +   id(시도)별로 배경 색을 달리함
  geom_polygon(alpha = 0.3, color = "black") +
  theme(legend.position = "none")   id별로 색 구분에 대해 나타나는 범례를 나타나지 않음
```

출력 결과

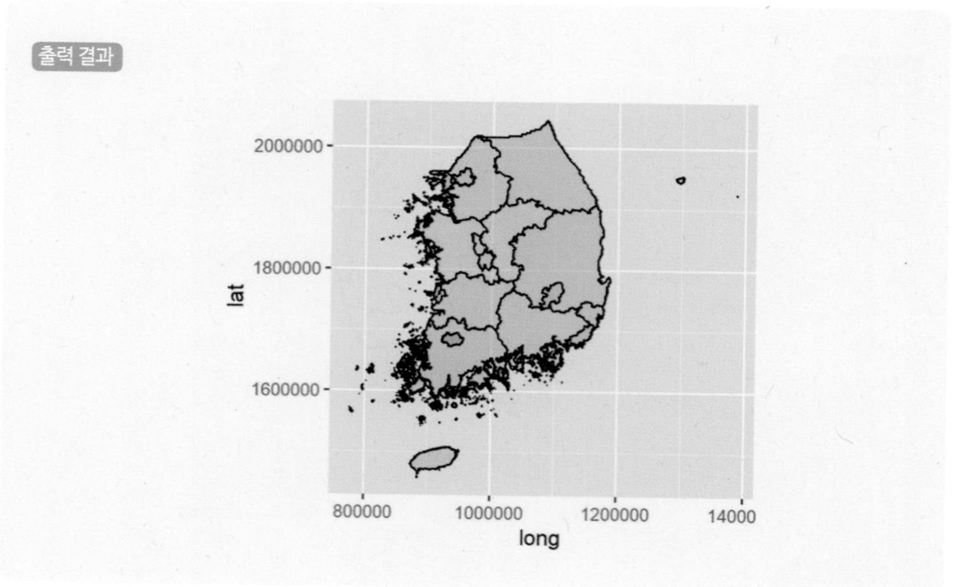

지도 좌표계

지구의 위치를 표현하는 방법에는 지리좌표계(CRS: Coordinate Reference System)와 평면직각좌표계가 있다. 지리좌표계는 지구를 3차원의 타원체로 표현하는 방법이다. 평면직각좌표계는 지리좌표계를 평면에 투영 시, 곡선으로 나타나지 않도록 격자 형태로 하여 편리하게 활용할 수 있도록 표현한 것이다. 지리좌료계는 범용적으로 가장 많이 활용되는 WGS84가 있으며, 우리나라는 평면직각좌표계의 하나인 TM좌표계를 주로 활용하고 있다. 위도와 경도로 표시하기 위해 TM좌표계를 WGS84 좌표계로 변환하는 과정이 필요하다.

지도 좌표계가 위도와 경로로 나타나도록 변환해보자. 다음과 같이 shp 파일을 읽고, CRS 객체를 만들어 spTransform() 함수로 변환한다. 데이터 프레임으로 변환한 결과를 보면 1열과 2열은 각각 경도와 위도를 의미한다. 지도 출력 시에 X, Y축은 각각 경도와 위도가 된다.

좌표계의 변환

```
# install.packages("ggplot2")
# install.packages("rgdal")
library(ggplot2)
library(rgdal)

map <- readOGR('Z_NGII_N3A_G0010000.shp')

# WGS84 지리좌표계로의 변환
crs <- CRS('+proj=longlat +ellps=WGS84 +datum=WGS84 +no_defs'))
map <- spTransform(map, CRSobj = crs)
# 데이터 프레임으로 변환
df_map <- fortify(map)
```

WGS84 지리좌표계 변환을 위한 CRS 객체 생성

map를 WGS84 지리좌표계로 변환

출력 결과

```
      long      lat order  hole piece id group
1 126.7741 33.56657     1 FALSE     1  0   0.1
2 126.7741 33.56654     2 FALSE     1  0   0.1
3 126.7741 33.56652     3 FALSE     1  0   0.1
4 126.7741 33.56650     4 FALSE     1  0   0.1
5 126.7741 33.56623     5 FALSE     1  0   0.1
6 126.7740 33.56622     6 FALSE     1  0   0.1
```

```
ggplot(data = df_map,
       aes(x = long, y = lat, group = group, fill = id)) +
  geom_polygon(alpha = 0.3, color = "black") +
  theme(legend.position = "none") +
  labs(x="경도", y="위도")
```

출력 결과

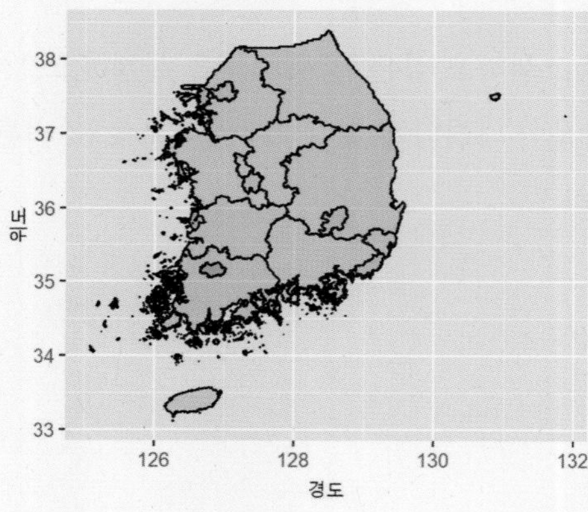

6.5 행정경계 지도를 이용한 국내 지진 분포 파악

기상청에서 한 해 동안 발생한 우리나라 지진발생 데이터를 이용해서 지도로 표시하고, 시도별 지진 발생 빈도 분포를 파악해보자. 지진 데이터는 기상청 사이트에서 Excel 자료를 다운로드 받을 수 있다.

(1) 지진 데이터 다운로드

① 홈페이지 접속: 기상청(http://www.weather.go.kr)에 접속하여 "지진 · 화산 → 지진조회 → 국내" 메뉴를 단계적으로 클릭한다.

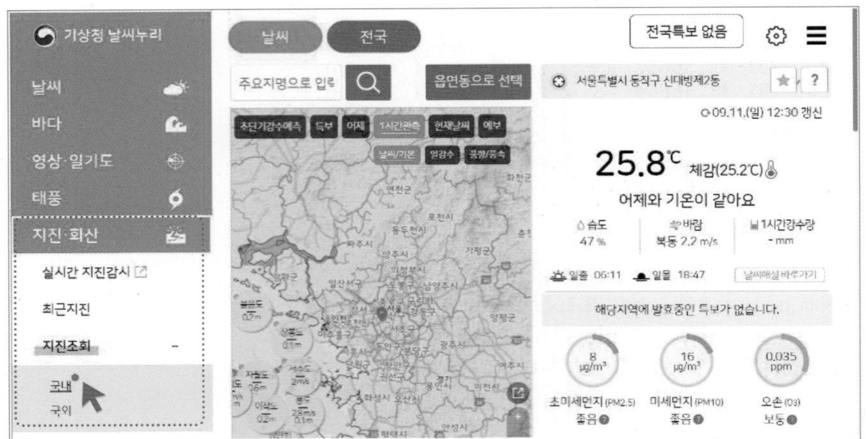

② 자료 다운로드: 조회하고 싶은 '발생기간'을 설정하고, '검색하기'를 클릭하면 하단부에 해당 목록이 나타나게 된다. '엑셀 다운로드' 버튼을 클릭하여 임의 폴더에 다운로드한다.

③ 자료 확인 및 파일 포맷 변형: 다운로드 받은 Excel 파일을 열고, 읽을 영역을 확인한다. 첫 번째 행은 목록명, 2~3행에는 각 항목명으로 되어 있으며, 데이터는 4행부터 나열되어 있다. 3열은 지진규모, 6열은 위도, 7열은 경도로 구성되어 있다. 위도는 북위권이기 때문에 'N'자가 표기되어 있고, 경도에는 동경을 의미하는 'E'자가 표기되어 있다. 8열은 지진발생 위치로 북한지역은 앞 글자가 '북한'으로 표기되어 있다. openxlsx 패키지는 xls 확장자의 Excel 파일을 읽을 수 없기 때문에 '다른 이름으로 저장' 기능으로 xls를 xlsx 파일 포맷으로 변형하여 저장한다. 파일 이름은 임의로 정해도 무관하다(예: 국내지진목록.xlsx).

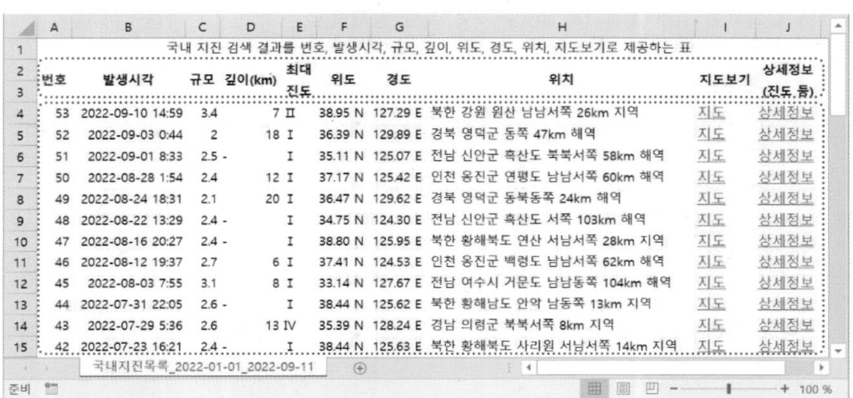

국내 지진 검색 결과를 번호, 발생시각, 규모, 깊이, 위도, 경도, 위치, 지도보기로 제공하는 표

번호	발생시각	규모	깊이(km)	최대진도	위도	경도	위치	지도보기	상세정보(진도 등)
53	2022-09-10 14:59	3.4	7	II	38.95 N	127.29 E	북한 강원 원산 남남서쪽 26km 지역	지도	상세정보
52	2022-09-03 0:44	2	18	I	36.39 N	129.89 E	경북 영덕군 동쪽 47km 해역	지도	상세정보
51	2022-09-01 8:33	2.5	-	I	35.11 N	125.07 E	전남 신안군 흑산도 북북서쪽 58km 해역	지도	상세정보
50	2022-08-28 1:54	2.4	12	I	37.17 N	125.42 E	인천 옹진군 연평도 남남서쪽 60km 해역	지도	상세정보
49	2022-08-24 18:31	2.1	20	I	36.47 N	129.62 E	경북 영덕군 동북동쪽 24km 해역	지도	상세정보
48	2022-08-22 13:29	2.4	-	I	34.75 N	124.30 E	전남 신안군 흑산도 서쪽 103km 해역	지도	상세정보
47	2022-08-16 20:27	2.4	-	I	38.80 N	125.95 E	북한 황해북도 연산 서남서쪽 28km 지역	지도	상세정보
46	2022-08-12 19:37	2.7	6	I	37.41 N	124.53 E	인천 옹진군 백령도 남남서쪽 62km 해역	지도	상세정보
45	2022-08-03 7:55	3.1	8	I	33.14 N	127.67 E	전남 여수시 거문도 남남동쪽 104km 해역	지도	상세정보
44	2022-07-31 22:05	2.6	-	I	38.44 N	125.62 E	북한 황해남도 안악 남동쪽 13km 지역	지도	상세정보
43	2022-07-29 5:36	2.6	13	IV	35.39 N	128.24 E	경남 의령군 북북서쪽 8km 지역	지도	상세정보
42	2022-07-23 16:21	2.4	-	I	38.44 N	125.63 E	북한 황해북도 사리원 서남서쪽 14km 지역	지도	상세정보

국내지진목록_2022-01-01_2022-09-11

(2) 지진분포 출력

먼저, openxlsx 패키지를 이용해서 xlsx 포맷으로 저장된 엑셀 자료를 읽고 출력해 보자. file.choose() 함수는 사용자가 파일 탐색기로 임의 폴더의 파일을 선택할 수 있게 해준다. file.choose() 대신 '파일경로/파일명'을 적어도 된다.

R 지진 데이터

```
#install.packages("ggplot2")
install.packages("openxlsx")
#install.packages("rgdal")
library(ggplot2)
library(openxlsx)
library(rgdal)

#지진 데이터(엑셀 파일) 읽기
df <- read.xlsx(file.choose(), sheet = 1, startRow = 4, colNames = FALSE)
head(df)
```

파일 탐색기로 지진 데이터 파일 읽기
시트 번호(sheet): 1
데이터로 인식할 첫 행(startRow): 4행
열 이름(colNames): 없음

출력 결과

열 이름이 없는 경우, X1부터 자동으로 할당됨

```
  X1       X2  X3 X4 X5      X6        X7
1 16 44309.11 2.2  6 I 40.49 N 127.51 E
2 15 44306.09 2.6 15 I 35.08 N 125.05 E
3 14 44305.66 2.7 20 I 41.28 N 129.13 E
4 13 44305.60 3.7 15 II 35.07 N 125.08 E
5 12 44302.07 2.2 11 III 37.29 N 127.71 E
6 11 44299.91 2.0 13 III 36.02 N 126.91 E
                                    X8    X9       X10
1 북한 함경남도 장진 동북동쪽 26km 지역 지도 상세정보
2    전남 신안군 흑산도 북서쪽 57km 해역 지도 상세정보
3 북한 함경북도 길주 북북서쪽 40km 지역 지도 상세정보
4    전남 신안군 흑산도 북서쪽 54km 해역 지도 상세정보
5              경기 여주시 동쪽 7km 지역 지도 상세정보
6          전북 익산시 북북서쪽 9km 지역 지도 상세정보
```

행정경계 지도는 한반도의 남쪽인 우리나라만 표시되어 있기 때문에 북한지역의 지진분포는 제외하자. 북한지역은 X8(8열)에 '북한'으로 시작하는 위치로 표기되어 있다. 또한, 위도와 경도에 해당하는 X6(6열), X7(7열)에는 각각 북쪽과 동쪽을 의미하는 'N'

과 'E'가 포함되어 있기 때문에 삭제하고, 각 항목의 데이터를 숫자형으로 변환하는 과정이 필요하다.

데이터 정제

```
# X8열에서 '북한'으로 시작하는 데이터의 행 번호 추출
idx <- grep("^북한", df$X8)    정규표현식을 이용한 검색
# '북한'지역의 X8열
df[idx, 'X8']
```

출력 결과

```
 [1] "북한 강원 원산 남남서쪽 26km 지역"
 [2] "북한 황해북도 연산 서남서쪽 28km 지역"
 [3] "북한 황해남도 안악 남동쪽 13km 지역"
 [4] "북한 황해북도 사리원 서남서쪽 14km 지역"
 [5] "북한 황해북도 사리원 서남서쪽 13km 지역"
 [6] "북한 강원 원산 남남서쪽 24km 지역"
 [7] "북한 황해북도 송림 북동쪽 18km 지역"
 [8] "북한 평안남도 성천 북쪽 20km 지역"
 [9] "북한 함경북도 길주 북북서쪽 33km 지역"
[10] "북한 함경북도 길주 북쪽 33km 지역"
[11] "북한 함경북도 길주 북북서쪽 38km 지역"
[12] "북한 함경북도 길주 북쪽 37km 지역"
[13] "북한 함경북도 길주 북북서쪽 36km 지역"
[14] "북한 함경북도 길주 북북서쪽 40km 지역"
```

```
# X8열에 '북한'으로 시작하는 행 삭제
df <- df[-idx,]

# 6, 7열의 'N'과 'E'문자 삭제
df[,6] <- gsub("N", "", df[,6])
df[,7] <- gsub("E", "", df[,7])

# 6, 7열을 숫자형으로 변환
df[,6] <- as.numeric(df[,6])
df[,7] <- as.numeric(df[,7])
```

정규표현식(Regex: regular expression)

정규표현식이란 문자열에서 검색을 위한 패턴을 말한다. 패턴에 사용되는 메타문자로는 '^', '$', '|' 등 여러가지가 있다. 예를 들어, '^s'은 s로 시작하는 문자열, 's$'는 s로 끝나는 문자열, 's1|s2'는 s1 또는 s2 문자가 포함된 문자열을 의미한다.
(참고: https://en.wikipedia.org/wiki/Regular_expression)

지진이 발생한 지역에 지진규모의 크기에 따른 원을 표시하면 그 분포를 파악할 수 있다. 서로 가까운 진원지의 경우에 겹쳐 나타나도 알 수 있도록 투명도를 설정하자.

행정경계 지도와 미세먼지 분포

```
map <- readOGR('Z_NGII_N3A_G0010000.shp')

crs = CRS('+proj=longlat +ellps=WGS84 +datum=WGS84 +no_defs')
map <- spTransform(map, CRSobj = crs)

df_map <- fortify(map)

ggplot() +
  geom_polygon(data = df_map,                     지도 출력
          aes(x = long, y = lat, group = group),
          fill = "white", alpha=0.5,
          color="black") +
  geom_point(data=df,                             지진 분포
          aes(x=X7, y=X6, size=X3),
          shape=21, color='black',
          fill='red', alpha=0.3) +
  theme(legend.position = "none") +               범례 삭제
  labs(title="지진분포", x="경도", y="위도")
```

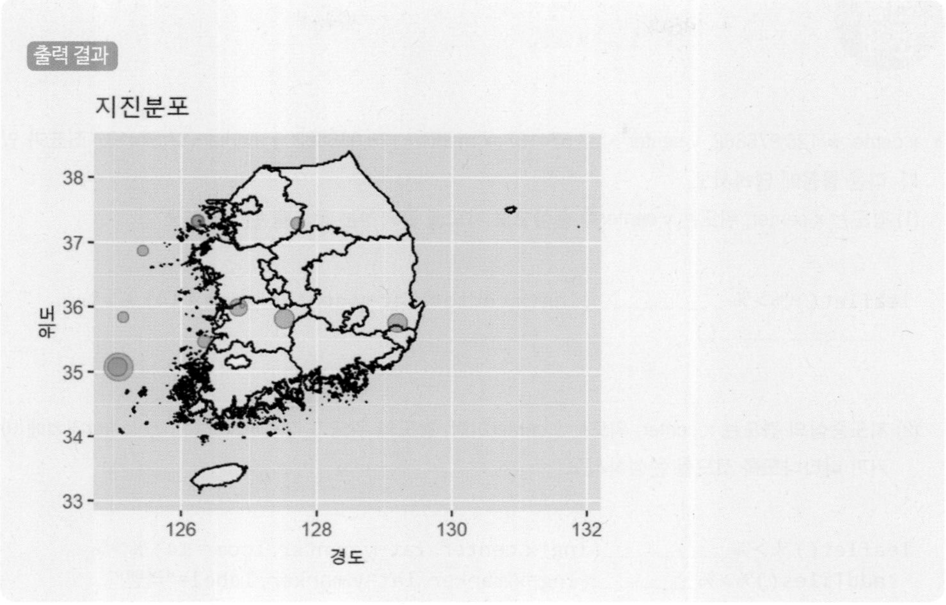
출력 결과
지진분포
38
37
36
35
34
33
위도
126
128
130
132
경도

1. x.center = 126.976882, y.center = 37.574187, x.marker=126.986882, y.marker=37.574187 좌표가 있다. 다음 물음에 답하시오.

(1) 경도는 x.center, 위도는 y.center를 중심으로 지도를 출력하는 코드를 완성하시오.

```
leaflet() %>% __________(lng=x.center, lat=y.center, zoom = 14) %>%
  ______________()
```

(2) 지도중심의 경도는 x.center, 위도는 y.center이며, 경도와 위도가 각각 x.marker, y.marker위치에 마커가 나타나도록 코드를 완성하시오.

```
leaflet() %>% __________(lng=x.center, lat=y.center, zoom = 14) %>%
  addTiles()%>% ________(lng=x.marker, lat=y.marker, label="라벨",
       popup="팝업")
```

2. df는 '경도', '위도', '크기'의 세 가지 열로 구성되어 있는 데이터 프레임이다. '크기'가 5 이하이면 10, 그 외는 20 크기의 반경인 원을 출력하는 코드를 완성하시오.

```
leaflet(data = ________) %>% addTiles() %>%
  addCircleMarkers(~경도, ~위도, radius = __________________________,
      … 생략…)
```

3. 행정지도를 출력하는 코드를 완성하시오. shp 파일명은 'ABC.shp'이다.

```
map <- readOGR( ______________)
crs <- ________('+proj=longlat +ellps=WGS84 +datum=WGS84 +no_defs'))
map <- ____________(map, CRSobj = crs)
df_map <- ________(map)
ggplot(data = ________, aes(x = long, y = lat, group = group, fill = id)) +
  ________(alpha = 0.3, color = "black") +
  theme(legend.position = "none") +
  labs(x="경도", y="위도")
```

지역별 미세먼지 분포

한국환경공단(https://www.airkorea.or.kr)에서 운영하는 에어코리아(https://www.airkorea.or.kr) 홈페이지에서 특정일의 시도별 대기정보인 미세먼지(PM10) 또는 초미세먼지(PM2.5)의 농도 현황을 조사하여 leaflet 패키지로 지도에 출력해보자. 지역명에 대한 위도와 경도는 각자 찾아보자(자동으로 변환하는 방법은 10장 참조).

• **미세먼지 농도 (○○○○년 ○○월 ○○일)**

지역명	초미세먼지 농도 (μg/m³)	시도별 경도와 위도	
		경도	위도

지역별 코로나 확진자 수 분포

질병관리청(https://ncov.kdca.go.kr)의 홈페이지에서 지역별 코로나 발생동향을 파악하여 leaflet 패키지로 지도에 출력해보자. 지역명에 대한 위도와 경도는 각자 찾아보자.

• 코로나 확진자 수 (○○○○년 ○○월 ○○일)

지역명	확진자 수	시도별 경도와 위도	
		경도	위도

PART

3

데이터 수집과 전처리

CHAPTER 7 R 코딩 플러스

웹스크래핑

학습목표

웹스크래핑을 이용한 자료 수집

학습내용

DOM 구조
웹스크래핑 기본 원리
웹스크래핑 실습

William Sidney Mount(윌리엄 시드니 마운트)_The Power of Music

7.1 웹스크래핑 개요

웹크롤링web crawling은 웹 사이트의 링크 정보를 자동으로 수집하여 저장하는 기술이며, 웹스크래핑web scraping은 웹 사이트로부터 웹문서를 다운로드 받아 필요한 정보를 추출하는 기술을 말한다. 웹 스크래핑을 이용하면 온라인 마켓의 상품가격 정보를 수집하여 나만의 상품 카탈로그를 제작하거나, 뉴스 기사, 블로그, 카페의 게시물, 부동산 매물정보, 회사의 프로필과 금융 등을 수집할 수 있다.

웹스크래핑

웹스크래핑으로 수집한 자료는 텍스트 마이닝text mining에도 이용되고 있다. 텍스트 마이닝은 비정형 텍스트 데이터에서 정보를 찾아내는 기술이다. 단어 분류 또는 문법적 구조 분석 등의 자연어 처리 기술에 기반하고 있으며, 문서의 분류, 서로 관련성 있는 문서들의 군집화, 정보의 추출, 문서 요약 등에 활용되고 있다. rvest 패키지는 웹문서를 읽고 특정 위치의 데이터를 추출하는데 유용하다.

✪ 패키지

패키지	설명
rvest	HTML 웹문서 읽기 및 문자열 추출

7.2 DOM의 이해

DOM(Document Object Model)은 구조화된 문서(XML, HTML 등)의 표현 형식으로 프로그래밍 언어가 특정 부분에 쉽게 접근할 수 있도록 하며, 노드 트리(node tree)로 표현된다. 웹 문서의 스크래핑을 위해서는 대상이 되는 웹문서 구조를 먼저 확인하여야 한다. 그 과정을 이해하기 위해 다음과 같이 웹페이지의 예, HTML 소스, DOM의 순으로 살펴보기로 하자.

① 웹페이지

다음과 같이 현재 상영 중인 영화목록을 표로 보여주는 웹페이지를 예로 보자.

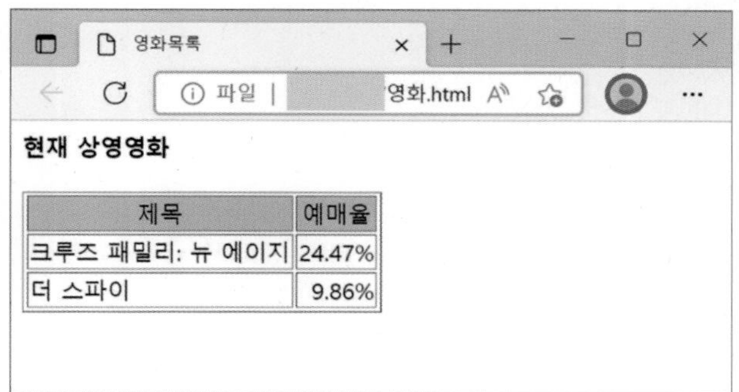

② HTML 소스

웹 문서들은 HTML 태그와 속성들에 따라 다양한 문서 형태로 출력된다. 즉, HTML 문서의 태그는 웹 브라우저에 출력 형태를 알려주는 명령어와 같다. 웹 문서는 〈html〉 태그 내에 〈head〉 부분과 〈body〉 부분으로 구분된다. 〈head〉 부분의 〈title〉 태그에는 웹문서의 제목인 영화목록이 있고, 〈body〉 부분에는 현재 상영 중인 영화를 보여주고 있다. 영화목록 제목은 〈h4〉 태그로 "현재 상영 중인 영화"가 있고, 〈table〉 태그로 두 가지의 영화를 보여주고 있다.

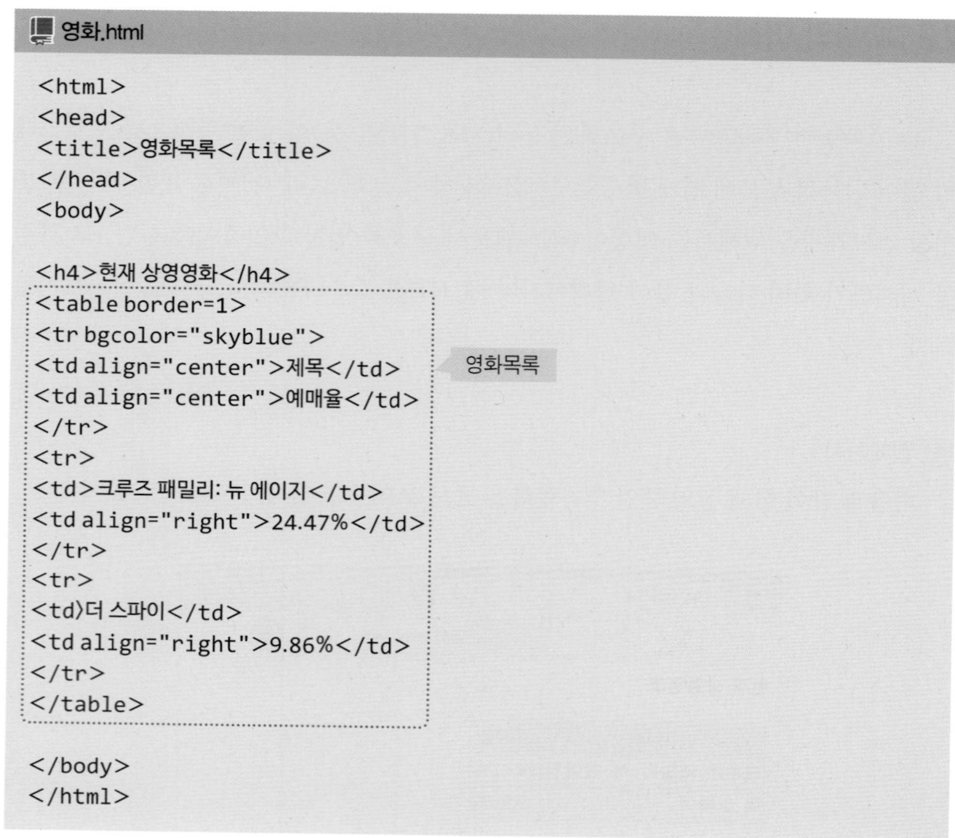

영화.html

```
<html>
<head>
<title>영화목록</title>
</head>
<body>

<h4>현재 상영영화</h4>
<table border=1>
<tr bgcolor="skyblue">
<td align="center">제목</td>
<td align="center">예매율</td>
</tr>
<tr>
<td>크루즈 패밀리: 뉴 에이지</td>
<td align="right">24.47%</td>
</tr>
<tr>
<td〉더 스파이</td>
<td align="right">9.86%</td>
</tr>
</table>

</body>
</html>
```


③ DOM

앞의 HTML 문서에서는 그 구조를 파악하기 쉽지 않다. 따라서, 웹브라우저의 '검사(또는 요소검사)' 기능을 잘 활용하면 DOM을 표현하는데 도움이 된다. 다음은 크롬 웹브라우저의 예이다. 웹페이지에서 마우스 오른쪽 버튼을 클릭해서 나타나는 팝업 메뉴에서 '검사'를 클릭해보자.

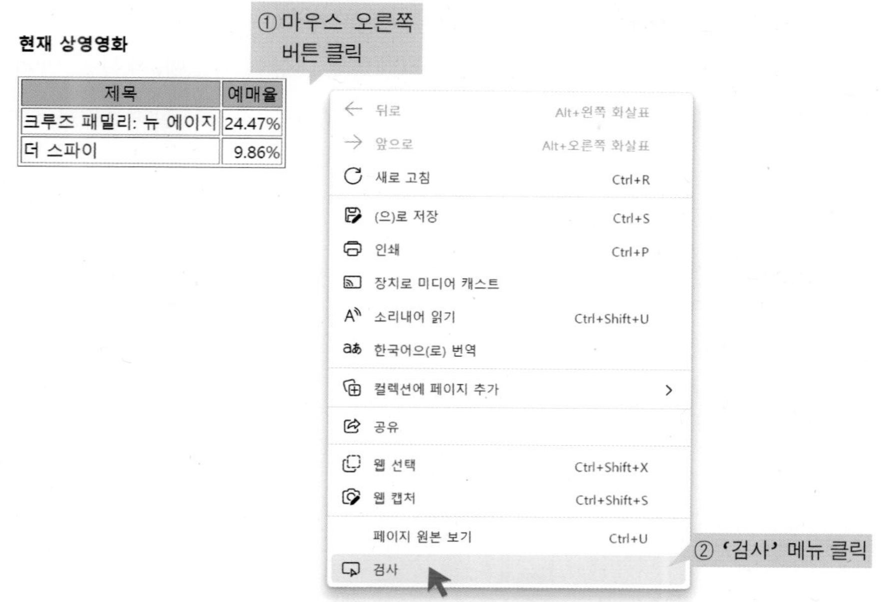

다음과 같이 HTML 소스를 펼칠 수 있는데, 전체 또는 필요 부분을 펼쳐보면 HTML 문서의 구조를 파악하기 쉽게 보인다.

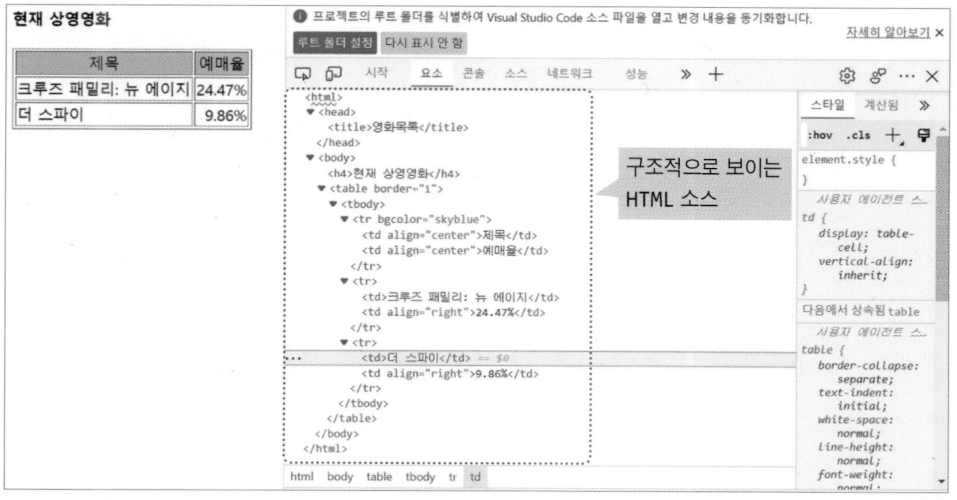

HTML 문서 구조를 참고하여, 그에 대응하는 DOM을 세로 형태의 계층구조로 표현하면 다음과 같다. 'text' 부분의 노드들은 웹스크래핑의 대상이 되는데, 특히 표 안의 문자들은 연두색으로 표시하였다. 다음 절에서 문자를 추출하는 과정을 살펴보기로 하자.

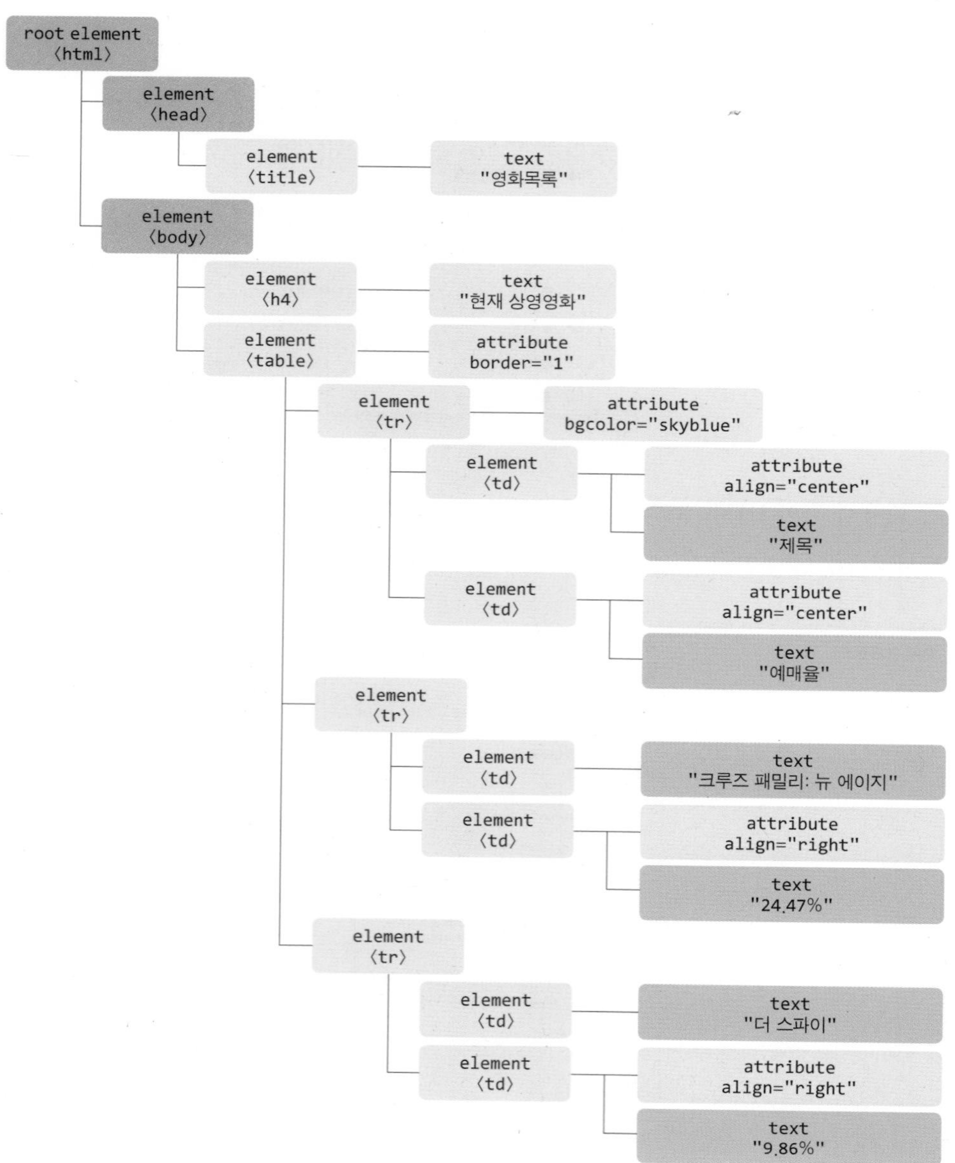

7.3 웹스크래핑의 기본원리

특정 위치의 문자를 추출하는 방법은 태그를 이용하는 방법, ID를 이용하는 방법, Class를 이용하는 방법이 있다. 태그의 ID 이름은 한 웹문서 내에서 중복이 허용되지 않으며, Class 이름은 중복이 가능하다. 학생의 경우, 학번은 ID에 해당하고, 학생들의 소속 학과명은 Class로 표현할 수 있다. 다음과 같이 현재 상영 중인 영화와 개봉 예정인 영화를 두 개의 테이블로 구분한 웹문서에서, 각 테이블에 있는 제목과 예매율을 추출해보자.

현재 상영영화

제목	예매율
크루즈 패밀리: 뉴 에이지	24.47%
더 스파이	9.86%

개봉 예정영화

제목	예매율
스파이럴	0.21%
아들의 이름으로	0.04%

(1) 태그를 이용하는 방법

① HTML 소스

HTML 문서 소스는 다음과 같다. 두 개의 〈table〉 태그 내의 다수 태그들로 구성된 구조로 데이터들이 표현되어 있다. border 속성은 표의 테두리 굵기, bgcolor는 배경색, align은 문자의 출력 위치로 모두 웹브라우저의 출력 방법을 지정한다.

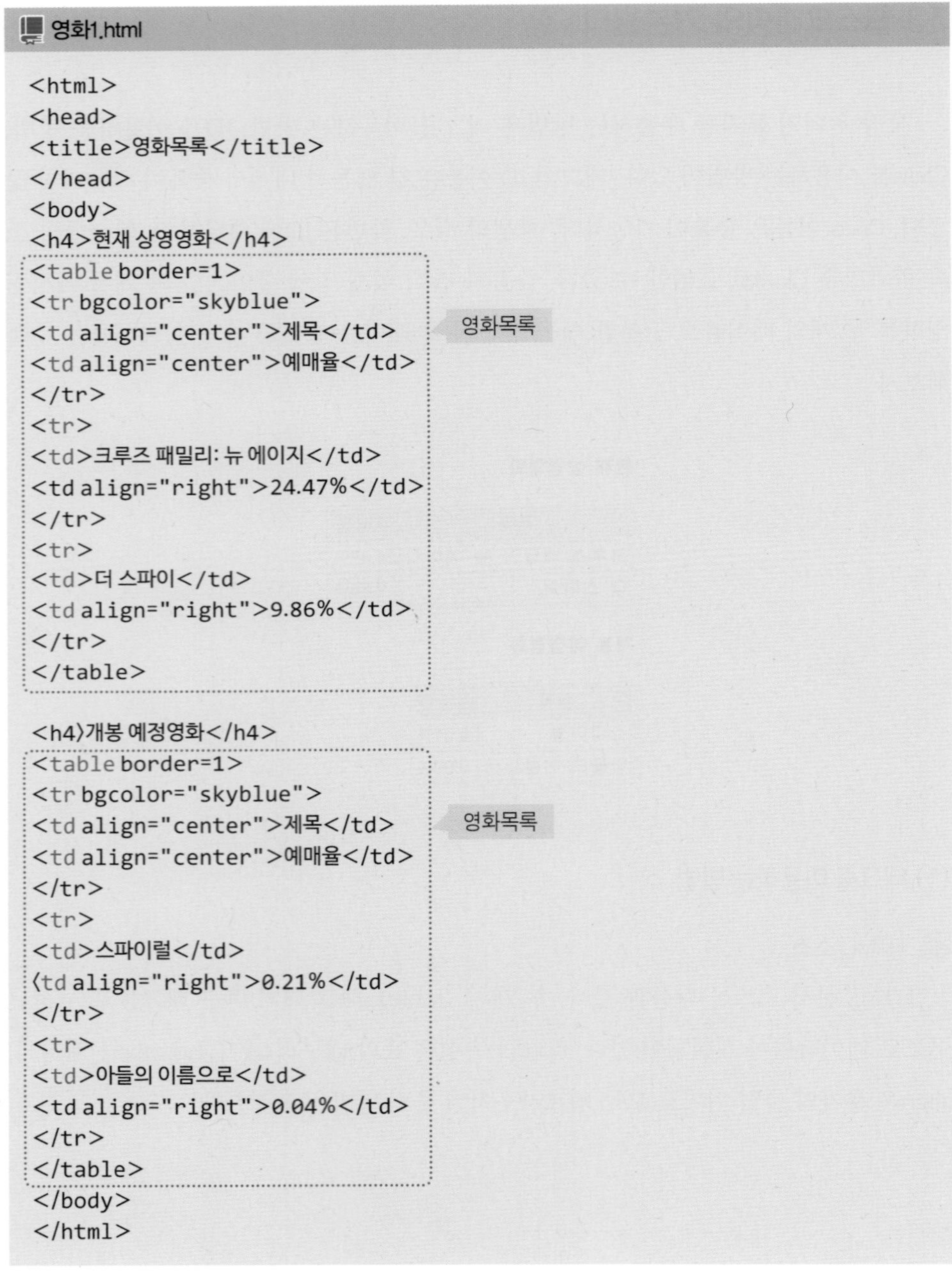

영화1.html

```
<html>
<head>
<title>영화목록</title>
</head>
<body>
<h4>현재 상영영화</h4>
<table border=1>
<tr bgcolor="skyblue">
<td align="center">제목</td>
<td align="center">예매율</td>
</tr>
<tr>
<td>크루즈 패밀리: 뉴 에이지</td>
<td align="right">24.47%</td>
</tr>
<tr>
<td>더 스파이</td>
<td align="right">9.86%</td>
</tr>
</table>

<h4>개봉 예정영화</h4>
<table border=1>
<tr bgcolor="skyblue">
<td align="center">제목</td>
<td align="center">예매율</td>
</tr>
<tr>
<td>스파이럴</td>
<td align="right">0.21%</td>
</tr>
<tr>
<td>아들의 이름으로</td>
<td align="right">0.04%</td>
</tr>
</table>
</body>
</html>
```


HTML 태그와 태그들의 속성을 중심으로 DOM 구조를 그리면 다음과 같다. “현재 상영영화" 는 모든 태그를 다 펼친 상태이고, "개봉 예정영화"는 같은 구조이기 때문에 펼치지 않은 그림으로 표현하였다. 웹페이지에서 'text' 부분 까지의 경로, 즉 DOM에서 연두색 노드까지 가는 경로는 여러가지가 가능하다. 시작 노드는 임의 위치에서 가능하며, 끝 노드는 추출할 문자가 있는 td 태그로 설정하면 된다. 즉, table-tr-td, table-td, tr-td 등 모두 같은 결과로, 편리한 경로를 선택하면 된다. 여기서는 테이블 태그의 단계적 구성인 table-tr-td 경로를 따르기로 하자.

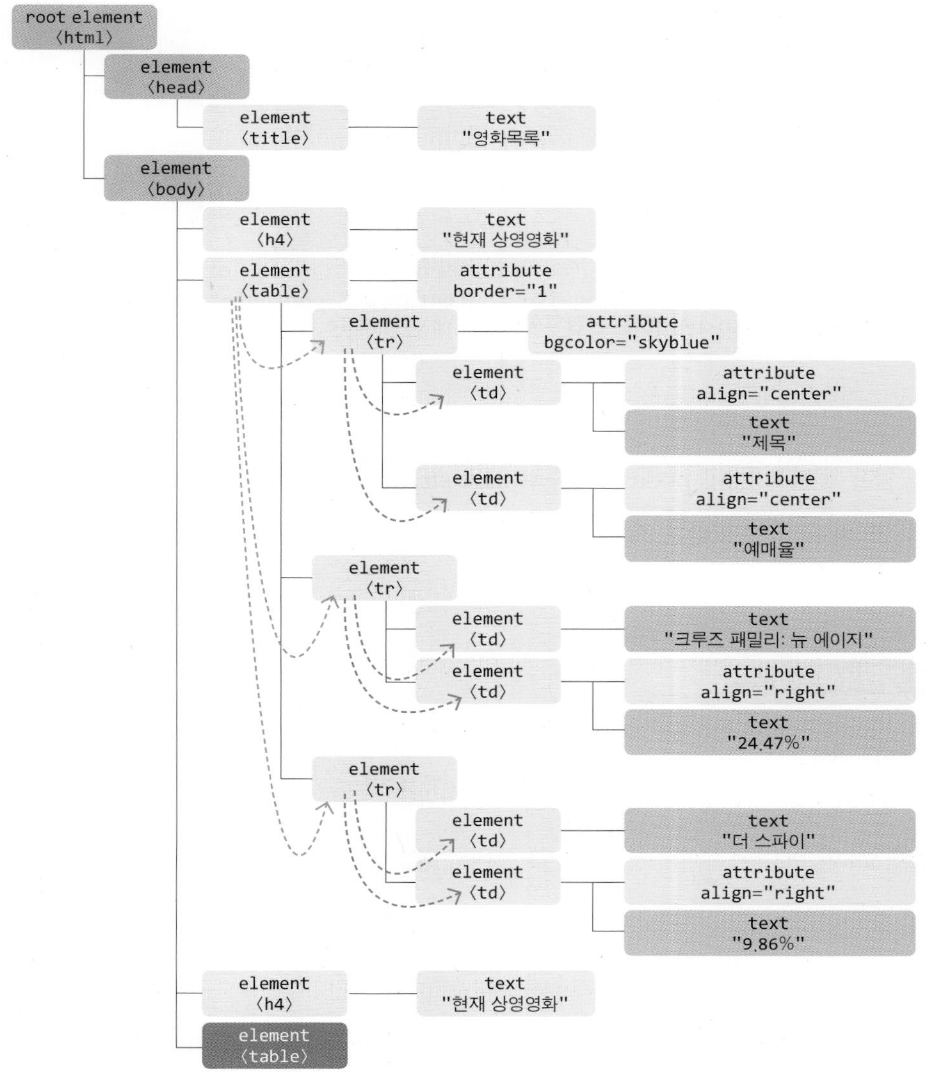

② 웹스크래핑

먼저, rvest 패키지를 설치 및 로딩한다. read_html() 함수로 R 소스와 같은 폴더에 있는 영화1.html 문서를 읽어 출력해보자.

웹문서 읽기

```
install.packages("rvest")
library(rvest)

# 웹문서 읽기
url <- "영화1.html"
html <- read_html(url, encoding = "utf-8")
html
```

HTML 문서가 R 소스와 다른 폴더에 있으면 경로 지정(예: "c://data/영화1.html")
☞ 웹 상의 경로 지정 가능(8.4절 참조)

출력 결과

```
{html_document}
<html>
[1] <head>\n<meta http-equiv="Content-Type" content="text/ht ...
[2] <body>\r\n<h4>현재 상영영화</h4>\r\n<table border="1">\n<tr bg
 ...
```

읽은 문서를 html_nodes() 함수로 table, tr, td 태그를 따라 이동하고, html_text() 함수로 태그 내에 있는 문자를 추출한다. 결과적으로 td 태그에 있는 12개의 문자들이 순서대로 나타나게 된다.

영화목록 추출

```
# 영화 목록
movie <- html_nodes(html, "table tr td") %>%
      html_text()
movie
```

출력 결과

```
  [1] "제목"                        "예매율"
  [3] "크루즈 패밀리: 뉴 에이지" "24.47%"
  [5] "더 스파이"                  "9.86%"
  [7] "제목"                        "예매율"
  [9] "스파이럴"                  "0.21%"
 [11] "아들의 이름으로"          "0.04%"
```

(2) ID를 이용하는 방법

앞에서는 두 테이블이 구분되지 않아 현재 상영 중인 영화와 개봉 예정인 영화 목록을 다 추출하였다. 두 테이블을 구분해서 추출하려면 어떻게 해야 할까, 태그를 서로 다른 ID로 구분하면 간단히 해결 가능하다. 현재 상영 중인 영화 목록을 추출해보자.

① HTML 소스

이번에는 각 〈table〉 태그를 ID 속성으로 movie1과 movie2로 구분한 예이다.

영화2.html

```
<html>
<head>
<title>영화목록</title>
<head>
<body>
<h4>현재 상영영화</h4>
<table border=1 id="movie1">  영화목록 표에 대한 ID
<tr bgcolor="skyblue">
<td align="center">제목</td>
<td align="center">예매율</td>
</tr>
<tr>
<td>크루즈 패밀리: 뉴 에이지</td>
<td align="right">24.47%</td>
</tr>
<tr>
```

```
<td>더 스파이</td>
<td align="right">9.86%</td>
</tr>
</table>

<h4>개봉 예정영화</h4>
<table border=1 id="movie2">   영화목록 표에 대한 ID
<tr bgcolor="skyblue">
<td align="center">제목</td>
<td align="center">예매율</td>
</tr>
<t>
<td>스파이럴</td>
<td align="right">0.21%</td>
</tr>
<tr>
<td>아들의 이름으로</td>
<td align="right">0.04%</td>
</tr>
</table>
</body>
</html>
```

ID 속성이 추가된 DOM 구조를 그리면 다음과 같다. 펼쳐져 있는 '현재 상영영화' 목록에는 ID가 'movie1'로 추가되어 있으며, 펼쳐져 있지 않은 "개봉 예정영화"목록에는 ID가 'movie2'로 추가되어 있다. 앞의 태그를 이용하는 경우, table−tr−td 경로로 가면 두 개 테이블의 문자가 추출된다. 여기서 첫 번째 테이블의 영화목록만 추출하려면 table 태그 대신 ID를 'movie1'로, 그 이후는 tr−td 태그로 이동하면 된다.

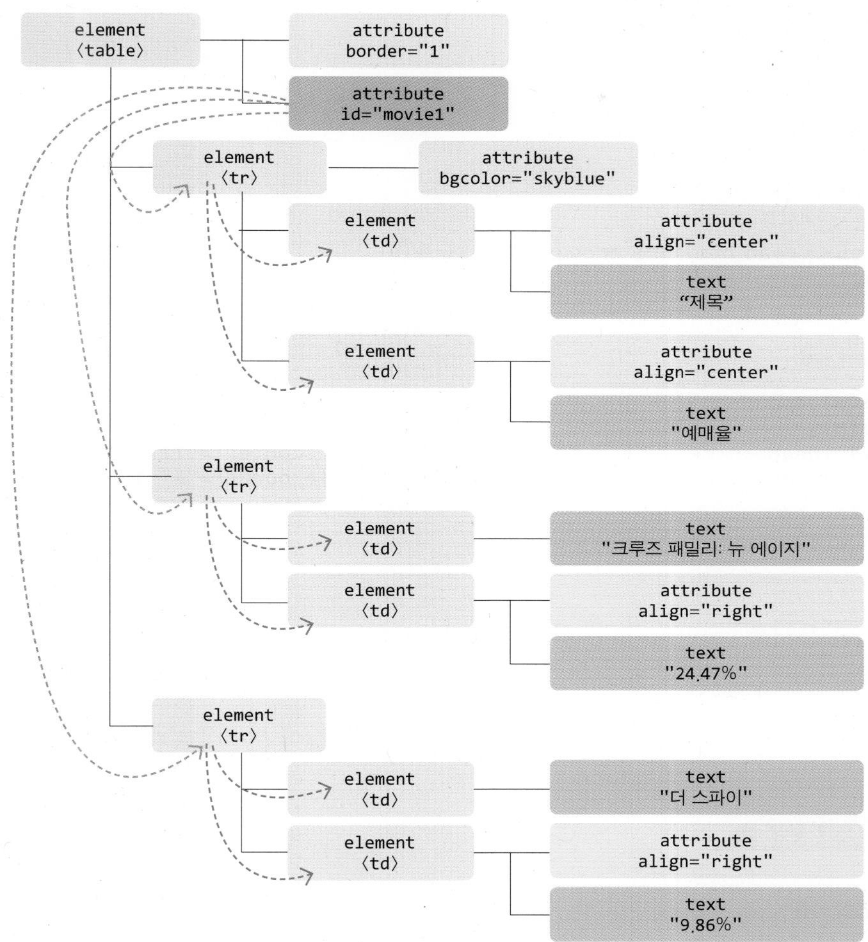

② 웹스크래핑

R 소스와 같은 폴더에 있는 영화2.html 문서를 읽어 출력해보자.

웹문서 읽기

```
# install.packages("rvest")
library(rvest)

# 웹문서 읽기
url <- "영화2.html"
html <- read_html(url, encoding = "utf-8")
html
```

출력 결과

```
{html_document}
<html>
[1] <head>\n<meta http-equiv="Content-Type" content="text/ht ...
[2] <body>\r\n<h4>현재 상영영화</h4>\r\n<table border="1" id="movi
 ...
```

읽은 문서를 html_nodes() 함수로 ID가 movie1인 첫 번째 table 태그로 이동하고, 그 안에 있는 tr, td 태그 경로로 이동해서 문자를 추출한다. ID 이름 앞에는 '#'을 추가하여 구분한다. 결과적으로 td 태그에 있는 6개의 문자들이 순서대로 나타나게 된다.

영화목록 추출

```
# 영화 목록
movie1 <- html_nodes(html, "#movie1 tr td") %>%
     html_text()
movie1
```

ID 이름

출력 결과

```
[1] "제목"                        "예매율"
[3] "크루즈 패밀리: 뉴 에이지" "24.47%"
[5] "더 스파이"                   "9.86%"
```

표에서 항목명에 해당하는 첫 번째와 두 번째 데이터인 '제목'과 '예매율'을 삭제하면 두 개 영화에 대한 목록만 추출할 수 있다.

영화목록 일부 추출

```
# 영화 목록 (2-2)
movie1 <- html_nodes(html, "#movie1 tr td")[c(-1, -2)] %>%
    html_text()
movie1
```

1, 2 요소 삭제

출력 결과

```
[1] "크루즈 패밀리: 뉴 에이지" "24.47%"
[3] "더 스파이"                "9.86%"
```

(3) class를 이용하는 방법

서로 다른 테이블에서 영화 제목과 예매율은 동일한 구조이기 때문에 같은 class를 지정하면 의미를 파악하기 쉽다. ID와 class를 이용해서 현재 상영 중인 영화 목록을 추출해보자.

① HTML 소스

이번에는 각 〈table〉 태그에서 항목명이 아닌 부분에는 class 속성을 추가하였다. 즉, 첫 번째 표의 모든 영화제목에 대한 class 이름은 'title1', 예매율은 모두 'rate1'로 지정하였다. 한편, 두 번째 표의 경우는 'title2'와 'rate2'로 각각 지정하였다.

영화3.html

```
<html>
<head>
<title>영화목록</title>
<head>
<body>
<h4>현재 상영영화</h4>
<table border=1 id="movie1">
<tr bgcolor="skyblue">
<td align="center">제목</td>
<td align="center">예매율</td>
</tr>
<tr>
<td class="title1">크루즈 패밀리: 뉴 에이지</td>   영화제목에 대한 class
<td align="right" class="rate1">24.47%</td>   예매율에 대한 class
</tr>
<tr>
<td class="title1">더 스파이</td>   영화제목에 대한 class
<td align="right" class="rate1">9.86%</td>   예매율에 대한 class
</tr>
</table>

<h4>개봉 예정영화</h4>
<table border=1 id="movie2">
<tr bgcolor="skyblue">
<td align="center">제목</td>
<td align="center">예매율</td>
</tr>
<tr>
<td class="title2">스파이럴</td>   영화제목에 대한 class
<td align="right" class="rate2">0.21%</td>   예매율에 대한 class
</tr>
<tr>
<td class="title2">아들의 이름으로</td>   영화제목에 대한 class
<td align="right" class="rate2">0.04%</td>   예매율에 대한 class
</tr>
</table>
</body>
</html>
```

DOM 구조를 그려보면 다음과 같다. class 속성들이 추가된 결과이다. 첫 번째 table

태그의 영화제목에는 모두 class 속성 값이 "title1"로 설정되어 있다. 한편, 펼쳐지지 않은 두 번째 table 태그의 영화제목에는 모두 "title2"로 설정되어 있게 된다. 이 경우에 경로를 "title1"의 class로 지정하면, 바로 "현재 상영영화"의 영화목록을 추출할 수 있게 된다.

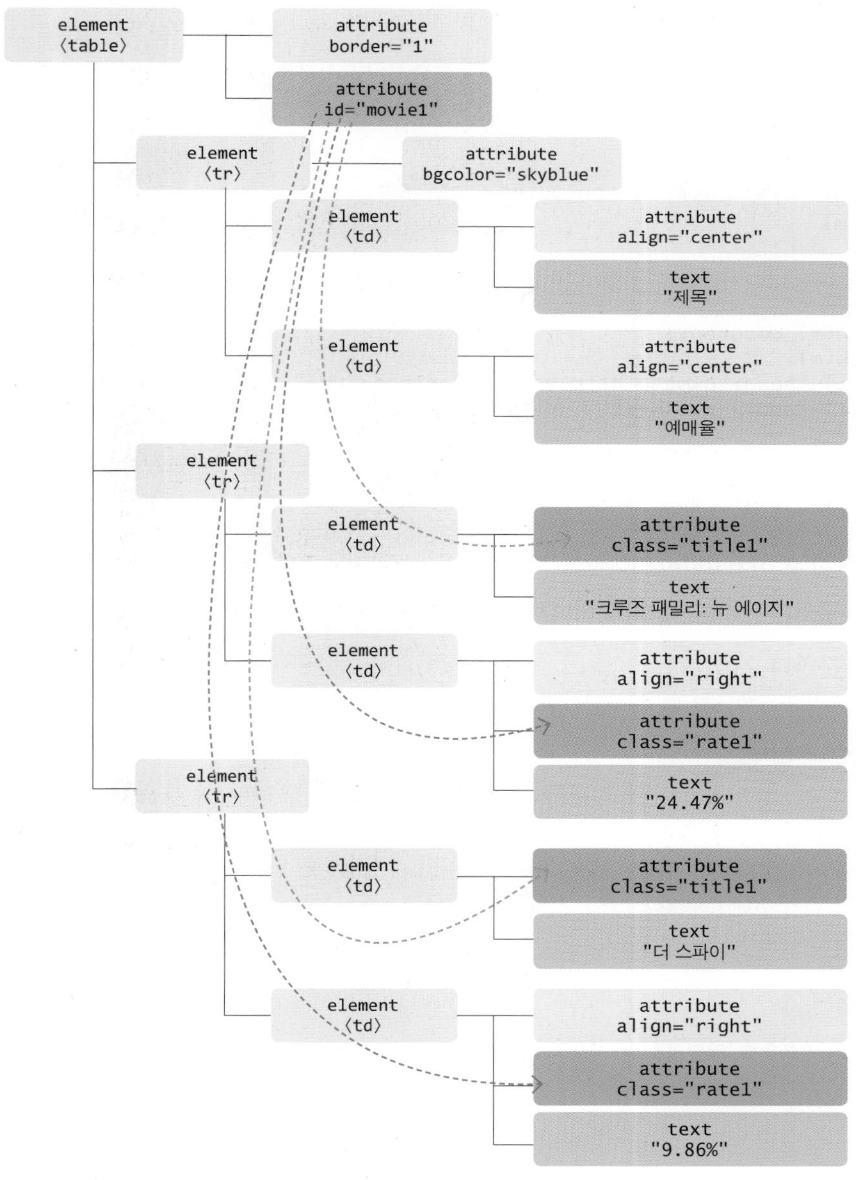

② 웹스크래핑

R 소스와 같은 폴더에 있는 영화3.html 문서를 읽어 출력해보자.

웹문서 읽기

```
# install.packages("rvest")
library(rvest)

# 웹문서 읽기
url <- "영화3.html"
html <- read_html(url, encoding = "utf-8")
html
```

출력 결과

```
{html_document}
<html>
[1] <head>\n<meta http-equiv="Content-Type" content="text/ht ...
[2] <body>\r\n<h4>현재 상영영화</h4>\r\n<table border="1" id="movi
 ...
```

읽은 문서를 html_nodes() 함수로 class가 'title1'에 해당하는 경로로 이동하고, html_text() 함수로 태그 내에 있는 문자를 추출한다. 클래스 이름 앞에는 '.'을 추가하여 구분한다.

영화제목 추출

```
# 영화 제목
movie.title1 <- html_nodes(html, .title1") %>%
        html_text()
movie.title1
```

class 이름

출력 결과

```
[1] "크루즈 패밀리: 뉴 에이지" "더 스파이"
```

예매율을 추출하기 위해서는 html_nodes() 함수로 class가 'rate1'에 해당하는 경로로 이동하고, html_text() 함수로 태그 내에 있는 문자를 추출한다.

영화 예매율 추출

```
# 영화 예매율
movie.rate1 <- html_nodes(html, ".rate1") %>%
        html_text()
movie.rate1
```

class 이름

출력 결과

```
[1] "24.47%" "9.86%"
```

7.4 웹스크래핑 응용

웹스크래핑의 응용으로 국민신문고의 국민제안에 있는 공개제안들을 추출해보자. 실제 웹문서들은 다양한 형태로 표현되기 때문에 복잡한 DOM 구조를 가지고 있다. 그러나 추출할 특정 위치의 경로를 하나씩 살펴보면 큰 어려움이 해결할 수 있다. 앞 절에서 살펴본 바와 같이 하나씩 보기로 하자.

① 웹페이지

국민신문고(https://www.epeople.go.kr)의 '국민제안' 메뉴에 있는 '공개제안'을 클릭하면 실시간으로 등록되는 목록을 볼 수 있다. 한 페이지에는 10개의 리뷰목록으로 구성되어 있다. URL은 "https://www.epeople.go.kr/nep/prpsl/opnPrpl/opnpblPrpslList.npaid"으로 접속 가능하다.

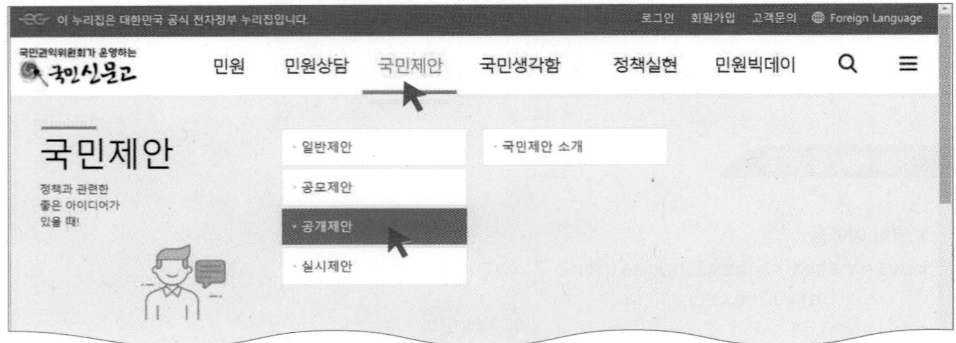

번호	제목	처리 기관	신청일	추진상황	조회
	시민공원로 사거리 교통신호 대각선으로 행단보도 설치	경찰청		제안심사	2
	부산시 서구 구덕운동장 개방 시간 연장	부산광역시		제안심사	1
	시외버스 종이승차권제도 폐지	국토교통부		제안심사	2
	속도제한장치 무단해제단속 보다 효율적인 방법	경찰청		제안심사	3
	송파둘레길 주민 활성화 방안	서울특별시 송파구		제안심사	1
	스코폴라민,아트로핀,히오시아민을 불법 마약류로 지정해주세요.	식품의약품안전처		제안심사	2
	특허검색서비스 이용시 개인정보 보호의 件	특허청		제안심사	5
	불법전단지부착	경찰청		제안심사	1
	동시보행신호 예측을 위한 바닥 LED 표시 및 안내방송 개선	경찰청		제안심사	1
	검단AA13블록 아파트 붕괴 주민설명회 제안	국토교통부		제안심사	1

② HTML 소스

공개제안 목록에서 마우스 오른쪽 버튼을 누르면(①) 팝업메뉴가 나타난다. '검사'를 클릭하면(②) 나타나는 태그 구조로부터 DOM 구조를 파악할 수 있다.

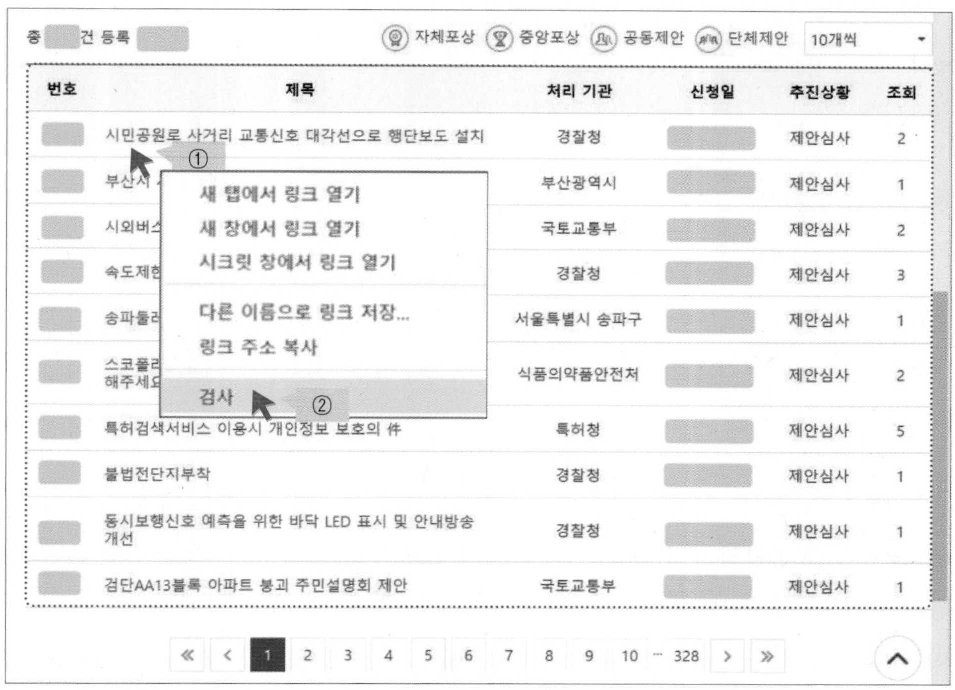

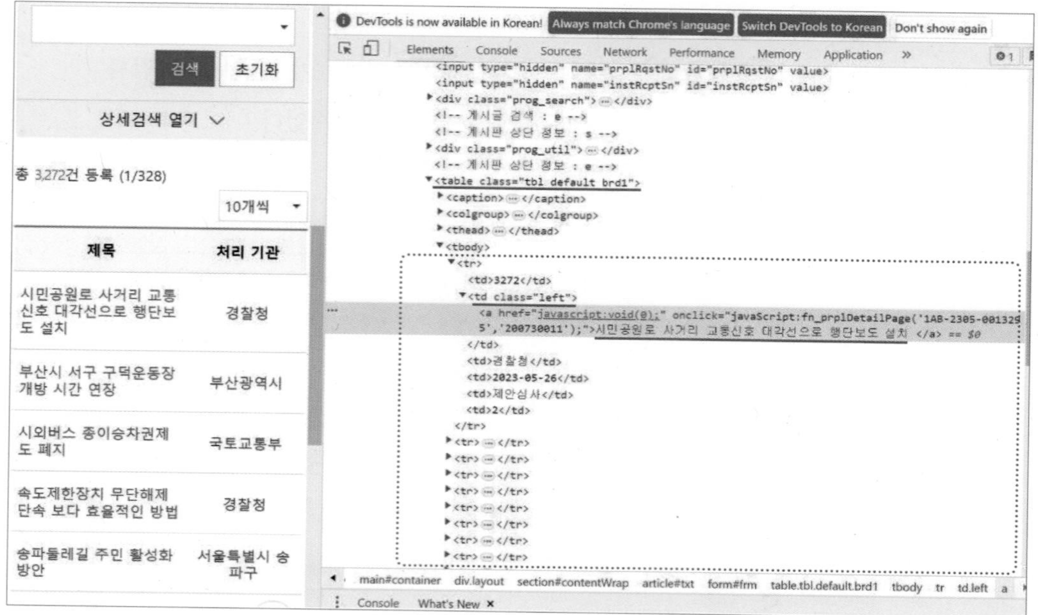

마우스로 클릭한 부분 근방의 소스들이 나타나는데, 필요한 태그 부분은 펼쳐 보면 그 구조를 파악하기 쉽다. 공개제안 목록을 중심으로 DOM 구조를 그려보면 다음과 같다. 공개제안들은 "td 태그(class='left')" 내의 〈a〉 태그 안에 문자로 표현되어 있다. 따라서, 공개제안들은 "table 태그(class='tbl default brd1') ➔ tr ➔ td 태그(class='left') ➔ 〈a〉"의 경로로 접근이 가능하지만, 간단하게는 바로 "td 태그(class='left')"에 있는 문자들만 추출하면 된다.

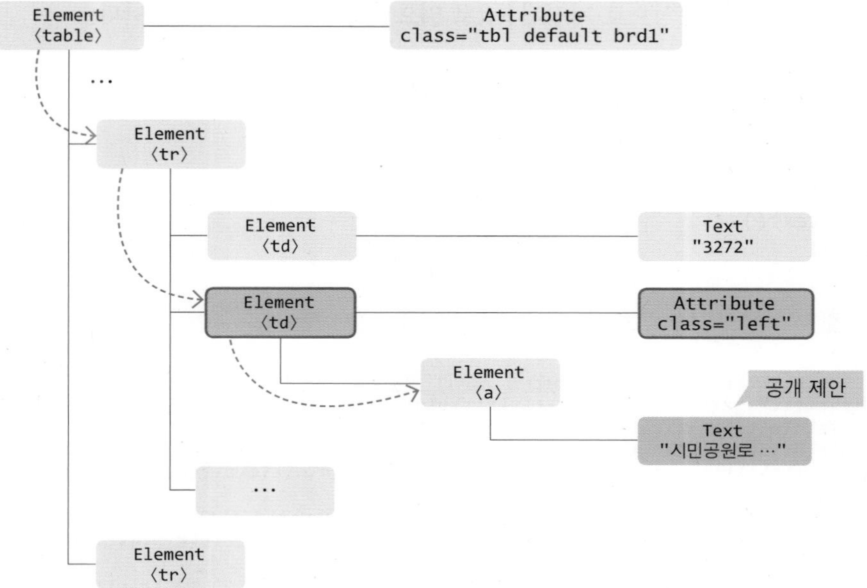

③ 웹스크래핑

공개제안 페이지의 URL을 설정하고 read_html() 함수로 읽어보자.

공개제안 웹페이지 읽기

```
# 패키지 로딩
# install.packages("rvest")
library(rvest)

# 웹문서 다운로드
url <- "https://www.epeople.go.kr/nep/prpsl/opnPrpl/opnpblPrpslList.
npaid"
html <- read_html(url)
html
```

출력 결과

```
{html_document}
<html lang="ko">
[1] <head>\n<meta http-equiv="Content-Type" content="text/html; charse ...
[2] <body>\r\n\r\n<div class="loading black" style="position:fixed; wi ...
```

〈td〉 태그의 class 속성으로 지정된 left로 읽으면 목록의 결과가 나타난다.

공개제안 추출

```
proposal <- html_nodes(html, ".left") %>%
  html_text()
proposal
```

출력 결과

```
 [1] "\r\n\t\t\t\t\t\t\t\t시민공원로 사거리 교통신호 대각선으로 행단보도 설치\r\n\t
\t\t\t\t\t\t\t\t\r\n\t\t\t\t\t\t\t\t\t\r\n\t\t\t\t\t\t\t\t\t\t\t\r\n\t\t\t\t\t
\t\t\t\t\r\n\t\t\t\t\t\t\t\t\r\n\t\t\t\t\t\t\t"
 [2] "\r\n\t\t\t\t\t\t\t\t부산시 서구 구덕운동장 개방 시간 연장\r\n\t\t\t\t\t\t\t
\t\t\r\n\t\t\t\t\t\t\t\t\t\r\n\t\t\t\t\t\t\t\t\t\t\t\r\n\t\t\t\t\t\t\t\t\t\r\n
\t\t\t\t\t\t\t\t\r\n\t\t\t\t\t\t\t"
 [3] "\r\n\t\t\t\t\t\t\t\t시외버스 종이승차권제도 폐지\r\n\t\t\t\t\t\t\t\t\t\r\n
\t\t\t\t\t\t\t\t\t\r\n\t\t\t\t\t\t\t\t\t\t\t\r\n\t\t\t\t\t\t\t\t\t\r\n\t\t\t\t
\t\t\t\t\r\n\t\t\t\t\t\t\t"
 [4] "\r\n\t\t\t\t\t\t\t\t속도제한장치 무단해제단속 보다 효율적인 방법\r\n\t\t\t\t
\t\t\t\t\t\r\n\t\t\t\t\t\t\t\t\t\r\n\t\t\t\t\t\t\t\t\t\t\t\r\n\t\t\t\t\t\t\t\t
\t\r\n\t\t\t\t\t\t\t\t\r\n\t\t\t\t\t\t\t"
 [5] "\r\n\t\t\t\t\t\t\t\t송파둘레길 주민 활성화 방안\r\n\t\t\t\t\t\t\t\t\t\r\n
\t\t\t\t\t\t\t\t\t\r\n\t\t\t\t\t\t\t\t\t\t\t\r\n\t\t\t\t\t\t\t\t\t\r\n\t\t\t\t
\t\t\t\t\r\n\t\t\t\t\t\t\t"
 [6] "\r\n\t\t\t\t\t\t\t\t스코폴라민,아트로핀,히오시아민을 불법 마약류로 지정해주세
요.\r\n\t\t\t\t\t\t\t\t\t\r\n\t\t\t\t\t\t\t\t\t\r\n\t\t\t\t\t\t\t\t\t\t\t\r\n\t
\t\t\t\t\t\t\t\t\r\n\t\t\t\t\t\t\t\t\r\n\t\t\t\t\t\t\t"
 [7] "\r\n\t\t\t\t\t\t\t\t특허검색서비스 이용시 개인정보 보호의 件\r\n\t\t\t\t\t\t
\t\t\t\r\n\t\t\t\t\t\t\t\t\t\r\n\t\t\t\t\t\t\t\t\t\t\t\r\n\t\t\t\t\t\t\t\t\t\r
\n\t\t\t\t\t\t\t\t\r\n\t\t\t\t\t\t\t"
 [8] "\r\n\t\t\t\t\t\t\t\t불법전단지부착 \r\n\t\t\t\t\t\t\t\t\t\r\n\t\t\t\t\t
\t\t\t\t\r\n\t\t\t\t\t\t\t\t\t\t\t\r\n\t\t\t\t\t\t\t\t\t\r\n\t\t\t\t\t\t\t\t\r
\n\t\t\t\t\t\t\t"
 [9] "\r\n\t\t\t\t\t\t\t\t동시보행신호 예측을 위한 바닥 LED 표시 및 안내방송 개선\r
\n\t\t\t\t\t\t\t\t\t\r\n\t\t\t\t\t\t\t\t\t\r\n\t\t\t\t\t\t\t\t\t\t\t\r\n\t\t
\t\t\t\t\t\t\t\r\n\t\t\t\t\t\t\t\t\r\n\t\t\t\t\t\t\t"
[10] "\r\n\t\t\t\t\t\t\t\t검단AA13블록 아파트 붕괴 주민설명회 제안\r\n\t\t\t\t
\t\t\t\t\t\r\n\t\t\t\t\t\t\t\t\t\r\n\t\t\t\t\t\t\t\t\t\t\t\r\n\t\t\t\t\t\t\t\t\t
\r\n\t\t\t\t\t\t\t\t\r\n\t\t\t\t\t\t\t"
```

공개제안 좌우에 있는 불필요한 제어문자('\r', '\n', '\t')들을 제거하는 데이터 정제 과정을 보자. 간단하게는 gsub() 함수로 제어문자들을 공백("")으로 대체하면 된다. '|'는 'OR' 조건을 의미한다. 결과적으로 10가지의 공개제안 내용을 볼 수 있다.

데이터 정제

```
# 제어문자 대체
proposal <- gsub("\r|\n|\t", "", proposal)
proposal
```

출력 결과

```
 [1] "시민공원로 사거리 교통신호 대각선으로 행단보도 설치"
 [2] "부산시 서구 구덕운동장 개방 시간 연장"
 [3] "시외버스 종이승차권제도 폐지"
 [4] "속도제한장치 무단해제단속 보다 효율적인 방법"
 [5] "송파둘레길 주민 활성화 방안"
 [6] "스코폴라민,아트로핀,히오시아민을 불법 마약류로 지정해주세요."
 [7] "특허검색서비스 이용시 개인정보 보호의 件"
 [8] "불법전단지부착 "
 [9] "동시보행신호 예측을 위한 바닥 LED 표시 및 안내방송 개선"
[10] "검단AA13블록 아파트 붕괴 주민설명회 제안"
```

1. 다음은 web.html 문서의 일부이다.

```
<ul class="name" id="1234">
<li> 장발장 ₩t</li>
<li> 자베르 ₩t</li>
<li> 팡틴 ₩t </li>
</ul>
```

(1) HTML 태그를 이용해 문자를 추출하는 코드를 완성하시오.

```
url <- "web.html"
html <- read_html(url, encoding = "utf-8")
txt <- html_nodes(html, ________________) %〉% html_text()
```

(2) HTML 태그와 class명을 이용해 문자를 추출하는 코드를 완성하시오.

```
url <- "web.html"
html <- read_html(url, encoding = "utf-8")
txt <- html_nodes(html, ________________) %>% html_text()
```

(3) HTML 태그와 id명을 이용해 문자를 추출하는 코드를 완성하시오.

```
url <- "web.html"
html <- read_html(url, encoding = "utf-8")
txt <- html_nodes(html, ________________) %>% html_text()
```

2. 1항에서 추출한 문자에 포함되어 있는 공백과 '\t'를 제거하시오.

```
txt <- gsub(__________, __________, __________)
txt <- trimws(__________, __________)
```

지역별 미세먼지 추출

한국환경공단(https://www.airkorea.or.kr)에서 운영하는 에어코리아(https://www.airkorea.or.kr) 홈페이지에서 특정일의 시도별 대기정보인 미세먼지(PM10) 또는 초미세먼지(PM2.5)의 농도를 웹스크래핑으로 추출해보자.

지역별 코로나 확진자 수 추출

질병관리청(https://ncov.kdca.go.kr)의 홈페이지에서 발생현황의 '자세히보기' 버튼을 클릭하고, '시도별발생동향'을 클릭하면 나타나는 시도별 당일 신규확진자 수를 웹스크래핑으로 추출해보자.

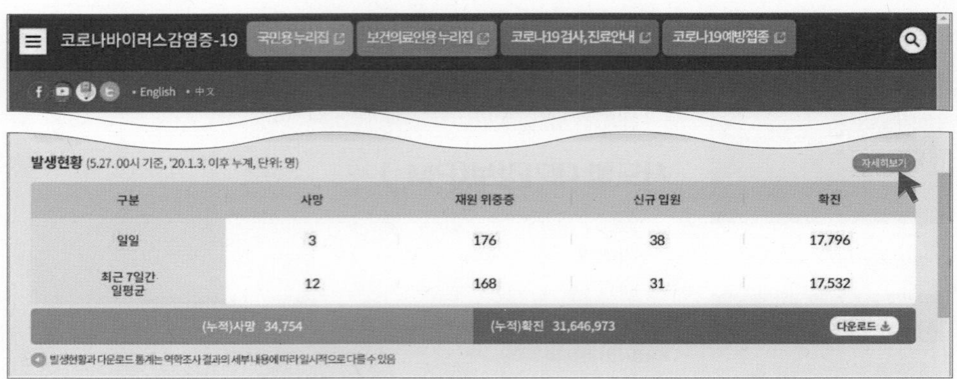

시도명	전일대비 확진환자 증감			확진환자(명)		
	합계	국내발생	해외유입	확진환자	사망자	발생률(*)
합계	17,796	17,759	37	31,646,973	34,754	61523
서울	4,078	4,078	0	6,191,196	6,483	65666
부산	1,237	1,235	2	1,864,739	2,852	56204
대구	779	777	2	1,373,755	2,014	58119
인천	941	940	1	1,840,579	1,922	62028

8

CHAPTER R 코딩 플러스

8 공공 데이터 활용

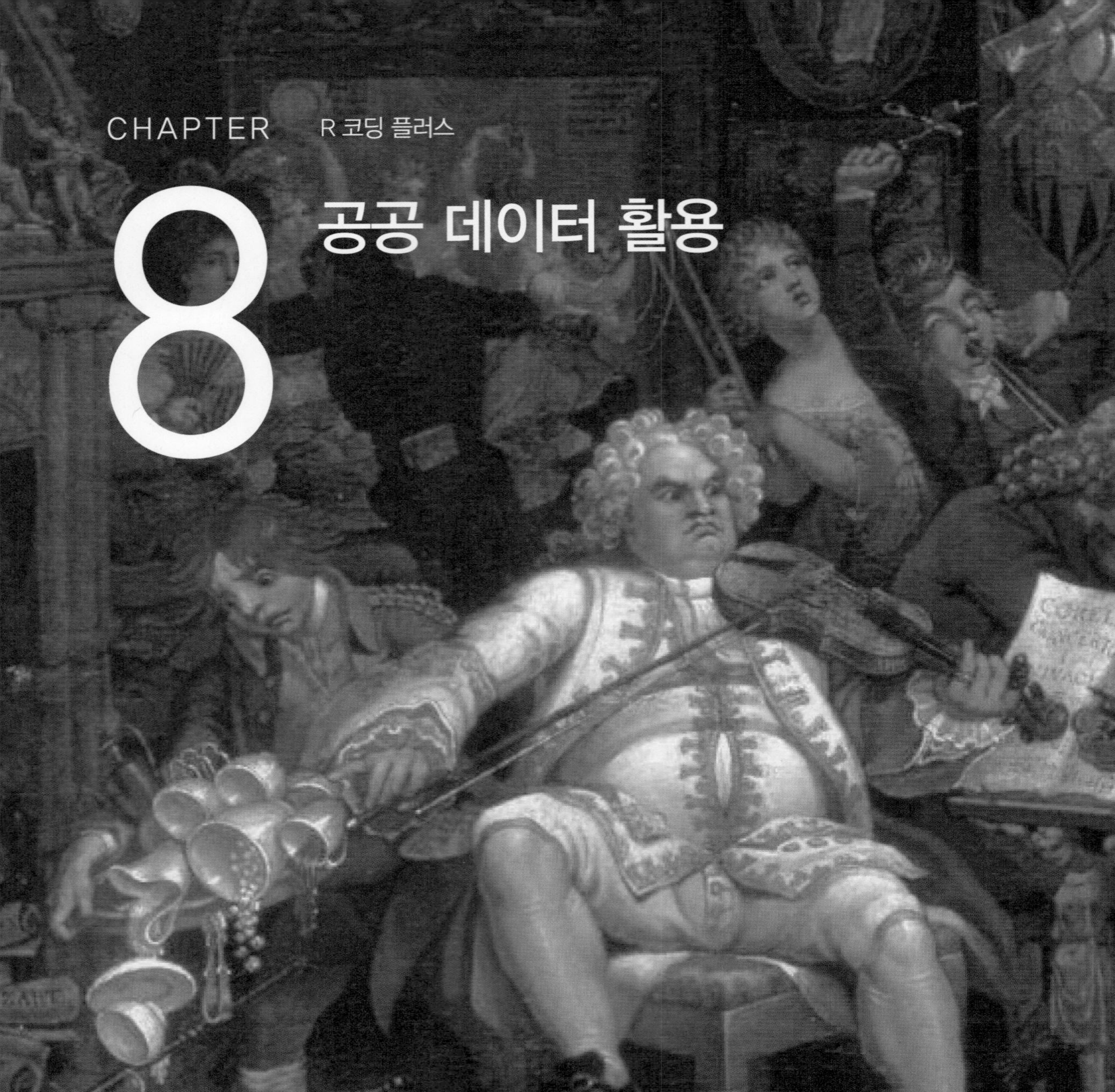

학습목표

공공 데이터 활용법

학습내용

오픈 API 신청 방법
오픈 API 활용법
오픈 API 데이터의 분석과 시각화

Edward Francis Burney(에드워드 프랜시스 버니)_Amateurs of Tye-Wig Music

8.1 공공데이터 포탈 개요

공공데이터는 공공기관이 만들어내는 모든 자료나 정보로 국민 모두의 소통과 협력을 이끌어내는 공적인 정보이다. 공공기관이 생성 또는 취득하여 관리하고 있는 공공데이터를 한 곳에서 제공하는 통합 창구로 공공데이터포털 사이트www.data.or.kr가 있다. 포털에서는 국민이 쉽고 편리하게 공공데이터를 이용할 수 있도록 파일 데이터, 오픈 API, 시각화 등 다양한 방식으로 제공하고 있다. 파일 데이터는 과거 일정기간의 데이터 세트로 다운로드 받아 사용 가능하다. 실시간으로 데이터를 만들어 제공하는 오픈 API는 날씨나 교통 정보 등에 유용하며, 소프트웨어 개발자가 다양한 애플리케이션에 연동되어 활용될 수 있다. 한편, 웹사이트에서 제공하는 데이터 시각화와 활용사례를 참고하면 개발에 많은 도움이 될 수 있다.

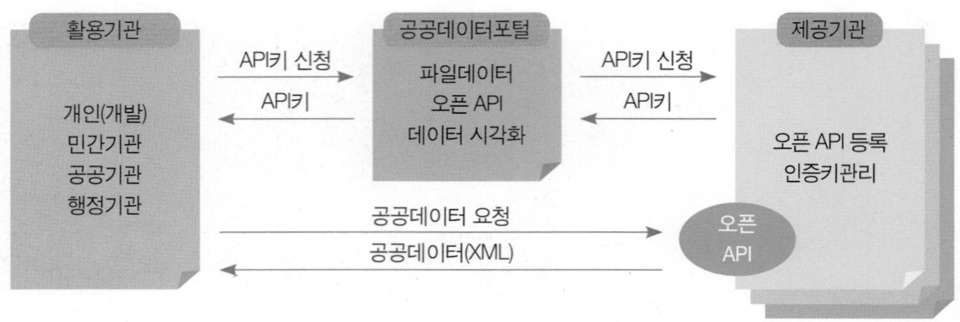

공공데이터포탈이 오픈 API를 통해 제공하는 XML 파일을 활용하기 위해서 R의 XML 패키지를 활용하고, rgdal과 ggplot2 패키지를 사용하여 지역별 미세먼지 농도 (ug/m^3)를 지도에 출력해보자.

✪ 패키지

패키지	설명
ggplot2	그래프 출력을 위한 고급 시각화 패키지4장 참조)
rgdal	지도 좌표계 파일을 읽고 변환 (6장 참조)
XML	로컬 또는 웹에 연결된 XML, HTML 문서 읽음 ☞ 8장에서 사용한 rvest 패키지로도 공공 데이터 활용 가능하지만, XML 패키지는 임의 노드의 다수 서브 노드들을 데이터 프레임으로 변환하는 쉬운 기능을 제공함

8.2 오픈 API 인증키 신청: 미세먼지 정보

미세먼지PM: particulate matter는 항상 관심 대상으로, 시내 버스정류장 등에서도 실시간으로 그 농도를 보여주고 있다. 공공 데이터 포탈에서 제공하는 실시간 미세먼지 정보를 받아 지도에 출력해보자. 미세먼지는 아황산가스, 질소 산화물, 납, 오존, 일산화 탄소 등을 포함하는 눈에 보이지 않을 정도로 작은 대기오염 물질이다. 미세먼지의 크기는 입자의 지름이 10㎛ 이하로 PM10으로 표기한다. 한편, 입자의 지름이 2.5㎛ 이하인 초미세먼지는 PM2.5으로 표기한다. 실시간 지역별 미세먼지 정보를 출력하기 위해서는 미세먼지 서비스를 위한 오픈 API키를 신청해서 발급받은 후, 미세먼지 정보를 추출해서 그래프 또는 지도에 출력하면 된다. 오픈 API 인증키 발급 절차는 다음과 같다.

① 공공 데이터 포탈의 회원가입 및 로그인

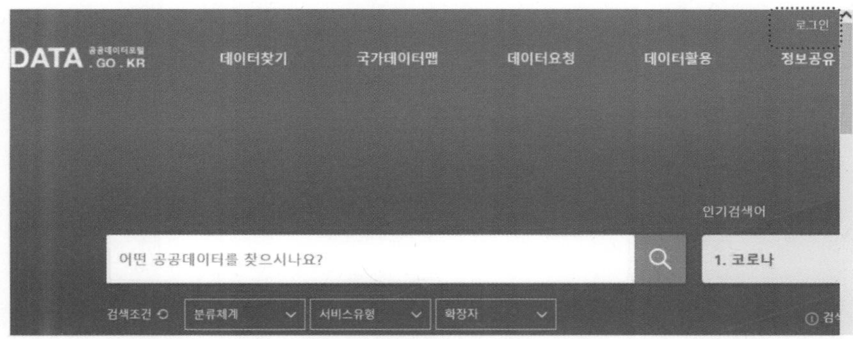

② "미세먼지"검색

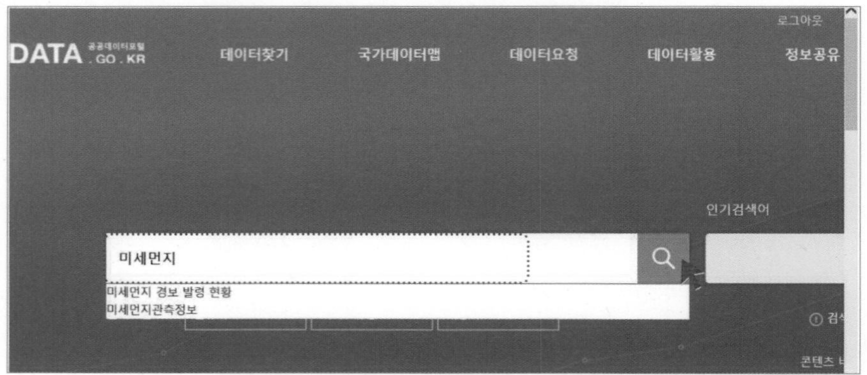

③ 검색결과 목록의 "오픈 API"탭 선택

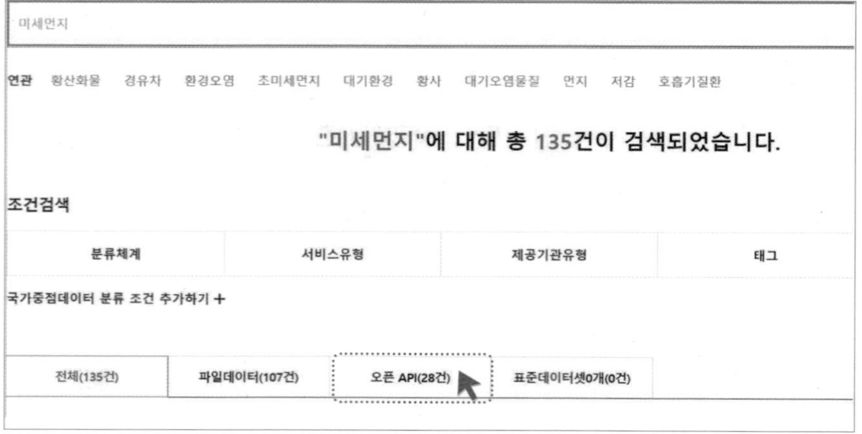

④ 검색결과 목록에서 "한국환경공단_에어코리아_대기오염통계 현황"선택

⑤ "활용신청"버튼 클릭

⑥ OpenAPI 개발계정 신청: "활용목적", "상세기능정보", "라이선스 표시"의 확인

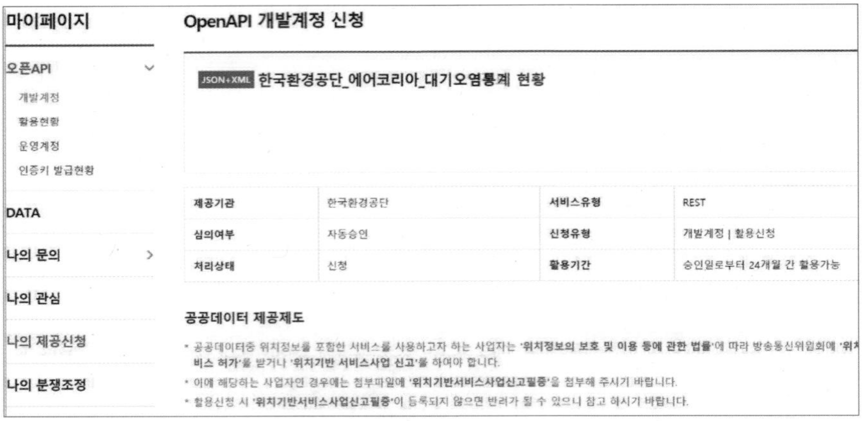

마이페이지

오픈API
개발계정
활용현황
운영계정
인증키 발급현황

DATA

나의 문의

나의 관심

나의 제공신청

나의 분쟁조정

OpenAPI 개발계정 신청

JSON+XML **한국환경공단_에어코리아_대기오염통계 현황**

제공기관	한국환경공단	**서비스유형**	REST
심의여부	자동승인	**신청유형**	개발계정 | 활용신청
처리상태	신청	**활용기간**	승인일로부터 24개월 간 활용가능

공공데이터 제공제도

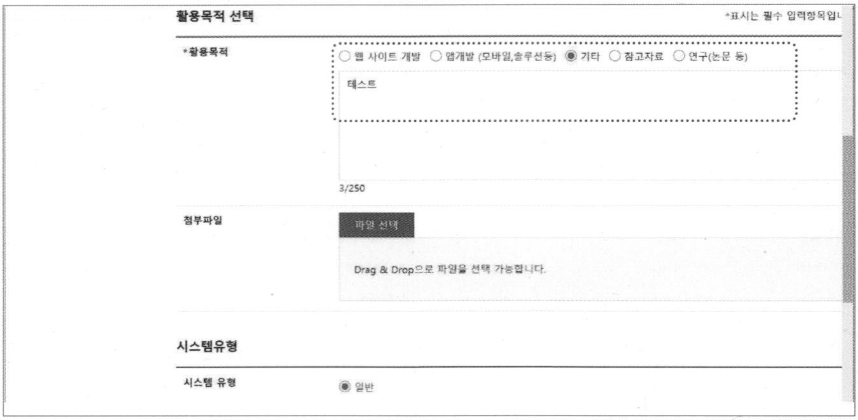

- 공공데이터중 위치정보를 포함한 서비스를 사용하고자 하는 사업자는 '**위치정보의 보호 및 이용 등에 관한 법률**'에 따라 방송통신위원회에 '**위치 비스 허가**'를 받거나 '**위치기반 서비스사업 신고**'를 하여야 합니다.
- 이에 해당하는 사업자인 경우에는 첨부파일에 '**위치기반서비스사업신고필증**'을 첨부해 주시기 바랍니다.
- 활용신청 시 '**위치기반서비스사업신고필증**'이 등록되지 않으면 반려가 될 수 있으니 참고 하시기 바랍니다.

활용목적 선택 *표시는 필수 입력항목입니

*활용목적 ○ 웹 사이트 개발 ○ 앱개발 (모바일,솔루션등) ◉ 기타 ○ 참고자료 ○ 연구(논문 등)

테스트

3/250

첨부파일 파일 선택

Drag & Drop으로 파일을 선택 가능합니다.

시스템유형

시스템 유형 ◉ 일반

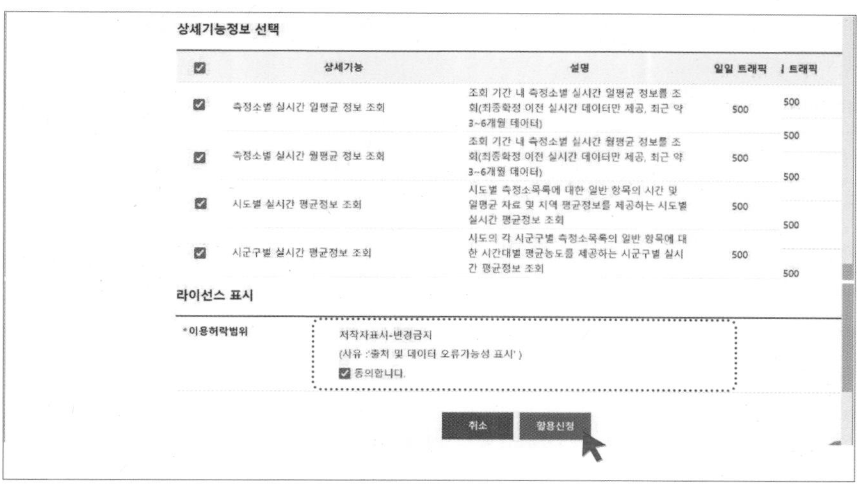

⑦ 개발계정 신청 완료결과 확인

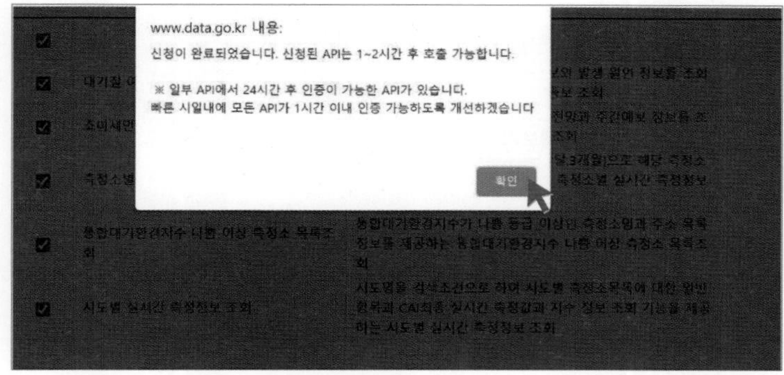

⑧ 마이페이지: 신청 오픈 API 확인(“한국환경공단_에어코리아_대기오염통계 현황” 선택)

⑨ 오픈 API키 확인

사용 예정인 “시도별 실시간 평균조회 정보” 기능이 제공하는 데이터를 미리 보기 위해 오른쪽에 있는 “실행” 버튼을 클릭한다.

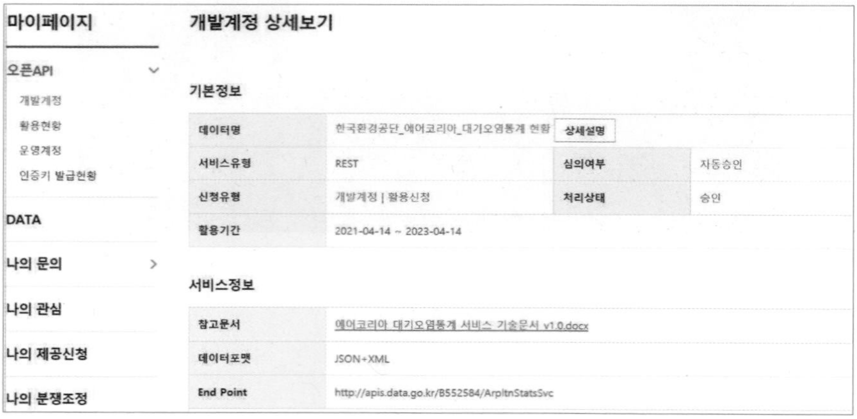

마이페이지

오픈API
- 개발계정
- 활용현황
- 운영계정
- 인증키 발급현황

DATA

나의 문의

나의 관심

나의 제공신청

나의 분쟁조정

개발계정 상세보기

기본정보

데이터명	한국환경공단_에어코리아_대기오염통계 현황 상세설명		
서비스유형	REST	심의여부	자동승인
신청유형	개발계정 | 활용신청	처리상태	승인
활용기간	2021-04-14 ~ 2023-04-14		

서비스정보

참고문서	에어코리아 대기오염통계 서비스 기술문서 v1.0.docx
데이터포맷	JSON+XML
End Point	http://apis.data.go.kr/B552584/ArpltnStatsSvc

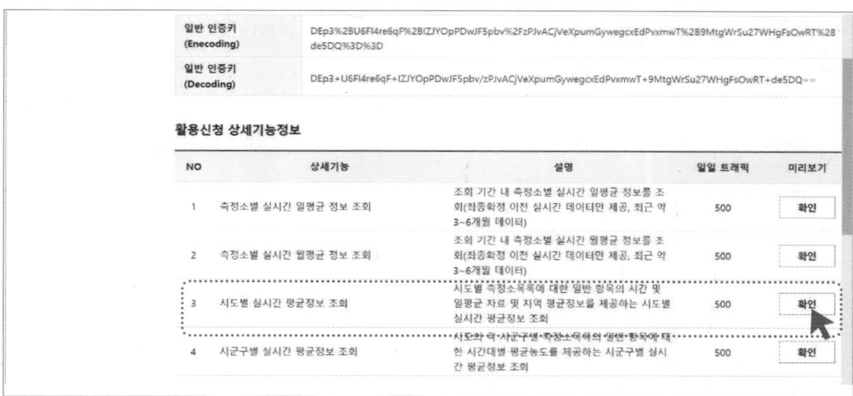

⑩ 미리보기: 요청변수에 샘플 데이터 입력 및 "미리보기"버튼 클릭

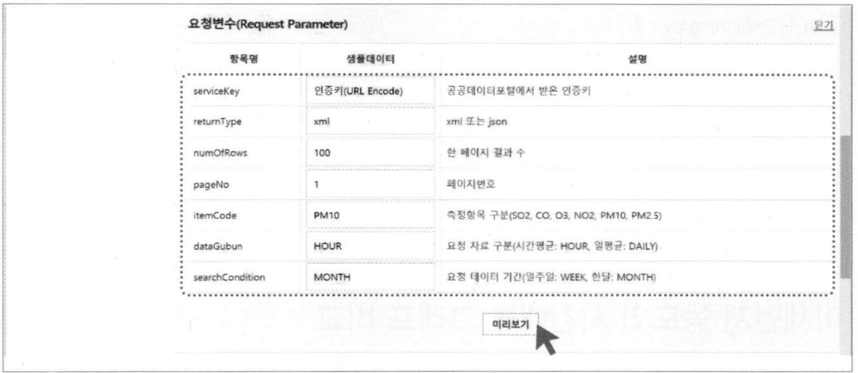

웹으로 전송받은 XML문서에는 시간대별 지역별 미세먼지 평균 농도가 포함되어 있는 〈item〉 태그가 요청변수에 지정한 한 페이지 결과 수(numOfRows) 만큼 반복해서 나타난다. 웹브라우저의 주소창에는 API키를 포함하는 URL(http://apis.data.go.kr/B552584/ArpltnStatsSvc/getCtprvnMesureLIst)을 확인할 수 있다.

```
▼<response>
  ▼<header>
     <resultCode>00</resultCode>
     <resultMsg>NORMAL_CODE</resultMsg>
   </header>
  ▼<body>
    ▼<items>
      ▼<item>
          <daegu>56</daegu>
          <chungnam>49</chungnam>
          <incheon>44</incheon>
          <daejeon>54</daejeon>
          <gyeongbuk>54</gyeongbuk>
          <sejong>53</sejong>
          <gwangju>35</gwangju>
          <jeonbuk>48</jeonbuk>
          <gangwon>55</gangwon>
          <ulsan>50</ulsan>
          <jeonnam>44</jeonnam>
          <seoul>69</seoul>
          <busan>45</busan>
          <jeju>30</jeju>
          <chungbuk>68</chungbuk>
          <gyeongnam>47</gyeongnam>
          <dataTime>2022-05-23 19:00</dataTime>
          <dataGubun>1</dataGubun>
          <gyeonggi>66</gyeonggi>
          <itemCode>PM10</itemCode>
        </item>
      ▼<item>
          <daegu>54</daegu>
```


시도별 측정 값

측정일시

요청 자료 구분: 1(HOUR)

측정 항목

8.3 미세먼지 농도의 시간대별 그래프 비교

8.2절의 "시도별 실시간 평균 정보 조회" API를 호출하여 XML 문서를 다운로드 받고, 서울지역의 시간대별 미세먼지 농도를 막대 그래프로 그리는 과정을 살펴보자.

서울 전경(미세먼지)

먼저, XML 패키지를 추가로 설치하고 요청 변수와 인증받은 API키로 API 검색 조건을 설정한다.

API 설정

```
install.packages("XML")
#install.packages("ggplot2")
library(XML)
library(ggplot2)

api <- "http://apis.data.go.kr/B552584/ArpltnStatsSvc/getCtprvnMesureLIst"
api_key <- "DEp3%2BU6FI.............e5DQ%3D%3D"
numOfRows <- 10
pageNo <- 1
itemCode <- "PM10"
dataGubun <- "HOUR"
searchCondition <- "MONTH"

url <- paste(api,
     "?serviceKey=", api_key,
     "&numOfRows=", numOfRows,
     "&pageNo=", pageNo,
     "&itemCode=", itemCode,
     "&dataGubun=", dataGubun,
     "&searchCondition=", searchCondition,
     sep="")
url
```

API / API 키 / 요청 변수 / API의 검색조건이 설정된 URL

출력 결과

```
[1] "http://apis.data.go.kr/B552584/ArpltnStatsSvc/getCtprvnMesureLIst?serviceKey=DEp3%2BU6FI4re6qF%2BIZJYOpPDwJF5pbv%2FzPJvACjVeXpumGywegcxEdPvxmwT%2B9MtgWrSu27WHgFsOWRT%2Bde5DQ%3D%3D&numOfRows=10&pageNo=1&itemCode=PM10&dataGubun=HOUR&searchCondition=MONTH"
```

API를 호출하여 반환받은 결과를 출력해보자. 1개 페이지(pageNo)에는 설정한

numOfRows 수 만큼 item 태크로 구성된 각 시도별 PM10의 농도를 알려준다.

API 호출결과

```
xmlFile <- xmlParse(url)    XML 문서 다운로드
xmlFile
```

출력 결과


```
<response>
  <header>
    <resultCode>00</resultCode>
    <resultMsg>NORMAL_CODE</resultMsg>
  </header>
  <body>
    <items>
      <item>
        <daegu>56</daegu>
        <chungnam>49</chungnam>
        <incheon>44</incheon>
        <daejeon>54</daejeon>
        <gyeongbuk>54</gyeongbuk>
        <sejong>53</sejong>
        ...
        <gyeongnam>51</gyeongnam>
        <dataTime>                </dataTime>
        <dataGubun>1</dataGubun>
        <gyeonggi>76</gyeonggi>
        <itemCode>PM10</itemCode>
      </item>
    </items>
    <numOfRows>10</numOfRows>
    <pageNo>1</pageNo>
    <totalCount>24</totalCount>
  </body>
</response>
```


시간대별 지역별 미세먼지

시간대별 지역별 미세먼지

데이터 활용이 편하게 데이터 프레임으로 변환해보자. 각 item 태그는 행 단위로 나타나고, 각 시도별 미세먼지 농도는 열 단위로 나타난다.

XML 문서를 데이터 프레임으로 변환

```
df <- xmlToDataFrame(getNodeSet(xmlFile, "//items/item"))
df
```

출력 결과

```
   daegu chungnam incheon daejeon gyeongbuk sejong gwangju jeonbuk gangwon ulsan jeonnam
1     56       49      44      54        54     53      35      48      55    50      44
2     54       52      57      62        53     64      36      49      53    50      47
3     54       56      68      65        50     62      38      50      49    45      47
4     53       59      73      69        49     63      38      50      47    44      48
5                      81      67        49     62      39      53      48    39      52
6                      82      65        51             41      54      52    33      51
7                      88      66        55             40      59      58    38      52
8                      92      69        53             46      67      56    37      52
9                      89      70        49             55      73      51    39      51
10                     88      68        45     55      57      72      49    38      50
   seoul busan jeju chungbuk gyeongnam          dataTime dataGubun gyeonggi itemCode
1     69    45   30       68        47             19:00         1       66     PM10
2     77    42   29       66        49             18:00         1       74     PM10
3     83    43   27       67        50             17:00         1       78     PM10
```

서울 지역의 시간대별 미세먼지 농도

미세먼지 측정 일시

서울시 지역의 미세먼지 농도를 막대 그래프로 그려보면 다음과 같다. X축 라벨의 경우, 측정일시에 해당하는 문자열이 길기 때문에 수직으로 전환하였다.

미세먼지 농도 그래프

```
ggplot(data=df, aes(x=dataTime, y=seoul)) +
  geom_bar(stat="identity", fill="orange") +
  theme(axis.text.x=element_text(angle=90)) +
  labs(title="시간대별 서울지역의 미세먼지 농도 변화", x = "측정일시", y = "농도")
```

측정일시에 따른 서울지역 농도

X축 라벨을 90도 회전

X-Y축을 바꾸어 막대를 가로로 회전하려면 "+ coord_flip()" 함수 추가

출력 결과

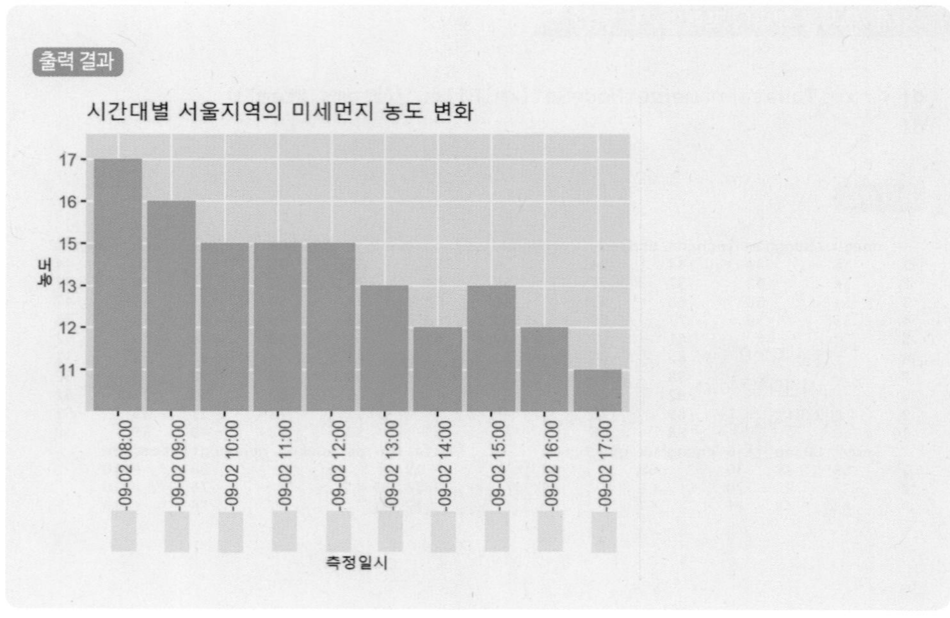

8.4 지역별 미세먼지 농도의 지도 분포

다음은 특정 시간대의 우리나라 주변의 미세먼지 농도를 실시간으로 보여주는 자료이다. 8.3절의 API 호출결과를 이용하여 행정경계 지도에 특정 시간대의 시도별 미세먼지 농도를 표시하고 비교해보자.

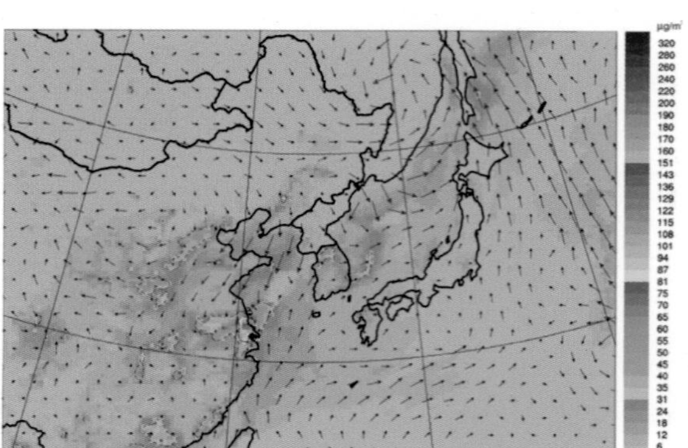

자료: 에어코리아(https://www.airkorea.or.kr/web/dustForecast?pMENU_NO=113)

먼저 필요한 패키지를 설치 및 로딩한다.

패키지 로딩

```
#install.packages("ggplot2")
#install.packages("rgdal")
#install.packages("XML")
library(ggplot2)
library(rgdal)
library(XML)
```

이제 공공 데이터 포털에서 지역별 미세먼지 농도를 다운로드 받고(8.3절 참조), 이어 행정경계 지도를 출력하는 과정을 보자(6장 참조).

(1) 공공 데이터 포털에서 지역별 미세먼지 농도 다운로드

다음 API 설정, API 호출결과, XML 문서를 데이터 프레임으로 변환하는 과정은 8.3절과 같다.

API 설정

```
api <- "http://apis.data.go.kr/B552584/ArpltnStatsSvc/   API(한 줄로 작성)
getCtprvnMesureLIst"
api_key <- "DEp3%2BU6FI............e5DQ%3D%3D"   API 키
numOfRows <- 10
pageNo <- 1
itemCode <- "PM10"
dataGubun <- "HOUR"
searchCondition <- "MONTH"

url <- paste(api,
     "?serviceKey=", api_key,
     "&numOfRows=", numOfRows,
```

```
        "&pageNo=", pageNo,
        "&itemCode=", itemCode,
        "&dataGubun=", dataGubun,
        "&searchCondition=", searchCondition,
        sep="")   # API의 검색조건이 설정된 URL
url
```

출력 결과

```
[1] "http://apis.data.go.kr/B552584/ArpltnStatsSvc/getCtprvnMe
sureLIst?serviceKey=DEp3%2BU6FI4re6qF%2BIZJYOpPDWJF5pbv%2FzPJv
ACjVeXpumGywegcxEdPvxmwT%2B9MtgWrSu27WHgFsOWRT%2Bde5DQ%3D%3D&n
umOfRows=10&pageNo=1&itemCode=PM10&dataGubun=HOUR&searchCondit
ion=MONTH"
```

API 호출결과

```
xmlFile <- xmlParse(url)
xmlFile
```

출력 결과

```
<response>
  <header>
    <resultCode>00</resultCode>
    <resultMsg>NORMAL_CODE</resultMsg>
  </header>
  <body>
    <items>
      <item>
        <daegu>56</daegu>
        <chungnam>49</chungnam>
        <incheon>44</incheon>
        <daejeon>54</daejeon>
        <gyeongbuk>54</gyeongbuk>
        <sejong>53</sejong>
        <gyeongnam>51</gyeongnam>
        <dataTime>                </dataTime>
        <dataGubun>1</dataGubun>
        <gyeonggi>76</gyeonggi>
        <itemCode>PM10</itemCode>
      </item>
    </items>
    <numOfRows>10</numOfRows>
    <pageNo>1</pageNo>
    <totalCount>24</totalCount>
  </body>
</response>
```

시간대별 지역별 미세먼지

시간대별 지역별 미세먼지

XML 문서가 데이터 프레임으로 변환된 결과에서, 1행에 해당하는 특정 시간대의 지역별 미세먼지 농도(1~16열, 19열)를 지도에 출력하기로 한다.

XML 문서를 데이터 프레임으로 변환

```
df <- xmlToDataFrame(getNodeSet(xmlFile, "//items/item"))
df
```

출력 결과

지역별 미세먼지 농도

미세먼지 측정 일시

```
   daegu chungnam incheon daejeon gyeongbuk sejong gwangju jeonbuk gangwon ulsan jeonnam
1     56       49      44      54        54     53      35      48      55    50      44
2     54       52      57      62        53     64      36      49      53    50      47
3     54       56      68      65        50     62      38      50      49    45      47
4     53       59      73      69        49     63      38      50      47    44      48
5     54       60      81      67        49     62      39      53      48    39      52
6     56       62      82      65        51 [illegible] [illegible] 54   52    33      51
7     56       68      88      66        55 [illegible] [illegible] 59   58    38      52
8     61       71      92      69        53 [illegible] [illegible] 67   56    37      52
9     60       72      89      70        49 [illegible] [illegible] 73   51    39      51
10    56       70      88      68        45     55      57      72      49    38      50
   seoul busan jeju chungbuk gyeongnam  dataTime dataGubun gyeonggi itemCode
1     69    45   30       68        47     19:00         1       66     PM10
2     77    42   29       66        49     18:00         1       74     PM10
3     83    43   27       67        50     17:00         1       78     PM10
```

특정 행 추출

```
pm <- df[1, c(1:16, 19)]
pm
```

첫 번째 시간대의 지역별 미세먼지 농도

출력 결과

```
  daegu chungnam incheon daejeon gyeongbuk sejong gwangju jeonbuk gangwon
1    38       16      12      17        38     16      11      16      23
  ulsan jeonnam seoul busan jeju chungbuk gyeongnam gyeonggi
1    28      19    12    29   24       26        26       15
```

전치행렬 함수를 이용하여 행과 열의 위치를 서로 바꾸고, 행렬을 데이터 프레임 구조로 변환해서 열 이름을 'PM10'으로 수정한다.

지역별 미세먼지의 데이터프레임 변환

```
pm.region <- t(pm)      전치행렬 함수로 행과 열의 위치를 서로 바꿈
pm.region      전치행렬 함수에 의해 행렬 구조로 변환된 결과
```

출력 결과

```
          1      행 번호가 열 이름으로, 열 이름이 행의 이름으로 나타남
daegu     "38"
chungnam  "16"
incheon   "12"
daejeon   "17"
gyeongbuk "38"
sejong    "16"
gwangju   "11"
jeonbuk   "16"
gangwon   "23"
ulsan     "28"
jeonnam   "19"
seoul     "12"
busan     "29"
jeju      "24"
chungbuk  "26"
gyeongnam "26"
gyeonggi  "15"
```

```
df.region <- as.data.frame(pm.region)      행렬을 데이터 프레임으로 변환
df.region
```

출력 결과

```
           1
daegu     38
chungnam  16
incheon   12
daejeon   17
gyeongbuk 38
sejong    16
gwangju   11
jeonbuk   16
gangwon   23
ulsan     28
jeonnam   19
seoul     12
busan     29
jeju      24
chungbuk  26
gyeongnam 26
gyeonggi  15
```

```
colnames(df.region) <- "PM10"      열 이름을 'PM10'으로 수정
```

다음 과정에서 행정경계 지도 정보와 통합하기 위해 앞 데이터 프레임의 영문자 행 이름에 대응하는 한글 지역명을 추가해보자.

지역별 한글 지역명 표기

```
df.region$NAME <- c("대구광역시", "충청남도", "인천광역시", "대전광역시", "경상북도",
    "세종특별자치시", "광주광역시", "전라북도", "강원도", "울산광역시",
    "전라남도", "서울특별시", "부산광역시", "제주특별자치도", "충청북도",
    "경상남도", "경기도")
df.region
```

출력 결과

```
           PM10          NAME
daegu        19    대구광역시
chungnam     29      충청남도
incheon      27    인천광역시
daejeon      20    대전광역시
gyeongbuk    22      경상북도
sejong       21 세종특별자치시
gwangju      23    광주광역시
jeonbuk      27      전라북도
gangwon      16        강원도
ulsan        22    울산광역시
jeonnam      21      전라남도
seoul        31    서울특별시
busan        24    부산광역시
jeju         31 제주특별자치도
chungbuk     18      충청북도
gyeongnam    21      경상남도
gyeonggi     31        경기도
```

(2) 행정경계 지도에 지역별 미세먼지 농도 출력하기

6장에서 다운로드 받은 시도별 행정경계 지도의 SHP 파일 경로를 그대로 사용하거나, 파일들을 다른 경로에 복사해서 사용하면 된다. SHP 파일을 읽고, 각 지역별 지리 좌표(위도와 경도)와 미세먼지 농도를 통합하면 다음과 같다.

시도별 지리좌표 추가

```
# shape 파일 읽기
map <- readOGR(Z_NGII_N3A_G0010000.shp', encoding = "euc-kr")
# 좌표 변환
crs <- CRS('+proj=longlat +ellps=WGS84 +datum=WGS84 +no_defs')
map <- spTransform(map, CRSobj = crs)

# 지역별 코드
df_map_info <- map@data
df_map_info
```

출력 결과

```
               UFID       BJCD          NAME   DIVI SCLS FMTA
0  ARB0100000000001E 5000000000 제주특별자치도 HJD004 <NA> <NA>
1  ARB0100000000002F 4800000000       경상남도 HJD004 <NA> <NA>
2  ARB0100000000003G 4700000000       경상북도 HJD004 <NA> <NA>
3  ARB0100000000004H 4600000000       전라남도 HJD004 <NA> <NA>
4  ARB0100000000005I 4500000000       전라북도 HJD004 <NA> <NA>
5  ARB0100000000006J 4400000000       충청남도 HJD004 <NA> <NA>
6  ARB0100000000007K 4300000000       충청북도 HJD004 <NA> <NA>
7  ARB0100000000008L 4200000000         강원도 HJD004 <NA> <NA>
8  ARB0100000000009M 4100000000         경기도 HJD004 <NA> <NA>
9  ARB010000000000AN 3600000000 세종특별자치시 HJD002 <NA> <NA>
10 ARB010000000000BO 3100000000     울산광역시 HJD003 <NA> <NA>
11 ARB010000000000CP 3000000000     대전광역시 HJD003 <NA> <NA>
12 ARB010000000000DQ 2900000000     광주광역시 HJD003 <NA> <NA>
13 ARB010000000000ER 2800000000     인천광역시 HJD003 <NA> <NA>
14 ARB010000000000FS 2700000000     대구광역시 HJD003 <NA> <NA>
15 ARB010000000000GT 2600000000     부산광역시 HJD003 <NA> <NA>
16 ARB010000000000HU 1100000000     서울특별시 HJD002 <NA> <NA>
```

```
# 지리좌표 정보를 데이터 프레임으로 변환
df_map <- fortify(map)
head(df_map)
```

출력 결과

```
      long      lat order  hole piece id group
1 126.7741 33.56657     1 FALSE     1  0   0.1
2 126.7741 33.56654     2 FALSE     1  0   0.1
3 126.7741 33.56652     3 FALSE     1  0   0.1
4 126.7741 33.56650     4 FALSE     1  0   0.1
5 126.7741 33.56623     5 FALSE     1  0   0.1
6 126.7740 33.56622     6 FALSE     1  0   0.1
```

```
# id(시도)별로 경도와 위도의 평균값 계산
longlat <- aggregate(df_map[, 1:2], list(df_map$id), mean)
longlat
```

출력 결과

```
   Group.1     long      lat
1        0 126.5332 33.44909
2        1 128.3534 34.81430
3       10 129.3325 35.47438
4       11 127.3782 36.32121
5       12 126.7993 35.16790
6       13 126.2159 37.25353
7       14 128.5499 35.79466
8       15 129.0867 35.14187
9       16 126.9561 37.53668
10       2 129.7446 36.53903
11       3 126.3083 34.57781
12       4 126.3816 35.75729
13       5 126.2635 36.53585
14       6 127.7977 36.71483
15       7 128.6473 37.78337
16       8 126.8864 37.31675
17       9 127.2644 36.57004
```

지역별 미세먼지 농도를 표시할 중심좌표

```
str(longlat)
```

출력 결과

```
'data.frame':   17 obs. of  3 variables:
 $ Group.1: chr  "0" "1" "10" "11" ...
 $ long   : num  127 128 129 127 127 ...
 $ lat    : num  33.4 34.8 35.5 36.3 35.2 ...
```

문자 유형

```
colnames(longlat)[1] <- "id"
longlat$id <- as.numeric(longlat$id)

longlat <-longlat[order(longlat$id),]
longlat
```

- 첫 번째 항목명(Group.1)을 'id' 수정
- 문자를 숫자형으로 변환
- id 값의 오름차순 정렬

출력 결과

```
   id     long      lat
1   0 126.5332 33.44909
2   1 128.3534 34.81430
10  2 129.7446 36.53903
11  3 126.3083 34.57781
12  4 126.3816 35.75729
13  5 126.2635 36.53585
14  6 127.7977 36.71483
15  7 128.6473 37.78337
16  8 126.8864 37.31675
17  9 127.2644 36.57004
3  10 129.3325 35.47438
4  11 127.3782 36.32121
5  12 126.7993 35.16790
6  13 126.2159 37.25353
7  14 128.5499 35.79466
8  15 129.0867 35.14187
9  16 126.9561 37.53668
```

```
# id 순에 따른 지역명 통합(열 추가)
longlat <- cbind(longlat, NAME=df_map_info[,3])
longlat
```

출력 결과

```
   id     long      lat           NAME
1   0 126.5332 33.44909 제주특별자치도
2   1 128.3534 34.81430       경상남도
10  2 129.7446 36.53903       경상북도
11  3 126.3083 34.57781       전라남도
12  4 126.3816 35.75729       전라북도
13  5 126.2635 36.53585       충청남도
14  6 127.7977 36.71483       충청북도
15  7 128.6473 37.78337         강원도
16  8 126.8864 37.31675         경기도
17  9 127.2644 36.57004 세종특별자치시
3  10 129.3325 35.47438     울산광역시
4  11 127.3782 36.32121     대전광역시
5  12 126.7993 35.16790     광주광역시
6  13 126.2159 37.25353     인천광역시
7  14 128.5499 35.79466     대구광역시
8  15 129.0867 35.14187     부산광역시
9  16 126.9561 37.53668       서울특별시
```

```
# 지역별 미세먼지 농도와 지리좌표 통합
df.PM10 <- merge(x = df.region, y = longlat, by = "NAME", all = TRUE)
```

```
df.PM10
```

출력 결과

```
          NAME PM10 id     long      lat
1       강원도   16  7 128.6473 37.78337
2       경기도   31  8 126.8864 37.31675
3     경상남도   21  1 128.3534 34.81430
4     경상북도   22  2 129.7446 36.53903
5   광주광역시   23 12 126.7993 35.16790
6   대구광역시   19 14 128.5499 35.79466
7   대전광역시   20 11 127.3782 36.32121
8   부산광역시   24 15 129.0867 35.14187
9   서울특별시   31 16 126.9561 37.53668
10 세종특별자치시 21  9 127.2644 36.57004
11  울산광역시   22 10 129.3325 35.47438
12  인천광역시   27 13 126.2159 37.25353
13    전라남도   21  3 126.3083 34.57781
14    전라북도   27  4 126.3816 35.75729
15 제주특별자치도 31  0 126.5332 33.44909
16    충청남도   29  5 126.2635 36.53585
17    충청북도   18  6 127.7977 36.71483
```

행정경계 지도를 출력하고, 공공데이터 API로 받은 시도별 미세먼지 농도의 크기에 따라 원의 크기를 비례적으로 나타내면 다음과 같다.

행정경계 지도와 미세먼지 분포

```
ggplot() +
  geom_polygon(data = df_map,        지도 출력
          aes(x = long, y = lat, group = group),
          fill = "white", alpha=0.5,
          color="black") +
  geom_point(data=df.PM10,           미세먼지 분포
          aes(x=long, y=lat, size=PM10),
          shape=21, color='black',
          fill='red', alpha=0.3) +
  theme(legend.position = "none") +  범례 삭제
  labs(title="지진분포", x="경도", y="위도")
```

출력 결과

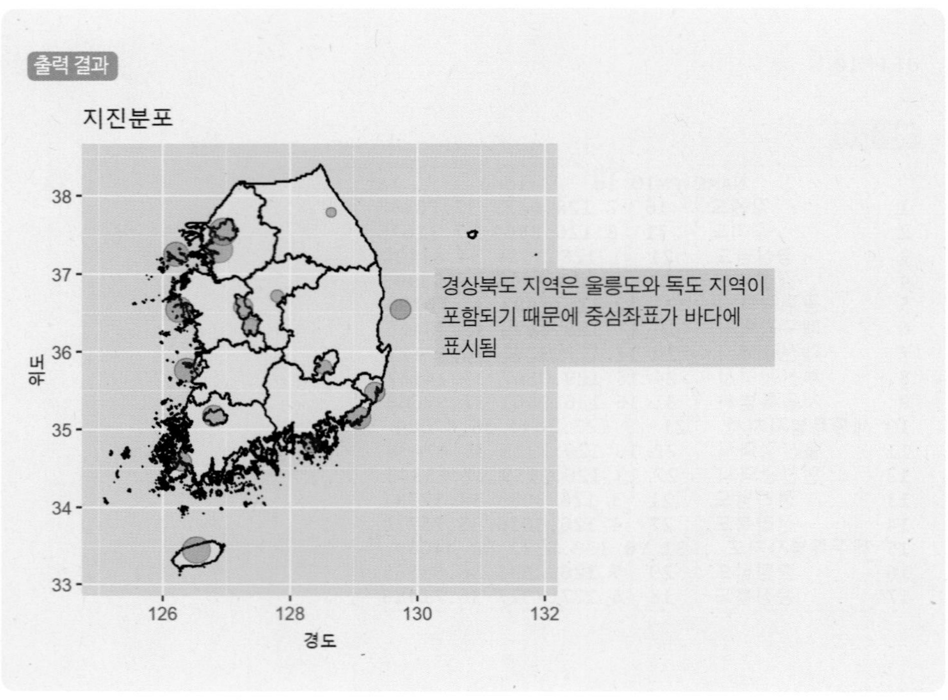
지진분포
38
37
36
35
34
33
위도
126
128
130
132
경도
경상북도 지역은 울릉도와 독도 지역이
포함되기 때문에 중심좌표가 바다에
표시됨

1. 공공데이터 포털 API에 대해 XML 패키지로 읽는 코드를 완성하시오.

```
api <- "http://apis.data.go.kr/...../getLIst"
api_key <- "DEp3%...............3D%3D"
url <- paste(api, "?serviceKey=", api_key,
     … 생략 …,
     sep="")
url
doc <- ___________(url)
```

2. 1에서 읽은 문서(doc)는 다음과 같다. 〈item〉 태그를 각 행으로 하는 데이터 프레임으로 변환하고, 날짜별 〈A〉태그값의 크기를 막대그래프를 그리시오.

```
… 생략 …
<items>
  <item>
    <A>32</A>
    <B>45</B>
    <date>0901</date>
  </item>
  <item>
    <A>27</A>
    <B>35</B>
    <date>0902</date>
  </item>
</items>
… 생략 …
```

```
df <- _________________(getNodeSet(doc, ____________))
ggplot(data=df, aes(x=________, y=_________)) +
  geom_bar(stat="identity")
```

일별 미세먼지 발생 현황 조회

8.3절의 "시도별 실시간 평균 정보 조회" API 호출을 참고하여 최근 한 달간의 일별 초미세먼지 발생 현황을 그래프로 출력해보자. API 호출 시에 numOfRows를 30으로, dataGubun을 'DAILY'로 하시오.

```
numOfRows <- 30
pageNo <- 1
itemCode <- "PM25"
dataGubun <- "DAILY"
searchCondition <- "MONTH"
```

(1) API를 호출한 결과에서 지역별 초미세먼지 농도를 데이터프레임으로 변환하시오.

(2) 임의의 특정 지역에 대한 한 달간의 일별 초미세먼지 농도를 그래프로 출력해서 그 변화를 파악하시오.

APTER R 코딩 플러스

9

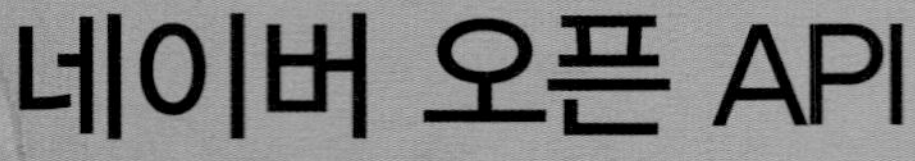

네이버 오픈 API

학습목표

오픈 API 활용법

학습내용

PI 신청 방법
PI 활용법
색 결과의 분석과 시각화

Gerrit van Honthorst(헤라드 반 혼토르스트)_ Musical Group on a Balcony

9.1 네이버 오픈 API 개요

네이버www.naver.com는 뉴스, 웹, 쇼핑, 블로그, 카페, 지식iN, 전문자료, 영화, 책 등 다양한 정보를 제공하고 있다. 다음은 뉴스 검색의 예이다. 특정 키워드로 검색한 뉴스들은 어떤 단어들은 구성되어 있을까?

네이버는 뉴스 외 정보들을 쉽게 받아볼 수 있도록 오픈 API를 제공하고 있다. 네이버 오픈 API는 무료와 유료가 있으며, 무료인 경우에는 하루 호출 횟수 등의 제한이 있다. API를 사용하려면 API 이용 신청과 승인 절차를 거쳐야 한다.

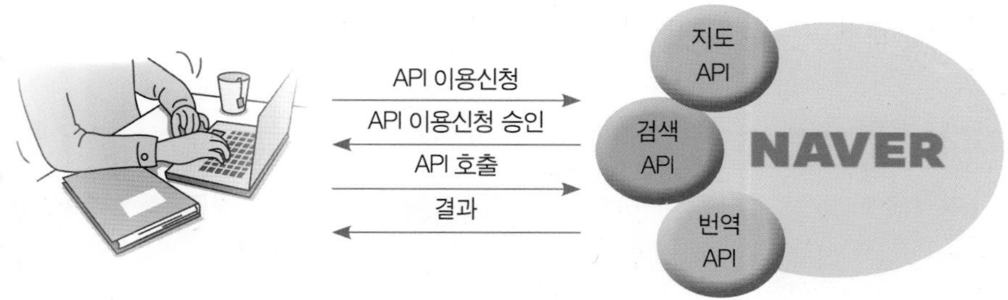

네이버 오픈 API를 사용하기 위해 일반적인 HTTP 요청 기능을 가지고 있는 RCurl 패키지를 사용하기로 하자. 다운로드 받은 문서를 XML로 변환하고 데이터를 추출하기 위해서는 XML 패키지를 사용한다. 한편, 문장 내의 명사들을 추출하기 위해 RmecabKo 패키지, 그리고 단어 빈도에 따른 비교를 위한 워드 클라우드를 출력하기 위해 wordcloud2 패키지를 활용해보자.

패키지

패키지	설명
RCurl	일반적인 HTTP 요청(다운로드)
RmecabKo	한글 문장의 형태소 분석
wordcloud2	워드 클라우드 출력
XML	로컬 또는 웹에 연결된 XML, HTML 문서 읽음 (F 9장 참조)

9.2 네이버 오픈 API 기본사항

뉴스와 블로그 검색을 위한 오픈 API 키를 신청하기 위해서는, 네이버 개발자 센터 https://developers.naver.com에서 '오픈 API기본정보'를 살펴보고 'API 키 신청(9.4절)'절차를 따르면 된다. 먼저 개발자 센터에서 로그인하고 다음과 같이 'API기본정보'를 살펴보자.

① 홈 메뉴 클릭

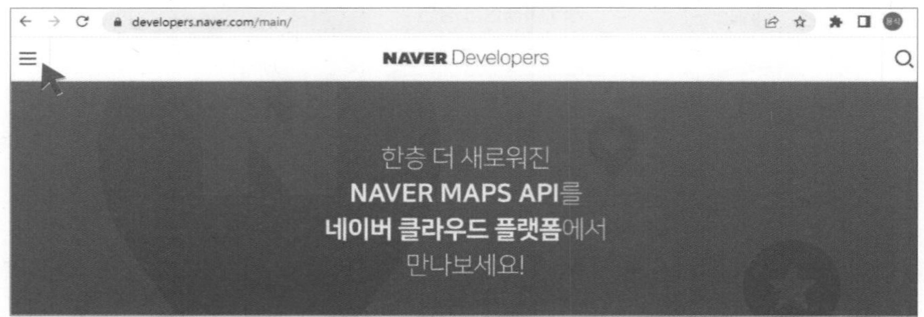

② API 이용 안내 → API 소개:

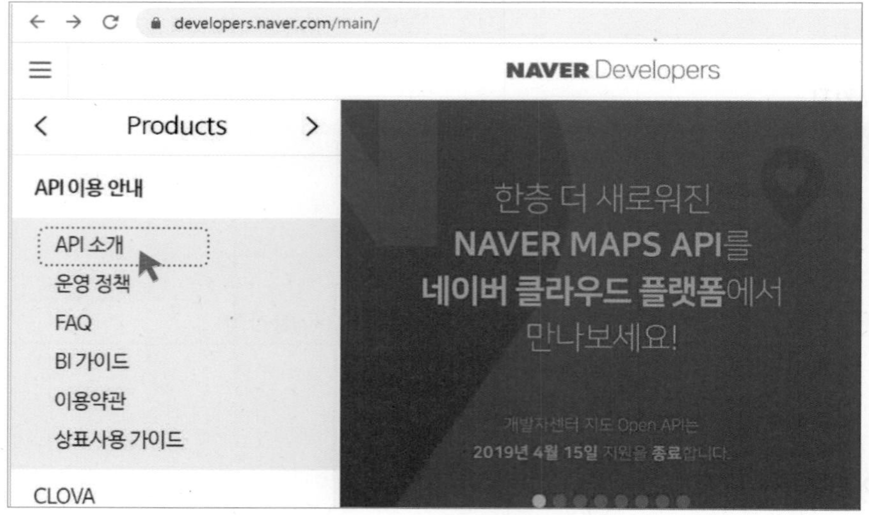

네이버가 제공하는 오픈 API 목록에는 뉴스와 블로그 검색을 포함하여 다양한 API가 있다.

• 네이버 오픈 API 목록 •

API명	설명	호출제한
검색	네이버 블로그, 이미지, 웹, 뉴스, 백과사전, 책, 카페, 지식iN 등 검색	25,000회/일
네이버 로그인	외부 사이트에서 네이버 로그인 기능 구현	없음
네이버 회원 프로필 조회	네이버 회원 이름, 이메일 주소, 휴대전화번호, 별명, 성별, 생일, 연령대, 출생연도, 프로필 조회	없음
Papago 번역	Papago 번역 인공신경망 기반 기계 번역	10,000글자/일
CLOVA Face Recognition	입력된 사진을 입력받아 얼굴윤곽/부위/표정/유명인 닮음도를 리턴	1,000건/일
데이터랩(검색어트렌드)	통합검색어 트렌드 조회	1,000회/일
데이터랩(쇼핑인사이트)	쇼핑인사이트 분야별 트렌드 조회	1,000회/일
캡차(이미지)	자동 입력 방지용 보안 이미지 생성 및 입력값 비교	1,000회/일
캘린더	로그인한 사용자 캘린더에 일정 추가 가능	5,000회/일
카페	특정 네이버 카페 가입하기	50회/일
카페	네이버 회원이 가입한 카페 게시판에 글 쓰기	200회/일
단축URL	입력된 URL을 me2.do 형태의 짧은 URL로 변환	25,000회/일
공유하기	네이버 블로그, 카페 공유하기	없음

③ 서비스 API → 검색

④ 개발 가이드 보기

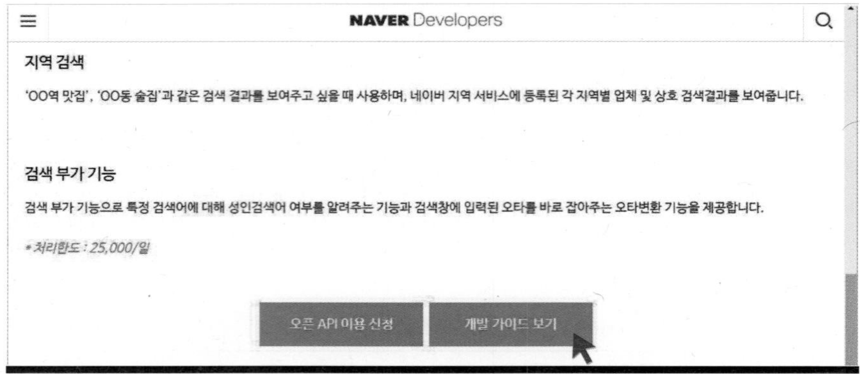

⑤ 뉴스/블로그 보기

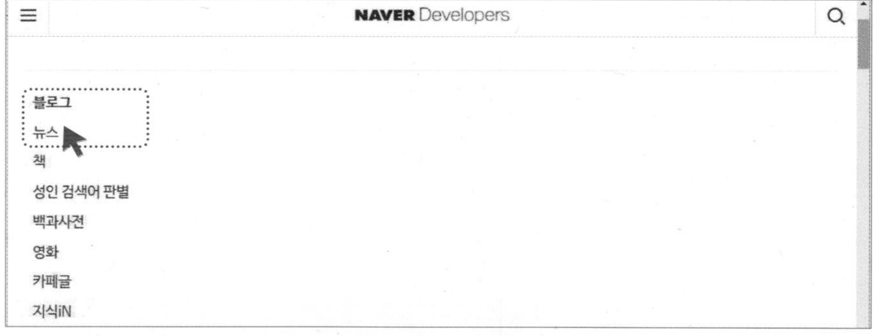

뉴스와 블로그에 대한 API의 URL, 요청변수, 출력항목, 에러 메시지 등은 다음과 같다.

■ API URL

출력 포맷은 XML과 JSON 형태가 있다. 본 책에서는 XML 사용을 예로 살펴보기로 한다.

API	요청	출력포맷
뉴스	https://openapi.naver.com/v1/search/news.xml	XML
블로그	https://openapi.naver.com/v1/search/blog.xml	XML

■ 요청 변수 (뉴스/블로그 공통)

요청 변수는 뉴스와 블로그 공통으로 사용된다. "query"변수는 필수 항목이다.

요청 변수	값	설명
query	문자(필수)	검색을 원하는 질의, UTF-8 인코딩
display	정수 : 기본값 10, 최대 100	검색결과의 출력건수(최대 100까지 가능)
start	정수: 기본값 1, 최대 1000	검색의 시작위치(최대 1000까지 가능)
sort	문자: date(기본값), sim	정렬 옵션 – date : 날짜순(기본값) – sim : 유사도순

■ 출력결과 항목

출력으로 받는 XML 문서에는 여러 항목이 있다. 요청한 키워드에 대한 검색결과의 요약 정보는 item/description 태그의 문자로 기술되어 있다.

필드	값	설명	관련 API
rss	–	디버그를 쉽게 하고 RSS 리더기만으로 이용할 수 있게 하기 위해 만든 RSS 포맷의 컨테이너	공통
channel	–	검색 결과를 포함하는 컨테이너(title, link, description 등의 항목은 참고용으로 무시해도 무방)	공통
lastBuildDate	datetime	검색 결과를 생성한 시간	공통
total	integer	검색 결과 문서의 총 개수	공통

필드		값	설명	관련 API
start		integer	검색 결과 문서 중, 문서의 시작점	공통
display		integer	검색된 검색 결과의 개수	공통
item		–	개별 검색 결과 (title, originallink, link, description, pubDate 를 포함)	공통
	title	string	검색 결과 문서의 제목(검색어와 일치하는 부분은 태그로 감싸져 있음)	공통
	link	string	검색 결과 문서의 제공 네이버 하이퍼텍스트 링크	공통
	description	string	검색 결과 문서의 내용을 요약한 패시지 정보 (패시지에서 검색어와 일치하는 부분은 태그로 감싸져 있음)	공통
	pubDate	datetime	검색 결과 문서가 네이버에 제공된 시간	뉴스
originallink		string	검색 결과 문서의 제공 언론사 하이퍼텍스트 링크	뉴스
bloggername		string	검색 결과 블로그 포스트를 작성한 블로거의 이름	블로그
bloggerlink		string	검색 결과 블로그 포스트를 작성한 블로거의 하이퍼텍스트 link	블로그

■ 에러 메시지 (뉴스/블로그 공통)

에러 메세지는 뉴스와 블로그 공통으로 다음과 같다.

코드	에러 메시지
000	시스템 에러
010	요청 페이지 수가 제한 숫자보다 초과함
011	부정확한 질의 요청
020	등록되지 않은 키
021	키가 일시적으로 사용불가
100	타당하지 않은 목표 값
101	타당하지 않은 검색결과의 수
102	타당하지 않은 문서의 시작 값
110	정의되지 않은 정렬 값
200	예약어
900	정의되지 않은 에러 발생

9.3 네이버 정보검색 API 키 발급받기

네이버 오픈 API키 발급 신청은 네이버에 로그인하고 네이버 개발자 센터https://developers.naver.com에서 'Application → 애플리케이션 등록'메뉴를 클릭하여 신청하면 된다.

① 애플리케이션 등록

② 등록하기

애플리케이션 이름은 임의로 입력한다(예: "뉴스 검색"). 사용 API는 "검색"을 선택하고, 환경추가에는 "WEB 설정"을 선택한다. 웹 서비스 URL은 하단부의 안내문구를 참고하거나 "http://localhost"를 입력한다. '비로그인 오픈 API'는 오픈 API 이용 등록시 발급 받은 클라이언트 아이디Client ID와 시크릿값Client Secret 만으로 사용할 수 있는 API들로서 지도, 검색, 좌표변환, 단축 URL을 비롯해서 음성인식, 기계번역, 음성합성 API들이 해당된다. 한편, '로그인 오픈 API'는 네이버 아이디와 비밀번호를 이용하여 네이버 로그인에 성공한 경우 이용가능한 API들로서 회원 기본 정보 조회, 블로그 글쓰기, 카페 가입 및 글쓰기, 캘린더 일정담기 API들이 해당되며, 오픈 API 이용 등록시 발급 받은 클라이언트 아이디와 시크릿값과 함께 로그인에 성공한 정보 값을 전송해야 한다.

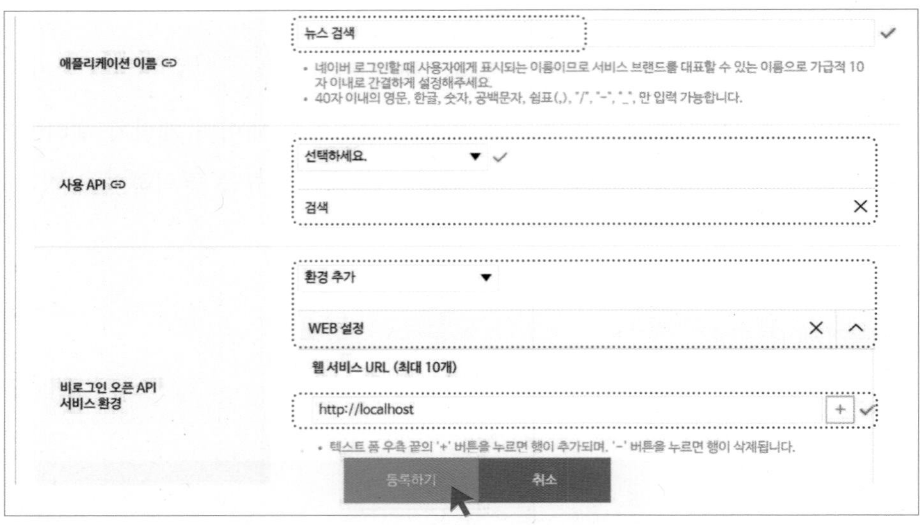

③ 신청결과

신청결과로 API 키에 해당하는 클라이언트 아이디와 클라이언트 시크릿이 주어진다. 두 정보를 복사해서 사용하면 된다. 상단의 "API 설정" 탭을 클릭하면 API 정보의 수정 또는 삭제가 가능하다. 클라이언트 아이디는 네이버 오픈API를 이용하는 어플리케이션을 식별하기 위해 부여한 값이며, 클라이언트 시크릿은 클라이언트 아이디의 비밀번호와 같다. 그 값들을 보려면 '보기' 버튼을 누르면 된다. '보기' 버튼은 한번 누르면 '재발급'하기 버튼으로 바뀌며 클라이언트 시크릿 값을 변경할 수 있다. 네이버 API를 호출할 때, 클라이언트 아이디와 클라이언트 시크릿 값을 HTTP 헤더에 포함해야 한다.

등록이 끝나면 '내 애플리케이션' 메뉴에는 API키 신청 시에 등록한 "뉴스검색"이 추가된 것을 볼 수 있다.

9.4 뉴스 검색 및 데이터 정제

이제, 뉴스 검색 API를 이용해 실시간으로 뉴스를 검색해보자. "제임스 웹"관련 뉴스들을 검색해서 어떤 단어들이 많이 사용되고 있는지 빈도분석과 워드 클라우드로 비교해보자. 제임스 웹 우주망원경James Webb Space Telescope, JWST은 노화된 허블망원경을 대체하기 위해 2021년에 발사되어 지구 상공에서 심우주를 관측하고 있으며, 하루가 다르게 선명한 새로운 관측 자료를 보내주고 있다. 최근 어떤 뉴스들이 있는지 살펴보자.

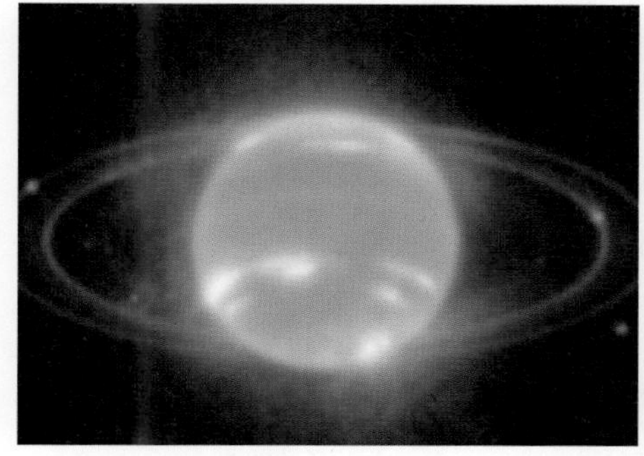

해왕성과 먼지 고리

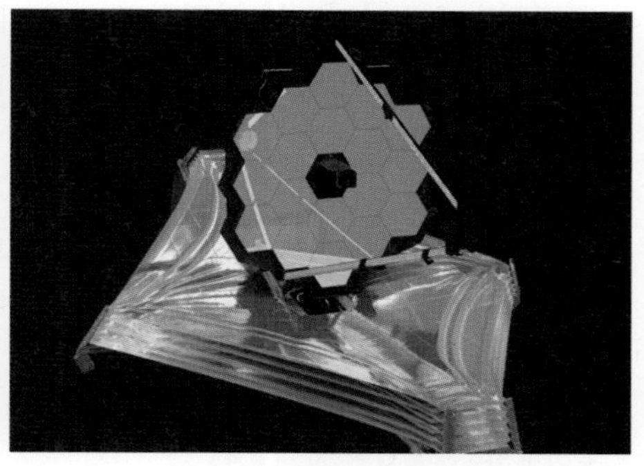

제임스 웹 우주망원경

제임스 웹 우주망원경과 촬영 사진

자료원: NASA(https://www.nasa.gov/)

먼저 API를 설정한다. 한글 형태소 분석을 위한 패키지인 RmecabKo의 경우, 설치방법이 다르니 유의할 필요가 있다.

패키지 설정

```
install.packages("RCurl")
install.packages("RmecabKo")
# install.packages("XML")
install.packages("wordcloud2")

library(RCurl)
library(XML)
library(wordcloud2)
library(RmecabKo)

# 한글 형태소 분석 기능 설치
install_mecab("C:/RmecabKo/mecab")
# 다시 로딩하기
library(RmecabKo)
```

설치 경로 지정
☞ 폴더가 자동 생성됨
☞ 동일한 경로가 사전에 설치되어 있다면 그 폴더를 지운 상태에서 실행

"제임스 웹" 키워드를 설정하고 뉴스검색 API를 호출한다.

뉴스 API 호출

```
# 뉴스검색 API의 URL, 클라이언트 ID, 클라이언트 시크릿 할당
searchUrl  <- "https://openapi.naver.com/v1/search/news.xml"
Client_ID  <- "M7jA·········sJ6f"
Client_Secret <- "HH·········TTI"

# 검색 키워드 설정
query <- URLencode(iconv("제임스 웹","UTF-8"))

# API 설정
url <- paste(searchUrl, "?query=", query, "&display=20", sep="")

# API 호출
doc <- getURL(url,
          httpheader = c('Content-Type' = "application/xml",
          'X-Naver-Client-Id' = Client_ID,
          'X-Naver-Client-Secret' = Client_Secret))
doc
```

출력 결과

```
[1] "<?xml version=\"1.0\" encoding=\"UTF-8\"?><rss version=\"2.0
\"><channel><title>Naver Open API - news ::&apos;제임스 웹&apos;</t
itle><link>https://search.naver.com</link><description>Naver Searc
h Result</description><lastBuildDate>Sat, 24 Sep      16:10:50 +09
00</lastBuildDate><total>16769</total><start>1</start><display>20
</display><item><title>LA한인회 리얼ID 접수 성황…200여명 도움</title><
originallink>https://news.koreadaily.com/     09/23/society/genera
lsociety/      923201256712.html</originallink><link>https://news.k
oreadaily.com/      09/23/society/generalsociety/      923201256712.
html</link><description>&lt;b&gt;제임스&lt;/b&gt; 안 LA한인회장은 "영
어가 불편한 한인 시니어들은 물론, 한인타운 거주자들은 가까운 곳에서 서비스를
 받게 된 게 가장 큰 혜택"이라며 "여전히 리얼아이디 신청을 원하는 한인들이 많
다. 리얼아이디 법이... </description><pubDate>Sat, 24 Sep      12:14:
00 +0900</pubDate></item><item><title>&amp;apos;선명한 해왕성 고리&am
p;apos;...&lt;b&gt;제임스 웹&lt;/b&gt; 덕분에 알게 된 태양계 진짜 모습</
```

다운로드 받은 파일에서 뉴스를 추출하면 다음과 같다. 먼저, 다운로드 받은 파일을 XML 구조와 데이터 프레임의 변환 과정을 거쳐 뉴스 요약 내용을 추출한다.

뉴스 추출

```
# XML 구조로 변환
xmlFile <- xmlParse(doc)
xmlFile
```

출력 결과

```
<?xml version="1.0" encoding="UTF-8"?>
<rss version="2.0">
  <channel>
    <title>Naver Open API - news ::'제임스 웹'</title>
    <link>https://search.naver.com</link>
    <description>Naver Search Result</description>
    <lastBuildDate>Sat, 24 Sep      16:10:50 +0900</lastBuildDate>
    <total>16769</total>
    <start>1</start>
    <display>20</display>
    <item>
      <title>LA한인회 리얼ID 접수 성황…200여명 도움</title>
      <originallink>https://news.koreadaily.com/     /09/23/societ
y/generalsociety/20220923201256712.html</originallink>
      <link>https://news.koreadaily.com/     /09/23/society/general
society/20220923201256712.html</link>
      <description>&lt;b&gt;제임스&lt;/b&gt; 안 LA한인회장은 "영어가
 불편한 한인 시니어들은 물론, 한인타운 거주자들은 가까운 곳에서 서비스를 받게
 된 게 가장 큰 혜택"이라며 "여전히 리얼아이디 신청을 원하는 한인들이 많다.
 리얼아이디 법이... </description>
      <pubDate>Sat, 24 Sep      12:14:00 +0900</pubDate>
    </item>
    <item>
      <title>&amp;apos;선명한 해왕성 고리&amp;apos;...&lt;b&gt;제임스
```

첫 번째 뉴스

두 번째 뉴스

```
# XML 파일의 <iteml> 태그 내의 데이터 구조를 데이터 프레임으로 변환
df <- xmlToDataFrame(getNodeSet(xmlFile, "//item"))
str(df)
```

출력 결과

```
'data.frame':   20 obs. of  5 variables:  20 개체(행), 5개 변수로 구성
 $ title       : chr  "LA한인회 리얼ID 접수 성황…200여명 도움" "&apos;
선명한 해왕성 고리&apos;...<b>제임스 웹</b> 덕분에 알게 된 태양계 진짜 모
습" "이베이, '...' 관련 키워드 검색량 상위 차지…온라인 수출 인기 상승" "세
상을 이해하려는 치열한 노력, 세상이치" ...       뉴스 제목
 $ originallink: chr  "https://news.koreadaily.com/    /09/23/soci
ety/generalsociety/20220923201256712.html" "https://www.etnews.co
m/    092400000" "http://sports.khan.co.kr/news/sk_index.html?art
_id=    09231808003&sec_id=540101&pt=nv" "http://www.kyosu.net/new
s/articleView.html?idxno=94393" ...       뉴스 URL
 $ link        : chr  "https://news.koreadaily.com/    /09/23/soci
ety/generalsociety/    0923201256712.html" "https://n.news.naver.c
om/mnews/article/030/0003046325?sid=104" "https://n.news.naver.co
m/mnews/article/144/0000838411?sid=106" "http://www.kyosu.net/new
s/articleView.html?idxno=94393" ...       뉴스 URL
 $ description : chr  "<b>제임스</b> 안 LA한인회장은 "영어가 불편한 한인
 시니어들은 물론, 한인타운 거주자들은 가까운 곳에서 서비스를 "| __truncated
__ "<b>제임스 웹</b> 우주망원경이 본격적인 과학 관측을 시작한지 두 달이 넘
었다. 웹이 포착한 데이터 가운데 실제 대중"| __truncated__ "<b>제임스</b>
 진(James Jean)과 BTS가 콜라보로 진행한 전시에서 방문객들 대상으로 한정 포
스터를 약 40만원 대에 판"| __truncated__ "최첨단 반도체부터 <b>제임스웹</
b> 망원경까지 뉴스를 뒤덮는 소재도 과학이다. 이 과학의 시대에 &apos;철학&ap
os;은"| __truncated__ ...       뉴스 요약 내용
 $ pubDate     : chr  "Sat, 24 Sep      12:14:00 +0900" "Sat, 24 S
ep 2022 08:18:00 +0900" "Fri, 23 Sep      18:09:00 +0900" "Fri, 23
 Sep 2022 ... +0900" ...       뉴스 작성일
```

```
# 뉴스 내용 추출
description <- df[,4]
description
```

출력 결과

```
[1] "<b>제임스</b> 안 LA한인회장은 "영어가 불편한 한인 시니어들은 물론,
한인타운 거주자들은 가까운 곳에서 서비스를 받게 된 게 가장 큰 혜택"이라며
"여전히 리얼아이디 신청을 원하는 한인들이 많다. 리얼아이디 법이... "
                첫 번째 뉴스
[2] "<b>제임스 웹</b> 우주망원경이 본격적인 과학 관측을 시작한지 두 달이
넘었다. 웹이 포착한 데이터 가운데 실제 대중에 공개되는 이미지는 극히 일부다.
하지만 그럼에도 허블, 스피처, 보이저 등 앞서 활동한... "

[20] "망원경 <b>제임스 웹</b>이 보이저 2호 이후 30여년 만에 해왕성 고리를
 선명하게 포착했다. 나사는 21일(현지시각) <b>제임스 웹</b>이 촬영한 해왕성
의 사진을 공개했다. 해왕성 본체 뿐만 아니라 행성을 둘러싸고 있는 얇은 고리들
과... "
```

각 뉴스 내용에서 불필요한 문자가 있을 때, 간단한 데이터 정제 과정으로 삭제해보자. 여기서는 뉴스 내용에서 숫자와 HTML 태그를 삭제하기로 하자.

데이터 정제

```
# 불필요 글자 삭제
description2 <- gsub("\d|<b>|</b>;", "", description)
description2
```

뉴스내용 데이터 정제
숫자(\\d), 〈b〉와 〈/b〉 태그를 빈문자열로 대체

출력 결과

```
 [1] "제임스 안 LA한인회장은 “영어가 불편한 한인 시니어들은 물론, 한인타운
 거주자들은 가까운 곳에서 서비스를 받게 된 게 가장 큰 혜택"이라며 “여전히 리
얼아이디 신청을 원하는 한인들이 많다. 리얼아이디 법이... "
 [2] "제임스 웹 우주망원경이 본격적인 과학 관측을 시작한지 두 달이 넘었다.
 웹이 포착한 데이터 가운데 실제 대중에 공개되는 이미지는 극히 일부다. 하지만
 그럼에도 허블, 스피처, 보이저 등 앞서 활동한 ... "
...
[20] "망원경 제임스 웹이 보이저 호 이후 여년 만에 해왕성 고리를 선명하게 포
착했다. 나사는 일(현지시각) 제임스 웹이 촬영한 해왕성의 사진을 공개했다. 해왕
성 본체 뿐만 아니라 행성을 둘러싸고 있는 얇은 고리들과... "
```

20개의 벡터로 구성된 각 뉴스 요약 내용에서 명사를 추출하면, 추출한 명사 단어 목록이 각 리스트에 나타난다. 단어들을 하나의 벡터로 통합하고, 두 글자 이상의 단어들만 다시 추출한다.

명사 추출

```
# 뉴스 내용으로부터 명사 추출
nouns <- nouns(iconv(description2, "utf-8"))
nouns
```

단어 추출
☞ 20개의 각 뉴스에 대한 단어 추출 결과는 리스트로 나타남

출력 결과

noun[[1]]: 첫 번째 리스트(첫 번째 뉴스에서 추출한 명사)

```
$...
 [1] "제임스" "안"       "한인"     "회장"     "영어"     "불편"
 [7] "한인"   "시"       "니어"     "한인"     "타운"     "거주자"
[13] "곳"     "서비스"   "게"       "혜택"     "리얼"     "아이디"
[19] "신청"   "한인"     "리얼"     "아이디"   "법"
```

nouns[[1]]: 첫 번째 리스트

```
$...
 [1] "제임스" "웹"       "우주"     "망원경"   "본격"     "과학"
 [7] "관측"   "시작"     "달"       "웹"       "포착"     "데이터"
[13] "가운데" "실제"     "대중"     "공개"     "이미지"   "일부"
[19] "허블"   "스피처"   "브이저"   "등"       "활동"
```

```
$...
 [1] "망원경" "제임스"   "웹"       "호"       "이후"     "여년"
 [7] "만"     "왕성"     "고리"     "선명"     "포착"     "나사"
[13] "일"     "현지"     "시각"     "제임스"   "웹"       "촬영"
[19] "해왕"   "사진"     "공개"     "해왕성"   "본체"     "뿐"
[25] "행성"   "고리"
```

```
# 리스트 내의 단어들을 하나의 벡터로 통합
nouns.all <- unlist(nouns, use.names = F)
nouns.all
```

뉴스 원문이 보이지 않음
☞ "use.names=T"는 원문이 나타남

출력 결과

```
  [1] "제임스"    "안"        "한인"       "회장"
  [5] "영어"      "불편"      "한인"       "시"
  [9] "니어"      "한인"      "타운"       "거주자"
 [13] "곳"        "서비스"    "게"         "혜택"
 [17] "리얼"      "아이디"    "신청"       "한인"
 [21] "리얼"      "아이디"    "법"         "제임스"
 [25] "웹"        "우주"      "망원경"     "본격"
 [29] "과학"      "관측"      "시작"       "달"

[453] "나사"      "일"        "현지"       "시각"
[457] "제임스"    "웹"        "촬영"       "해왕"
[461] "사진"      "공개"      "해왕성"     "본체"
[465] "뿐"        "행성"      "고리"
```

```
# 글자 수가 2이상인 단어만 추출
nouns.all.2 <- nouns.all[nchar(nouns.all) >= 2]
nouns.all.2
```

출력 결과

```
  [1] "제임스"      "한인"        "회장"        "영어"
  [5] "불편"        "한인"        "니어"        "한인"
  [9] "타운"        "거주자"      "...스"       "혜택"
 [13] "리얼"        "아이디"      "신청"        "한인"
 [17] "리얼"        "아이디"      "제임스"      "우주"
 [21] "망원경"      "본격"        "과학"        "관측"
 [25] "시작"        "포착"        "데이터"      "가운데"
 [29] "실제"        "대중"        "공개"        "이미지"
 ...
 [357] "고리"       "선명"        "포착"        "나사"
 [361] "현지"       "시각"        "제임스"      "촬영"
 [365] "해왕"       "사진"        "공개"        "해왕성"
 [369] "본체"       "행성"        "고리"
```

단어 빈도

뉴스 검색 결과에서 어떤 단어들이 주로 사용되었는지 단어별 빈도를 파악하는 과정을 보자. 결과적으로 5회 이상의 빈도는 '해왕', '고리', '제임스' 순으로 나타나고 있다.

R 빈도분석

```
# 단어들의 빈도
nouns.freq <- table(nouns.all.2)
nouns.freq
```

출력 결과

```
nouns.all.2
  가운데        강연        개인        거래        거리
       2          2           1           2           2
  거주자        건축      건축가        경기        고리
       1          1           1           1          14
    공개        공식        공정        과학        관련
       4          1           1           4           1
    관측        광년        궤도    근적외선        근접
       4          1           1           3           2
    기록        기사      김동희      김선영        나노
       1                      2                       1
```

```
      15          7           6           2           1
    현대        현지        혜택        호가    홈페이지
       1          4           1           3           1
    확률        활동        회장        후보        흐름
       1          1           1           3           1
```

```
# 데이터 프레임으로 변환
nouns.df <- data.frame(nouns.freq)
# Freq 값의 역순으로 정렬
nouns.df.sort <- nouns.df[order(-nouns.df$Freq),]
nouns.df.sort
```

단어 빈도의 역순으로 정렬

출력 결과

```
    nouns.all.2 Freq
166        해왕   15
10         고리   14
121      제임스   14
104  우주망원경   11
122    제임스웹   10
159        포착   10
40       망원경    7
167      해왕성    7
56       보이저    6
168        행성    6
69         선명    5
106        위성    5
11         공개    4
```

뉴스 검색 결과에 5회 이상 사용된 단어

```
175                1
176        확률    1
177        활동    1
178        회장    1
180        흐름    1
```

단어들의 빈도를 상대적으로 비교하는 한 방법은 워드 클라우드로 출력하는 것이다. 워드 클라우드는 빈도가 큰 단어는 크게, 빈도가 작은 것은 작게 표시하여 전반적인 단어들의 빈도를 비교할 수 있도록 한다. 이를 통해 검색 키워드 관련 뉴스들의 주요 내용을 개략적으로 파악할 수 있다.

워드 클라우드 출력

```
# 워드 클라우드
wordcloud2(nouns.df.sort,
     size = 1,
     rotateRatio=0.5)
```

1은 디폴트 크기로 가장 큰 글자의 크기를 의미함
☞ size를 1보다 더 작게 하면, 워드 클라우드는 원 (circle) 모양으로 나타남

기울어진 글자들의 비율: 0~1

출력 결과

```
# 워드 클라우드의 모양 변환
wordcloud2(nouns.df.sort,
     size = 0.3,
     shape = 'star')
```

워드 클라우드 모양: 'circle' (default, 원), 'cardioid' (하트), 'diamond' (다이어몬드), 'triangle-forward' (삼각형), 'triangle'(삼각형), 'pentagon'(오각형), 'star'(스타).

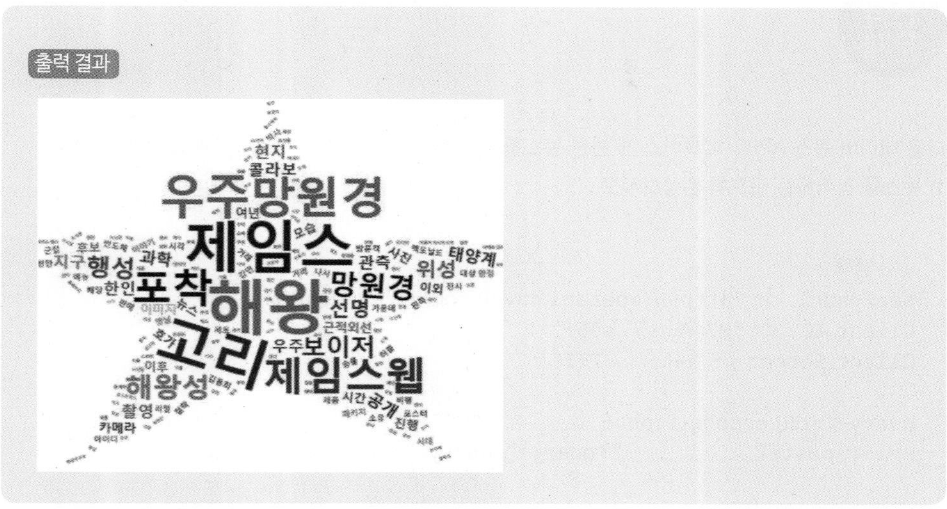
출력 결과
우주망원경
제임스
포착
해왕
고리
제임스웹
망원경
해왕성
현지
콜라보
행성
지구
과학
한인
위성
태양계
관측
사진
선명
우주
보이저
근적외선
촬영
카메라
공개
시간
진행
후보
여년
모습
이후
이외

다음 네이버 뉴스 API로 '메타버스'에 관한 뉴스를 검색하고 분석하는 단계별 물음에 답하시오.

1. 뉴스를 검색하는 코드를 완성하시오.

```
...... 생략 ......
searchUrl <- "https://openapi.naver.com/v1/search/news.xml"
Client_ID <- "M7jA..........sJ6f"
Client_Secret <- "HH..........TTI"

query <- URLencode(iconv(__________,"UTF-8"))
url <- paste(___________, "?query=", query, "&display=20", sep="")

text <- _______(url, httpheader = c('Content-Type' = "application/xml",
      'X-Naver-Client-Id' = Client_ID, 'X-Naver-Client-Secret' = Client_
Secret))
```

2. XML 문서에서 뉴스 제목을 추출하는 코드를 완성하시오.

```
xmlFile <- xmlParse(______)
df <- xmlToDataFrame(getNodeSet(xmlFile, _______))
title <- ________
```

3. 뉴스 제목에서 가장 많이 나타나는 명사를 찾는 코드를 완성하시오.

```
news.nouns <- ________(iconv(__________, "utf-8"))
nouns.all <- ______(___________, use.names = F)
nouns.freq<- ______(nouns.all)
nouns.df <- data.frame(nouns.freq)
nouns.df.sort <- nouns.df[order(____________), ]
# 최대 빈도수의 명사
nouns.freq.max <- nouns.df[1,1]
```

블로그 검색

제주도 여행에 관한 네이버 블로그를 검색해서 어떤 단어들이 많이 나타나는지 파악해보자. 다음은 네이버 블로그에서 "제주도 여행"으로 검색한 예이다.

힌트

블로그 API(9.2절 참조): https://openapi.naver.com/v1/search/blog.xml

CHAPTER 10 R 코딩 플러스

데이터 전처리

학습목표

데이터 전처리 기법의 이해와 활용

학습내용

데이터 전처리의 개념 이해
데이터 전처리의 단계적 활용

Raoul Dufy(라울 뒤피)_Grand orchestre

10.1 데이터 전처리 개요
10.2 데이터 프로파일링
10.3 데이터 정제
10.4 데이터 통합

연습문제
응용문제1: adult 데이터 세트의 프로파일링
응용문제2: 시뮬레이션 데이터의 정제

10.1 데이터 전처리 개요

데이터 품질은 정확성, 완전성(누락된 값이 없음), 일관성, 적시성, 신뢰성(믿을 수 있는 데이터 작성자/기관), 해석 가능성 등으로 평가된다. 그러나 실제 현장에서 수집한 데이터는 일부 값들이 누락되거나 중복 데이터가 있거나 부정확한 값들이 있을 수 있으며, 관련 있는 데이터 간 표현의 불일치 등 일관성이 결여된 경우도 있다. 이 경우, 컴퓨터가 데이터를 읽고 분석처리하는 과정에서 오류가 발생되거나 부정확한 결과물을 초래하기도 한다. 따라서, 컴퓨터가 데이터를 처리하고 분석에 적합한 형태로 만드는 데이터 전처리data preprocessing로 데이터 품질을 높이는 것은 상당한 의미가 있다.

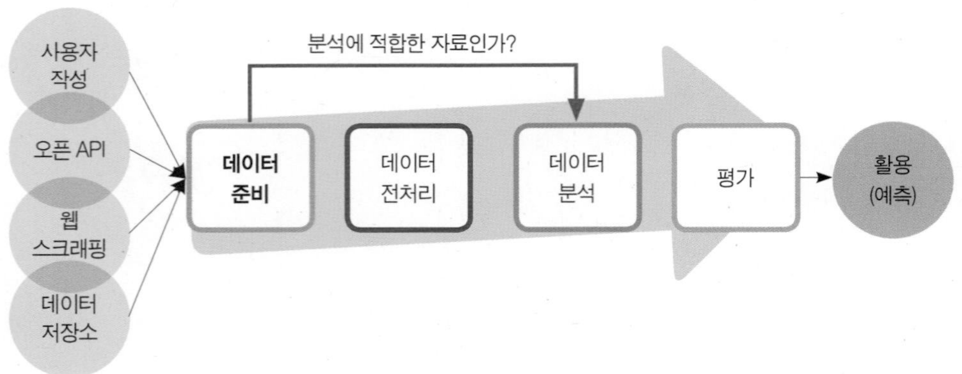

데이터 분석 절차

데이터 전처리는 데이터 프로파일링, 데이터 정제, 데이터 통합, 데이터 축소, 데이터 변환 과정으로 이루어진다. 데이터 프로파일링data profiling은 데이터가 분석에 적합한지 판단하기 위해 데이터의 주요 통계치를 수집하거나 분포를 파악하는 과정이며, 데이터 정제data cleaning는 원시 데이터가 피처 엔지니어링(파생변수, 집계, 피처 스케일링, 데이터 이산화 등)에 적합하도록 수정하는 과정을 말한다. 또한, 데이터 통합data integration은 다른 출처 또는 여러 데이터를 하나로 병합하는 과정이며, 데이터 축소daya reduction는 대용량 데이터의 분석 효율성을 위해 적은 양의 데이터로 축소하거나, 차원을 축소(변수의 수를 줄임)하는 과정을 말한다. 한편, 데이터 변환data transformation은 데이터 구조의 변환 또는 데이터를 변경하거나, 학습 모형의 검증을 위해 학습용과 테스트 데이터를 분리하는 과정을 말한다. 이번 장에서는 데이터 프로파일링, 데이터 정제, 데이터 통합에 관한 기초적인 기능들을 살펴보기로 한다.

• 데이터 전처리 단계 •

단계	개요	주요 내용
데이터 프로파일링	데이터가 분석에 적합한 지 판단하기 위해 데이터의 주요 통계치를 수집하거나 분포를 파악하는 과정	데이터 구조 파악, 결측치 분석, 데이터 분포 파악
데이터 정제	원시 데이터가 피처 엔지니어링(파생변수, 집계, 피처 스케일링, 데이터 이산화 등)에 적합하도록 수정	불량 데이터의 제거, 컴퓨터가 읽을 수 없는 데이터와 결측치 등 수정
데이터 통합	다른 출처 또는 여러 데이터의 결합	데이터 병합
데이터 축소	대용량 데이터의 분석 효율성을 위해 작은 양의 데이터로 축소하거나, 차원을 축소함(변수의 수를 줄임)	데이터 축소, 차원 축소
데이터 변환	데이터 구조의 변환 또는 데이터를 변경하거나, 학습 모형의 검증을 위해 학습용과 테스트 데이터를 분리함	파생변수, 집계, 데이터 이산화, 피처 스케일링과 데이터 분리(13장 참조), 원-핫 인코딩(부록 4 참조)

데이터 전처리를 위해 기본 패키지 외에 추가로 사용할 패키지는 다음과 같다. dplyr 패키지는 데이터 프레임 처리에 적합한 기능을 제공하는데, 필터링filtering과 데이터 조인join 기능을 활용해보자. ggplot2를 확장한 GGally 패키지에서는 두 변수 간 상관성을 파악하는 페어플롯pair plot 기능을 활용하기로 한다.

✪ 패키지

패키지	설명
dplyr	데이터 프레임 처리에 적합한 기능 제공
GGally	ggplot2 패키지를 추가적인 기능(페이플롯 등)으로 확장한 패키지

10.2 데이터 프로파일링

예제 데이터에 대해 데이터 구조 파악, 결측치가 있는지 살펴보고, R에 내장되어 있는 iris 데이터에 대해서는 데이터 분포를 중심으로 데이터 프로파일링을 해보자.

(1) 예제 데이터의 프로파일링

예제 데이터는 다음과 같다. NA는 "Not Available"로서 결측치를 의미한다. 또한, NaN은 "Not a Number"로서 0을 0으로 나눌 때 불가능한 수를 의미하고 Inf는 "Infinite"로서 0이 아닌 숫자를 0으로 나눌 때 무한대로 표시해준다. 한편, ""는 빈문자열을 의미하며, NULL은 값은 없이 이름만 있는 변수를 초기화할 때 사용한다.

R 예제 데이터 만들기

```
W <- c("가", "나", "", "라", "마", "바", "사", "아", "아", "차")
X <- c(1, 2, 3, NA, 5, 6, 7, 8, 9, 0)
Y <- c(10, 20, NULL, 40, 50, NaN, 70, 80, 90, 100, 110)
Z <- c(5, 10/0, Inf, -20/0, -Inf, 0/0, NaN, 40, 45, 50)
df <- data.frame(W, X, Y, Z)
df
```

NULL로 지정된 부분은 실행 시에 사라짐

10/0은 Inf로, -20/0은 -Inf로 변환됨

출력 결과

```
    W  X   Y    Z
1  가  1  10    5
2  나  2  20  Inf
3      3  40  Inf
4  라 NA  50 -Inf
5  마  5 NaN -Inf
6  바  6  70  NaN
7  사  7  80  NaN
8  아  8  90   40
9  아  9 100   45
10 차  0 110   50
```

데이터 구조와 요약정보로 데이터를 개략적으로 살펴보자. df에 str() 함수를 적용하면, df의 자료형은 data frame이며, 객체object의 수는 10개, 변수는 4개임을 알려준다. 여기서 객체는 행, 변수는 열에 해당한다. 또한, 각 변수에 대해서는 문자형character과 숫자형number 등의 자료형을 알려주고, 앞부분의 일부 데이터를 표시해서 개략적인 파악이 가능하도록 해준다.

데이터 구조

```
str(df)
```

출력 결과

```
'data.frame':   10 obs. of  4 variables:
 $ W: chr  "가" "나" "" "라" ...
 $ X: num  1 2 3 NA 5 6 7 8 9 0
 $ Y: num  10 20 40 50 NaN 70 80 90 100 110
 $ Z: num  5 Inf Inf -Inf -Inf ...
```

한편, summary() 함수는 변수가 문자형인 경우에는 총 개수와 자료형을 알려준다. 클래스class는 외형적으로 나타나는 자료형을 의미하며, 숫자형numeric, 문자형character, 요인factor, 리스트list, 데이터 프레임data.frame, 행렬matrix, 배열array, 테이블table, 함수function가 있다. 한편, 모드mode는 메모리에 저장되는 형태로 숫자형numeric, 문자형character, 리스트list, 함수function가 있다. 변수가 숫자로 구성된 경우에는 최솟값, 제1사분위수, 중앙값(제2사분위수), 평균값, 제3사분위수, 최댓값, NA의 수(Nan 포함)가 보여지기 때문에 개략적인 분포 파악이 가능하다. 변수 값에 NA 또는 NaN이 있으면 평균값은 NA로 표시해주고, Inf가 있으면 NaN으로 표시해준다.

데이터 요약 정보

```
summary(df)
```

출력 결과

```
      W                   X                Y                  Z
 Length:10          Min.   :0.000   Min.   : 10.00   Min.   :-Inf
 Class :character   1st Qu.:2.000   1st Qu.: 40.00   1st Qu.:-Inf
 Mode  :character   Median :5.000   Median : 70.00   Median :42.5
                    Mean   :4.556   Mean   : 63.33   Mean   : NaN
                    3rd Qu.:7.000   3rd Qu.: 90.00   3rd Qu.: Inf
                    Max.   :9.000   Max.   :110.00   Max.   : Inf
                    NA's   :1       NA's   :1        NA's   :2
```

각 열별 빈문자열이 있는지 확인해보자. nzchar() 함수는 문자 벡터의 각 원소에 대해 빈문자열의 여부를 알려준다.

빈문자열 체크

```
# W열에 대한 빈문자열 확인
nzchar(df$W)
```

출력 결과

FALSE는 빈문자열을 의미함

```
[1]  TRUE  TRUE FALSE  TRUE  TRUE  TRUE  TRUE  TRUE  TRUE  TRUE
```

```
# 각 열별 빈문자열 확인
empty <- apply(df, 2, nzchar)
empty
```

df 데이터에 대해 열별로 nzchar()함수를 적용함
☞ 1은 '행', 2는 '열'을 의미함

출력 결과

```
          W    X    Y    Z
 [1,]  TRUE TRUE TRUE TRUE
 [2,]  TRUE TRUE TRUE TRUE
 [3,] FALSE TRUE TRUE TRUE
 [4,]  TRUE TRUE TRUE TRUE
 [5,]  TRUE TRUE TRUE TRUE
 [6,]  TRUE TRUE TRUE TRUE
 [7,]  TRUE TRUE TRUE TRUE
 [8,]  TRUE TRUE TRUE TRUE
 [9,]  TRUE TRUE TRUE TRUE
[10,]  TRUE TRUE TRUE TRUE
```

```
# 각 열별 합계(빈문자열의 수)
colSums(!empty)
```

출력 결과

```
W X Y Z
1 0 0 0
```

```
# 각 행별 합계(빈문자열의 수)
rowSums(!empty)
```

출력 결과

```
[1] 0 0 1 0 0 0 0 0 0 0
```

결측치(NA)를 파악해보자. is.na() 함수는 각 원소에 대해 NA 여부를 알려준다.

NA 체크

```
# 결측치 여부
is.na(df)
```

출력 결과

```
          W     X     Y     Z
 [1,] FALSE FALSE FALSE FALSE
 [2,] FALSE FALSE FALSE FALSE
 [3,] FALSE FALSE FALSE FALSE
 [4,] FALSE  TRUE FALSE FALSE
 [5,] FALSE FALSE  TRUE FALSE
 [6,] FALSE FALSE FALSE  TRUE
 [7,] FALSE FALSE FALSE  TRUE
 [8,] FALSE FALSE FALSE FALSE
 [9,] FALSE FALSE FALSE FALSE
[10,] FALSE FALSE FALSE FALSE
```

NA(NaN 포함)

```
# 결측치의 총 수
sum(is.na(df))
```

출력 결과

```
[1] 4
```

```
# 열별 결측치 수
colSums(is.na(df))
```

출력 결과

```
W X Y Z
0 1 1 2
```

```
# 행별 결측치 수
rowSums(is.na(df))
```

출력 결과

```
[1] 0 0 0 1 1 1 1 0 0 0
```

무한대(Inf, −Inf)의 값을 갖는 벡터의 원소는 is.infinite() 함수로 파악할 수 있다. Inf가 아닌 유한한 값을 갖는 원소를 파악하려면 is.finite() 함수를 사용하면 된다.

R Inf 체크

```
# Inf 여부
is.infinite(df$Z)
```

출력 결과

TRUE는 Inf 또는 -Inf를 의미함

```
[1] FALSE  TRUE  TRUE  TRUE  TRUE FALSE FALSE FALSE FALSE FALSE
```

```
# Inf의 수
sum(is.infinite(df$Z))
```

출력 결과

```
[1] 4
```

(2) iris 데이터의 프로파일링

Iris는 R의 datasets 패키지에 있는 데이터 세트로, 꽃받침의 길이와 너비sepal length, sepal width, 꽃잎의 길이와 너비petal length, petal width의 4개 속성으로 3개의 종setosa, versicolor, virginica을 50개씩 분류한 관찰 데이터이다(5.3절 참조). iris 데이터 세트에는 결측치가 없기 때문에 데이터 구조와 분포 파악 위주로 살펴보기로 하자.

setosa

versicolor

virginica

Iris 데이터를 불러보면, 4개 속성의 크기에 따라 종(Species)이 분류된 것을 볼 수 있다.

데이터

```
iris
```

출력 결과

```
    Sepal.Length Sepal.Width Petal.Length Petal.Width    Species
1            5.1         3.5          1.4         0.2     setosa
2            4.9         3.0          1.4         0.2     setosa
3            4.7         3.2          1.3         0.2     setosa
4            4.6         3.1          1.5         0.2     setosa
5            5.0         3.6          1.4         0.2     setosa
147
148          6.5         3.0          5.2         2.0  virginica
149          6.2         3.4          5.4         2.3  virginica
150          5.9         3.0          5.1         1.8  virginica
```

데이터 구조를 보면, 자료형은 data frame이며, 행의 수는 150개, 열의 수는 5개로 구성되어 있다. 또한, 앞의 4개 열은 모두 숫자형이며, 다섯 번째 Species 변수는 요인으로 정의되어 있다.

데이터 구조

```
str(iris)
```

출력 결과

```
'data.frame':   150 obs. of  5 variables:
 $ Sepal.Length: num  5.1 4.9 4.7 4.6 5 5.4 4.6 5 4.4 4.9 ...
 $ Sepal.Width : num  3.5 3 3.2 3.1 3.6 3.9 3.4 3.4 2.9 3.1 ...
 $ Petal.Length: num  1.4 1.4 1.3 1.5 1.4 1.7 1.4 1.5 1.4 1.5 ...
 $ Petal.Width : num  0.2 0.2 0.2 0.2 0.2 0.4 0.3 0.2 0.2 0.1 ...
 $ Species     : Factor w/ 3 levels "setosa","versicolor",..: 1 1 1 1 1 1
 1 1 1 1 ...
```

한편, 숫자로 된 4개 열의 최솟값, 제1사분위수, 중앙값(제2사분위수), 평균값, 제3사분위수, 최댓값을 보면 개략적인 분포를 파악할 수 있다. 요인으로 분류되어 있는 요인으로 정의된 종의 경우는 setosa, versicolor, virginica가 각각 50개임을 보여준다.

데이터 요약 정보

```
summary(iris)
```

출력 결과

```
  Sepal.Length    Sepal.Width     Petal.Length    Petal.Width          Species  
 Min.   :4.300   Min.   :2.000   Min.   :1.000   Min.   :0.100   setosa    :50  
 1st Qu.:5.100   1st Qu.:2.800   1st Qu.:1.600   1st Qu.:0.300   versicolor:50  
 Median :5.800   Median :3.000   Median :4.350   Median :1.300   virginica :50  
 Mean   :5.843   Mean   :3.057   Mean   :3.758   Mean   :1.199                  
 3rd Qu.:6.400   3rd Qu.:3.300   3rd Qu.:5.100   3rd Qu.:1.800                  
 Max.   :7.900   Max.   :4.400   Max.   :6.900   Max.   :2.500                  
```

데이터 분포를 파악하기 쉽게 다음과 같이 페어플롯pare plot을 출력해서 보자. 변수들이 많을 때, 두 변수 간 2차원 그래프 및 상관계수로 분포를 파악할 수 있다. 행과 열의 위치가 같은 주대각선 원소는 확률밀도, 주대각선 윗부분은 두 변수 간 상관계수, 아랫부분은 산포도를 나타낸다.

페어플롯: 두 변수 간 분포

```
install.packages("GGally")
library(GGally)

ggpairs(data = iris,                 # 데이터
        columns = 1:4,               # 비교할 변수(1열~4열)
        upper = list(continuous = wrap("cor", size = 2.5)))   # 상관계수의 글자 크기
```

출력 결과

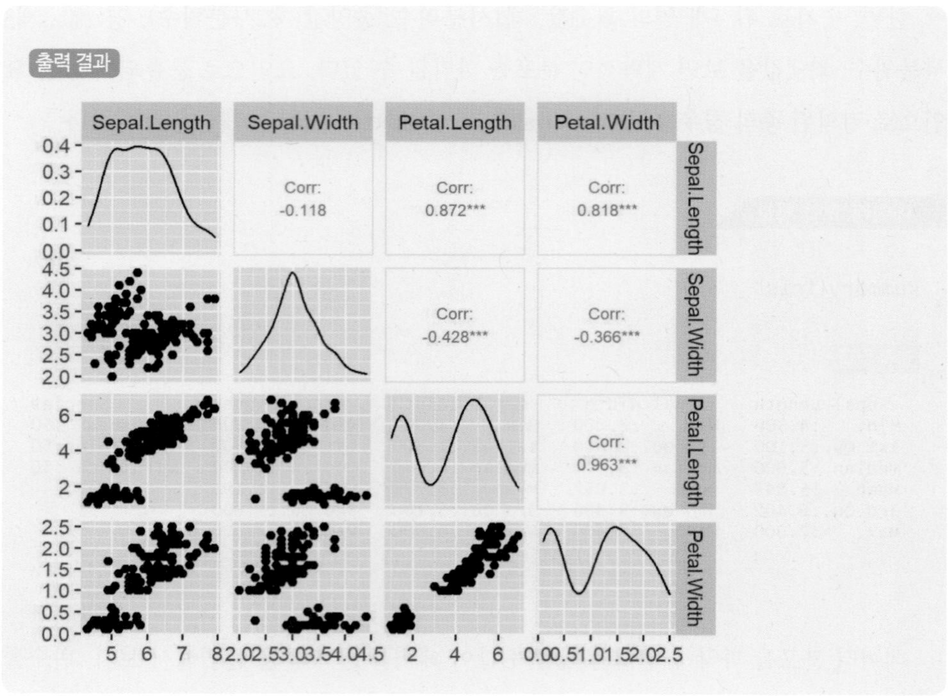

페어플롯에서 종별로 구분해서 비교해보자. 종별로 3가지 색이 자동으로 구분되고(4.2절 참조), 종별 두 변수 간 상관계수도 추가되어 표시된다.

페어플롯: 두 변수 간 종별 분포

```
ggpairs(data = iris,
    columns = 1:4,
    aes(color = Species, alpha = 0.5),
    upper = list(continuous = wrap("cor", size = 2.5)))
```

종별 색으로 구분하고 0.5 투명도로 출력
☞ 0은 완전 투명, 1은 완전 불투명을 의미함

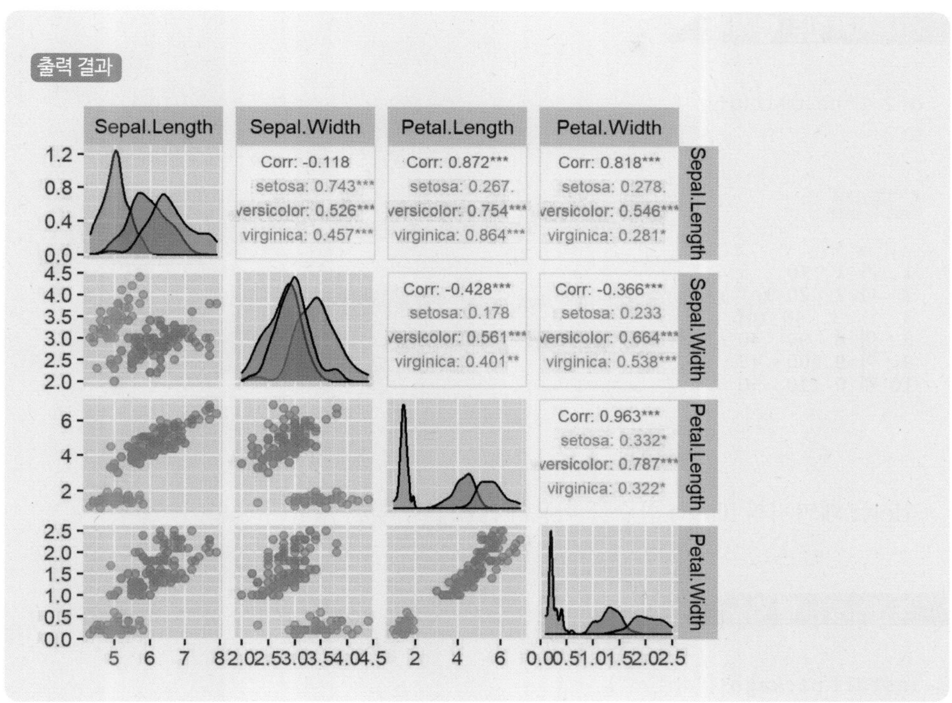

10.3 데이터 정제

앞 단계의 데이터 프로파일링을 통해 발견한 이상 값들은 삭제하거나 수정하게 된다. 수작업으로 일일이 수정한다면 시간 소모적이며 대용량 데이터의 경우는 불가능할 것이다. 간단히 수정하는 방법으로는 동일한 상수로 수정, 속성의 중심 경향 값인 평균 또는 중앙값으로 수정, 속성의 각 그룹별 평균 또는 중앙값으로 수정, 회귀선을 이용한 수정 등이 있다.

10.2절의 예제 데이터에 대해 결측치의 행을 삭제하거나 수정하는 방법을 살펴보자. 다음은 NA가 있는 행(NaN 포함)을 삭제하는 예이다.

결측치가 있는 행 삭제

```
df2 <- na.omit(df)
df2
```

출력 결과

```
   W X   Y   Z
1  가 1  10   5
2  나 2  20 Inf
3     3  40 Inf
8  아 8  90  40
9  아 9 100  45
10 차 0 110  50
```

각 열에서 NA와 NaN이 있는 4~7행이 삭제됨

dplyr 패키지의 filter() 함수를 이용하면 조건에 맞는 행을 추출할 수 있다.

조건에 맞는 행 추출

```
install.packages("dplyr")
library(dplyr)

df2 <- filter(df, is.finite(Z))
df2
```

df에서 Z열이 유한한 값을 갖는 행 추출

출력 결과

```
  W X   Y  Z
1 가 1  10  5
2 아 8  90 40
3 아 9 100 45
4 차 0 110 50
```

```
df2 <- filter(df, nzchar(W) & is.finite(X) & is.finite(Y) & is.finite(Z))

df2
```

df에서 W열이 빈문자열이 아니며,
X, Y, Z열이 모두 유한한 값인 행 추출

출력 결과

```
  W X   Y  Z
1 가 1  10  5
2 아 8  90 40
3 아 9 100 45
4 차 0 110 50
```

subset() 함수는 filter() 함수와 비슷하나, 추출하고 싶은 열을 지정할 수 있다.

조건에 맞는 행과 열의 추출

```
df2 <- subset(df, nzchar(W) & is.finite(X) & is.finite(Y) & is.finite(Z),
        select = c(W, X))
df2
```

추출할 열

출력 결과

```
  W X
1 가 1
2 아 8
3 아 9
4 차 0
```

결측치나 특정 조건에 해당하는 값들을 임의 값으로 수정해보자.

조건에 해당하는 데이터의 임의 수정

```
df3 <- df
df3$X[df3$X == 0]  <- 10
df3$X[is.na(df3$X)]  <- 4
df3$Y[is.nan(df3$Y)]  <- 60
df3$Z[is.nan(df3$Z)]  <- 30
df3$Z[df3$Z >= Inf]  <- 10
df3$Z[df3$Z <= -Inf] <- 20
df3$W[df3$W == ""] <- "Unknown"
df3
```

df에서 X열의 값이 NA인 경우, 4로 수정

df에서 Z열이 Inf 이상일 때 10으로 수정

출력 결과

```
         W  X   Y  Z
1       가  1  10  5
2       나  2  20 10
3  Unknown  3  40 10
4       라  4  50 20
5       마  5  60 20
6       바  6  70 30
7       사  7  80 30
8       아  8  90 40
9       아  9 100 45
10      차 10 110 50
```

다음은 각 열별 평균, 중앙값, 최솟값, 최댓값 등으로 수정하는 예이다.

조건에 해당하는 데이터의 수정

```
df3 <- df
df3$X[df3$X == 0]  <- 10
df3$X[is.na(df3$X)]  <- mean(df3$X[is.finite(df3$X)])
df3$Y[is.nan(df3$Y)]  <- median(df3$Y[is.finite(df3$Y)])
df3$Z[is.nan(df3$Z)]  <- mean(df3$Z[is.finite(df3$Z)])
df3$Z[df3$Z >= Inf]  <- max(df3$Z[is.finite(df3$Z)])
df3$Z[df3$Z <= -Inf] <- min(df3$Z[is.finite(df3$Z)])
df3$W[df3$W == ""]  <- "다"
df3
```

df에서 X열이 NA인 경우, 유한한 값들의 평균값으로 수정

df에서 Z열이 Inf 이상일 때 유한한 값들의 최댓값으로 수정

출력 결과

```
    W          X   Y  Z
1  가  1.000000  10  5
2  나  2.000000  20 50
3  다  3.000000  40 50
4  라  5.666667  50  5
5  마  5.000000  70  5
6  바  6.000000  70 35
7  사  7.000000  80 35
8  아  8.000000  90 40
9  아  9.000000 100 45
10 차 10.000000 110 50
```

10.4 데이터 통합

서로 다른 출처의 여러 데이터 세트를 병합하는 예를 보자. 조인Join은 두 데이터 간의 논리적 연결 역할을 하는 변수인 키key를 이용하여 병합하는 방법이다. 조인에는 inner join, full outer join, left join, right join 등이 있다. 다음은 키에 해당하는 열의 값에서 2와 3이 서로 공통인 경우이다.

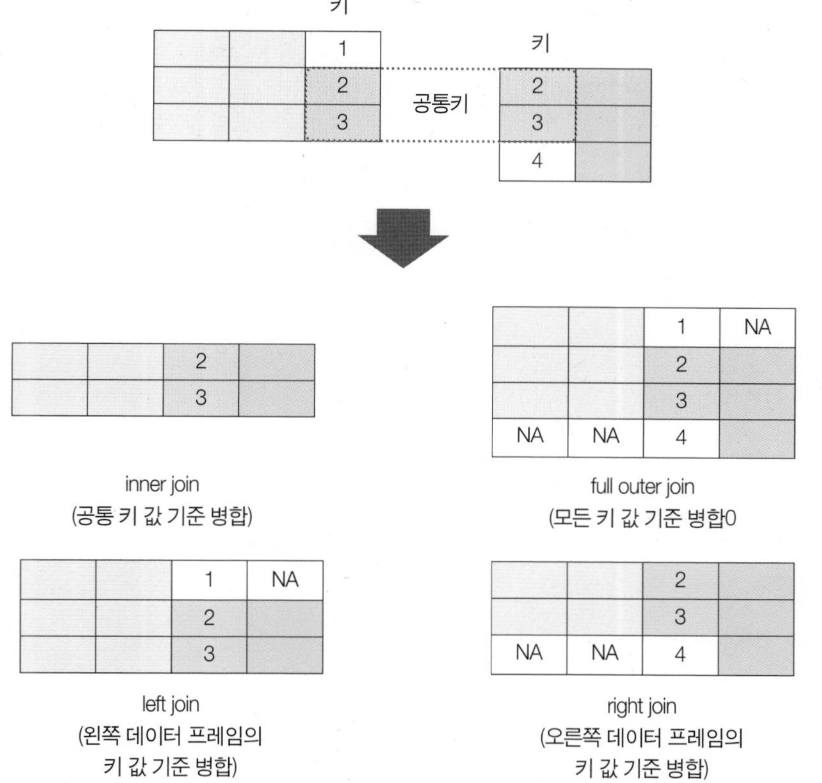

inner join는 두 데이터 프레임의 공통 키 값(2,3)을 기준으로 해서 하나의 데이터 프레임으로 병합하며, full outer join은 두 데이터 프레임에 있는 모든 키 값(1,2,3,4)을 기준으로 해서 하나의 데이터 프레임으로 병합한다. 또한, left join은 왼쪽 데이터 프레임의 키 값(1,2,3)을 기준으로 병합하고, right join은 오른쪽 데이터 프레임의 키 값(2,3,4)을 기준으로 병합한다. 병합할 때 해당 데이터가 없는 부분은 NA로 채워진다.

ID는 키이며, 2와 3이 공통 키 값인 두 개의 예제 데이터 프레임을 만들어보자.

예제 데이터 만들기

```
#install.packages("dplyr")
library("dplyr")

df1 <- data.frame(ID = 1:3, 성명 = c('장발장', '팡틴', '자베르'))
df1
```

ID가 1~3인 데이터 프레임

출력 결과

```
  ID   성명
1  1 장발장
2  2   팡틴
3  3 자베르
```

```
df2 <- data.frame(ID = 2:4, 경력 = c(7, 5, 10))

df2
```

ID가 2~4인 데이터 프레임

출력 결과

```
  ID 경력
1  2    7
2  3    5
3  4   10
```

dplyr 패키지의 join 기능들을 활용한 결과는 다음과 같다. inner_join()는 두 데이터 프레임에서 ID값이 공통으로 있는 2와 3인 행들로 하나의 데이터 프레임으로 병합한 결과이다. 이에 비해, full_join()은 ID를 기준으로 모든 행들로 병합한 결과이다. 또한, left_join()은 왼쪽 데이터 프레임(df1)의 키 값인 1, 2, 3을 기준으로 병합하고, right_join()은 오른쪽 데이터 프레임(df2)의 키 값인 2, 3, 4를 기준으로 병합한 결과이다. 병합 시에 해당 부분에 데이터가 없으면 NA로 채워진 것을 알 수 있다.

병합

```
inner_join(df1, df2, by = "ID")
```

출력 결과

```
  ID   성명 경력
1  2   팡틴    7
2  3 자베르    5
```

공통 키 값인 2, 3을 기준으로 병합

```
full_join(df1, df2, by = "ID")
```

출력 결과

```
  ID   성명 경력
1  1 장발장   NA
2  2   팡틴    7
3  3 자베르    5
4  4   <NA>   10
```

모든 키 값인 1~4를 기준으로 병합

```
left_join(df1, df2, by = "ID")
```

출력 결과

```
  ID   성명 경력
1  1 장발장   NA
2  2   팡틴    7
3  3 자베르    5
```

왼쪽 데이터 프레임의 키 값인 1~3을 기준으로 병합

```
right_join(df1, df2, by = "ID")
```

출력 결과

```
  ID   성명 경력
1  2   팡틴    7
2  3 자베르    5
3  4   <NA>   10
```

오른쪽 데이터 프레임의 키 값인 2~4를 기준으로 병합

1. 다음 중 데이터 프레임의 구조를 파악하는 함수는?

① summary() ② str() ③ data.frame() ④ nzchar()

2. 다음 df 데이터 프레임에 대해 주석문에 따른 코드를 완성하시오.

```
# 각 열별 빈문자열 확인
empty <- apply(df, 2, __________)

# 열별 결측치 수
__________ (________ (df))
```

3. df 데이터 프레임의 2, 3, 5열 간 분포 및 상관계수 비교를 위해 페어 플롯을 출력하는 다음 코드를 완성하시오. 분포도에서 '성별'로 색을 구분하시오.

```
ggpairs(data = _____, columns =_________, aes(color = _________, alpha = 0.5),
    upper = list(continuous = wrap("cor", size = 2)))
```

4. 다음 df 데이터 프레임에 대해 주석문에 따른 코드를 완성하시오.

```
# 결측치가 있는 행 삭제
df <- _________(df)

# X열이 유한한 값을 갖는 모든 행을 추출하고, X, Y 열만 추출
df <- subset(df, ____________, select =________)

# X 값이 0일 때, X 열의 평균값으로 수정
df$X[df$X == 0]  <- __________
```

5. df.A(고객), df.B(주문)의 두 개 데이터 프레임의 키는 cust_id이다. left join을 이용하여 하나의 데이터 프레임으로 통합하시오.

```
____________ (df.A, df.B,________)
```

adult 데이터 세트의 프로파일링

다음은 미국 UCI Machine Learning 저장소에 있는 'Adult' 데이터 세트를 다운로드 받는 과정이다. 데이터 탐색에 대한 물음에 답하시오.

■ URL 접속(https://archive.ics.uci.edu/ml): 모든 데이터 세트 보기

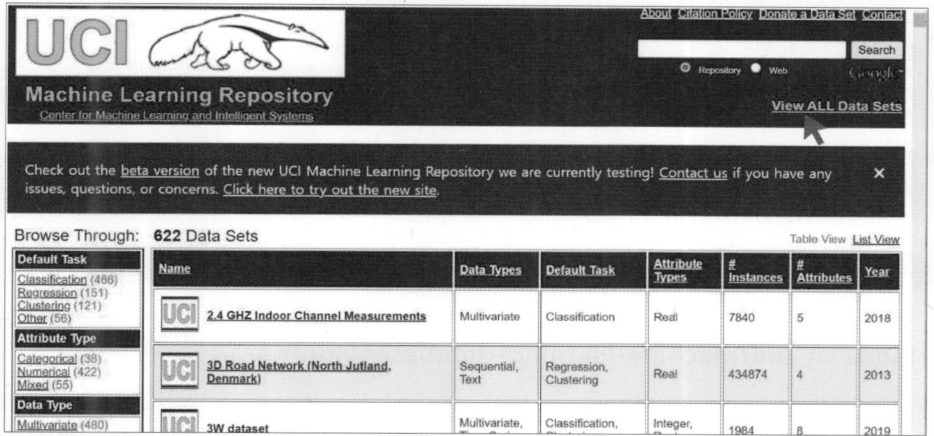

■ Adult 데이터 세트 클릭

Name	Data Types	Default Task	Attribute Types	# Instances	# Attributes	Year
Multisensor data fusion (AReM)	Time-Series					
Activity recognition using wearable physiological measurements	Multivariate	Classification	Real	4480	533	2019
Activity recognition with healthy older people using a batteryless wearable sensor	Sequential	Classification	Real	75128	9	2016
Acute Inflammations	Multivariate	Classification	Categorical, Integer	120	6	2009
Adult	Multivariate	Classification	Categorical, Integer	48842	14	1996
AI4I 2020 Predictive Maintenance Dataset	Multivariate, Time-Series	Classification, Regression, Causal-Discovery	Real	10000	14	2020
Air Quality	Multivariate, Time-Series	Regression	Real	9358	15	2016
Air quality	Multivariate,	Regression	Real	9358	15	2016

■ 데이터 폴더 열기

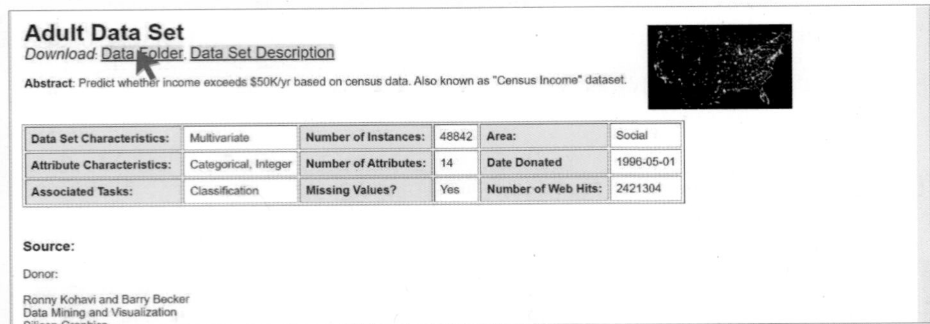

■ 'Adult.data' 다운로드 또는 링크 주소 복사

링크 주소: https://archive.ics.uci.edu/ml/machine-learning-databases/adult/adult.data

Index of /ml/machine-learning-databases/adult

- Parent Directory
- Index
- adult.data
- adult.names
- adult.test
- old.adult.names

Apache/2.4.6 (CentOS) OpenSSL/1.0.2k-fips SVN/1.7.14 Phusion_Passenger/4.0.53 mod_perl/2.0.11 Perl/v5.16.3 Server at archive.ics.uci.edu Port 443

■ 데이터 읽기

```
# "Adult" 데이터 세트 링크 주소
url <- "https://archive.ics.uci.edu/ml/machine-learning-databases/adult/
adult.data"
# 데이터 읽기
df <- read.csv(url, header=F)
head(df)
```

출력 결과

```
  V1              V2     V3          V4 V5                 V6                V7
1 39       State-gov  77516   Bachelors 13      Never-married      Adm-clerical
2 50 Self-emp-not-inc  83311   Bachelors 13 Married-civ-spouse   Exec-managerial
3 38         Private 215646     HS-grad  9           Divorced Handlers-cleaners
4 53         Private 234721        11th  7 Married-civ-spouse Handlers-cleaners
5 28         Private 338409   Bachelors 13 Married-civ-spouse    Prof-specialty
6 37         Private 284582     Masters 14 Married-civ-spouse   Exec-managerial
             V8     V9     V10  V11 V12 V13           V14   V15
1 Not-in-family  White    Male 2174   0  40 United-States <=50K
2       Husband  White    Male    0   0  13 United-States <=50K
3 Not-in-family  White    Male    0   0  40 United-States <=50K
4       Husband  Black    Male    0   0  40 United-States <=50K
```

V1 ~ V15는 순서대로, age(나이), workclass(고용형태), fnlwgt(인구조사국에 의한 개별 가중치), education(최종 학력), education_num(교육 수준), marital_status(결혼 여부), occupation(직업), relationship(가정 내 개인관계), race(인종), sex(성별), capital-gain(자본 이익), capital_loss(자본 손실), hours_per_week(주당 근무시간), native_country(출신국가), salary(급여)를 의미한다.

(1) 데이터 구조를 파악하시오.

(2) 데이터 요약정보를 파악하시오.

(3) 각 열의 결측치를 파악하시오.

(4) age(나이), education_num(교육 수준), hours_per_week(주당 근무시간) 간 상관분포와 상관계수를 페어플롯으로 표시하시오. 단, salary(급여) 수준별로 색으로 구분하시오.

시뮬레이션 데이터의 정제

다음은 시뮬레이션 데이터로서, 10대와 20대의 취미활동에 대해 나이(age), 취미(hobby), 기간(period) 항목으로 설문조사한 자료이다. 각 물음에 맞는 R코드를 작성하시오.

```
ID <- 1:10
age <- c(20, 10, 20, 20, NA, 10, 10, 10, 20, 20)
hobby <- c("A", "B", "A", NA, "C",
           "B", "D", "B", "A", "C")
period <- c(5, NA, 7, 5, 3, 2, 3, 2, 3/0, 5)
df <- data.frame(ID, age, hobby, period)
df
```

출력 결과

```
   ID age hobby period
1   1  20     A      5
2   2  10     B     NA
3   3  20     A      7
4   4  20  <NA>      5
5   5  NA     C      3
6   6  10     B      2
7   7  10     D      3
8   8  10     B      2
9   9  20     A    Inf
10 10  20     C      5
```

(1) 무응답(NA)은 각 열에 몇 건이 있는가?

(2) Inf는 각 열에 몇 건이 있는가?

(3) '나이'와 '취미' 항목에 무응답이 있는 행은 삭제하시오.

(4) '기간'에 NA가 있으면 그 열의 평균값으로 수정하고, Inf는 최댓값으로 수정하시오.

PART

시뮬레이션과 데이터 분석

CHAPTER 11 R 코딩 플러스

시뮬레이션

학습목표

시뮬레이션을 이용한 데이터 분석

학습내용

표본추출과 동전 던지기 실험
원주율 계산 원리
회귀선 측정 원리

Osman Hamdi Bey(오스만 함디 베이)_Two Musician Girls

11.1 시뮬레이션 개요

시뮬레이션이란 시간에 따라 시스템 또는 실세계의 과정이 변하는 것을 모방하는 것을 의미한다. 시뮬레이션은 대상이 되는 시스템 또는 실세계가 복잡하여 수학적인 모형으로 표현하기 힘들거나, 불확실성이 존재하여 미래를 예측하는 것이 어려울 경우, 또는 시간과 비용이 많이 드는 신제품에 대해 분석할 필요가 있을 때 유용하게 사용될 수 있다.

시뮬레이션은 크게 아날로그 시뮬레이션analog simulation과 디지털 시뮬레이션digital simulation으로 분류할 수 있다. 아날로그 시뮬레이션은 시스템을 모방하여 만든 실제 모형을 이용해 현상을 파악하는 것이며, 디지털 시뮬레이션은 컴퓨터를 이용해서 수치적으로 분석하는 것으로 컴퓨터 시뮬레이션이라고 한다. 시뮬레이션에 사용되는 모형에는 확률을 표현하는 변수들의 관계가 확실하여 예측치를 계산할 수 있는 확정모형이 있고, 반면에 결과를 정확하게 예측할 수 없는 확률변수로 구성되는 확률모형이 있다. 디지털 시뮬레이션 중에서 확률 변수의 값으로 난수random number를 이용하는 시뮬레이션을 몬테카를로 시뮬레이션Monte-Carlo simulation이라고 한다.

자동차 충돌 테스트

(Wikipedia, https://www.wikipedia.org)

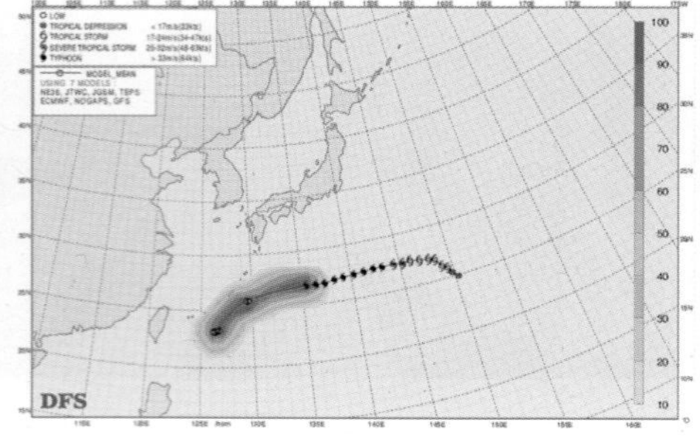

태풍의 진로 예측

(기상청, www.weather.go.kr)

본 장에서는 디지털 시뮬레이션을 이해하기 위해 많이 사용되는 확률 기반 동전 던지기 시뮬레이션, 난수를 이용하여 원주율(π)을 계산하는 예로 사용될 수 있는 몬테카를로 시뮬레이션, 그리고 선형적인 관계로 나타나는 두 변수의 회귀선을 찾는 시뮬레이션의 한 방법을 공부해 보기로 하자. 동전과 주사위 던지기 시뮬레이션에서 사용하는 표본추출을 위한 sample() 함수, 균등분포에서 난수를 추출하는 runif() 함수들은 모두 기본 패키지에서 제공되고 있기 때문에 별도로 라이브러리를 설치할 필요가 없다. 시뮬레이션 결과를 분석하기 위한 그래프는 ggplot2 패키지를 사용하고, 회귀선을 찾는 과정에서 3차원 그래프로 이해를 돕기 위해 plotly 패키지를 사용하기로 한다.

⊕ 패키지

패키지	설명
ggforce	ggplot2 패키지의 기능 확장
ggplot2	고급 그래픽 처리(4장 참조)
plotly	2차원 또는 3차원 그래프

11.2 표본추출과 난수

동전 던지기는 실험 대상이 되는 전체 모집단에서 일부 표본의 동전을 추출하여 "앞면" 또는 "뒷면"의 여부를 파악하여 그 비율을 확률로 추론한다. 한편, 몬테카를로 시뮬레이션을 포함한 많은 실험에서는 난수를 이용한다. 표본과 난수에 대해 먼저 살펴보기로 하자.

(1) 표본 추출

표본 추출에는 복원과 비복원 추출 방법이 있다. 주머니 속에서 공을 끄집어 낼 때와 동전을 던지는 상황을 예시로 이해해 보자. 먼저, 주머니 속에 1~10의 숫자가 있는 10개의 공들 중에서 임의로 5개의 공을 선택하는 방법을 생각해 보자. 하나씩 끄집어

낼 때 그 공을 다시 주머니에 넣어 총 10개의 공에서 5개를 추출하는 방법과 하나씩 끄집어 낸 공을 다시 주머니에 집어 넣지 않고 남은 공들 중에서 하나씩 모두 5개를 추출하는 방법이 있다. 전자를 복원 추출이라고 하고 후자를 비복원 추출이라고 한다. 복원 추출의 경우는 같은 공이 여러 번 선택될 수 있으며, 비복원 추출의 경우는 같은 숫자의 공이 반복해서 선택될 수 없다. 표본 추출에 사용되는 한 함수는 sample()이다.

방법	R 명령어	결과
복원 추출	sample(1:10, 5, replace=T)	[1] 5 6 6 10 7
	sample(c("앞면", "뒷면"), 5, replace=T)	[1] "뒷면" "앞면" "뒷면" "뒷면" "앞면"
비복원 추출	sample(1:10, 5, replace=T)	[1] 9 7 10 2 4

(2) 난수

난수는 무작위적으로 만들어진 수열로서, 이상적인 난수는 수의 분포가 확률적으로 한 쪽으로 치우치지 않고 다음 수를 예측하기 불가능하다. a~b 사이의 구간에서 난수를 추출하는 과정을 살펴보자. 구간 내에서는 모든 수가 추출될 확률은 같고 확률의 총합은 1이 되기 때문에 확률밀도는 1/(b−a)인 균등분포가 된다. 난수를 추출하는 방법은 다음과 같다.

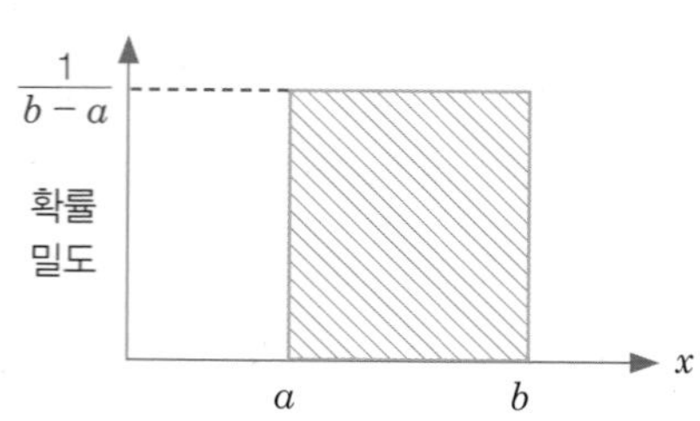

R 난수 추출

```
runif(10,min=0,max=1)    0~1 사이의 균등분포에서 10개 난수 추출
```

출력 결과

```
 [1] 0.3735852 0.2327477 0.1439976 0.3414577 0.2466088
 [6] 0.4134396 0.5536750 0.4818568 0.2806914 0.6277482
```

11.3 동전 던지기

동전을 던질 때 앞면과 뒷면이 나올 수학적 확률은 각각 0.5이다.

확률변수	앞면	뒷면
확률	1/2	1/2

컴퓨터를 이용한 반복 실험을 통해 동전을 던지는 횟수에 따라 실험적 확률이 어떻게 변하는지 살펴보자. 그 결과는 다음 그래프와 같이 예상된다. 수평 축은 동전을 던지는 반복 횟수, 수직 축은 반복 수에 따라 앞면이 나온 누적비율(확률)을 의미한다. 0.5 위치로 표시한 수평선은

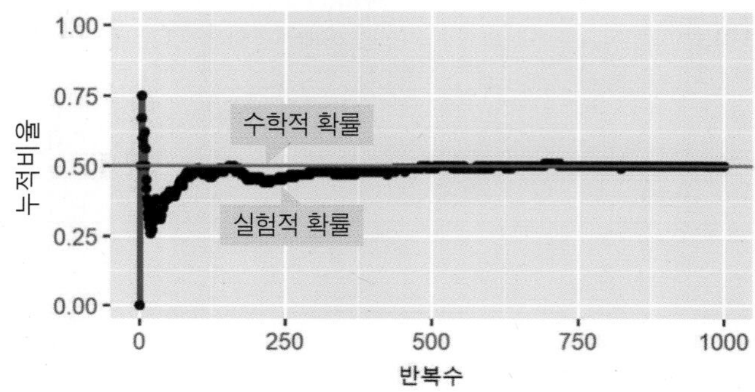

이론적으로 나타날 수학적 확률이다.

실험 횟수가 많아지면 수학적 확률과 같아지는 현상을 대수의 법칙Law of large numbers이라고 한다.

반복문

시뮬레이션은 일반적으로 반복 실험으로 진행된다. 반복문 중에서 가장 많이 사용되는 while문과 for문을 비교해보자. 1부터 10까지 합한 결과를 출력하는 플로우차트는 다음과 같다.

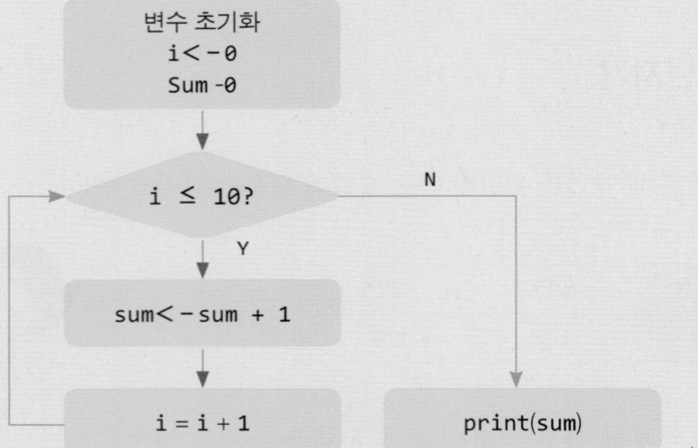

while문과 for문으로 구현한 예를 보자. while문의 경우, 변수의 조건(i <= 10)이 TRUE인 동안에 반복을 계속한다. 한편, for문의 경우, 변수(i)에 1:10의 값이 하나씩 순차적으로 할당되면서 반복을 진행한다.

<table>
<tr><th>while문</th><th>for문</th></tr>
<tr><td><pre>sum <- 0
i <- 1
while(i <= 10) {
  sum <- sum + 1
  I <- I + 1
}
print(sum)</pre></td><td><pre>sum <- 0
for(i in 1:10) {
  sum <- sum + 1
}
print(sum)</pre></td></tr>
</table>

(1) 시뮬레이션

먼저 시행 횟수를 초기화하고 앞면이 나올 이론적 확률을 그래프에 표시해 본다. 앞면이 나온 회수를 0으로 초기화하고 최대 반복 수(1000)만큼 동전을 한번씩 던져 앞면이 나오면 그 횟수count를 1씩 증가한다. 동전을 던질 때마다 앞면이 나온 누적비율(확률)을 계산해보자.

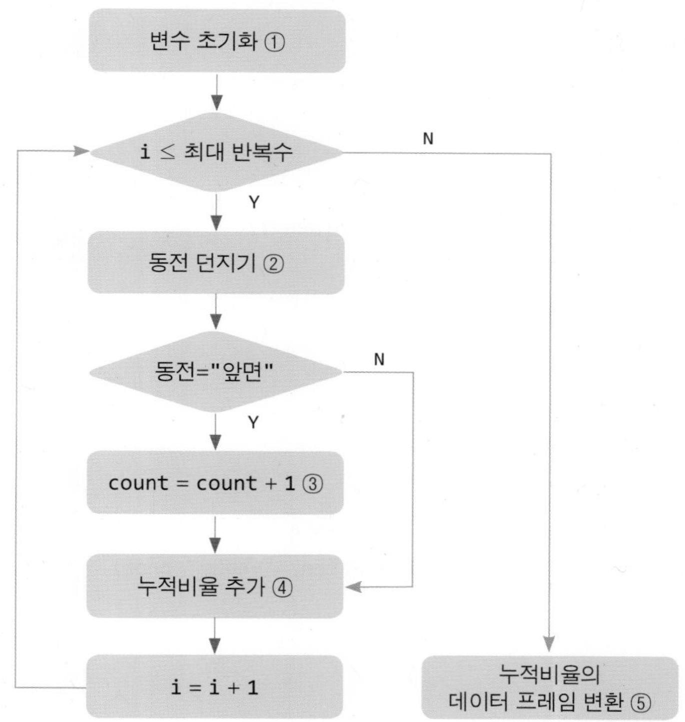

다음은 플로우 차트에 따라 코딩한 예이다.

동전 던지기 실험

```
#install.packages("ggplot2")
library(ggplot2)

# (1) 변수 초기화
# 최대 반복수
iteration <- 1000
# 누적비율
prob <- NULL
# 동전 앞면이 나온 횟수
count <- 0

# 동전 던지기 반복
for(x in 1:iteration) {
    # (2) 동전 던지기
    coin <- sample(c("앞면", "뒷면"), 1, replace=T)

    # (3) 동전이 앞면인 경우, 횟수 1 증가
    if (coin == "앞면")
        count = count + 1

    # (4) 누적비율 추가
    prob <- c(prob, round(count / x, 2))
}

# (5) 동전 던지기의 반복에 따른 누적비율의 데이터 프레임
df.coin<- data.frame("반복수"=1:iteration, "누적비율"=prob)
head(df.coin)
```

동전을 1개 복원 추출
☞ 1개의 경우, 복원과 비복원은 동일 결과

출력 결과

```
  반복 수  누적비율
1       1      0.00
2       2      0.50
3       3      0.67
4       4      0.75
5       5      0.60
6       6      0.50
```

```
tail(df.coin)
```

출력 결과

```
       반복 수  누적비율
995     995      0.5
996     996      0.5
997     997      0.5
998     998      0.5
999     999      0.5
1000   1000      0.5
```

(2) 실험결과 그래프

실험결과를 그래프로 출력해보면, 동전을 던지는 반복 수가 증가할수록 앞면이 나오는 수는 수학적 확률인 0.5에 수렴하는 현상을 볼 수 있다.

실험결과 그래프

```
# 그래프 및 애니메이션 설정(5장 참조)
ggplot(data=df.coin, aes(x=반복수, y=누적비율, group=1)) +
  geom_line(color="blue", size=1) +
  geom_point() +
  geom_hline(yintercept=0.5, color="red") +
  labs(title="동전 던진 횟수에 따른 누적비율의 변화")
```

출력 결과

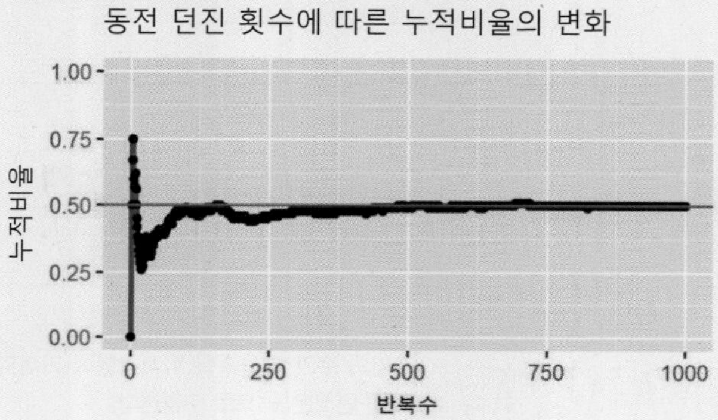

11.4 원주율 구하기

몬테카를로 시뮬레이션은 수치적으로 일련의 난수를 반복 발생해서 시뮬레이션으로 해를 찾는 과정이다. 그 응용으로 한 변의 길이가 1인 정사각형에 난수로 임의의 위치에 점을 찍는 과정을 반복해서 원주율(π)을 계산해 보자.

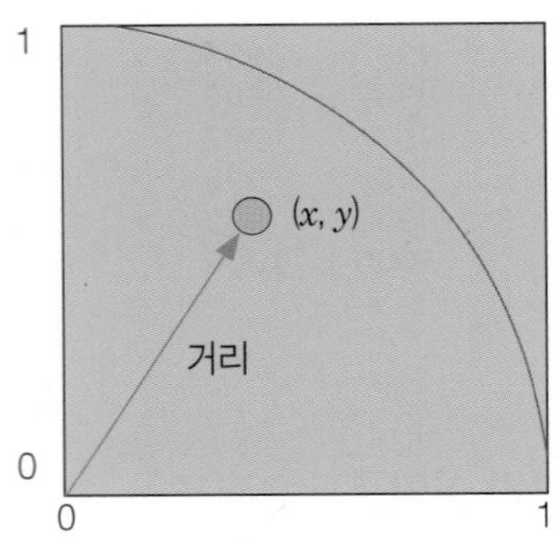

(1) 원주율 계산 방법

원주율은 지름에 대한 원 둘레의 비율이다. 다음과 같이 사각형 면적과 원의 면적 비를 이용해 원주율을 구할 수 있다.

① 원의 면적 (16조각으로 나눈 원의 예)

원을 같은 크기의 여러 부채꼴로 조각 내면, 그 조각 수가 많을수록 원은 직사각형의 면적과 같게 되고 그 면적은 πr^2이 된다.

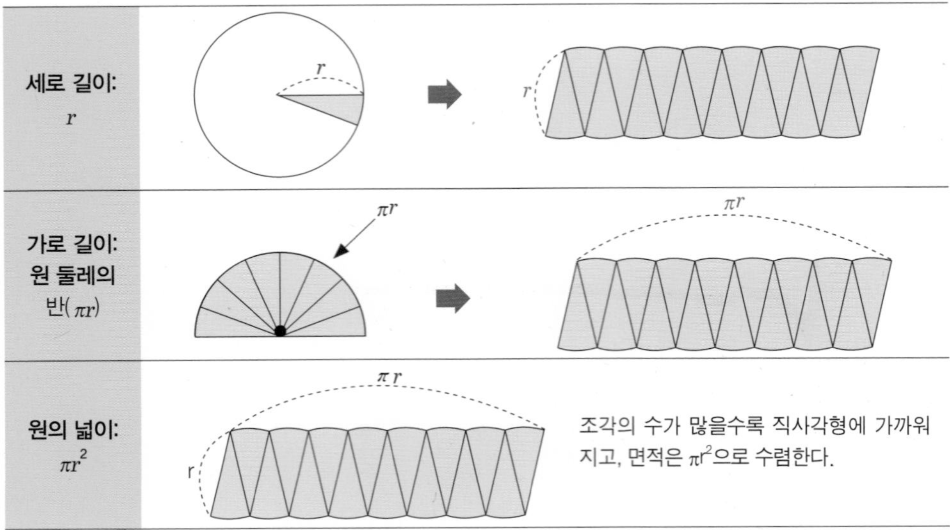

② 사각형과 원의 면적 비율을 이용한 원주율 계산

반지름 r이 1인 원의 1/4 면적과 그 반지름을 한 변으로 하는 정사각형을 생각해 보자. 사각형의 면적 대비 원의 면적에 대한 비율은 π/4가 된다.

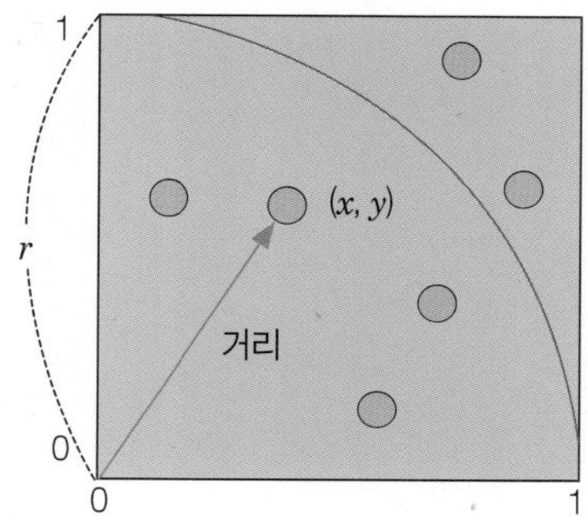

$$\frac{\frac{\pi r^2}{4}}{r^2} = \frac{\pi}{4}$$

무작위로 많은 점을 사각형 면적내에 찍게 되면 사각형 전체에 찍힌 점의 수($N_{사각형}$) 대비 원점으로부터 거리가 1 이하에 있는 원의 면적에 찍힌 점의 수($N_{원}$)에 대한 비율은 π/4가 되기 때문에, 다음과 같이 π를 계산할 수 있다.

$$\frac{N_{원}}{N_{사각형}} = \frac{\pi}{4}$$

$$\therefore \pi = 4\frac{N_{원}}{N_{사각형}}$$

(2) 시뮬레이션

먼저 실험횟수를 100으로, 원 내에 찍힌 점의 수를 0으로 초기화 한다. 각 반복 시마다 난수를 이용하여 점을 찍고($N_{사각형}$), 원점으로부터의 거리가 1이하이면 원 내에 찍힌 점의 수($N_{원}$)를 1 증가시킨다. 각 시행 때마다 원주율을 계산하고, 시행횟수가 증가하면 실제값에 수렴하는지 실험결과를 그래프로 출력해서 살펴보자.

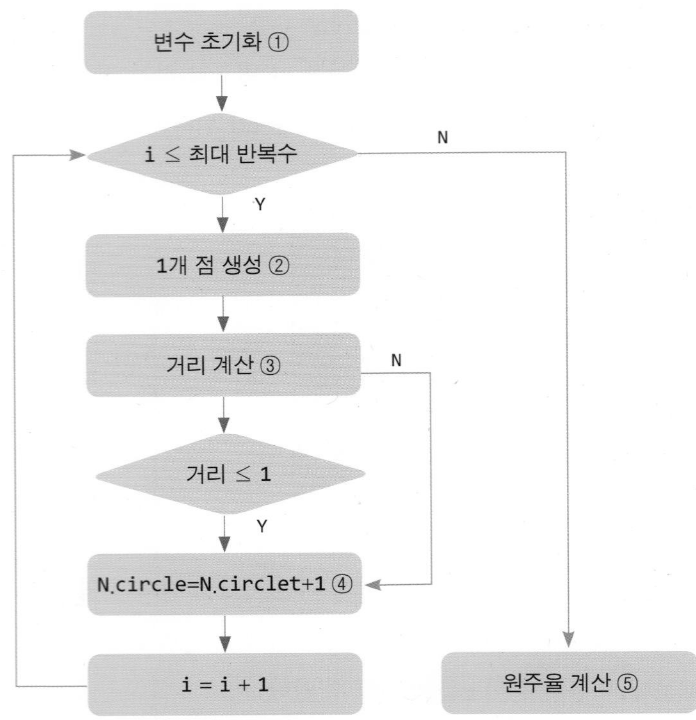

플로우 차트에 따라 다음과 같이 실행해보자. ggforce 패키지의 geom_circle() 함수를 사용하면 그래프 좌표계의 크기에 따른 원을 그릴 수 있다.

원주율 계산

```
# install.packages("ggplot2")
install.packages("ggforce")
library(ggplot2)
library(ggforce)

# (1) 변수 초기화
# 반복 수
iteration <- 100
# 원 내의 점의 수
N.circle <- 0
```

iteration은 $N_{사각형}$에 해당

```
PI <- NULL      # 원주율
pts <- NULL    # 점의 위치
for(I in 1:iteration) {

  # (2) 사각형 면적 내의 점의 위치
  x <- runif(1, min=0, max=1)
  y <- runif(1, min=0, max=1)

  pts <- rbind(pts, c(x, y))

  # (3) 거리 계산
  dist <- sqrt(x^2 + y^2)

  # (4) 거리가 1 이하이면, 원 내의 점의 수 증가
  if (dist <= 1)
     N.circle <- N.circle + 1

  # (5) 시행횟수까지의 원주율 계산
  pi.sim <- 4 * N.circle / i
  PI <- c(PI, pi.sim)
}
# 시행횟수에 따른 원주율 데이터 세트
df.pi <- data.frame(반복수=1:iteration, 원주율=PI)
head(PI.df)
```

출력 결과

```
    반복수 원주율
  1      1      4
  2      2      4
  3      3      4
  4      4      4
  5      5      4
  6      6      4
```

```
tail(PI.df)
```

출력 결과

```
     반복수    원주율
95       95 3.031579
96       96 3.041667
97       97 3.051546
98       98 3.061224
99       99 3.070707
100     100 3.040000
```

(3) 실험결과 그래프

실험결과를 그래프로 출력해보면 시행횟수가 증가할수록 적색으로 표시한 실제 원주율(π = 3.141592)에 수렴하고, 점들은 사각형 면적 내에 더 고르게 분포되는 현상을 볼 수 있다(응용문제 3 참조).

실험결과 그래프

```
# 시행횟수에 따른 원주율의 변화
ggplot(data=PI.df, aes(x=반복수, y=원주율, group=1)) +
  geom_line(color="blue", size=1) +
  geom_point() +
  geom_hline(yintercept=pi, color="red") +
  labs(title="시행횟수에 따른 원주율의 변화")
```

출력 결과

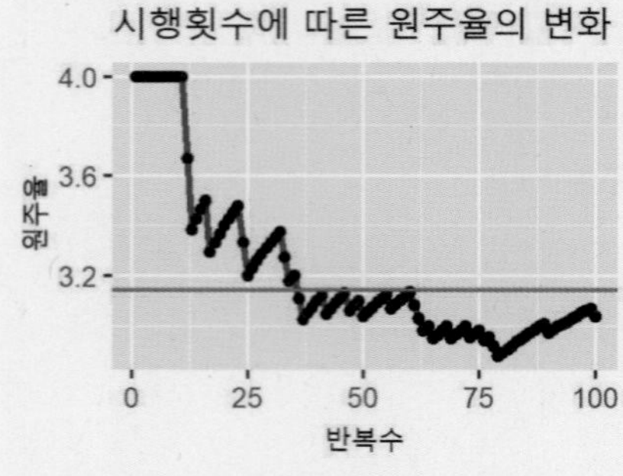

Iteration = 100 일 때

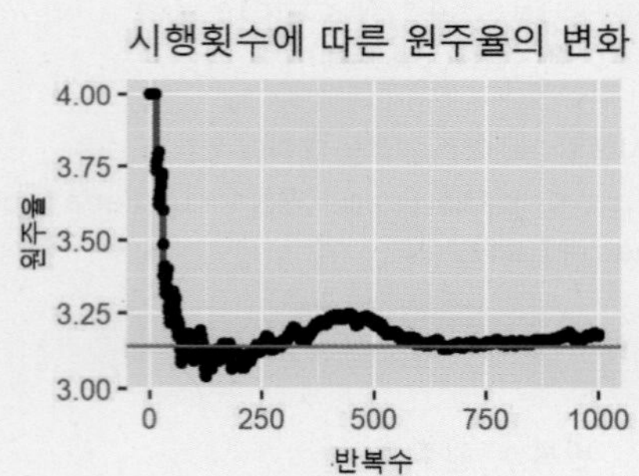

Iteration = 1000 일 때

```
# 시행횟수에 따른 점의 분포
pts.df <- as.data.frame(pts)          행렬을 데이터 프레임으로 변환
colnames(pts.df) <- c("X", "Y")       데이터 프레임의 열 이름 설정
head(pts.df)
ggplot() +
  geom_point(data=pts.df, aes(x=X, y=Y)) +
  labs(title="시행횟수에 따른 점의 분포") +
  coord_cartesian(xlim = c(0, 1), ylim = c(0, 1)) +
  geom_circle(aes(x0 = 0, y0 = 0, r = 1), col="red")    원점을 중심으로 반경 1인 적색 원을 그림
```

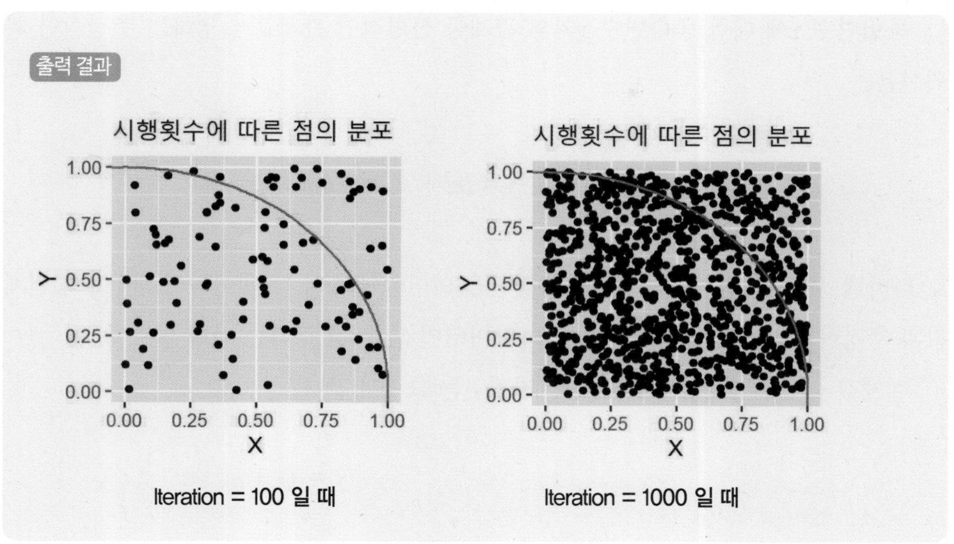

11.5 회귀선 구하기

다음은 두 변수 간의 관계를 산포도로 점을 찍은 그래프이다. 선형적인 연관성을 파악할 수 있는데, 모든 점들을 가깝게 지나는 직선의 회귀선을 그린다면 세 직선중에 어느 것을 선택하면 될까? 아마 굵은 직선이라고 할수 있을 것이다. 어떻게 그 선을 찾을 수 있는지 보자.

i	X	Y
1	10	12
2	22	18
3	28	27
4	40	33
5	48	38
6	60	40
7	67	43
8	82	52
9	92	55
10	98	62

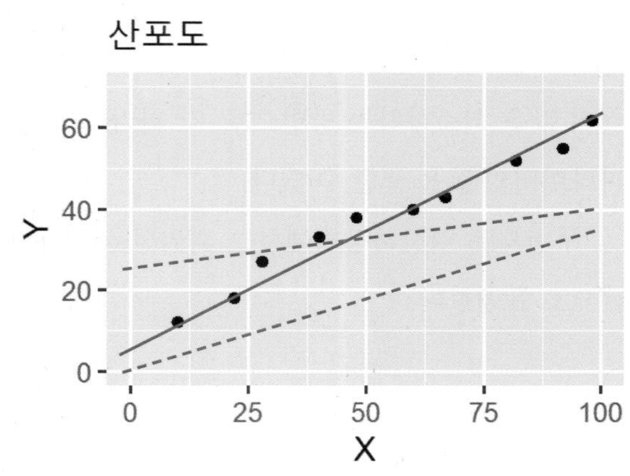

독립변수 x에 대한 종속변수 y와의 관계를 선형적인 관계로 설명하는 추정식인 회귀선은

$$\hat{y} = bx + a$$

로 나타낼 수 있다. b는 기울기, a는 y절편을 의미한다. x의 각 데이터에 대한 y의 실제값과 추정한 $\hat{y}$ 간 차이를 최소화하는 파라미터인 (a, b)를 구하는 방법을 보자.

실제값 y_i와 추정값인 $\hat{y}_i$ 간 차이인 잔차 e_i는 그림과 같다.

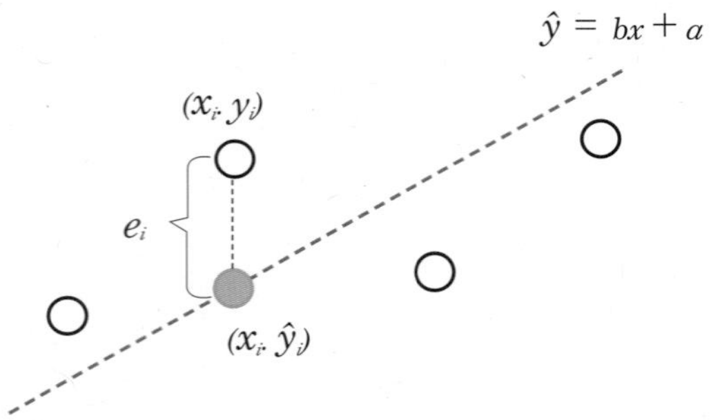

회귀선을 구하는 방법은 최소자승법(통계적 방법), 경사하강법(기계학습), 파라미터의 구간별 비용함수값 비교 등이 있다. 먼저, 최소자승법은 잔차의 제곱인

$$\sum_{i=1}^{m} e_i^2 = \sum_{i=1}^{m} (y_i - \hat{y}_i)^2 = \sum_{i=1}^{m} \{y_i - (bx_i + a)\}^2$$

식의 값을 최소화하는 방법으로, 각 파라미터에 대한 편미분방정식의 연립방정식에서 파라미터의 값을 구할 수 있다.

두번째로 경사하강법에서는 회귀선을 이용한 비용함수Cost Function를 잔차 제곱의 평균으로 표현한다.

$$\text{cost function} = \frac{1}{m}\sum_{i=1}^{m}(y_i - \hat{y}_i)^2 = \frac{1}{m}\sum_{i=1}^{m}\{y_i - (bx_i + a)\}^2$$

비용함수 값은 다음 그림과 같이 파라미터에 따른 포물곡면으로 나타나는데, 각 파라미터별로 보면 포물선이 된다. 따라서 비용함수에 대한 각 파라미터의 편미분계수를 계산하고 그 부호의 반대방향으로 파라미터를 이동하면서 비용함수 값이 최소가 되는 파라미터를 찾으면 된다(13.2절 참조, 기계학습의 경사하강법은 이 책에서 상세히 다루지 않기 때문에 별도로 공부할 필요가 있다).

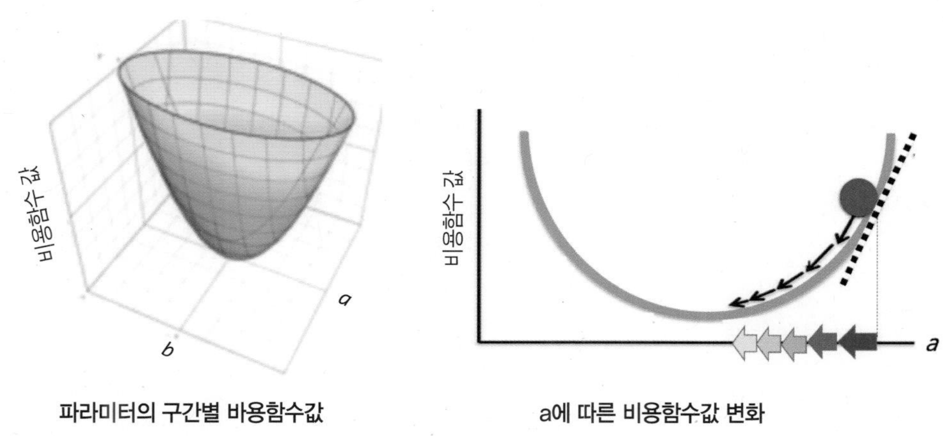

파라미터의 구간별 비용함수값　　　　a에 따른 비용함수값 변화

이번 장에서는 세 번째 방법인 파라미터의 구간별 비용함수값을 계산하는 방법을 활용해 보자. 이는 두 파라미터(a, b)의 범위를 정하고 일정 간격으로 변화시키면서 비용함수 값을 모두 구한 다음, 가장 작은 비용함수 값을 갖는 파라미터를 찾는 방법이다. 그 과정은 다음과 같다.

(1) 데이터 분포 파악

먼저, X, Y 데이터를 준비하고 산포도로 그려 개략적인 분포를 보면, 두 변수 간 선형관계를 확인할 수 있다.

데이터 작성 및 분포 파악

```
# install.packages("ggplot2")
install.packages("plotly") # 3차원 그래프
library(ggplot2)
library(plotly)

# 데이터 작성
X <- c(10, 22, 28, 40, 48, 60, 67, 82, 92, 98)
Y <- c(12, 18, 27, 33, 38, 40, 43, 52, 55, 62)
df <- data.frame(X=X, Y=Y)

# 산포도 출력
ggplot(df, aes(X, Y)) +
  geom_point() +
  labs(title="산포도", x="X", y="Y") +
  coord_cartesian(xlim = c(0, 100), ylim = c(0, 70))
```

출력 결과

산포도

Y: 0, 20, 40, 60
X: 0, 25, 50, 75, 100

(2) 최소 비용함수값과 회귀선

산포도로부터 y절편(a)과 기울기(b)가 가능한 범위를 개략적으로 정하고, 0.1 간격으로 변화시키면서 비용함수값을 구해보자. y절편의 범위(A)는 $-100 \sim 100$, 기울기의 범위(B)는 $-3 \sim 3$으로 하자. 플로우 차트는 다음과 같다.

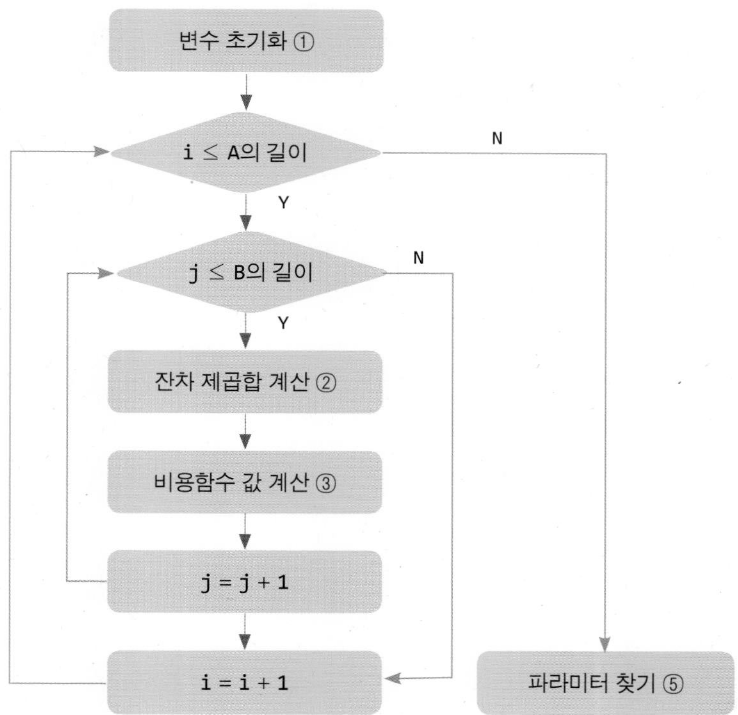

플로우 차트에 따라 다음과 같이 실행해보자.

R 비용함수값 계산

```
# (1) 변수 초기화
# y절편 범위 설정
A <- seq(-100, 100, by=0.1)
# 기울기 범위 설정
B <- seq(-3, 3, by=0.1)
# 비용함수값 행렬 초기화
cost.mtx <- matrix(NA, nrow=length(A), ncol=length(B))
```

```
# A, B 구간에서의 각 비용함수값 계산
for(i in 1:length(A)) {
  for(j in 1:length(B)) {

     # (2) 잔차 제곱합
     err.sum <- 0
     for(k in 1:length(x)) {
          y_hat <- B[j]*X[k] + A[i]
          err  <- (y_hat - Y[k])^2
     err.sum <- err.sum + err
     }

     # (3) 비용함수값
     cost <-mean(err.sum)
     cost.mtx[i,j] <- cost
  }
}

# 비용함수값 일부 출력(1~5행, 1~5열)
cost.mtx[1:5, 1:5]
```

출력 결과

```
         [,1]     [,2]     [,3]     [,4]     [,5]
[1,] 101491.1 97644.13 93873.47 90179.12 86561.07
[2,] 101430.7 97584.82 93815.25 90121.99 86505.03
[3,] 101370.3 97525.52 93757.05 90064.88 86449.02
[4,] 101309.9 97466.24 93698.87 90007.79 86393.03
[5,] 101249.6 97406.99 93640.70 89950.73 86337.05
```

다음과 같이 비용함수값이 최소가 되는 y절편(a)과 기울기(b)를 구하면, 각각 10.7, 0.5가 된다. 그래프에 회귀선을 추가해보자.

파라미터 찾기

```
# 최소 비용함수값의 파라미터
# 비용함수값의 범위
range(cost.mtx)
```

출력 결과

```
[1]       5.905 101491.100
```

```
# 최소 비용함수값
min(cost.mtx)
```

출력 결과

```
[1] 5.905
```

```
# 비용합수값이 최소가 되는 행과 열의 위치
idx <- which(cost.mtx == min(cost.mtx), arr.ind = TRUE)
idx
```

출력 결과

```
      row col
[1,] 1108  36
```

```
# y절편
Amin <- A[idx[1,1]]
Amin
```

출력 결과

```
[1] 10.7
```

```
# 기울기
Bmin <- B[idx[1,2]]
Bmin
```

출력 결과

```
[1] 0.5
```

```
# 회귀선 추가
ggplot(df, aes(x, y)) +
```

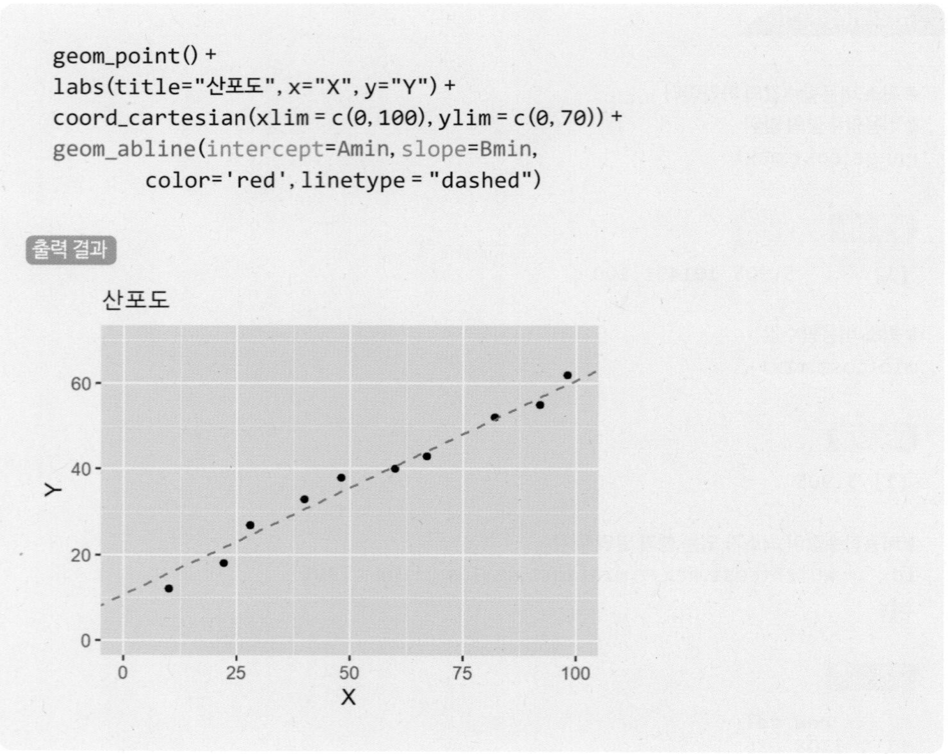

```
geom_point() +
labs(title="산포도", x="X", y="Y") +
coord_cartesian(xlim = c(0, 100), ylim = c(0, 70)) +
geom_abline(intercept=Amin, slope=Bmin,
        color='red', linetype = "dashed")
```


(3) 등고선 그래프를 통한 비용함수값의 분포 파악

기울기와 y절편의 각 범위 내에서 비용함수값이 어떻게 변하는지 등고선 그래프로 분포를 파악해보자. 2차원 등고선의 기본 그래프는 다음과 같다.

기본 등고선

```
fig <- plot_ly(x=B, y=A, z = ~cost.mtx, type = "contour")
fig <- fig %>% layout(title = list(text = '기울기와 Y절편에 따른 비용함수값',
                                   font = list(size=15)),
                      xaxis = list(title = list(text = '기울기')),
                      yaxis = list(title = list(text = 'Y절편')))
fig <- fig %>% colorbar(title = "비용함수값")
fig
```

X, Y 평면에 Z값의 등고선그래프

레이아웃의 순서: 제목, X축 라벨, Y축 라벨

색조에 따른 등고선 값을 표시하는 범례

출력 결과

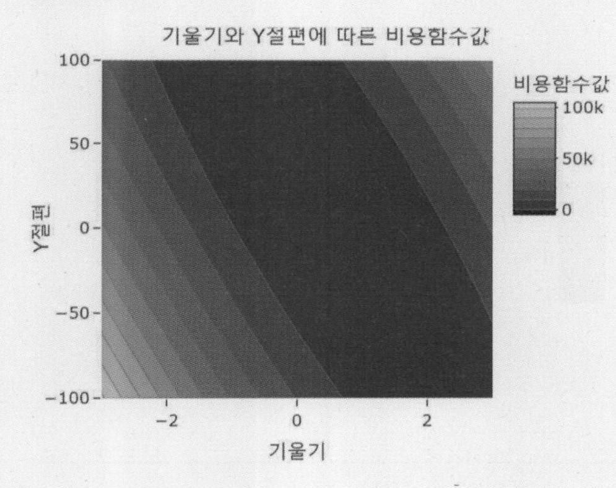

등고선의 위치에 각각 비용함수값을 적어보면 파라미터의 변화에 따라 어떤 현상이 나타나는지 파악할 수 있다. 다음은 기본 그래프에서 등고선의 간격을 조정하고 비용함수값을 등고선의 위치에 데이터 라벨로 출력한 예이다.

등고선의 범위와 간격

```
fig <- plot_ly(x=B, y=A, z = ~cost.mtx, type = "contour",
           contours = list(start = 0, end = 100e3,
           size = 2e3, showlabels = TRUE))
fig <- fig %>% layout(title = list(text = '기울기와 Y절편에 따른 비용함수값',
                                   font = list(size=15)),
                      xaxis = list(title = list(text = '기울기')),
                      yaxis = list(title = list(text = 'Y절편')))
fig <- fig %>% colorbar(title = "비용함수값")
fig
```

등고선의 범위(start~end)와 간격(size), 라벨 표시

출력 결과

파라미터의 변화에 따른 비용함수값의 변화를 3차원의 입체적인 그래프로 보면 현상을 이해하기 더 쉽다. 다음은 등고선을 표면 그래프surface chart로 나타낸 것이다. 그래프를 클릭하여 좌우 또는 상하로 돌려보면 그래프 형태를 잘 파악할 수 있다.

3차원 등고선 그래프

```
fig <- plot_ly(x=B, y=A, z=~cost.mtx)
fig <- fig %>% add_surface()    Z축의 값에 따른 곡면 추가(3차원 그래프)
fig <- fig %>% layout(
    title = list(text = '기울기와 Y절편에 따른 비용함수값', font = list(size=15)),
    scene = list(
            xaxis = list(title = '기울기'),
            yaxis = list(title = 'Y절편'),
            zaxis = list(title = '비용함수값'))

)
fig <- fig %>% colorbar(title = "비용함수값")
fig
```

출력 결과

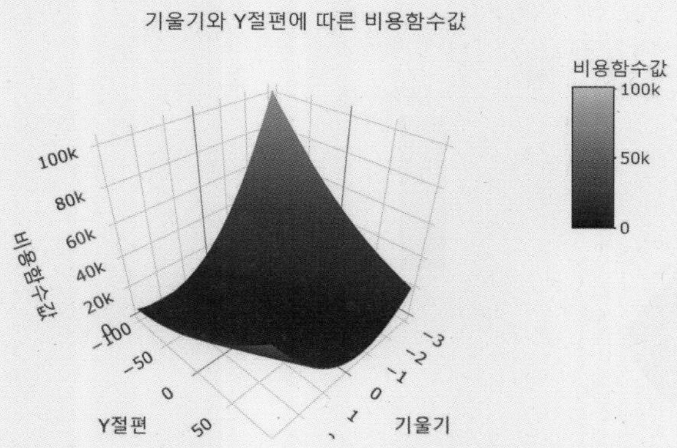

표면에 등고선을 표시해보자. 파라미터 축의 평면에도 등고선이 투영된 선이 나타난다.

등고선 표시

```
library(plotly)
fig <- plot_ly(x=B, y=A, z=~cost.mtx)
fig <- fig %>% add_surface(
    contours = list(z = list(show=TRUE, project=list(z=TRUE)))
)
fig <- fig %>% layout(
      title = list(text = '기울기와 Y절편에 따른 비용함수값', font = list(size=15)),
      scene = list(xaxis = list(title = '기울기'),
                   yaxis = list(title = 'Y절편'),
                   zaxis = list(title = '비용함수값'))
)
fig <- fig %>% colorbar(title = "비용함수값")
fig
```

Z축의 값에 따른 곡면에 등고선 추가

출력 결과

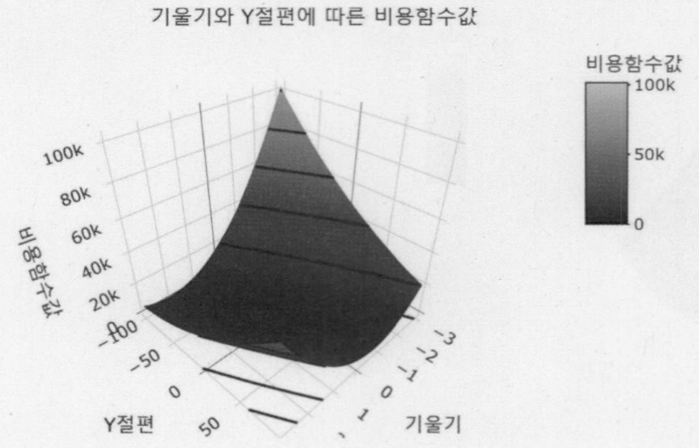

비용함수값의 최소값이 있는 곡면을 자세히 보기 위해 z축의 범위를 조정해보자. 다음은 그 값을 0 ~ 2×1000의 범위로 설정하여 출력한 예이다. 수평으로 자르면 타원, 수직으로 자르면 포물선이 되는 타원포물면을 볼 수 있다. 그 최저점은 파라미터들이 앞에서 구한 a=10.7, b=0.5에서 5.905가 된다.

z축 범위 조정

```
fig <- plot_ly(x=B, y=A, z=~cost.mtx)
fig <- fig %>% add_surface(
        contours = list(z = list(show=TRUE, project=list(z=TRUE)))
)

# z축 범위 설정
fig <- fig %>% layout(
         title = list(text = '기울기와 Y절편에 따른 비용함수값', font = list(size=15)),
         scene = list(xaxis = list(title = '기울기'),
                      yaxis = list(title = 'Y절편'),
                      zaxis = list(title = '비용함수값', range = c(0, 2e3)))
)
fig <- fig %>% colorbar(title = "비용함수값")
fig
```

Z축 값의 범위 설정

출력 결과

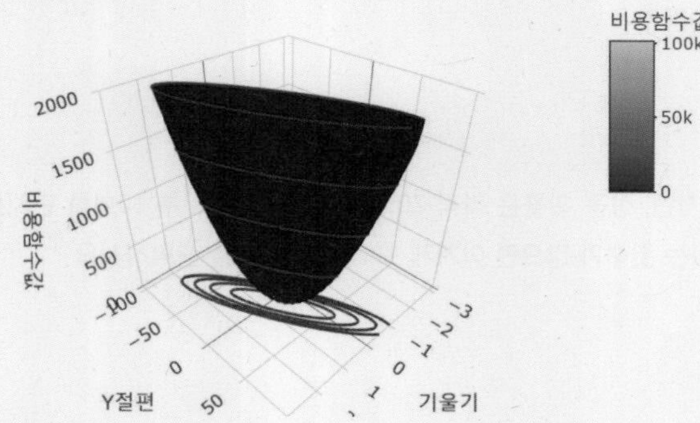

기울기와 Y절편에 따른 비용함수값

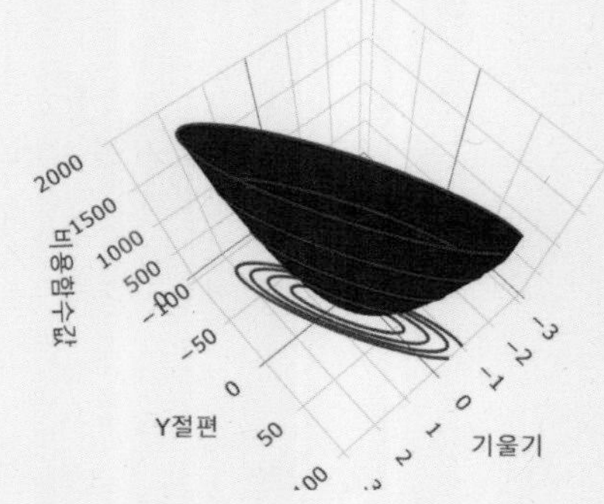

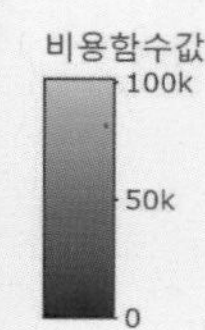

포물곡면을 윗방향으로 회전한 경우

1. 3개 주사위를 동시에 던져 나온 눈의 수를 합하여 출력하시오.

```
dice <- __________ (1:6, 3, replace=_____)
sum(_________)
```

2. A와 B가 주사위를 각각 던져 눈의 수가 큰 쪽이 이기는 게임을 10회 반복할 때, A가 이긴 횟수를 출력하는 코드를 완성하시오.

```
win.A <- 0.
for(i in 1:10) {
 dice <- __________(1:6, 2, replace=______)
if (dice[1] > dice[2])
     ________________
}
print(win.A)
```

3. 자유투 게임에서 A와 B가 농구공을 던지면, 성공 확률은 각각 70%, 50%이다. 자유투 10회를 던지는 게임에서 A가 B에 비해 2회 이상 성공하는 횟수가 많으면 이기게 된다. A의 승패를 출력하시오.

```
win.A <- 0.
win.B <- 0
for(I in 1:10) {
ball.A <- __________(c('성공', '실패'), 1, prob=c(0.7, 0.3))
ball.B <- __________(c('성공', '실패'), 1, prob=c(____, ____))
if (____________)
 win.A <- win.A + 1
if (____________)
  win.B <- win.B + 1
}
If (________________)
  print("승")
else
  print("패")
```

동전 2개 던지기

동전 2개를 동시에 던질 때의 확률모형은 다음과 같다.

확률모형

확률변수	(앞면, 앞면)	(앞면, 뒷면)	(뒷면, 뒷면)
확률	1/4	1/2	1/4

(1) R의 반복문을 이용하여 100회 동안 동전을 던질 때, 모두 앞면이 나오는 실험적 확률이 수학적 확률인 1/4로 수렴하는지 그래프로 확인하시오.

(2) 시행 회수를 100, 1000, 10000으로 증가시키면 모두 앞면이 나오는 확률은 어떻게 변하는가?

시행 회수	100	1000	10000
확률			
오차			

시행횟수에 따른 원주율의 변화

몬테카를로 시뮬레이션으로 다음과 같이 가로와 세로가 각 1의 크기인 정사각형에 난수를 이용하여 점을 반복적으로 찍어서 원주율을 계산하려고 한다.

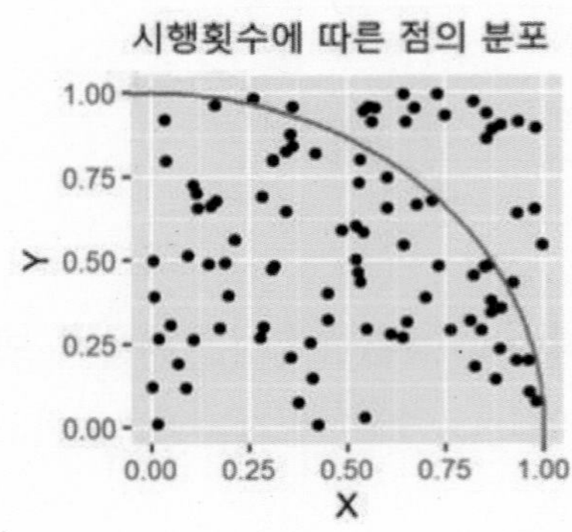

(1) R의 반복문을 이용하여 실험에 의한 원주율이 실제값(π=3.141592)으로 수렴하는지 그래프로 확인하시오.

(2) 시행 회수를 100, 1000, 10000으로 증가시키면 원주율은 어떻게 변하는가?

시행 회수	100	1000	10000
확률			
오차			

회귀선 구하기

1~50 사이의 정수 값을 갖는 변수 x에 대해, y=−1.5x + 50 + 5 rnorm(50, mean=0, sd=1)의 관계식이 있다. 이 식으로 만든 시뮬레이션 데이터를 그래프로 나타내면 다음과 같다. 시뮬레이션으로 선형 회귀선을 찾으시오. rnorm(50, mean=0, sd=1)은 평균이 0, 표준편차가 1인 표준정규분포에서 50개의 난수를 추출하는 명령어이다.

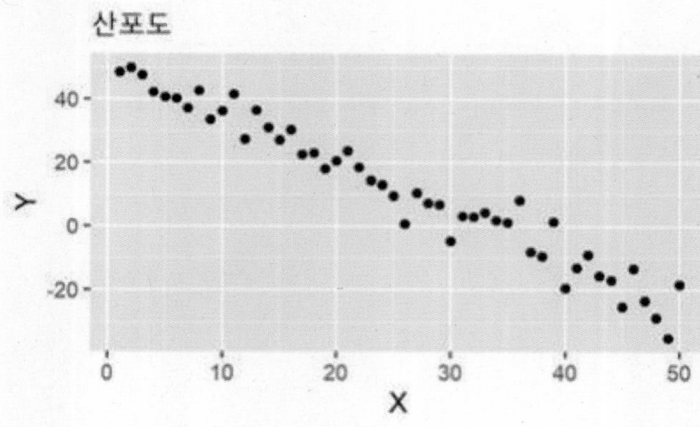

(1) y절편은 40 ~ 60 사이의 범위에서 1 간격으로, 기울기는 −5 ~ 5 사이의 범위에서 1 간격으로 반복하면서 비용함수 값이 최소가 되는 y절편과 기울기를 찾으시오.

(2) y절편과 기울기의 시뮬레이션 간격을 1, 0.1, 0.01로 변화할 때의 비용함수 값, 기울기, y절편을 비교하시오.

시뮬레이션 간격	1	0.1	0.01
비용함수 값			
기울기			
y절편			

CHAPTER 12 R 코딩 플러스

네트워크 분석

학습목표

네트워크의 시각화와 분석 방법 이해

학습내용

네트워크 유형별 시각화
네트워크 분석 지표
페이스북 사용자 간 네트워크 분석

Thomas Cooper Gotch(토마스 쿠퍼 고치)_A Pageant of Childhood

12.1 네트워크 분석의 개요

네트워크 분석Network Analysis은 사회 및 자연 현상들을 네트워크 형태로 모형화하여 그 특성을 분석하는 학문이다. 네트워크(그래프)는 개체를 노드node, vertex로 표현하고 개체와 개체를 연결한 가지link, edg로 표현된다. 그래프는 1736년에 수학자인 오일러가 당시 프로이센 쾨니히스베르그(지금의 러시아 칼리닌그라드)에 있는 7개의 모든 다리를 한 번씩만 건너 제자리로 돌아올 수 있는가에 대한 '쾌니히스베르그 다리 문제'를 푸는 데서 시작되었다. 오일러는 그래프의 각 꼭지점에 연결된 변의 수가 짝수가 되어야 가능함을 증명하였다.

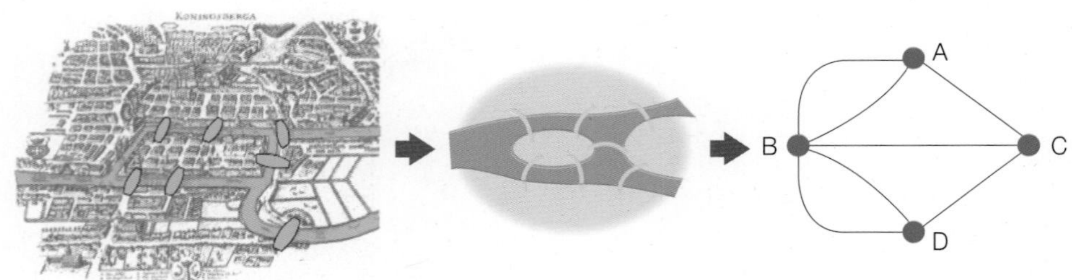

쾨니히스베르그 다리 문제와 그래프

(자료원: Wikipedia)

네트워크는 각 지점 간의 최소 경로를 찾는 최적화 문제는 물론, 친구 관계, 협업 관계, 인터넷 연결망 구조, 웹의 연결, 질병 전파, 분자 구조 등의 다양한 사회 및 자연 현상을 파악하는데 응용되고 있다.

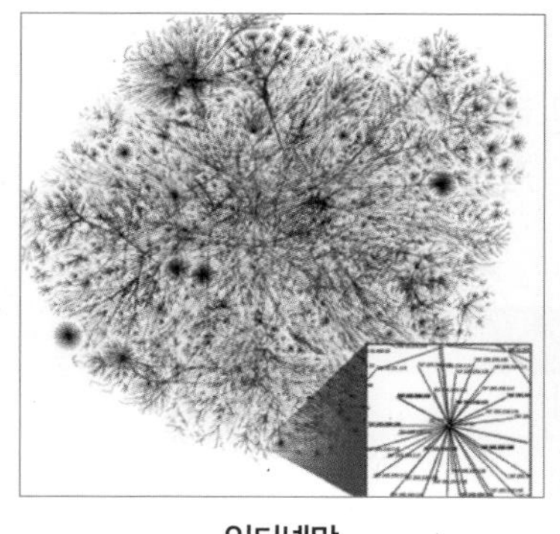

인터넷망

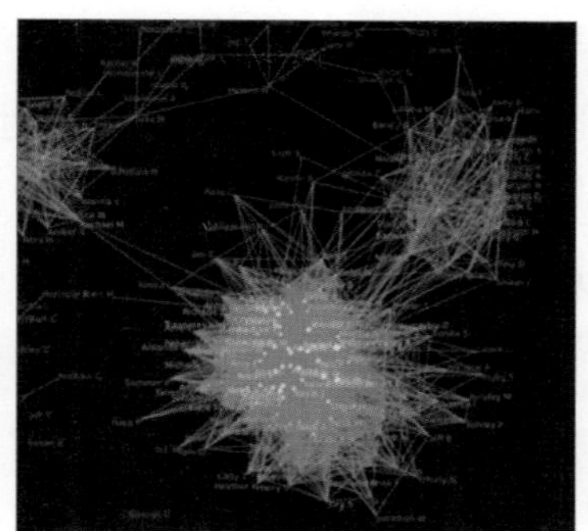

사회관계망(친구)

사회연결망분석Social Network Analysis은 네트워크로 나타나는 사회구조를 조사하는 과정이다. 1967년 미국 하버드 대학의 스탠리 밀그램은 요마하와 위치타에 있는 임의의 사람들이 보스톤에 있는 특정인에게 중간 경로를 거쳐 조사 목적이 적혀 있는 편지가 전달되는 과정을 조사하였다. 총 296통의 편지 중에 64 통의 편지가 평균 6.5 단계를 거쳐 배달되는 결과를 파악하였다. 이는 6단계 분리 이론으로 널리 알려지게 되었으며, 1998년에는 코넬 대학의 와츠와 스트로가츠가 작은 세상small world 현상을 발표하였다.[1]

[1] Wikipedia, https://en.wikipedia.org/wiki/Small-world_experiment

네트워크를 시각화하고 분석하는 패키지에는 igraph, statnet, RSiena 등이 있다. 이 책에서는 네트워크 분석에 간단히 사용할 수 있는 igraph를 이용하기로 한다.

✪ 패키지

패키지	설명
igraph	네트워크 분석과 출력을 위한 패키지

12.2 네트워크 분석 지표

네트워크는 일반적으로 각 노드가 하나 이상의 연결로 큰 군집을 형성하는 형태를 띠고 있다. 하나의 노드를 중심으로 연결되어 있는 스타형, 서로 좌우가 연결되어 원의 모양을 띠는 원형, 한 노드를 중심으로 세 개의 일자 형이 연결된 Y자형은 단순한 형태의 예이다. 간단한 예시를 위해 모두 방향성이 없는 연결을 생각해보기로 한다. 각 네트워크의 특성을 파악하기 위한 지표에는 연결 정도degree, 근접closeness, 중개between, 밀도density, 최단 경로geodesic path 등이 있다.

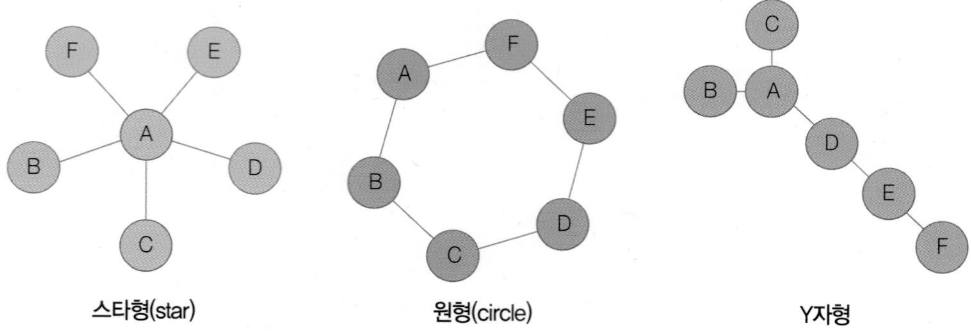

연결정도는 각 노드가 어느 정도로 많은 관계를 맺고 있는지를 나타내는지를 나타내고, 근접은 한 점이 다른 모든 점들에 얼마나 가까운 가를 나타내며, 중개는 연결망에

서 한 노드가 다른 노드들 간 사이에 위치하는 정도를 나타낸다. 연결정도와 근접 지표가 높으면 상대적으로 주변 정보 획득이 용이하거나 권력이 클 수 있는 상황 등으로 해석할 수 있고, 중개 지표가 높으면 타인 간의 중개자로 그 역할이 커지게 된다.

네트워크의 분석 지표에는 중심성centrality과 중심화centralization가 있다. 중심성은 네트워크를 구성하는 각각의 노드가 전체 연결망에서 어느 정도의 크기를 갖는지를 나타낸다. 한편, 중심화는 네트워크 전체 연결망의 형태가 어떤 경향을 띠고 있는지를 나타낸다.

지표	중심성	중심화
연결정도	특정 노드가 다른 노드들과 어느 정도로 많은 관계를 맺고 있는지를 나타내는 지표	연결 정도에 대한 그래프의 경향(부록 참조)
근접	특정 노드가 다른 모든 점들에 얼마나 가까운가를 나타내는 지표 (부록 참조)	근접 정도에 대한 그래프의 경향(부록 참조)
중개	연결망에서 특정 노드가 다른 노드들 사이에 위치 함으로써 중개하는 정도를 나타내는 지표 (부록 참조)	중개 정도에 대한 그래프의 경향(부록 참조)

그래프 G에서 $c(i)$를 노드(i) 수준에서 측정한 중심성 지표라고 하자. 네트워크 내에서 이론적으로 가능한 최대 중심성 값인 c_{max}로 나누면 0~1의 값을 갖는 정규화된 중심성 $c(i)'$이 된다. 한편, 네트워크 전체 특성을 나타내는 중심화 지표인 C(G)는 측정한 $c(i)$ 중에서 최댓값인 c^*와 각 $c(i)$ 들과의 차이 $\{c^*-c(i)\}$를 모두 더한 값으로 계산한다. C(G)를 그래프 내에서 이론적으로 가능한 최대 중심화 값인 T_{max}로 나누면 정규화된 중심화 값인 $C(G)'$이 된다. T_{max}에서의 c^*는 c_{max}가 된다.

구분	지표	정규화된 지표
중심성	$c(i)$	$c(i)' = \frac{c(i)}{c_{max}}$
중심화	$C(\boldsymbol{G}) = \sum_i \{c^* - c(i)\}$ $where\ c^* = \max\{c(i)\}$	$C(\boldsymbol{G})' = \frac{C(G)}{T_{max}}$ $where\ T_{max} = \max_G \sum_i \{c^* - c(i)\}$

(1) 연결정도

연결정도 중심성degree centrality($c_D(i)$)은 각 노드가 어느 정도로 많은 관계를 맺고 있는지를 나타내는 지표로, 각 노드(i)가 다른 노드와 직접 연결된 수로 표현한다. 방향성이 없는 연결의 경우, 각 노드가 이론적으로 연결 가능한 최대 연결정도 ($c_{D,\,max}$)는 $(n-1)$이 된다. 한편, 이론적으로 연결정도 중심화 값이 최대가 되기 위해서는 연결정도 중심성의 최대와 최소의 차이를 가장 크게 하는 구조이다. 즉 한 노드는 다른 모든 노드들과 연결되고 다른 노드들은 이 노드와 일 대 일로 연결되는 스타형일 때 그런 현상이 나타나게 된다($c_D{}^* = c_{D,\,max} = n-1$). 이 경우, $n-1$의 연결정도를 갖는 중앙의 1개 노드와 1개의 연결정도를 갖는 주변의 $n-1$개의 노드가 있다. 따라서, 이론적인 연결정도 중심화의 최대값은

$$T_{D,\,max} = \max_{G} \sum_{i} \{c_D{}^* - c(i)\}$$

$$= \{(n-1) - (n-1)\} + \{(n-1)-1\} \times (n-1)$$

$$= (n-2)\,(n-1)$$

이 된다. 따라서, 연결정도 중심성과 연결정도 중심화는 다음과 같다.

구분	지표	정규화된 지표
연결정도 중심성	$c_D(i)$	$c_D(i)' = \dfrac{c_D(i)}{n-1}$
연결정도 중심화	$C_D(\boldsymbol{G}) = \sum_i \{c_D{}^* - c_D(i)\}$	$C(\boldsymbol{G})' = \dfrac{C(\boldsymbol{G})}{(n-1)(n-2)}$

각 네트워크 유형별 연결정도 중심성과 중심화 값을 계산해보자.

네트워크 구조별 연결정도 비교

네트워크 구조	연결 정도

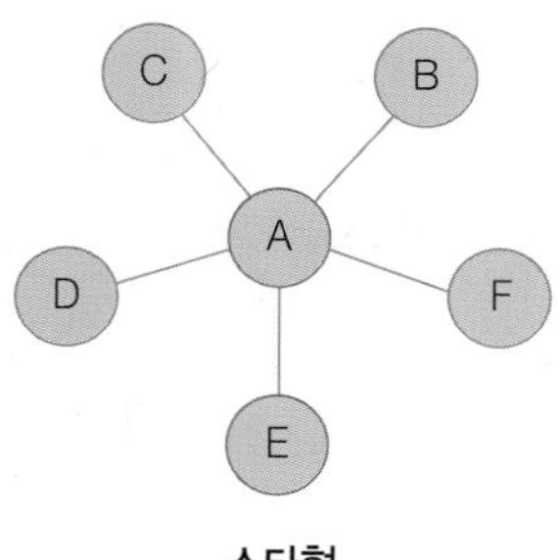

스타형

n=6

노드	$c_D(i)$	$c'_D(i)$	$c_D^* - c_D(i)$
A	5① (c_D^*)	5/(6-1)=**1.0**	5-5=0
B	**1**②	1/(6-1)=**0.2**	5-1=4
C	**1**	1/(6-1)=**0.2**	5-1=4
D	**1**	1/(6-1)=**0.2**	5-1=4
E	**1**	1/(6-1)=**0.2**	5-1=4
F	**1**	1/(6-1)=**0.2**	5-1=4
$C_D(G)$			**20**
$T_{D,max}$			(6-1)(6-2)=**20**
$C'_D(G)$			**1**

① c_D(A) : 1(A-B)+1(A-C)+1(A-D)+1(A-E)+1(A-F) = 5
② c_D(B) : 1(B-A) = 1

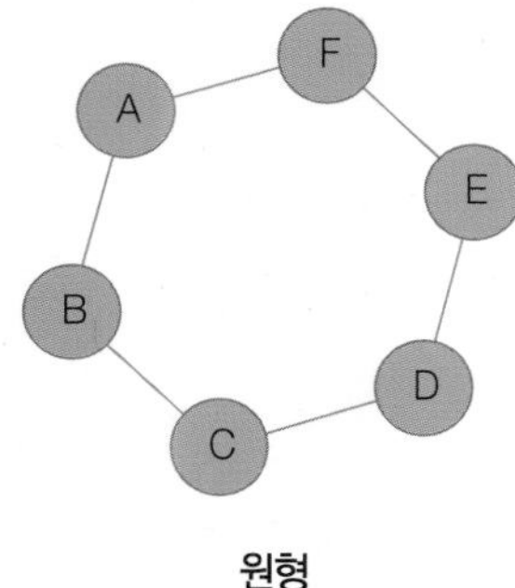

원형

n=6

노드	cD(i)	$c'_D(i)$	$c_D^* - c_D(i)$
A	2① (c_D^*)	2/(6-1)=**0.4**	2-2=0
B	2 (c_D^*)	2/(6-1)=**0.4**	2-2=0
C	2 (c_D^*)	2/(6-1)=**0.4**	2-2=0
D	2 (c_D^*)	2/(6-1)=**0.4**	2-2=0
E	2 (c_D^*)	2/(6-1)=**0.4**	2-2=0
F	2 (c_D^*)	2/(6-1)=**0.4**	2-2=0
$C_D(G)$			**0**
$T_{D,max}$			(6-1)(6-2)=**20**
$C'_D(G)$			**0**

① c_D(A) : 1(A-B)+1(A-F) = 2

Y자형

n=6

노드	cD(i)	$c'_D(i)$	$c_D^* - c_D(i)$
A	3① (c_D^*)	3/(6-1)=**0.6**	3-3=0
B	**1**②	1/(6-1)=**0.2**	3-1=2
C	**1**	1/(6-1)=**0.2**	3-1=2
D	**2**	2/(6-1)=**0.4**	3-2=1
E	**2**	2/(6-1)=**0.4**	3-2=1
F	**1**	1/(6-1)=**0.2**	3-1=2
$C_D(G)$			**8**
$T_{D,max}$			(6-1)(6-2)=**20**
$C'_D(G)$			**0.4**

① c_D(A) : 1(A-B)+1(A-C)+1(A-D) = 3
② c_D(B) : 1(B-A) = 1

스타형의 A 노드와 같이 연결정도 중심성이 크면 사람들과 많은 관계를 맺고 있다는 의미이며, 주변 사람들과 정보를 주고 받을 확률이 높기 때문에 권력이 커질 수 있다.

(2) 밀도

밀도는 네트워크에서 이론적으로 연결 가능한 최대 연결 수 대비 실제 얼마나 많은 관계를 맺고 있는가를 상대적인 비율로 나타내는 지표이다. n개의 노드로 구성되는 네트워크에서 각 노드는 $n-1$개의 연결이 가능하며, 네트워크에서 이론적으로 가능한 최대 연결 수는 $n(n-1)$개가 된다. 방향성이 없는 경우는 2로 나누면 된다. 한편 실제 연결된 수는 연결 정도로 파악할 수 있는데, 역시 방향성이 없는 경우는 연결정도의 총 합에 2로 나눈 값이 된다. 따라서, 밀도는 다음과 같이 표현할 수 있다.

$$\text{밀도} = \frac{\frac{\sum_i c_D(i)}{2}}{\frac{n(n-1)}{2}} = \frac{\sum_i c_D(i)}{n(n-1)}$$

(3) 최단 경로와 거리

최단 경로는 두 노드 간 가장 짧은 연결 경로를 말하며, 거리는 두 경로 상의 연결 수를 말한다. 임의 두 노드 간 거리의 전체 경향을 파악하기 위해 모든 노드 간 거리를 평균한 평균거리를 파악한다.

12.3 네트워크 유형별 지표 분석

12.2절에서 살펴본 스타형, 원형, Y자형 네트워크를 출력해보고, 각 네트워크에 대한 지표 연결정도(중심성과 중심화, 밀도, 평균거리)들을 계산해보자.

(1) 네트워크 생성

스타형, 원형과 같이 특정한 규칙이 있는 형태는 각 그래프에 맞는 함수를 이용해서 간단히 만들 수 있다. 한편, Y자형과 같이 특정 규칙이 없는 경우는 노드를 만들고 각 노드들의 연결을 추가하면 된다. 먼저, 스타형과 원형 그래프를 보자. igraph 패키지를 설치하고 그래프를 출력하는 과정은 다음과 같다. tkplot()은 마우스로 노드를 클릭하여 임의로 움직일 수 있는 인터랙티브 그래프를 보여준다.

함수를 이용한 네트워크 만들기

```
install.packages("igraph")
library(igraph)

G.star <- make_star(6, mode="undirected", center=1) %>%
          set_vertex_attr("name", value = c("A", "B", "C", "D", "E", "F"))
plot(G.star, vertex.color="orange", vertex.size=50)
```

노드가 6개인 스타형 네트워크
☞ 방향성 없음, 1번 노드를 중앙에 배치

앞의 결과(스타형 네트워크)에서 노드 이름을 'A'~'F'로 설정

네트워크를 출력 (색과 노드 크기 지정)

출력 결과

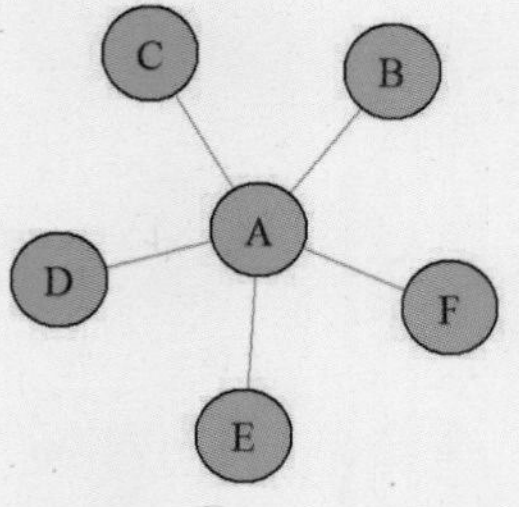


```
tkplot(G.star, vertex.color="orange", vertex.size=40)
```

인터랙티브 그래프 출력

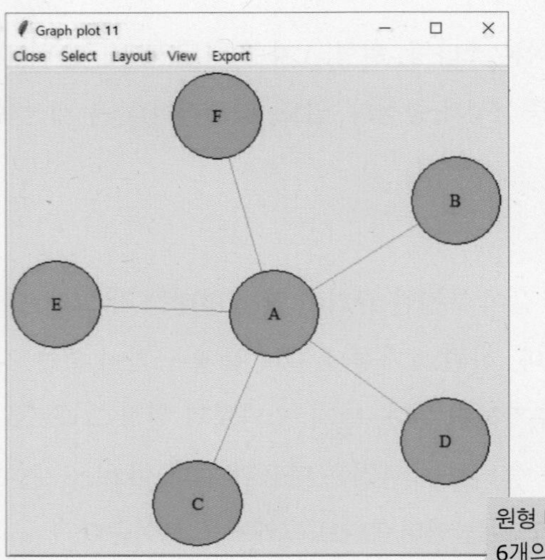

원형 네트워크 만들기
6개의 노드, 방향성 없음,
각 노드의 이름은 'A'~'F'로 설정

```
G.ring <- make_ring(6, directed = FALSE, circular = TRUE) %>%
          set_vertex_attr("name", value = c("A", "B", "C", "D", "E", "F"))
tkplot(G.ring, vertex.color="lightgreen", vertex.size=40)
```

출력 결과

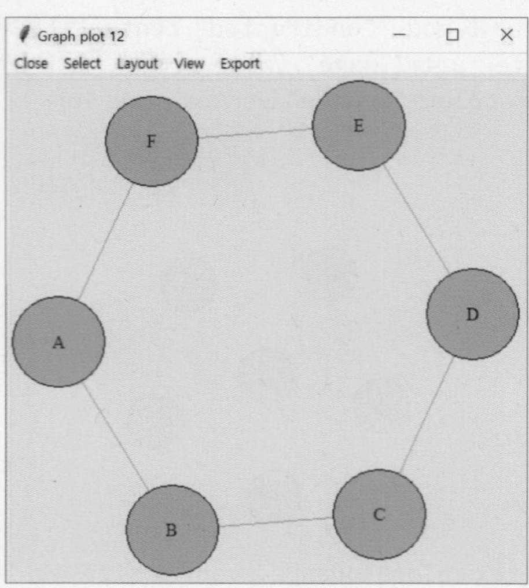

Y자형은 노드들을 먼저 만들고 각 노드 간 연결을 추가하면 된다.

일반 네트워크 만들기

```
G.Y <- make_graph(edges=NULL, n=NULL, directed=FALSE)   그래프 초기화(무방향)
G.Y <- G.Y + vertices("A", "B", "C", "D", "E", "F")   노드 추가
G.Y <- G.Y + edges("A", "B",          연결 추가(노드 순서대로 2개씩 한쌍으로 연결)
                   "A", "C",
                   "A", "D",
                   "D", "E",
                   "E", "F")
tkplot(G.Y, vertex.color="lightblue", vertex.size=40)
```

출력 결과

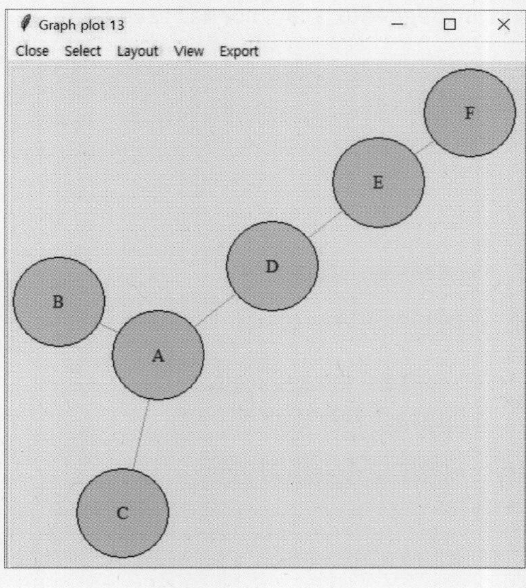

(2) 연결정도 분석

스타형의 예로 연결정도의 중심성과 연결정도 중심화를 찾는 방법을 살펴보자.

연결 정도 중심성과 중심화

```
degree(G_star, normalized = FALSE)   # 연결정도 중심성(비정규형)
```

출력 결과

```
A B C D E F
5 1 1 1 1 1
```

```
degree(G_star, normalized = TRUE)   # 연결정도 중심성(정규형)
```

출력 결과

```
  A   B   C   D   E   F
1.0 0.2 0.2 0.2 0.2 0.2
```

```
CD <- centralization.degree(G_star, normalized = FALSE)   # 연결정도 중심성(비정규형)

CD
```

출력 결과

```
$res
[1] 5 1 1 1 1 1      # 연결정도 중심성(비정규형)

$centralization      # 연결정도 중심성(비정규형)
[1] 20

$theoretical_max     # 이론적인 연결정도 중심화 ☞ igraph 패키지의 오류가 있음
[1] 30

CD$centralization    # 연결정도 중심성(비정규형)

[1] 20

Tmax <- centralization.degree.tmax(G_ring)   # 이론적인 연결정도 중심화
Tmax
```

출력 결과

```
[1] 20
```

```
CD$centralization / Tmax    연결정도 중심성(정규형)
```

출력 결과

```
[1] 1
```

(3) 밀도

예시한 네트워크의 각 밀도를 분석하면 다음과 같다.

R 네트워크 밀도

```
graph.density(G.star)    g_star 그래프에 대한 네트워크 밀도
```

출력 결과

```
[1] 0.3333333
```

```
graph.density(G.Y)
```

출력 결과

```
[1] 0.3333333
```

```
graph.density(G.ring)
```

출력 결과

```
[1] 0.4
```

(4) 최단경로(geodesic path)와 평균 거리

노드 간 최단경로의 거리와 네트워크 전체의 두 노드 간 경로들에 대한 평균거리 등을 구해보자. 원 그래프의 예에서 A에서 C로 가는 경로는 A–B–C와 A–F–E–D–C 두 경로가 있는데 최단경로는 A–B–C이며, 거리는 2가 된다. 네트워크 전체의 평균거리

는 모든 노드 간 경로들의 거리를 평균한 값으로 측정된다. Y자형을 예로 보자.

최단경로와 평균 거리

```
shortest.paths(G.Y)
```

각 노드 간 경로에 대한 거리(연결정도)
☞ B에서 C는 두 단계를 거치면 도달

출력 결과

```
  A B C D E F
A 0 1 1 1 2 3
B 1 0 2 2 3 4
C 1 2 0 2 3 4
D 1 2 2 0 1 2
E 2 3 3 1 0 1
F 3 4 4 2 1 0
```

```
distances(G.Y, v = "A", to="E")
```

'A' 노드로부터 'E'로 연결된 거리(단계).

출력 결과

```
  E
A 2
```

```
get.shortest.paths(G.Y, "A", "E")$vpath[[1]]
```

'A' 노드로부터 'E'로 연결된 경로

출력 결과

```
+ 3/6 vertices, named, from 2f55b3b:
[1] A D E
```

```
average.path.length(G.Y)
```

네트워크 경로들에 대한 평균 거리
☞ 임의의 두 사용자는 평균적으로 2.13단계를 거치면 연결됨

출력 결과

```
[1] 2.133333
```

12.4 페이스북 사용자의 네트워크 분석

미국 스탠포드 네트워크 분석 플랫폼SNAP: Stanford Network Analysis Platform, https://snap.stanford.edu 은 2004년 이래로 대량의 사회 및 정보 네트워크에 관한 연구 분석을 목적으로 만들어 졌으며, 그 안에는 다양한 데이터 세트를 모아 놓은 Stanford Large Network Dataset Collectionhttps://snap.stanford.edu/data/이 있다. 페이스북 사용자 간 네트워크 데이터 파일(facebook_combined.txt)을 이용해 사용자 간 연결망을 분석해 보기로 하자.

(1) 페이스북 사용자 데이터 다운로드

Stanford Large Network Dataset Collection에서는 social networks, web graphs, road networks, internet networks, citation networks, collaboration networks, communication networks등의 다양한 데이터들을 볼 수 있다. 'Social Network'에 있는 'ego-Facebook'을 클릭하자.

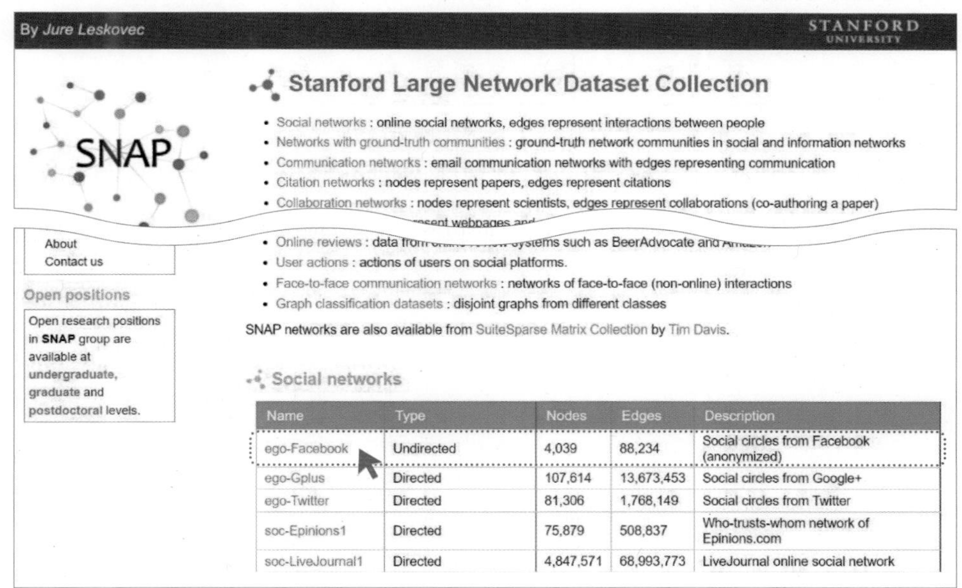

• 데이터 세트 •

데이터 세트	내용
Social networks	온라인 소셜 네트워크, 에지(dege)는 사람들 사이의 상호작용을 나타냄
Networks with ground-truth communities	사회적 정보 네트워크의 지역 기반 네트워크 커뮤니티
Communication networks	이메일 커뮤니케이션 네트워크
Citation networks	논문 인용 네트워크
Collaboration networks	과학자의 논문 협업 네트워크
Web graphs	웹페이지의 하이퍼링크 네트워크
Amazon networks	장바구니(동시 구매)를 통한 상품 네트워크
Internet networks	컴퓨터 간 통신 네트워크
Road networks	교차로와 도로 네트워크
Autonomous systems	인터넷 그래프
Signed networks	친구 또는 신뢰에 관한 긍정 부정적 네트워크
Location-based online social networks	지리적 탑승 관계의 사회적 네트워크
Wikipedia networks and metadata	위키피디아 편집 관련 데이터
Twitter and Memetracker	트위터의 467,000,000개의 트위트 네트워크
Online communities	Reddit와 Flickr 같은 온라인 커뮤니티의 데이터
Online reviews	BeerAdvocate와 Amazon 같은 온라인 리뷰 시스템의 데이터

다음과 같이 Facebook 데이터 세트에 대한 설명Dataset information과 텍스트 파일File을 다운로드 받을 수 있도록 되어 있다. 아래에서 textbook_combined.txt.gz 파일을 다운로드 받아 압축을 풀면 된다.

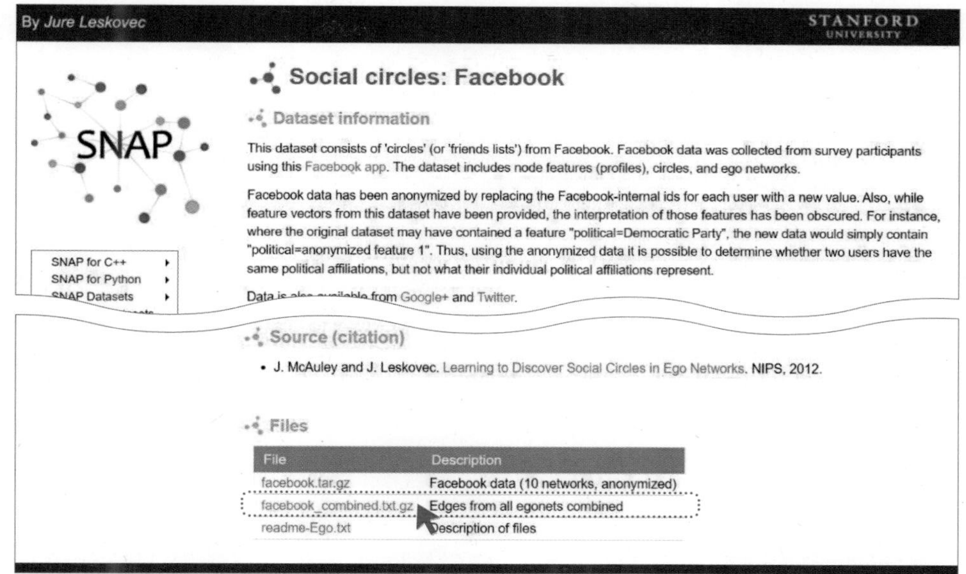

데이터 파일은 0~4038로 표현되는 4,039명의 사용자와 사용자 간 88,234개의 연결에 관한 정보를 담고 있다. 첫째 열은 사용자 번호, 둘째 열은 첫째 열의 사용자와 연결된 사용자를 의미한다. 사용자 간 연결에는 방향성이 없다.

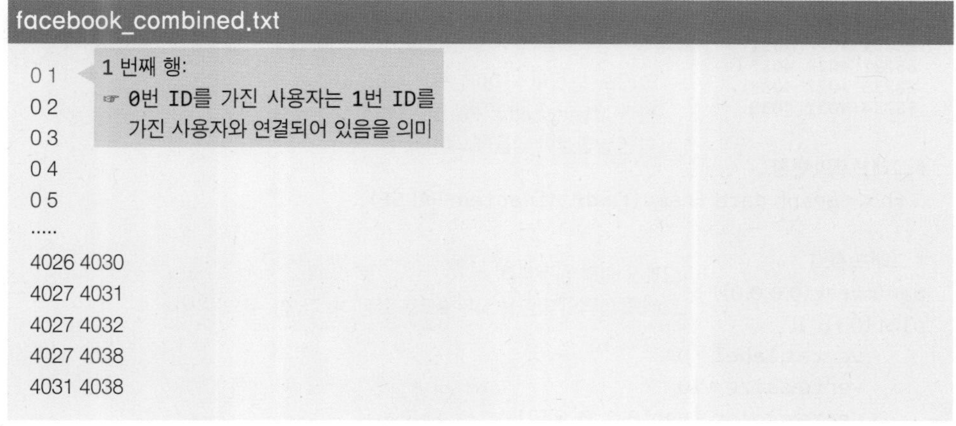

(2) 파일 읽기와 그래프 출력

데이터 파일을 읽고, 사용자 간 네트워크를 출력해보자.

페이스북 사용자 데이터 읽기와 그래프 출력

```
#install.packages("igraph"")
library(igraph)

# 데이터 읽기
df.fb <- read.table(file.choose(), header=F)
head(df.fb)
```

출력 결과

```
  v1 v2
1  0  1
2  0  2
3  0  3
4  0  4
5  0  5
6  0  6
```

```
tail(df.fb)
```

페이스북 사용자 데이터 세트 출력 (뒷 부분)
☞ 총 88,234의 연결

출력 결과

```
        v1   v2
88229 4023 4038
88230 4026 4030
88231 4027 4031
88232 4027 4032
88233 4027 4038
88234 4031 4038
```

그래프 형식의 데이터 프레임으로 변환 (directed를 FALSE로 지정하면 방향성이 없음을 의미함)

```
# 그래프로의 변환
G.fb <- graph.data.frame(fb.df, directed=FALSE)

# 그래프 출력
par(mar=c(0,0,0,0))
plot(G.fb_1,
     vertex.label = NA,
     vertex.size = 10,
     vertex.color = rgb(0, 1, 0, 0.5))
```

그래프 출력 환경설정
그래프 영역의 마진을 모두 0으로 설정(하, 좌, 상, 우의 순서)

연결망 출력
☞ 노드가 많기 때문에 출력시간이 상대적으로 김

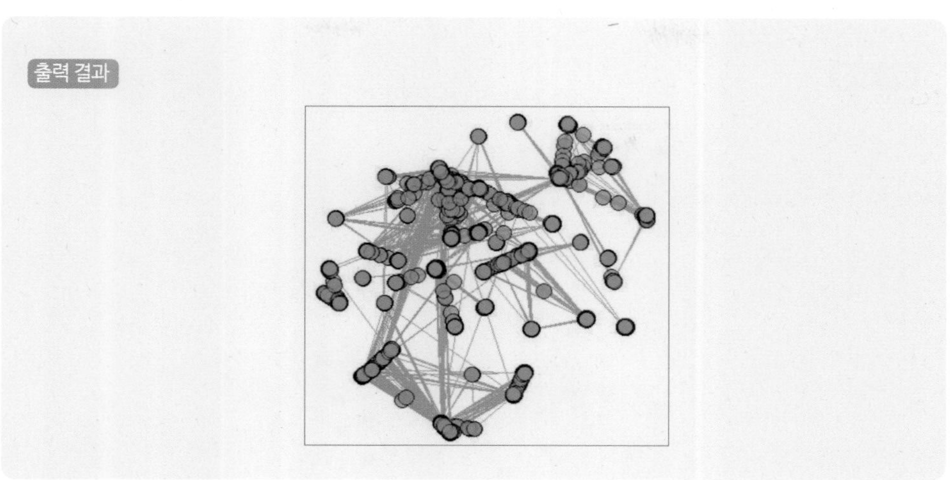

출력 결과

앞에서 그린 그래프는 네트워크의 모든 노드들을 포함하기 때문에 복잡하다. 따라서, 임의의 사용자를 중심으로 크기가 작은 그래프를 그려보자.

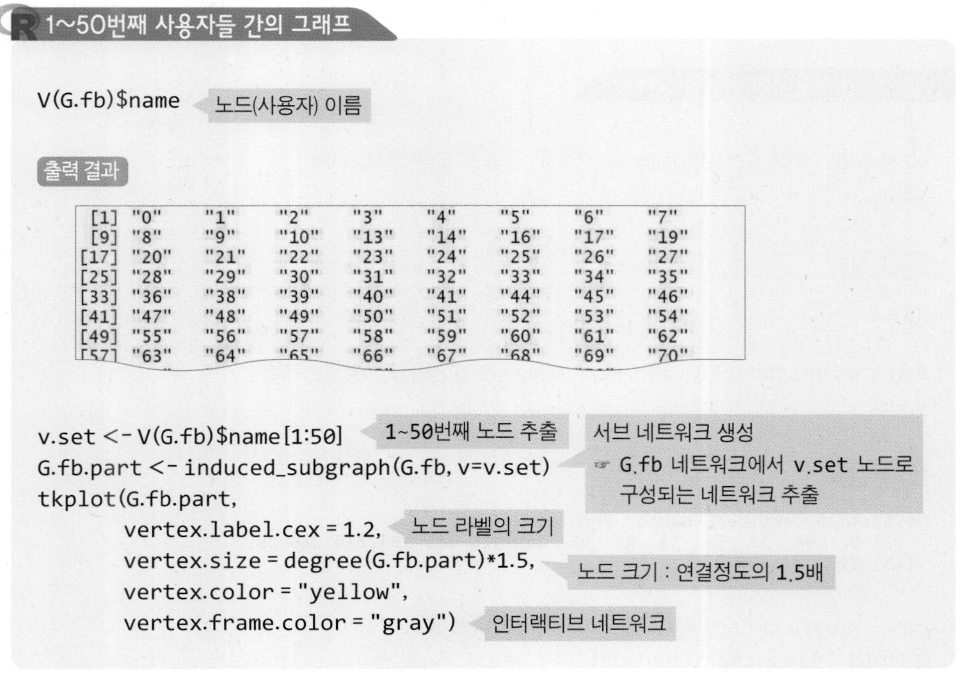

1~50번째 사용자들 간의 그래프

```
V(G.fb)$name
```

노드(사용자) 이름

출력 결과

```
 [1] "0"    "1"    "2"    "3"    "4"    "5"    "6"    "7"
 [9] "8"    "9"    "10"   "13"   "14"   "16"   "17"   "19"
[17] "20"   "21"   "22"   "23"   "24"   "25"   "26"   "27"
[25] "28"   "29"   "30"   "31"   "32"   "33"   "34"   "35"
[33] "36"   "38"   "39"   "40"   "41"   "44"   "45"   "46"
[41] "47"   "48"   "49"   "50"   "51"   "52"   "53"   "54"
[49] "55"   "56"   "57"   "58"   "59"   "60"   "61"   "62"
[57] "63"   "64"   "65"   "66"   "67"   "68"   "69"   "70"
```

```
v.set <- V(G.fb)$name[1:50]
G.fb.part <- induced_subgraph(G.fb, v=v.set)
tkplot(G.fb.part,
       vertex.label.cex = 1.2,
       vertex.size = degree(G.fb.part)*1.5,
       vertex.color = "yellow",
       vertex.frame.color = "gray")
```

1~50번째 노드 추출

서브 네트워크 생성
☞ G.fb 네트워크에서 v.set 노드로 구성되는 네트워크 추출

노드 라벨의 크기

노드 크기 : 연결정도의 1.5배

인터랙티브 네트워크

출력 결과

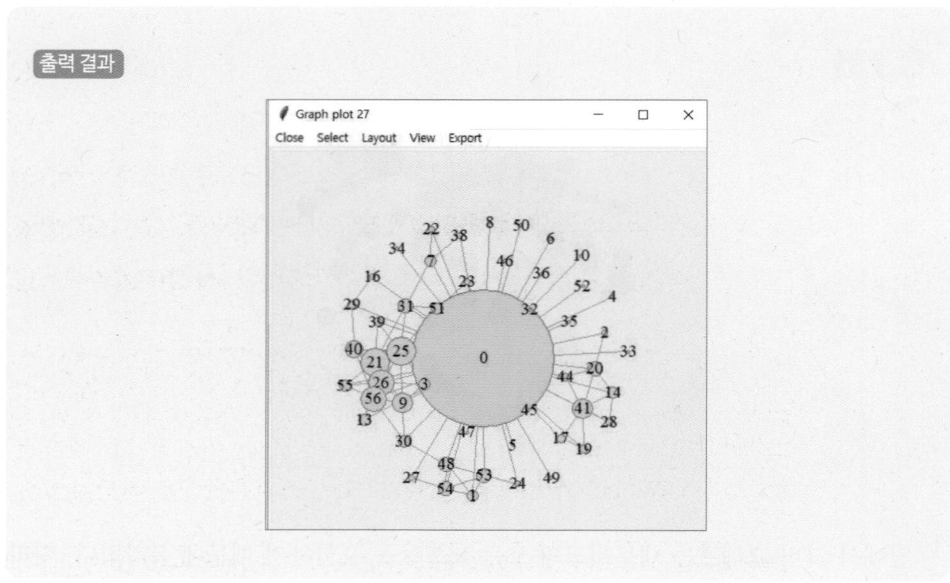

특정 ID를 가진 노드와 연결된 이웃 노드들을 출력하면 다음과 같다.

ID가 1인 사용자와 연결된 그래프

```
v2 <- which(V(G.fb)$name == "1")   # 노드 이름 '1'의 위치
v2
```

출력 결과

```
[1] 2
```

```
v.set <- neighbors(G.fb, v=v2)   # v2 노드와 연결된 이웃 노드 추출
v.set
```

출력 결과

```
+ 17/4039 vertices, named, from 98c3f50:
 [1] 0   48  53  54  73  88  92  119 126 133 194 236 280 299
[15] 315 322 346
```

```
v3 <- c(v2, v.set)   # 노드 '1'과 그 이웃 노드의 통합
G.fb.id <- induced_subgraph(G.fb, v=v3)   # G.fb에서 V3에 해당하는 서브 네트워크 추출
```

```
V(G.fb.id)$color <- ifelse(V(G.fb.id)$name == "1", "red", "yellow")
tkplot(G.fb.id,
        vertex.label.cex = 1.2,
        vertex.size = degree(G.fb.id)*1.5,
        vertex.frame.color = "gray")
```

노드 색
☞ 노드가 '1'이면 적색,
그 외는 노란색

출력 결과

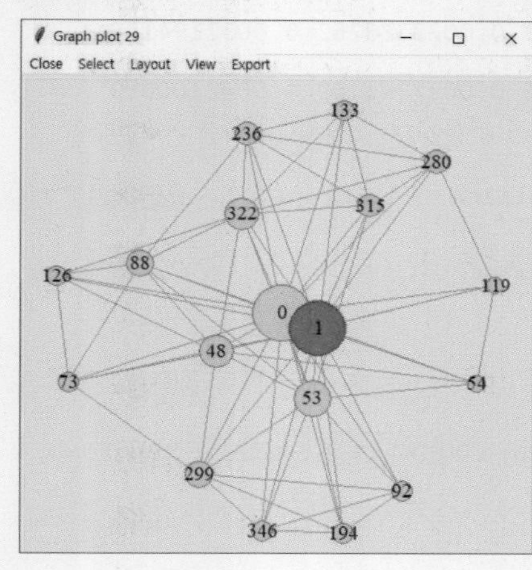

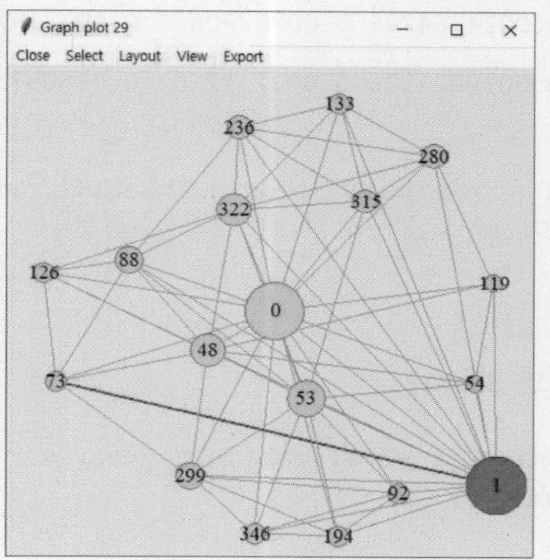

(3) 연결정도

연결정도 중심성과 연결정도 중심화 경향을 살펴보자.

연결정도 중심성과 중심화 지표

```
degree(G.fb, normalized=FALSE)
```

연결정도 중심성(비정규형)

출력 결과

```
  0    1    2    3    4    5    6    7    8    9   10   13   14
347   17   10   17   10   13    6   20    8   57   10   31   15
 16   17   19   20   21   22   23   24   25   26   27   28   29
  9   13   16   15   65   11   17   16   69   68    5   13   13
 30   31   32   33   34   35   36   38   39   40   41   44   45
 17   23    6    2    5    2   11    9   15   44   24    6   12
 46   47   48   49   50   51   52   53   54   55   56   57   58
  5    2   22    4   11    7    2   31    8   17   78   15   12
```

```
degree(G.fb, normalized=TRUE)   연결정도 중심성(정규형)
```

출력 결과

```
           0            1            2            3            4 
0.0859336305 0.0042100050 0.0024764735 0.0042100050 0.0024764735 
           5            6            7            8            9 
0.0032194156 0.0014858841 0.0049529470 0.0019811788 0.0141158990 
          10           13           14           16           17 
0.0024764735 0.0076770679 0.0037147103 0.0022288262 0.0032194156 
          19           20           21           22           23 
0.0039623576 0.0037147103 0.0160970778 0.0027241209 0.0042100050 
```

```
CD <- centralization.degree(G.fb, normalized = FALSE)   연결정도 중심성(비정규형)
CD$centralization   연결정도 중심화
```

출력 결과

```
[1] 4044287
```

```
Tmax <- centralization.degree.tmax(G.fb)   이론적인 최대 연결정도 중심화
Tmax
```

출력 결과

```
[1] 16301406
```

```
CD$centralization / Tmax   연결정도 중심성(정규형)
```

출력 결과

```
[1] 0.2480944
```

사용자 중에 누가 연결정도가 가장 큰지 찾아보자.

연결이 가장 많은 사용자와 그래프

```
v.max <- V(G.fb)$name[degree(G.fb)==max(degree(G.fb))]   연결이 가장 많은 노드
v.max
```

출력 결과

```
[1] "107"
```

```
degree(G.fb, v.max)   노드 이름이 '107'인 노드의 연결정도
```

출력 결과

```
 107
1045
```

```
v.max.idx <- which(V(G.fb)$name == v.max)   연결정도가 가장 큰 노드의 위치
v.max.idx
```

출력 결과

```
[1] 100
```

```
v.set <- neighbors(G.fb, v=v.max.idx)   연결정도가 가장 큰 노드의 이웃 노드
v3 <- c(v.max.idx, v.set)   연결정도가 가장 큰 노드와 그 이웃 노드 통합
G.fb_2 <- induced_subgraph(G.fb, v=v3)   G, fb 그래프에서 V3에 해당하는 서브 네트워크 추천
V(G.fb_2)$color <- ifelse(V(G.fb_2)$name == v.max, "red", "yellow")   노드 색
V(G.fb_2)$label <- ifelse(V(G.fb_2)$name == v.max, v.max, NA)   노드 라벨
V(G.fb_2)$size <- ifelse(V(G.fb_2)$name == v.max, 50,  5)   노드 크기
plot(G.fb_2)   네트워크 출력
```

출력 결과

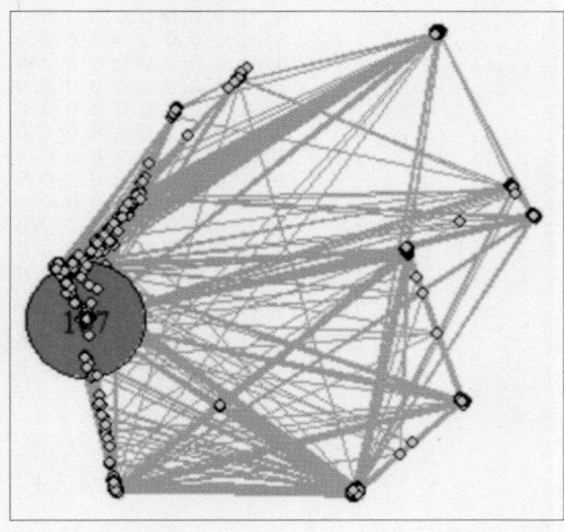

2차원 행렬표 형태의 그래프로 나타나는 히트맵heat map은 사용자 간 관계와 관계정도의 크기를 분석하는데 유용하다. 관계의 크기는 색으로 표현하는데, 앞의 네트워크에서 사용자 간 관계가 있으면 1, 그렇지 않으면 0으로 하도록 하자. 표의 크기 한계로 네트워크의 일부인 20명의 사용자만 추출해서 표현해보기로 한다. 첫 번째 사용자(ID=0)인 경우, 다른 19명의 사용자와 모두 연결되어 있으며, 그 외 사용자의 경우는 일부만 연결 관계가 있는 분포를 파악할 수 있다.

히트맵을 통한 사용자 간 연관성 파악

```
# 1~20번째 사용자명 추출
v.set <- V(G.fb)$name[1:20]
# 1~20번째 사용자의 네트워크 추출
G.fb.part <- induced_subgraph(G.fb, v=v.set)
# 네트워크 내의 사용자 간 연결 행렬
G.fb.part.adj <- get.adjacency(G.fb.part)
# 행렬로의 변환
G.fb.part.mtx <- as.matrix(G.fb.part.adj)

G.fb.part.adj
G.fb.part.mtx
```

대부분의 값인 0인 성긴 행렬(sparse matrix)로 변환됨

연결되지 않은 노드들은 0으로 설정됨

연결된 부분은 1, 연결되지 않은 부분은 '.'으로 나타남

출력 결과

G.fb.part.adj

```
0  . 1 1 1 1 1 1 1 1 1 1 1 1 1 1 1 1 1 1 1
1  1 . . . . . . . . . . . . . . . . . . .
2  1 . . . . . . . . . . . . . . . 1 . . .
3  1 . . . . . . . . 1 . . . . . . . . . .
4  1 . . . . . . . . . . . . . . . . . . .
5  1 . . . . . . . . . . . . . . . . . . .
6  1 . . . . . . . . . . . . . . . . . . .
7  1 . . . . . . . . . . . . . . . . . 1 .
8  1 . . . . . . . . . . . . . . . . . . .
9  1 . . 1 . . . . . . . . . . . . . 1 . .
10 1 . . . . . . . . . . . . . . . . . . .
13 1 . . . . . . . . . . . . . . . . 1 . .
14 1 . . . . . . . . . . . . . . . 1 . . .
16 1 . . . . . . . . . . . . . . . . . . .
17 1 . . . . . . . . . . . . . . 1 . . . .
19 1 . . . . . . . . . . . . . 1 . . . . .
20 1 . 1 . . . . . . . . . 1 . . . . . . .
21 1 . . . . . . . . 1 . 1 . . . . . . . .
22 1 . . . . . . 1 . . . . . . . . . . . .
23 1 . . . . . . . . . . . . . . . . . . .
```

G.fb.part.mtx

```
   0 1 2 3 4 5 6 7 8 9 10 13 14 16 17 19 20 21 22 23
0  0 1 1 1 1 1 1 1 1 1  1  1  1  1  1  1  1  1  1  1
1  1 0 0 0 0 0 0 0 0 0  0  0  0  0  0  0  0  0  0  0
2  1 0 0 0 0 0 0 0 0 0  0  0  0  0  0  0  1  0  0  0
3  1 0 0 0 0 0 0 0 0 1  0  0  0  0  0  0  0  0  0  0
4  1 0 0 0 0 0 0 0 0 0  0  0  0  0  0  0  0  0  0  0
5  1 0 0 0 0 0 0 0 0 0  0  0  0  0  0  0  0  0  0  0
6  1 0 0 0 0 0 0 0 0 0  0  0  0  0  0  0  0  0  0  0
7  1 0 0 0 0 0 0 0 0 0  0  0  0  0  0  0  0  0  1  0
8  1 0 0 0 0 0 0 0 0 0  0  0  0  0  0  0  0  0  0  0
9  1 0 0 1 0 0 0 0 0 0  0  0  0  0  0  0  0  1  0  0
10 1 0 0 0 0 0 0 0 0 0  0  0  0  0  0  0  0  0  0  0
13 1 0 0 0 0 0 0 0 0 0  0  0  0  0  0  0  0  1  0  0
14 1 0 0 0 0 0 0 0 0 0  0  0  0  0  0  0  1  0  0  0
16 1 0 0 0 0 0 0 0 0 0  0  0  0  0  0  0  0  0  0  0
17 1 0 0 0 0 0 0 0 0 0  0  0  0  0  0  1  0  0  0  0
19 1 0 0 0 0 0 0 0 0 0  0  0  0  0  1  0  0  0  0  0
20 1 0 1 0 0 0 0 0 0 0  0  0  1  0  0  0  0  0  0  0
21 1 0 0 0 0 0 0 0 0 1  0  1  0  0  0  0  0  0  0  0
22 1 0 0 0 0 0 0 1 0 0  0  0  0  0  0  0  0  0  0  0
23 1 0 0 0 0 0 0 0 0 0  0  0  0  0  0  0  0  0  0  0
```

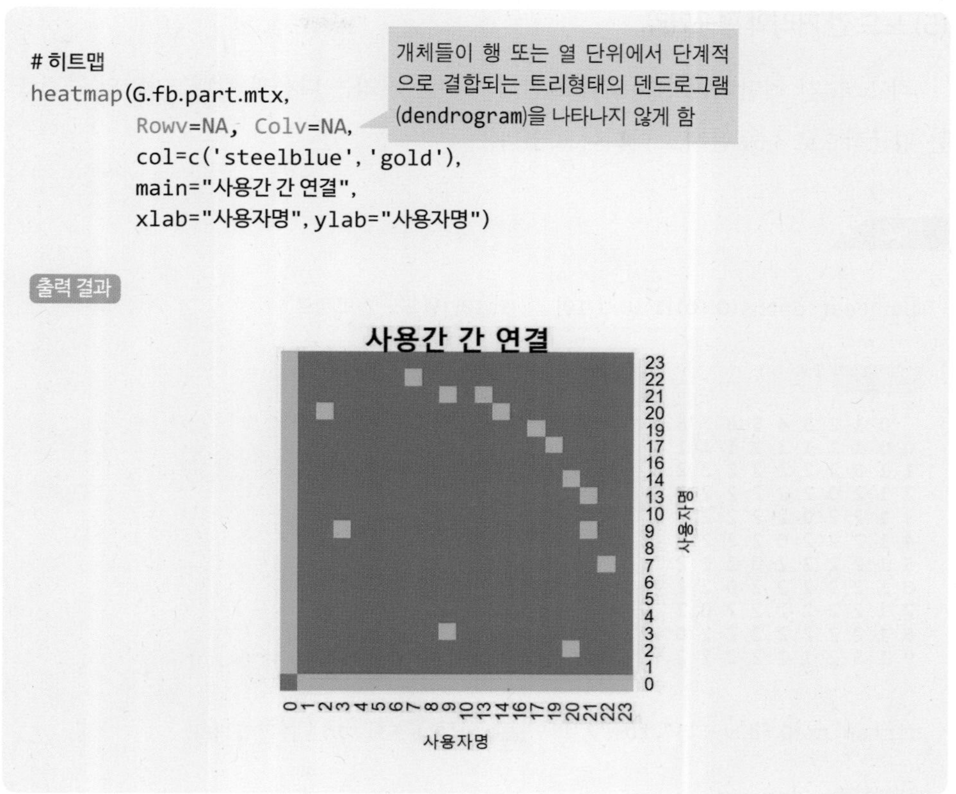

```
# 히트맵
heatmap(G.fb.part.mtx,
        Rowv=NA, Colv=NA,
        col=c('steelblue', 'gold'),
        main="사용간 간 연결",
        xlab="사용자명", ylab="사용자명")
```

개체들이 행 또는 열 단위에서 단계적으로 결합되는 트리형태의 덴드로그램(dendrogram)을 나타나지 않게 함

출력 결과

(4) 밀도

노드 수는 많고, 노드 간 연결은 적은 네트워크이기 때문에 상대적으로 밀도도 다음과 같이 작은 값을 보여준다.

밀도

```
graph.density(G.fb)
```

출력 결과

```
[1] 0.01081996
```

(5) 노드 간 거리와 평균거리

각 노드 간 최단거리와 네트워크 전체의 평균 거리는 다음과 같다. 임의의 두 노드는 평균적으로 3.69 단계로 나타나고 있다.

거리

```
shortest.paths(G.fb)[1:10, 1:10]
```
1~10번째 노드 간의 경로

출력 결과

```
  0 1 2 3 4 5 6 7 8 9
0 0 1 1 1 1 1 1 1 1 1
1 1 0 2 2 2 2 2 2 2 2
2 1 2 0 2 2 2 2 2 2 2
3 1 2 2 0 2 2 2 2 2 1
4 1 2 2 2 0 2 2 2 2 2
5 1 2 2 2 2 0 2 2 2 2
6 1 2 2 2 2 2 0 2 2 2
7 1 2 2 2 2 2 2 0 2 2
8 1 2 2 2 2 2 2 2 0 2
9 1 2 2 1 2 2 2 2 2 0
```

```
distances(G.fb, v = "3", to="7")
```
노드 '3'인 노드와 '7' 노드 간의 거리

출력 결과

```
  7
3 2
```

```
get.shortest.paths(G.fb, "3", "7")$vpath[[1]]
```
노드 '3'인 노드와 '7' 노드 간의 경로

출력 결과

```
+ 3/4039 vertices, named, from d2b6fa3:
[1] 3 0 7
```

```
average.path.length(G.fb)
```
임의의 두 노드 간 평균 거리

출력 결과

```
[1] 3.692507
```

(6) 확률밀도 분포

연결정도 분포를 사용자 순으로 살펴보면, 일부 사용자들은 아주 높은 연결정도를 보이고 있다. 한편, 연결정도에 대한 확률밀도를 보면, 일반적인 네트워크 현상에서 나타나는 멱함수 분포를 볼 수 있다.

연결정도 분포

```
# 사용자별 연결정도 분포
plot(degree(G.fb),          노드별 연결정도 분포
     xlab="사용자 ID", ylab="연결 정도",
     main="사용자별 연결정도",
     type='h')
```

출력 결과

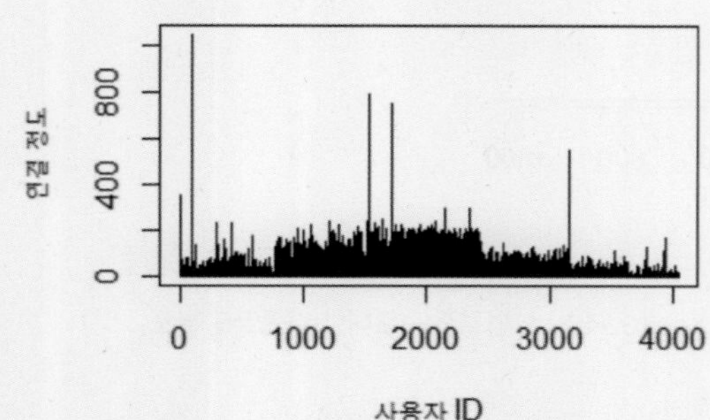


```
# 사용자별 연결정도
x <- degree(G.fb, normalized=F)
```

출력 결과

```
  0    1    2    3    4    5    6    7    8    9   10   13
347   17   10   17   10   13    6   20    8   57   10   31
 14   16   17   19   20   21   22   23   24   25   26   27
 15    9   13   16   15   65   11   17   16   69   68    5
 28   29   30   31   32   33   34   35   36   38   39   40
      13   17             2    5              9   15
```

```
summary(x)
```

연결정도에 대한 요약
☞ 연결정도의 최소 수는 1, 최대 수는 1045 개이며, 연결정도 평균은 43.69로 나타남

출력 결과

```
Min. 1st Qu.  Median    Mean 3rd Qu.    Max.
1.00   11.00   25.00   43.69   57.00 1045.00
```

```
# 연결정도의 히스토그램
hist(x,
     xlab="연결정도", ylab="빈도",
     main="연결정도 분포",
     breaks=seq(0, max(x), by=1))
```

출력 결과

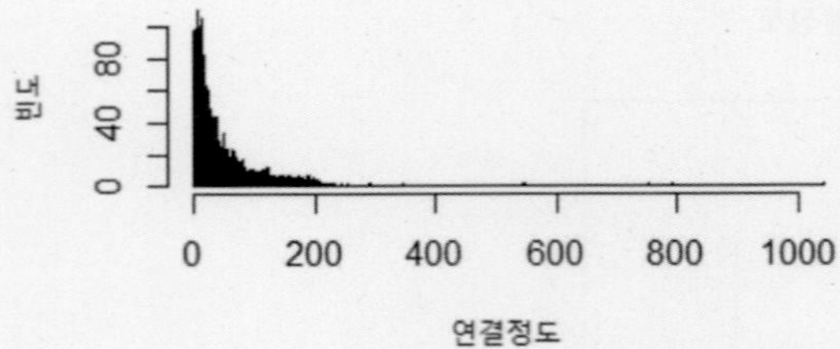


```
G.fb.dist <- degree.distribution(G.fb)
plot(G.fb.dist,
     type="h",
     xlab="연결정도", ylab="확률밀도",
     main="연결정도 분포")
```

연결정도에 대한 확률밀도 분포

출력 결과

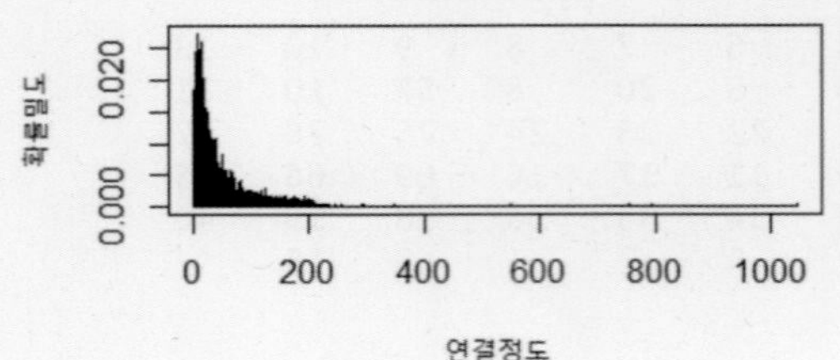

연결 정도가 작은 노드들이 많고, 연결 정도가 큰 노드들은 적은 분포를 나타냄
☞ 이런 모양의 분포를 멱함수 분포($y \sim x^{-k}$)라고 하며, 네트워크의 많은 분포는 정규분포와는 다르게 멱함수 분포를 띠고 있음

다음과 같은 네트워크에 대해 각 물음에 답하시오.

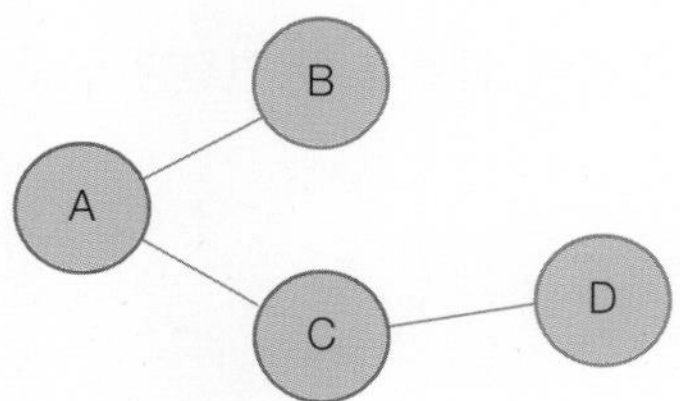

1. 정규화된 각 노드의 연결정도 중심성을 구하고, 네트워크의 연결정도 중심화 지표를 계산하시오.

노드	$c_D(i)$	$c'_D(i)$	$c_D^* - c_D(i)$
A			
B			
C			
D			
$C_D(G)$			
$T_{D,max}$			
$C'_D(G)$			

2. 네트워크의 밀도를 계산하시오.

3. 네트워크의 정규화된 연결정도 중심성과 중심화 지표를 구하는 코드를 완성하시오.

```
G <-___________(edges=NULL, n=NULL, directed=FALSE)
G <- G + ___________("A", "B", "C", "D")
G <- G + edges(____, "B", ____, "C", ____, "D")
# 정규화된 연결정도 중심성
________ (G, normalized = TRUE)
# 정규화된 연결정도 중심화
centralization.degree(G, normalized = FALSE) / __________________(G)
```

응용문제1 천체물리학자의 협업네트워크 분석

12.4절의 미국 스탠포드대학의 Stanford Large Network Dataset Collection의 Social networks 데이터 세트에서 천체물리학 분야의 협업연구 네트워크 데이터 파일(facebook_combined.txt)을 이용해 연구자 간 연결망을 분석해 보자. 파일을 다운로드 받는 방법은 다음과 같다.

■ Collaboration network 클릭

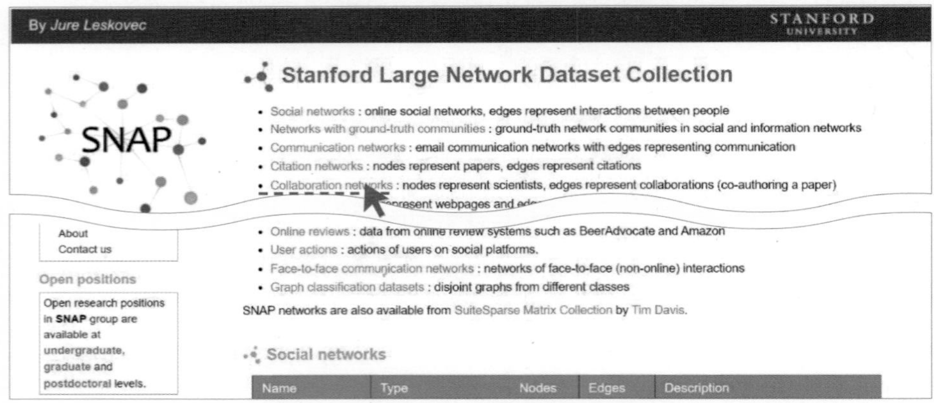

■ 천체물리학 협업 네트워크 클릭

Collaboration networks

Name	Type	Nodes	Edges	Description
ca-AstroPh	Undirected	18,772	198,110	Collaboration network of Arxiv Astro Physics
ca-CondMat	Undirected	23,133	93,497	Collaboration network of Arxiv Condensed Matter
ca-GrQc	Undirected	5,242	14,496	Collaboration network of Arxiv General Relativity
ca-HepPh	Undirected	12,008	118,521	Collaboration network of Arxiv High Energy Physics
ca-HepTh	Undirected	9,877	25,998	Collaboration network of Arxiv High Energy Physics Theory

Web graphs

Name	Type	Nodes	Edges	Description
web-BerkStan	Directed	685,230	7,600,595	Web graph of Berkeley and Stanford

■ ca-AstroPh.txt.gz 클릭 및 파일 다운로드

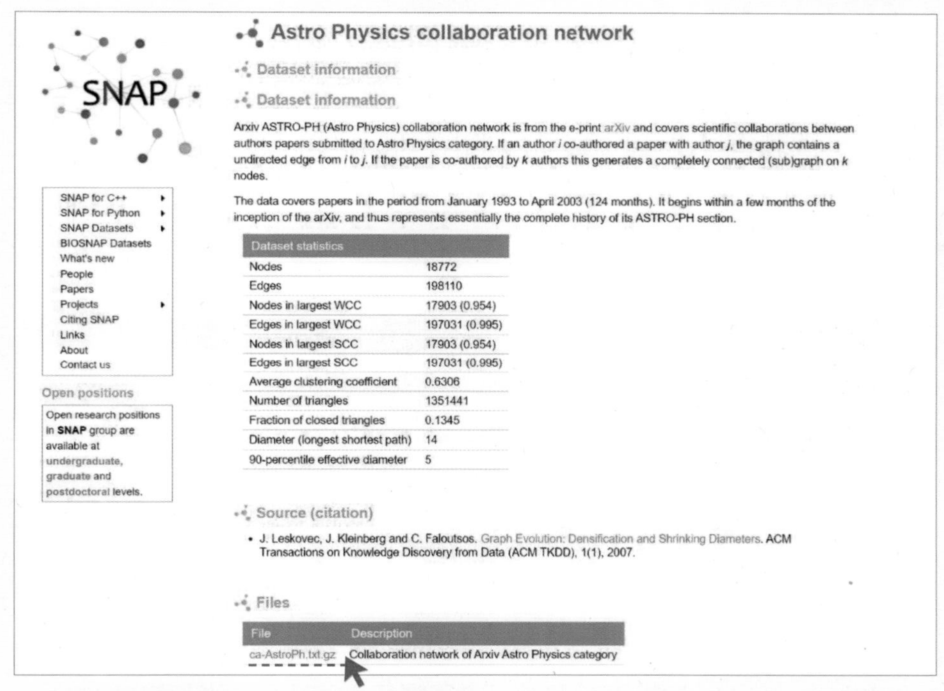

(1) 데이터를 읽고 그래프로 출력하시오.

(2) 연결정도 중심성과 중심화 지표를 분석하시오.

(3) 가장 많이 협업한 연구자를 중심으로 하는 연결망을 그리시오.

(4) 네트워크의 밀도를 분석하시오.

(5) 연결정도에 대한 확률밀도 분포를 그리시오.

이메일 네트워크 분석

12.4절의 미국 스탠포드대학의 Stanford Large Network Dataset Collection의 Social networks 데이터 세트에서 이메일 네트워크 데이터 파일을 이용해 노드 간 연결망을 분석해 보자. 파일을 다운로드 받는 방법은 다음과 같다.

■ Social network 클릭

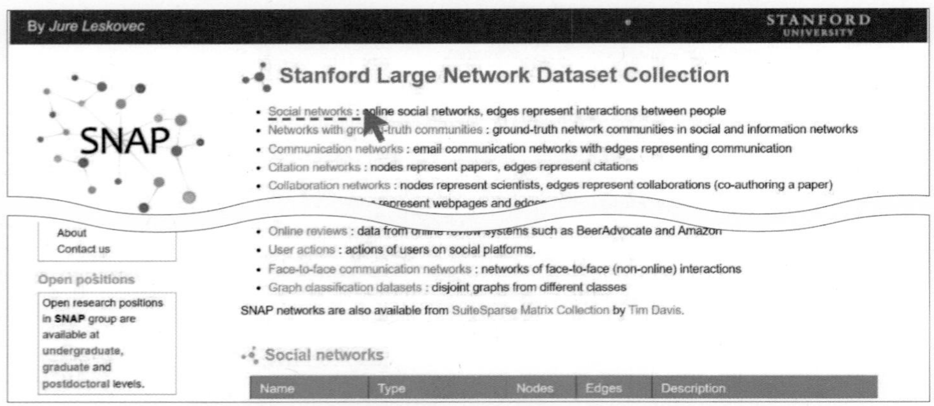

■ email–Enron 클릭

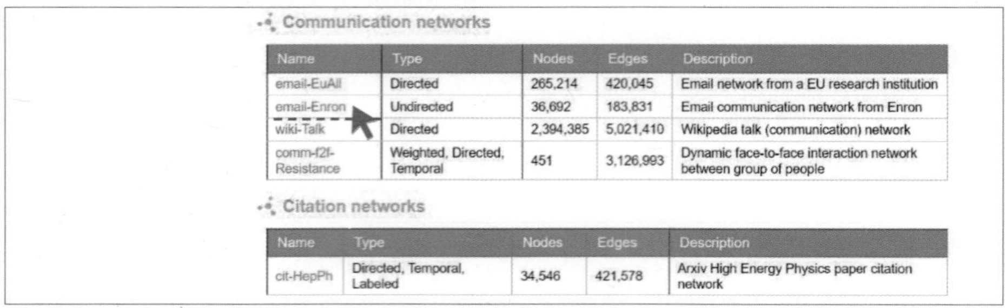
Communication networks

Name	Type	Nodes	Edges	Description
email-EuAll	Directed	265,214	420,045	Email network from a EU research institution
email-Enron	Undirected	36,692	183,831	Email communication network from Enron
wiki-Talk	Directed	2,394,385	5,021,410	Wikipedia talk (communication) network
comm-f2f-Resistance	Weighted, Directed, Temporal	451	3,126,993	Dynamic face-to-face interaction network between group of people

Citation networks

Name	Type	Nodes	Edges	Description
cit-HepPh	Directed, Temporal, Labeled	34,546	421,578	Arxiv High Energy Physics paper citation network

■ email–Enron.txt.gz 클릭

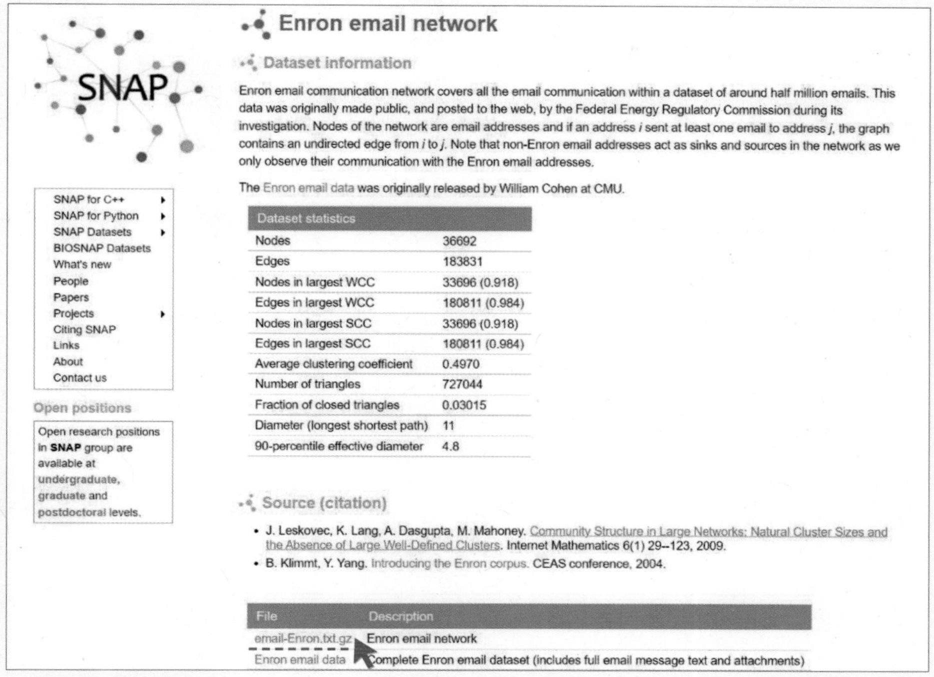

(1) 데이터를 읽고 그래프로 출력하시오.

(2) 연결정도 중심성과 중심화 지표를 분석하시오.

(3) 가장 많이 이메일을 주고 받은 노드를 중심으로 하는 연결망을 그리시오.

(4) 네트워크의 밀도를 분석하시오.

(5) 연결정도에 대한 확률밀도 분포를 그리시오.

CHAPTER 13

R 코딩 플러스

인공신경망과 딥러닝의 이해

학습목표

인공신경망의 원리 이해

학습내용

인공신경망 구조와 학습원리
선형 회귀분석
비선형 회귀분석

Judith Leyster(주디스 레이스터)_Boy playing the Flute

13.1 인공지능과 인공신경망 개요

인공지능이란 기계에 의해 나타나는 지능을 말한다. 인공지능이 가능한 기술로는 지식 체계를 규칙(if then)으로 표현하는 전문가시스템, 자연어에서의 애매모호함을 0과 1 사이의 소속함수로 나타내는 퍼지집합을 활용하는 퍼지이론, 데이터를 기반으로 학습하여 문제를 해결하는 기계학습, 유전자의 진화과정을 통해 특정한 문제의 적절한 답을 찾는 유전알고리즘 등이 있다. 기계학습에는 지도학습과 비지도학습이 있다. 지도학습은 입력 데이터에 대한 정답(라벨)이 주어지는 관계로 학습 후에 임의의 입력 데이터에 대한 출력을 예측하는 방법으로, 분류와 회귀문제에 적용할 수 있다. 이에 비해, 비지도학습(자율학습)은 정답이 없는 입력 데이터만으로 학습하여 패턴을 발견하며 군집화 등에 활용된다.

인공신경망은 기계학습 분야에서 연구되는 학습 알고리즘의 하나이다. 인공신경망은 구글 딥마인드DeepMind의 바둑 인공지능인 알파고AlphaGo(2016년)와 OpenAI의 대화형 인공지능인 챗GPT(2020년) 등에 활용되면서 진화하고 있으며, 현재 자연어 처리와 이미지 인식 등 다양한 분야의 산업과 실생활에 응용되고 있다.

인공신경망은 인간의 뇌의 구조를 모방하여 만들어졌다. 뇌의 신경세포 "뉴런"은 신경 세포체soma, 신경 세포체로부터의 출력인 축삭(축색)axon과 입력인 수상돌기dendrites

로 연결되어 전기적 신호로 전달되며, 그 사이에 시냅스synapse가 화학적으로 활성화되어 기억과 판단을 만들어낸다.

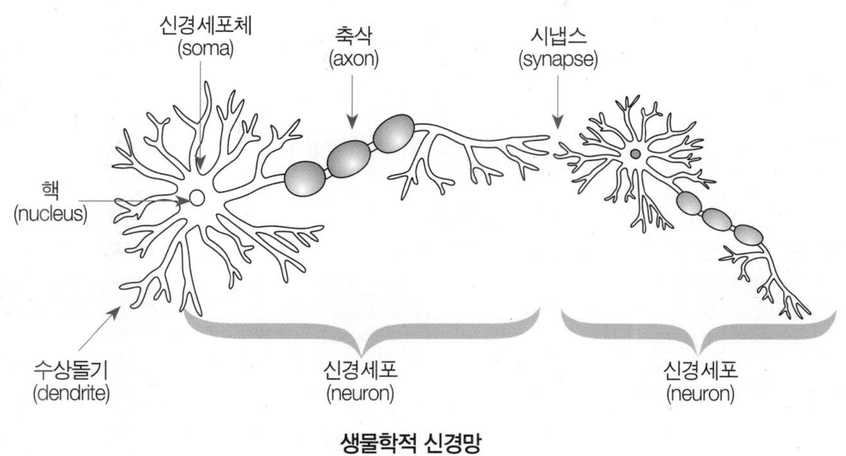

생물학적 신경망

인공신경망은 신경 세포체를 노드node, 수상돌기는 입력, 축삭은 출력으로 흉내 내고 시냅스는 노드 간 가중 값을 갖는 연결로 네트워크를 구성한다. 입력 데이터에 대해 목표치를 출력하려는 학습과정을 거치는 동안 각 연결망의 가중치는 달라지게 된다.

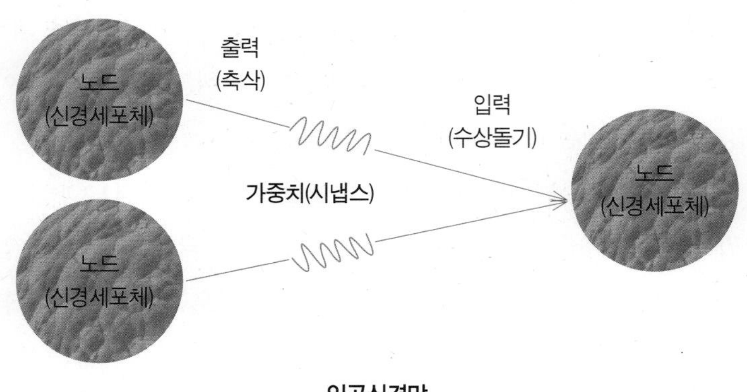

인공신경망

인공신경망의 지도학습의 회기분석에 활용하는 방법을 살펴보기 위해 인공신경망의 학습원리를 이해하고, 두 입출력 변수 간 선형 회귀모형과 비선형 회귀모형의 예를 보기로 한다.

인공신경망의 학습과 예측에는 neuralnet, nnet, keras 등 다양한 패키지들이 있다. 이번 장에서는 neuralnet 패키지를 사용하기로 한다. neuralnet 패키지는 사용이 간편하고 시각화가 쉬워 처음 인공신경망을 시작할 때 편리한 면이 있다. 한편 데이터 분포 및 분석 결과를 파악하기 위해 ggplot2 패키지를 사용한다.

✪ 패키지

패키지	설명
ggplot2	고급 그래픽 처리(3장 참조)
neuralnet	다층 인공신경망의 학습과 예측

13.2 인공신경망의 기본원리

(1) 인공신경망 모형 구조와 활용 예

가장 단순한 인공신경망 모형은 입력층과 출력층으로 구성되는 단층 퍼셉트론이라고 하며, 은익층이 있으면 다층 퍼셉트론이라고 한다. 특히, 은닉층이 2개 이상인 모형의 학습을 딥러닝deep learning이라고 한다.

단층 퍼셉트론은 1개의 선형 분류자로 두 그룹을 분류하는 AND, OR 연산이 가능하며, 선형 회귀모형에 활용될 수 있다(13.3절 참조). 입력층의 각 노드에는 입력 데이터(x_i)가 주어진다. 한편, 출력층의 각 노드는 입력으로 들어오는 값들을 합성함수로 하나의 값을 구하고(Y), 그 값은 활성화함수를 통해 출력한다(Z). 합성함수는

$$Y = \sum_{i} \omega_i X_i + b$$

이다. n은 입력노드의 수, ω_i는 가중치, b는 실제 값과의 차이를 줄이기 위한 조정값으로 편향bias 이라고 한다. 다음 그림에서 AND연산의 경우, 0은 FALSE, 1은 TRUE를 의미한다.

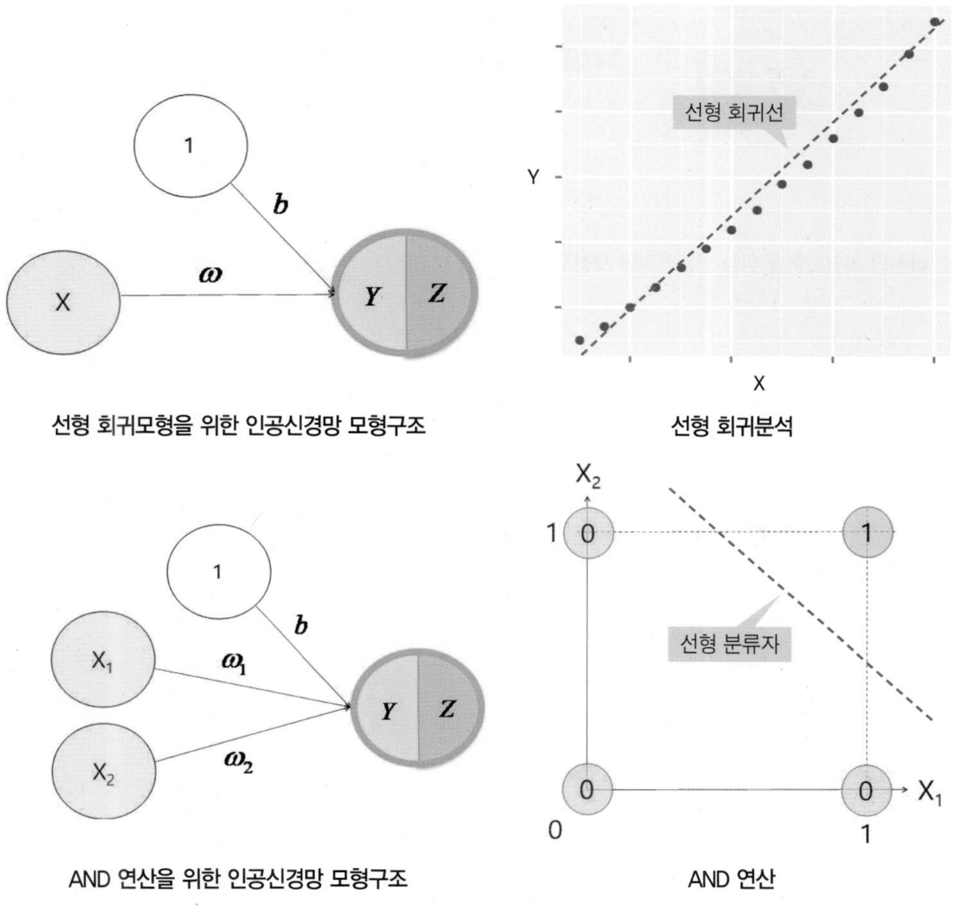

선형 회귀모형을 위한 인공신경망 모형구조

선형 회귀분석

AND 연산을 위한 인공신경망 모형구조

AND 연산

한편, 다층 퍼셉트론은 1개의 선형 분류자로 분류할 수 없는 XOR 연산, 다중 분류, 비선형 회귀모형 등에 활용될 수 있다(13.4절 참조). 은닉층은 여러 개 가능하며, 다음은 1개로 설정한 예이다. 다음의 XOR 그래프에서 0은 FALSE, 1은 TRUE를 의미한다.

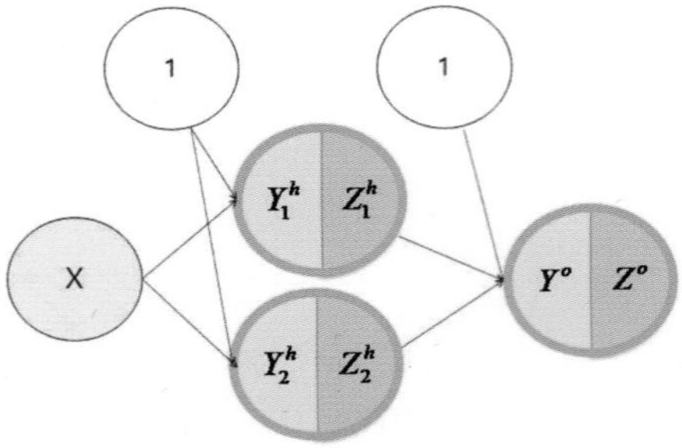

비선형 회귀모형을 위한 인공신경망 모형구조

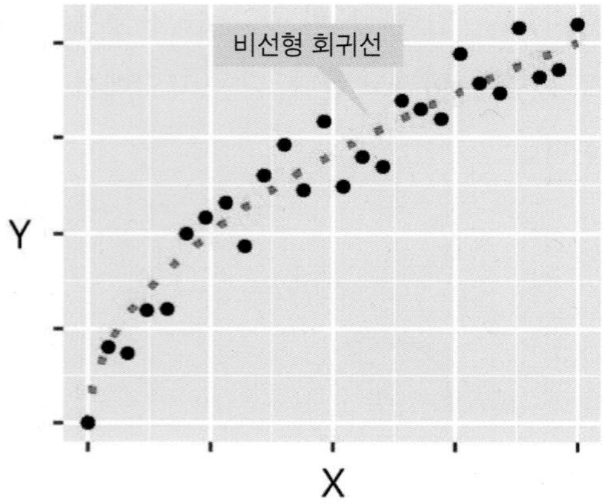

비선형 회귀분석

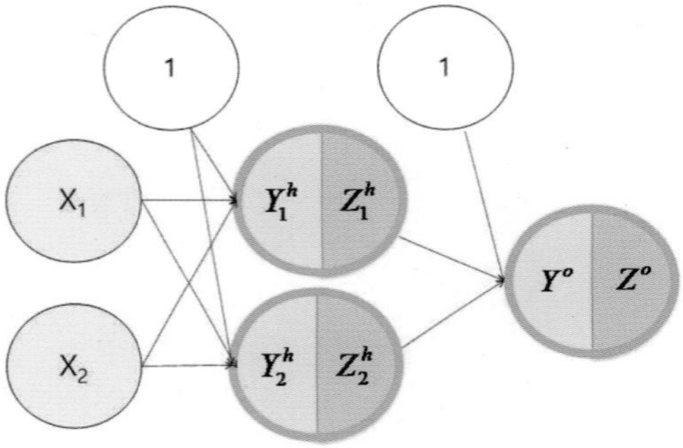

XOR 연산을 위한 인공신경망 모형구조

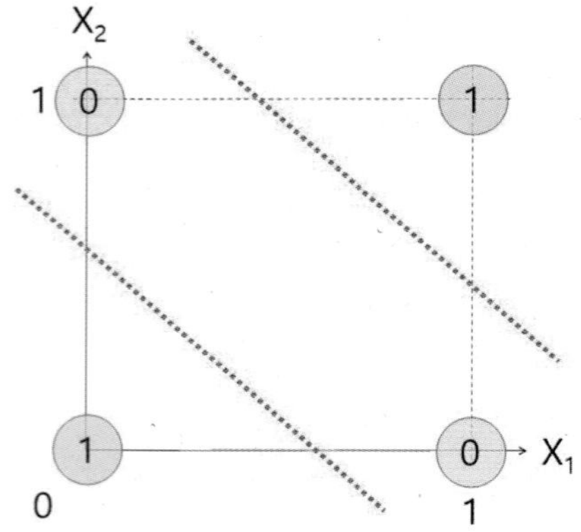

XOR 연산

(2) 학습(learning)

파라미터(ω_i, b)는 인공신경망은 임의의 초기치로 시작하여 학습을 통해 수정된다. 학습은 입력층에서 출력층으로 가는 출력값을 계산하는 순전파와 다시 출력층에서 입력층으로 가면서 오차를 줄이기 위해 가중치를 조정하는 역전파 과정으로 진행된다.

① 순전파

입력층에서 출력층으로 가는 동안, 입력층을 제외한 각 층의 노드는 합성함수로 각 입력을 계산하고 활성화함수로 출력값을 계산한다. 이 과정을 순전파forward propergation라고 한다. 연결된 노드 간 가중치를 조절하기 위해 사용되는 활성화함수는 계단step 함수, 's'자 곡선을 그리는 시그모이드 함수인 로지스틱 함수와 tanhhyperbolic tangent 함수, RelURectified Linear Unit 함수 등이 있다. 계단함수는 입력을 0과 1로 분류하며 단층 퍼셉트론과 같이 간단한 모형에서 이진 분류를 위해 사용할 수 있다. 그 동안 대표적으로 사용되어 왔던 로지스틱 함수는 계단함수 형태를 띠며, y의 전 구간(정의역)에서 미분 가능하다. tanh 함수는 -1~1 사이 값으로 변환하며, ReLU 함수는 0 이상에서는 같은 값을 반환하고 그 외는 0의 값을 반환한다.

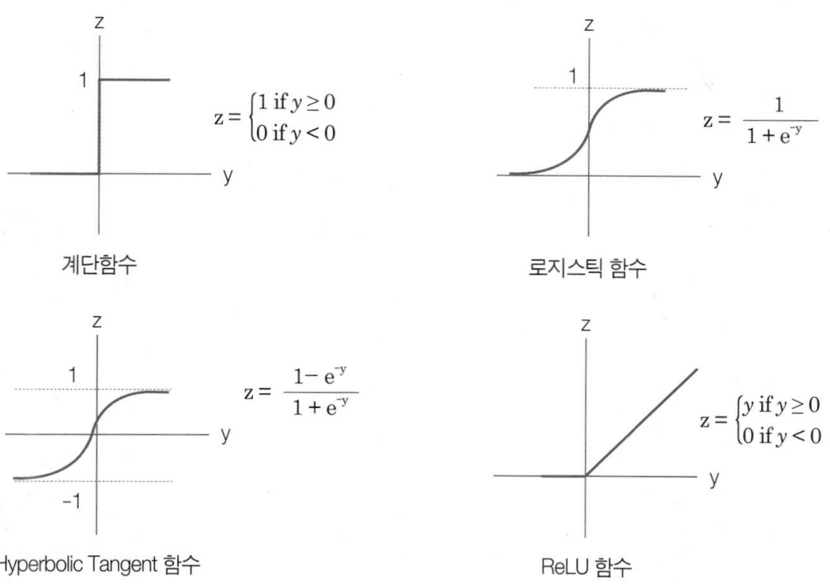

활성화 함수

2 역전파

역전파backward propergation란 출력값(z_j)과 목표값(t_j)의 오차를 보정하기 위해 순전파의 반대 방향인 출력층에서 입력층으로 가면서 파라미터(ω_i, b)를 조정하는 과정을 말한다. 오차는 비용함수cost function로 나타낸다. 다음은 비용함수로 사용되는 대표적인 식으로 평균 오차제곱합을 표현한 식이다. m은 출력노드의 수를 의미한다.

$$E = \frac{1}{m}\sum_{j=1}^{m}(z_j - t_j)^2$$

각 파라미터를 조정하는 학습모형은 비용함수 값이 낮아지는 방향으로 즉, 기울기(미분계수)의 반대 방향으로 이동하면서 최소 비용함수 값을 갖는 파라미터들을 구하는 경사하강법gradient descent을 이용한다. η 는 학습계수로 학습속도를 조절하는 역할을 한다. b는 ω_0으로 나타낼수 있다.

$$\omega_i' = \omega_i - \eta\frac{\partial E}{\partial \omega_i}$$

다음 그림은 ω_1과 ω_2의 두 개 차원에서 포물곡면과 비용함수 값이 최소가 되도록 경사 반대 방향으로 이동하면서 ω_i가 조정하는 상황을 예시한 것이다.

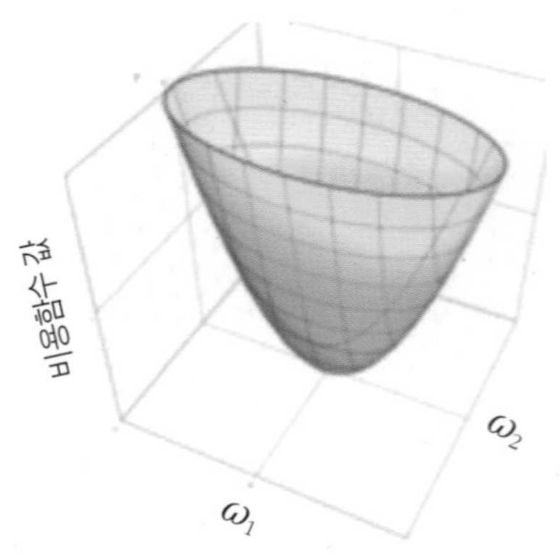

ω_1과 ω_2에 따른 비용함수 값의 변화

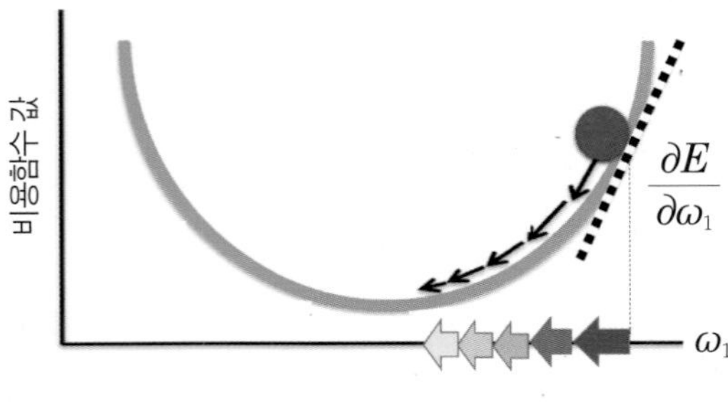

ω_1에 따른 비용함수 값의 변화와 ω_1의 조정

활성화함수로 사용되는 로지스틱 함수의 미분계수 범위는 0~0.25이다. 역전파에서는 출력에서 입력층으로 갈수록 가중치 조정은 미분계수의 곱으로 반영되는데, 그 층이 많을수록 입력층에 가까운 가중치는 조정값이 작아지는 기울기 소실gradient vanishing 문제가 발생한다. 따라서, 최근 딥러닝에서는 ReLU 함수를 사용하여 그 문제를 해결하고 있다.

13.3 선형 회귀분석의 예

입력과 출력의 정량적인 값들이 선형적인 관계가 있을 때 학습 모형을 만들고, 특정 값에 대해 예측해보자. 데이터는 datasets 패키지에 있는 15명의 여성 키와 몸무게에 대한 women 데이터 세트(4.4절 참조)로 키(x)에 따른 몸무게(z)는 선형적인 분포를 띄고 있다. 관계를 선형모형으로 해보자.

(1) 데이터 분석 절차

데이터 분석 절차는 데이터 준비 → 데이터 탐색 → 피처 스케일링 → 학습 → 테스트 순으로 진행한다. women 데이터 세트의 크기(행의 수: 15)가 작기 때문에 학습용 데이터는 women 데이터 전체로 하고, 테스트 데이터는 women 데이터 세트의 범위에 있는 2개 데이터를 임의로 만들어 사용하기로 한다.

(2) 모형 구조

입력(X)과 출력(Z) 변수는 각각 1개인 선형적인 관계의 인공신경망 모형은 입력 노드와 출력 노드를 각각 1개로 구성한다. 한편 입력변수가 2개일 경우(X_1, X_2), 오른쪽 모형과 같이 입력노드 2개를 출력노드에 연결하면 된다. 한편 활성화함수는 Z=Y인 선형 함수로 둔다.

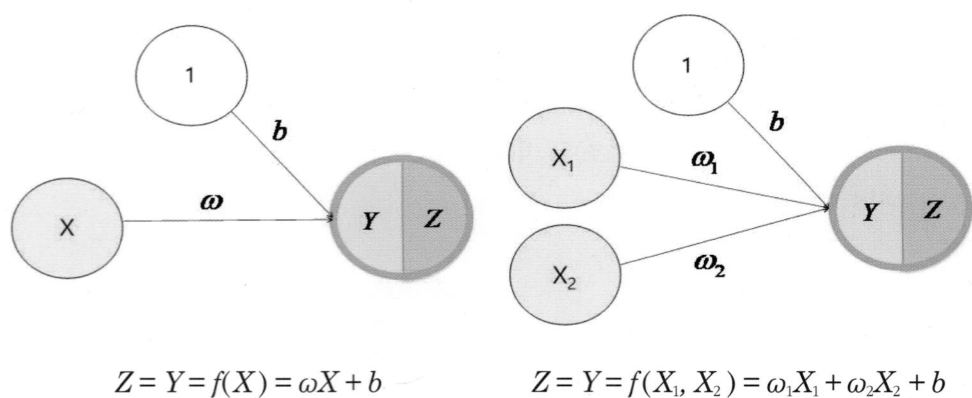

$$Z = Y = f(X) = \omega X + b$$

$$Z = Y = f(X_1, X_2) = \omega_1 X_1 + \omega_2 X_2 + b$$

(3) 코딩

먼저, neuralnet 패키지를 설치한다. 그래프로 간단한 데이터 탐색을 위해 ggplot2 패키지를 사용하기로 한다. 여성 15명의 키와 몸무게에 대한 women 데이터는 다음과 같다.

데이터 작성

```
# 패키지 설치 및 로딩
# install.packages("ggplot2")
install.packages("neuralnet")
library(ggplot2)
library(neuralnet)

# 데이터 출력
women
```

출력 결과

```
   height weight
1      58    115
2      59    117
3      60    120
4      61    123
5      62    126
6      63    129
7      64    132
8      65    135
9      66    139
10     67    142
11     68    146
12     69    150
13     70    154
14     71    159
15     72    164
```

데이터를 탐색하는 단계로 데이터 요약과 데이터 분포를 그래프로 출력해보자. 각 변수별로 최솟값, 제1사분위수, 중앙값, 평균, 제3사분위수, 최댓값을 보면 다음과 같다. 한편, 두 변수 간 분포는 개략적으로 y~wX+b의 형태로 나타나기 때문에 선형 회귀 모형을 적용할 수 있다.

데이터 탐색

```
# 요약 정보
summary(women)
```

출력 결과

```
     height         weight     
 Min.   :58.0   Min.   :115.0  
 1st Qu.:61.5   1st Qu.:124.5  
 Median :65.0   Median :135.0  
 Mean   :65.0   Mean   :136.7  
 3rd Qu.:68.5   3rd Qu.:148.0  
 Max.   :72.0   Max.   :164.0  
```

```
# 산포도
ggplot(women, aes(height, weight)) +
  geom_point() +
  labs(title="키에 따른 몸무게의 변화")
```

출력 결과

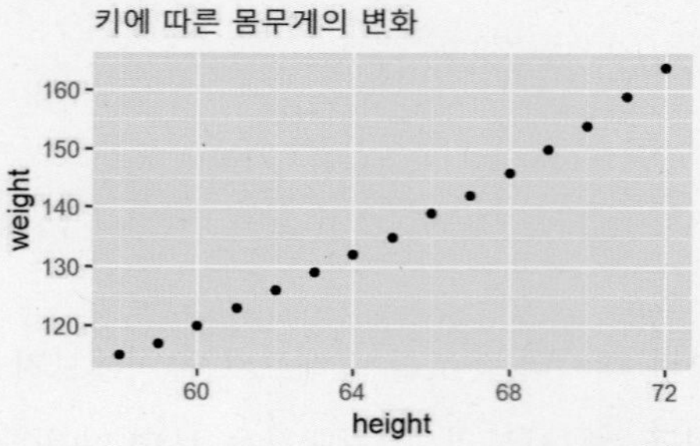

두 변수들의 학습용과 테스트 데이터에 대해 각각 피처 스케일링으로 데이터를 변환한다. 피처 스케일링에는 데이터를 0~1로 변환하는 정규화, z 분포($Z = \frac{y-\mu}{\sigma}$)로 변환하는 표준화 방법이 있다. 여기서는 표준화를 적용하기로 한다. 먼저, 학습용에 대해 두 변수들을 각각 표준화한다.

피처 스케일링: 표준화

```
# 피처 스케일링: 표준화 (z-score 변환 속성이 추가된 행렬 반환)
women.scaled <- scale(women)
women.scaled
```

출력 결과

```
         height     weight
 [1,] -1.5652476 -1.4022687
 [2,] -1.3416408 -1.2732255
 [3,] -1.1180340 -1.0796608
 [4,] -0.8944272 -0.8860962
 [5,] -0.6708204 -0.6925315
 [6,] -0.4472136 -0.4989668
 [7,] -0.2236068 -0.3054021
 [8,]  0.0000000 -0.1118374
 [9,]  0.2236068  0.1462489
[10,]  0.4472136  0.3398136
[11,]  0.6708204  0.5978998
[12,]  0.8944272  0.8559861
[13,]  1.1180340  1.1140723
[14,]  1.3416408  1.4366802
[15,]  1.5652476  1.7592880
attr(,"scaled:center")   추가적인 속성: 키와 몸무게의 평균
  height   weight
 65.0000 136.7333
attr(,"scaled:scale")   추가적인 속성: 키와 몸무게의 표준편차
   height    weight
 4.472136 15.498694
```

키에 대한 두 개의 테스트 데이터를 고려해보자. 테스터 데이터에 대한 표준화 스케일러scaler는 학습용 데이터의 표준화에 사용한 평균과 표준편차를 사용한다.

테스트 데이터

```
# 2명의 키에 대한 테스트 데이터
women.test <- c(60.5, 70.5)

# 학습용 데이터의 z-score 지표
height.avg <- attr(x = women.scaled, which = "scaled:center")[1]
height.std <- attr(x = women.scaled, which = "scaled:scale")[1]
weight.avg <- attr(x = women.scaled, which = "scaled:center")[2]
weight.std <- attr(x = women.scaled, which = "scaled:scale")[2]

# 테스트 데이터의 표준화(학습용 데이터의 z-score 지표 활용)
women.test.scaled <- scale(women.test, center = height.avg, scale = height.
std)
women.test.scaled
```

출력 결과

```
          [,1]
 [1,] -1.006231
 [2,]  1.229837
attr(,"scaled:center")
height
    65
attr(,"scaled:scale")
  height
4.472136
```

이제 학습 모형 구조를 만들고, 학습용 데이터로 학습해보자. neuralnet() 함수는 입출력 변수, 입력 데이터, 모형 구조, 활성화함수를 설정하면, 학습결과를 반환한다. linear.output을 TRUE로 설정하면, 출력노드의 활성화함수는 선형함수(Z=Y)가 되며 출력 노드의 입력 값이 그대로 출력으로 나가게 된다. 학습된 모형을 출력하면 각 파라미터가 정해진 결과를 볼 수 있다. 학습 데이터 세트가 학습에 사용된 횟수를 epoch라 한다. 다음 학습 결과는 epoch 수steps가 32이며, 오차error는 0.062933임을 알려준다.

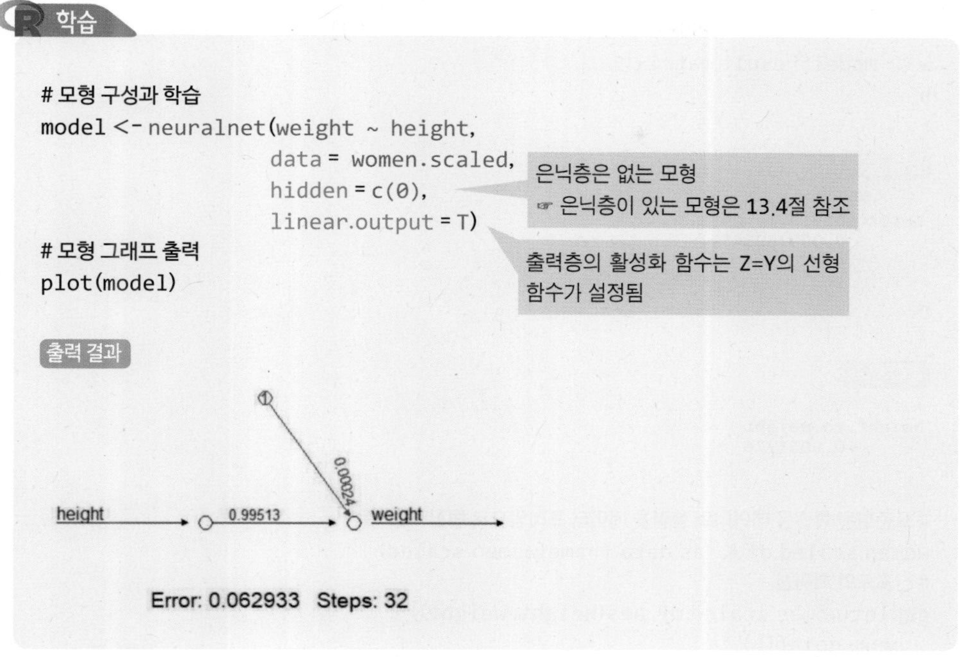

학습모형에 있는 학습결과에서 파라미터를 추출하는 방법과 회귀선을 그려보면 다음과 같다.

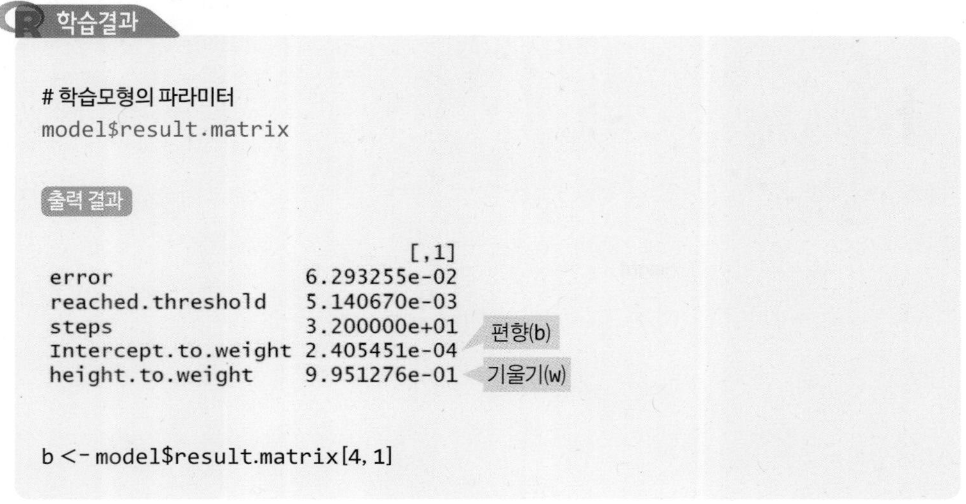

```
w <- model$result.matrix[5, 1]
b
```

출력 결과

```
Intercept.to.weight
       0.0002405451
```

```
w
```

출력 결과

```
height.to.weight
       0.9951276
```

```
# 표준화된 학습용 데이터의 행렬을 데이터 프레임으로 변환
women.scaled.df <- as.data.frame(women.scaled)
# 산포도와 회귀선
ggplot(women.scaled.df, aes(height, weight)) +
  geom_point() +
  labs(title="키에 따른 몸무게의 변화(표준화)") +
  geom_abline(intercept = b, slope = w, color = 'red', linetype = 'dotted')
```

회귀선

출력 결과

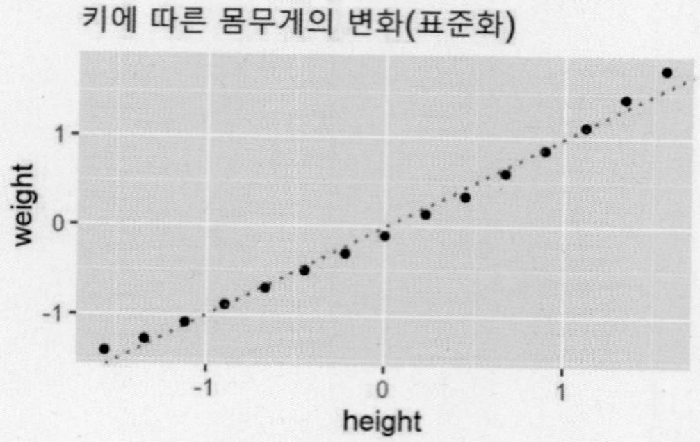

키에 따른 몸무게의 변화(표준화)

weight

1
0
-1

-1 0 1

height

학습모형으로 테스트 데이터에 대해 예측하면 다음과 같다. 한편 예측결과는 표준화 스케일러를 이용해 원래 스케일로 변환하는 역표준화 과정을 거치게 된다. 테스트 데이터에 대한 예측값의 분포를 보면, 학습한 회귀선으로 입력값에 대해 예측한 결과를 볼 수 있다.

예측

```
# 예측
predicted <- compute(model, women.test.scaled)
# 예측값
predicted.weight<- predicted$net.result
predicted.weight
```

출력 결과

```
          [,1]
[1,] -1.001087
[2,]  1.224086
```

```
# 테스트 데이터와 예측값의 데이터 프레임
women.test.df <- data.frame(height = women.test.scaled, weight = predicted.
weight)
# 테스트 데이터와 예측값의 분포
ggplot(women.scaled.df, aes(height, weight)) +
  geom_point() +
  labs(title="키에 따른 몸무게의 변화(표준화)") +
  geom_abline(intercept = b, slope = w, color = 'red', linetype = 'dotted') +
  geom_point(data = women.test.df, aes(height, weight), col = "green", size = 3)
```

테스트 데이터

출력 결과

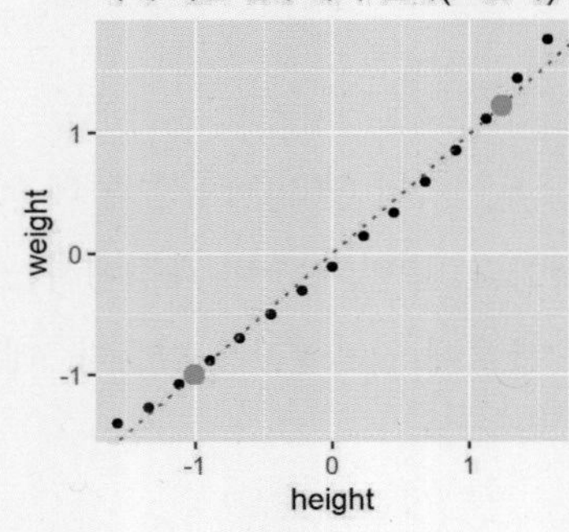

```
# 예측값을 실제 스케일로 변환
weight.real <- predicted.weight * weight.std + weight.avg
weight.real
```

출력 결과

```
        [,1]
[1,] 121.2178
[2,] 155.7051
```

```
# 테스트 데이터와 예측값의 데이터 프레임(실제 스케일)
women.test.real <- data.frame(height = women.test, weight = weight.real)
women.test.real
```

출력 결과

```
  height   weight
1   60.5 121.2178
2   70.5 155.7051
```

13.4 비선형 회귀분석의 예

입력과 출력 값들이 비선형적인 관계가 있을 때, 학습을 통해 어느 정도 예측력을 가지는지 확인해보자. $y = \sqrt{x}$의 비선형함수로 시뮬레이션 데이터를 만들고, 학습용과 테스트용으로 나누기로 한다. 학습 후에는 테스트 결과를 평가하여 주어진 비선형함수로 어느 정도 학습되었는지 보자.

(1) 데이터 분석 절차

데이터 분석 절차는 데이터 준비 → 데이터 탐색 → 데이터 분리(학습용과 테스트용) → 피처 스케일링 → 학습 → 테스트 순으로 진행한다. 데이터 준비 과정에서는 X값의 범위를 0~100 사이의 정수로 하고, 비선형함수 관계에 있는 Y값을 만든다. 데이터 탐색은 간단히 산포도로 분포를 파악해본다. 데이터는 학습용과 테스트용 데이터를 80:20으로 분리하고, 두 데이터 세트에 대해 표준화의 피처 스케일링을 한다. 마지막으로 학습 데이터로 학습하고, 테스트 데이터로 예측 및 오차를 평가한다.

(2) 모형 구조

입력과 출력 변수는 각각 1개이기 때문에 학습 모형의 입력 노드와 출력 노드도 각각 1개로 구성한다. 비선형 관계에서는 은닉층을 1개 이상 구성해야 한다. 여기서는 은닉층을 1개로 하고, 은닉층의 노드는 2개로 해보자. 은닉층의 활성화함수는 로지스틱함수로 하고, 출력층의 경우는 활성화함수가 적용되지 않게 선형함수를 설정한다. neuralnet 패키지의 경우, 사용 가능한 활성화 함수는 로지스틱logistic 함수와 Hyperbolic Tangenttanh 함수이다.

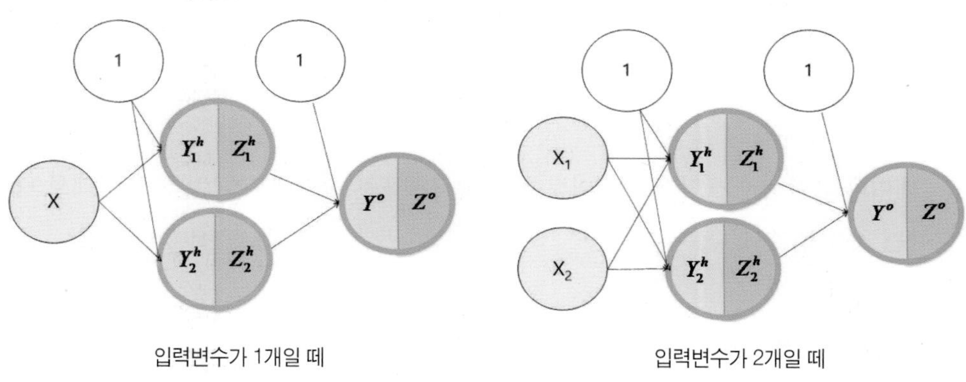

비선형 회귀모형 구조의 예

(3) 코딩

먼저, 시뮬레이션 데이터를 만들어보자. 입력변수(X) 값들은 0~100의 범위 내에서 정수들로 하고, 출력변수(Y) 값들은 $y=\sqrt{x}$의 함수 관계로 만들면 다음과 같다.

데이터 작성

```
# 패키지 설치 및 로딩
# install.packages("ggplot2")
# install.packages("neuralnet")
library(ggplot2)
library(neuralnet)

# 데이터 작성
X <- 0:100
Y <- sqrt(X)
data <- data.frame(X=X, Y=Y)
head(data)
```

출력 결과

```
  X        Y
1 0 0.000000
2 1 1.000000
3 2 1.414214
4 3 1.732051
5 4 2.000000
6 5 2.236068
```

데이터를 탐색하는 단계로 데이터 분포를 그래프로 출력해보자. 비선형 형태로 나타나는 것을 볼 수 있다.

데이터 탐색

```
ggplot(data, aes(X, Y)) +
  geom_point() +
  labs(title="X에 따른 Y의 변화")
```

출력 결과

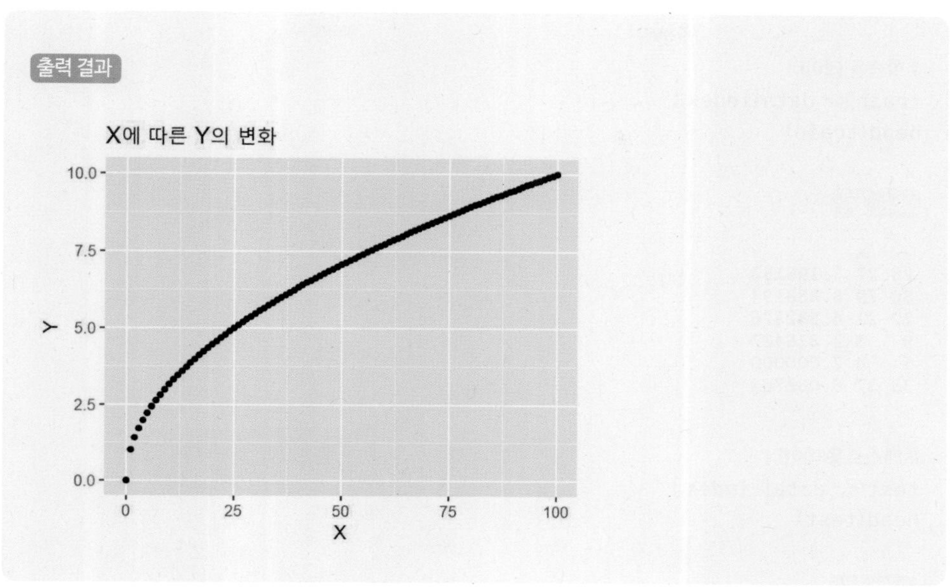

학습용과 테스트 데이터를 80:20으로 분리하는 과정은 다음과 같다. 학습용의 행 번호를 전체 행의 80%로 추출하고, 나머지는 테스트용으로 해서 구분한다.

학습용과 테스트용 데이터 분리

```
# 행의 수
n <- nrow(data)
# 난수 생성 초기화
set.seed(1234)
# 학습용으로 분리할 행번호
index <- sample(1:n, round(0.8*n))
index
```

> 동일한 시드를 설정하면, 동일한 난수를 만들 수 있어 재실험 시에 데이터 검증이 가능함

출력 결과

```
 [1]  28  80  22   9   5  38  16   4  86  90  70  79  78  14  56
[16]  62  94  85  21  40  87  67  97  66  47  82  48   3  41  72
[31]  32  42  43   2  54  49  81  51   6  89  29  71  93  57   8
[46]  26  17  58  91  60  77  99  35  73  95  74  50  10  45  25
[61]  46  19  65  23  63  20   7  52  37  31  92  27  12 100  64
[76]   1  84  96  76  98  36
```

```
# 학습용 데이터
train <- data[index,]
head(train)
```

출력 결과

```
    X        Y
28 27 5.196152
80 79 8.888194
22 21 4.582576
9   8 2.828427
5   4 2.000000
38 37 6.082763
```

```
# 테스트용 데이터
test <- data[-index,]
head(test)
```

출력 결과

```
    X        Y
11 10 3.162278
13 12 3.464102
15 14 3.741657
18 17 4.123106
24 23 4.795832
30 29 5.385165
```

두 변수들에 대해, 그리고 학습용과 테스트 데이터에 대해 각각 피처 스케일링으로 데이터를 변환한다. 여기서는 표준화를 적용하기로 한다. 먼저, 학습용에 대해 두 변수들을 각각 표준화한다. 한편 테스트용 데이터는 학습용 데이터의 평균과 표준편차를 이용해 두 변수들을 각각 표준화한다.

피처 스케일링: 표준화

```
# 학습용 데이터의 표준화
train.scaled <- scale(train)
train.scaled
```

출력 결과

```
            X            Y
28  -0.78518134 -0.581455084
80   0.94632851  0.886676300
22  -0.98497094 -0.825442355
9   -1.41784841 -1.522975203
5   -1.55104147 -1.852397204
38  -0.45219868 -0.228896764
98   1.54569731  1.268681723
36  -0.51879521 -0.295177747
attr(,"scaled:center")
       X        Y
50.58025  6.65839
attr(,"scaled:scale")
       X        Y
30.03159  2.51479
```

추가적인 속성: X와 Y의 평균

추가적인 속성: X와 Y의 표준편차

```
# 테스트용 데이터의 표준화
X.avg <- attr(x = train.scaled, which = "scaled:center")[1]
X.std <- attr(x = train.scaled, which = "scaled:scale")[1]
Y.avg <- attr(x = train.scaled, which = "scaled:center")[2]
Y.std <- attr(x = train.scaled, which = "scaled:scale")[2]

test.scaled.X <- scale(test$X, center = X.avg, scale = X.std)
test.scaled.Y <- scale(test$Y, center = Y.avg, scale = Y.std)

test.scaled <- data.frame(X = test.scaled.X, Y = test.scaled.Y)
test.scaled
```

출력 결과

```
            X           Y
1  -1.35125187 -1.39022036
2  -1.28465534 -1.27020081
3  -1.21805881 -1.15983144
4  -1.11816401 -1.00814949
5  -0.91837441 -0.74064170
18  1.04622331  0.95315928
19  1.21271464  1.06131699
20  1.64559211  1.32878305
```

이제 학습 모형 구조를 만들고, 학습용 데이터로 학습해보자. neuralnet() 함수는 입출력 변수, 입력 데이터, 모형 구조, 활성화함수를 설정하면, 학습결과를 반환한다. 활성화함수는 별도로 지정하지 않으면 로지스틱함수가 된다. 학습된 모형을 출력하면 각 가중치가 정해진 결과를 볼 수 있다. 아래 결과는 학습 데이터 세트를 총 5513번 반복한 결과이며, 그때 오차는 0.051764임을 알려준다.

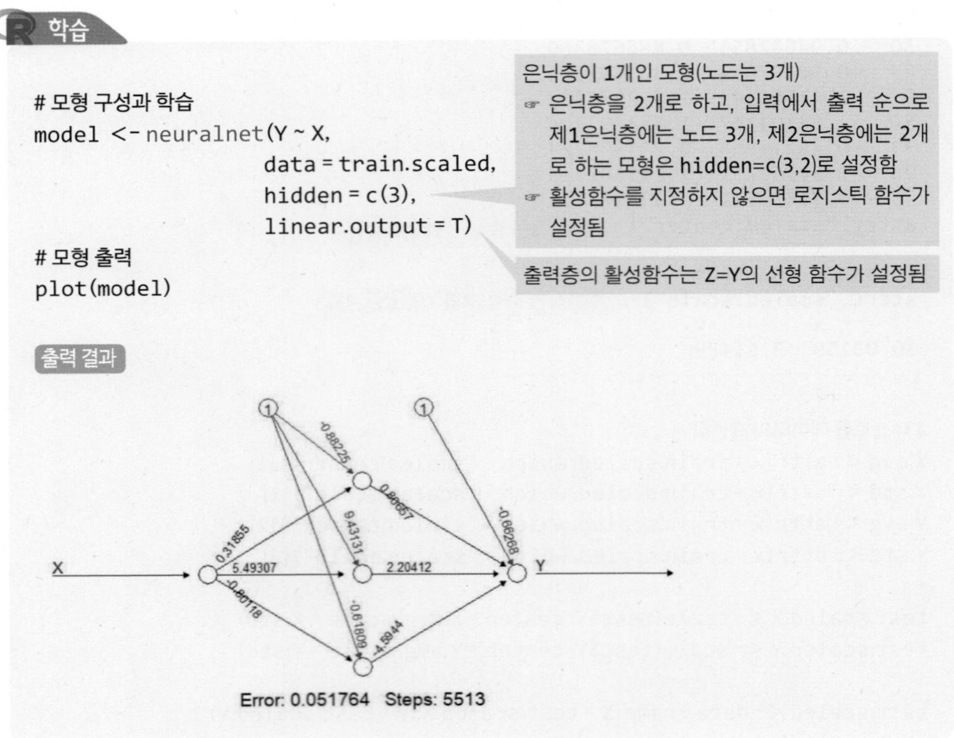

학습

```
# 모형 구성과 학습
model <- neuralnet(Y ~ X,
                   data = train.scaled,
                   hidden = c(3),
                   linear.output = T)

# 모형 출력
plot(model)
```


학습모형으로 테스트 데이터에 대해 예측하면 다음과 같다. 한편 예측결과는 표준화 스케일러를 이용해 원래 스케일로 변환하는 역표준화 과정을 거치게 된다.

테스트

```
# 예측
predicted <- compute(model, test.scaled)
# 예측 Y값
predicted.Y <- predicted$net.result
predicted.Y
```

출력 결과

```
              [,1]
  [1,] -1.36959317
  [2,] -1.23520650
  [3,] -1.11922316
  [4,] -0.97074991
  [5,] -0.72753748
 [18,]  0.96823644
 [19,]  1.06831226
 [20,]  1.29425300
```

```
# 예측 Y값을 실제 스케일로 변환
Y.real <- predicted.Y * Y.std + Y.avg
Y.real
```

출력 결과

```
           [,1]
 [1,] 3.214151
 [2,] 3.552105
 [3,] 3.843779
 [4,] 4.217158
 [5,] 4.828786
[18,] 9.093301
[19,] 9.344971
[20,] 9.913164
```

예측 값들의 오차를 살펴보자. 먼저, 테스트 데이터의 실제값 대비 예측값의 회귀선 그래프를 그려보면, 모든 데이터들이 대각선 근처에 있는 것을 볼 수 있다. 즉, 모든 테스트 데이터가 Y=X 그래프에 더 가까우면 정확도는 높아지고 반대로 오차는 작아지게 된다. 오차의 크기를 정량적으로 파악하는 한 지표인 평균 절대 백분율 오차MAPE: Mean

Absolute Percentage Error를 측정하기로 하자. MAPE는 각 실제 값(y_i) 대비 실제 값과 예측 값의 절대 오차 크기($|y_i - \hat{y}_i|$)인 상대적 비율들에 대한 평균 백분율을 의미한다.

$$MAPE\,(\%) = \frac{1}{n}\sum_{i=1}^{n}\frac{|y_i - \hat{y}_i|}{y_i} \times 100$$

측정 결과, MAPE는 0.879%로 상당히 작게 나타나고 있다. 즉, 예측 정확도가 상당히 높다고 할 수 있다.

오차 측정

```
# 실제값과 예측값의 데이터 세트
data.test <- data.frame(실제값=test$Y, 예측값= Y.real)

# 테스트 데이터의 실제값 대비 예측값의 회귀선 그래프
ggplot(data.test, aes(실제값, 예측값)) +
  geom_point() +
  geom_abline(slope = 1, intercept = 0, color = 'red', linetype="dashed") +
  labs(title = "테스트 데이터의 실제값 대비 예측값의 회귀선")
```

출력 결과

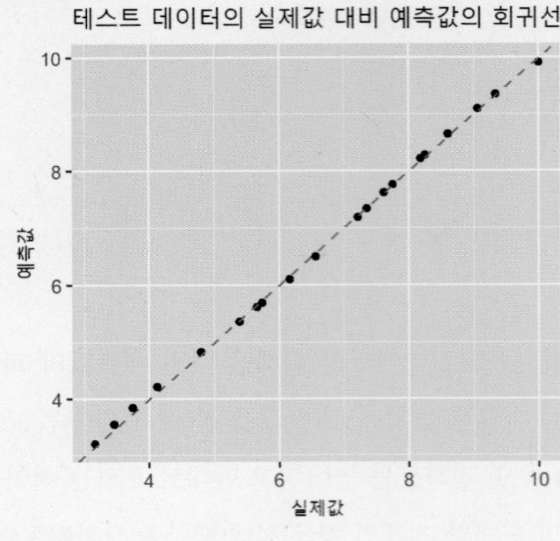

```
# MAPE
MAPE.model <- mean(abs(test$Y - Y.real)/test$Y)*100

MAPE.model
```

출력 결과

```
[1] 0.8790124
```

X, Y열로 구성되는 데이터 세트가 있다. 인공신경망의 회귀분석을 위해 학습 데이터(train)와 테스트 데이터(test)로 분리하였다.

1. 학습 데이터(train)와 테스트 데이터(test)를 각각 표준화하시오.

```
library(neuralnet)

train.scaled <- ______(train)
X.avg <- attr(x = train.scaled, which = " __________ ")[1]
X.std <- attr(x = train.scaled, which = " __________ ")[1]
Y.avg <- attr(x = train.scaled, which = " __________ ")[2]
Y.std <- attr(x = train.scaled, which = " __________ ")[2]

test.scaled <- scale(test, center = ______, scale = ______)
```

2. X는 입력, Y는 출력으로 하며, 1개 은닉층에 2개 노드가 있는 인공신경망을 구성하고 학습 후에, 모형을 출력하시오.

```
model <- neuralnet(Y ~ X, data = ______, hidden = ___, linear.output = ______)
 ______ (model)
```

3. 테스트 데이터에 대해 예측한 값을 출력하시오.

```
predicted <- __________ (model, test.scaled)
predicted.Y <- ____________________
predicted.Y
```

4. 예측 값의 오차(MAPE) 크기를 평가하시오.

```
predicted.Y2 <- predicted.Y * ____________ + X.avg
MAPE <- mean(sum(abs(__________ - predicted.Y2)/___________ ))* 100
MAPE
```

시뮬레이션 데이터를 이용한 선형 회귀분석

1~100 사이의 정수 값을 갖는 변수 x에 대해, y=−1.5x + 50 + 5 rnorm(100, mean=0, sd=1)의 관계식이 있다. 이 식에 의해 만든 시뮬레이션 데이터를 그래프로 나타내면 다음과 같다. 인공신경망의 선형 회귀모형을 학습하고 예측하시오. 학습 데이터와 테스트 데이터는 80:20으로 분리하시오. rnorm(50, mean=0, sd=1)은 평균이 0, 표준편차가 1인 표준정규분포에서 50개의 난수를 추출하는 함수이다.

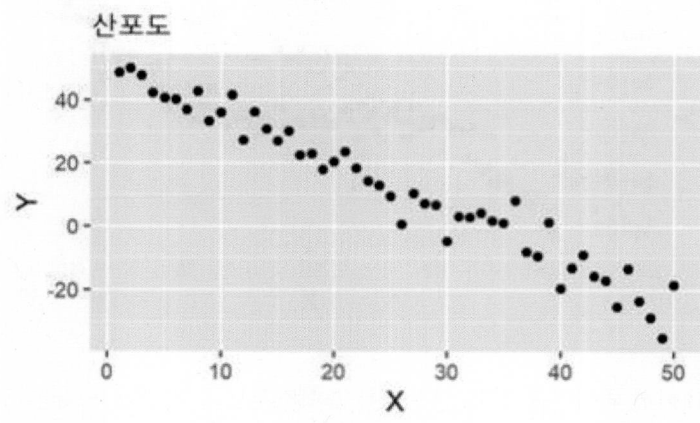

(1) 시뮬레이션 데이터를 읽고, 산포도를 출력하시오.

(2) 학습용과 테스트 데이터를 분리하시오.

(3) 데이터를 표준화하시오.

(4) 모형을 구성하고, 학습 후에 학습모형을 출력하시오.

(5) 테스트 데이터에 대해 예측하고, MAPE를 계산하시오.

시뮬레이션 데이터를 이용한 비선형 회귀분석

1~100 사이의 정수 값을 갖는 변수 x에 대해, $y = (x - 50)^3 + 10000 + 10000$ rnorm(100, mean=0, sd=1)의 관계식이 있다. 이 식에 의해 만든 시뮬레이션 데이터를 그래프로 나타내면 다음과 같다. 인공신경망의 비선형 회귀모형을 학습하고 예측하시오. 학습 데이터와 테스트 데이터는 80:20으로 분리하시오.

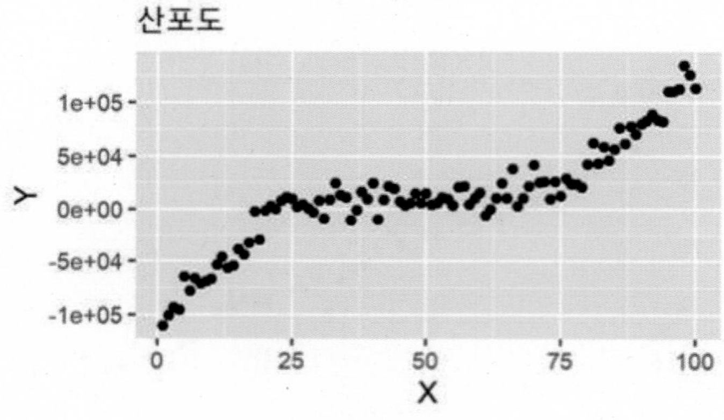

(1) 시뮬레이션 데이터를 읽고, 산포도를 출력하시오.

(2) 학습용과 테스트 데이터를 분리하시오.

(3) 데이터를 표준화하시오.

(4) 모형을 구성하고, 학습 후에 학습모형을 출력하시오.

(5) 테스트 데이터에 대해 예측하고, MAPE를 계산하시오.

R 코딩 플러스 APPENDIX

부록

1. R과 RStudio 설치(2장 참조)

2. graphics 패키지를 이용한 그래프(4장 참조)

3. 네트워크 분석(12장 참조)

4. 인공신경망을 이용한 분류문제(13장 참조)

부록1: R과 RStudio 설치(2장 참조)

(1) R 설치

◌ 홈페이지(www.r-project.org) 접속 후 'CRAN' 클릭

◌ CRAN 미러의 임의 사이트 선택

CRAN Mirrors

The Comprehensive R Archive Network is available at the following URLs, please choose a location close to you. Some statistics on the status of the mirrors can be found here: main page, windows release, windows old release.

If you want to host a new mirror at your institution, please have a look at the CRAN Mirror HOWTO.

0-Cloud

...redirection to servers worldwide,

Korea

https://ftp.harukasan.org/CRAN/	Information and Database Systems Laboratory, Pukyong National University
https://cran.yu.ac.kr/	Yeungnam University
https://cran.seoul.go.kr/	Bigdata Campus, Seoul Metropolitan Govermment
https://cran.biodisk.org/	The Genome Institute of UNIST (Ulsan National Institute of Science and Technology)

Malaysia

https://mirrors.upm.edu.my/CRAN/	Universiti Putra Malaysia

◌ 운영체제에 맞는 R 선택

The Comprehensive R Archive Network

CRAN
Mirrors
What's new?
Search

About R
R Homepage
The R Journal

Download and Install R

Precompiled binary distributions of the base system and contributed packages, **Windows and Mac** users most likely want one of these versions of R:

- Download R for Linux (Debian, Fedora/Redhat, Ubuntu)
- Download R for macOS
- Download R for Windows

R is part of many Linux distributions, you should check with your Linux package management system in addition to the link above.

◌ 기본 시스템 선택

R for Windows

CRAN
Mirrors
What's new?
Search

About R
R Homepage
The R Journal

Subdirectories:

base	Binaries for base distribution. This is what you want to **install R for the first time**.
contrib	Binaries of contributed CRAN packages (for R >= 3.4.x).
old contrib	Binaries of contributed CRAN packages for outdated versions of R (for R < 3.4.x).
Rtools	Tools to build R and R packages. This is what you want to build your own packages on Windows, or to build R itself.

Please do not submit binaries to CRAN. Package developers might want to contact Uwe Ligges directly in case of questions / suggestions related to Windows binaries.

◌ 최신 버전으로 나타나는 "Download R"을 클릭하고 웹브라우저 하단부의 "실행" 버튼 클릭

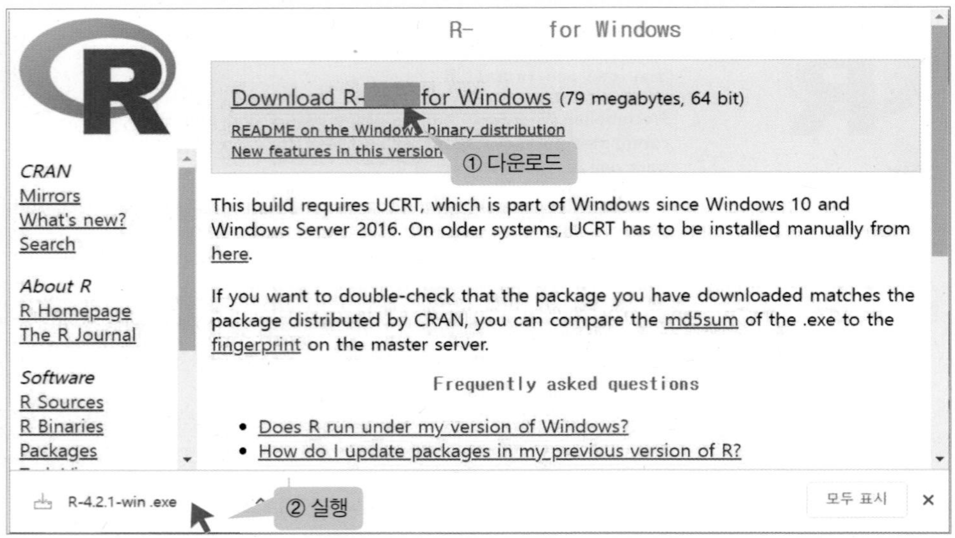

◌ 언어 선택

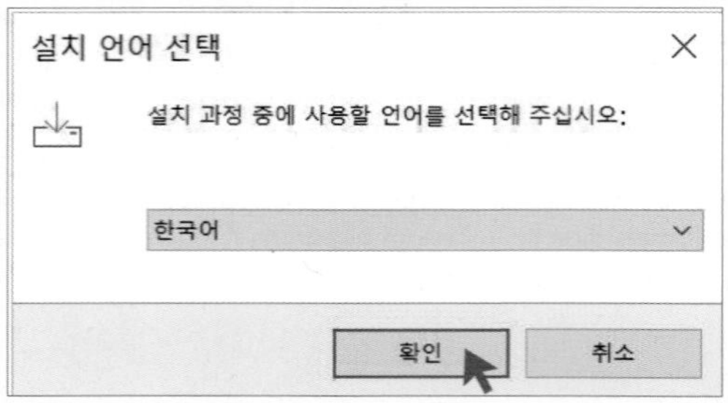

◌ 설치 정보 확인

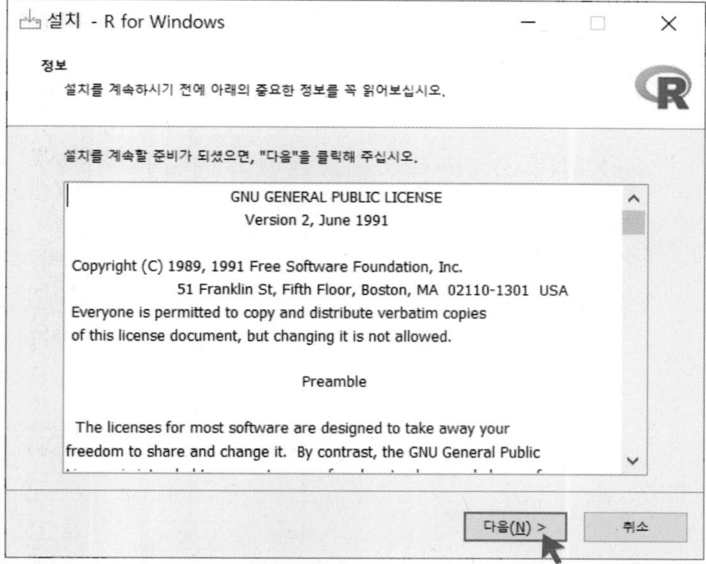

◌ 설치 폴더 확인

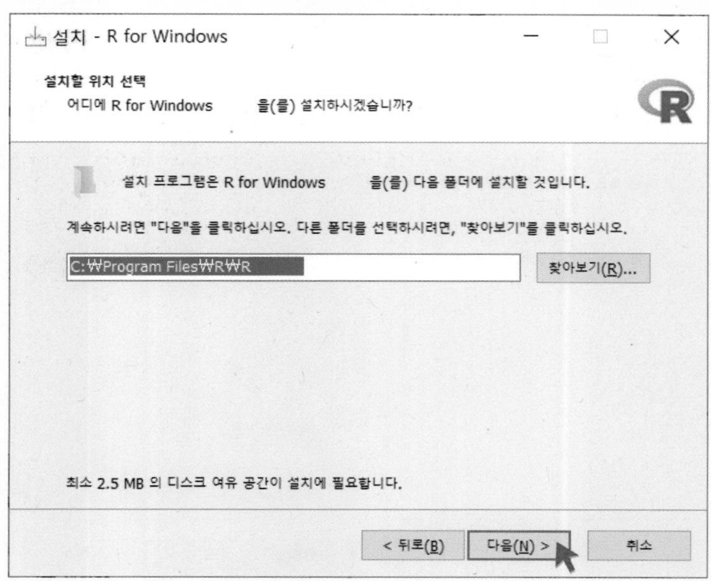

설치 구성요소 설정

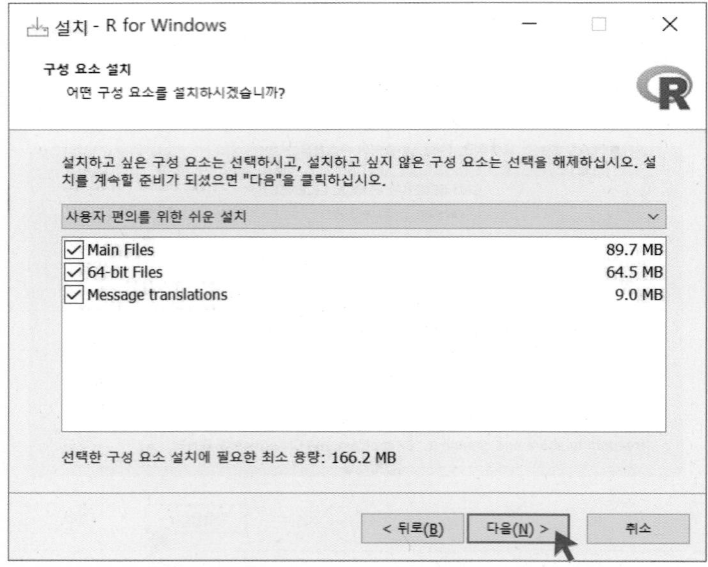

스타트업 옵션 선택

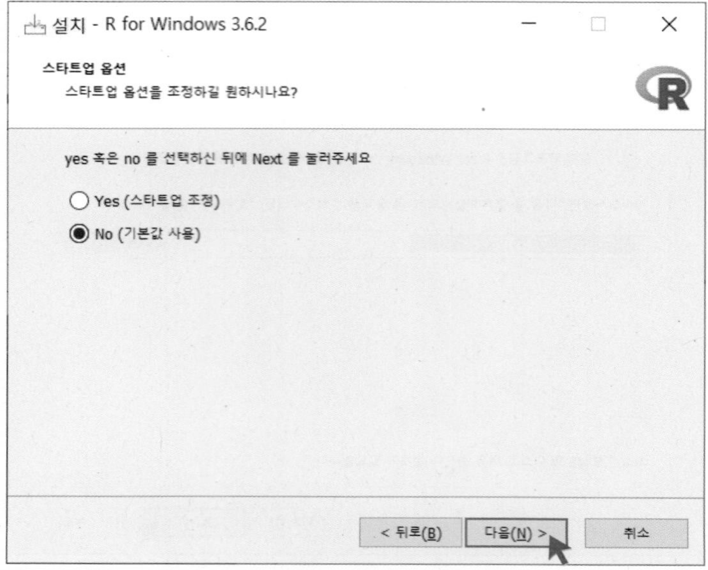

시작 메뉴 설정

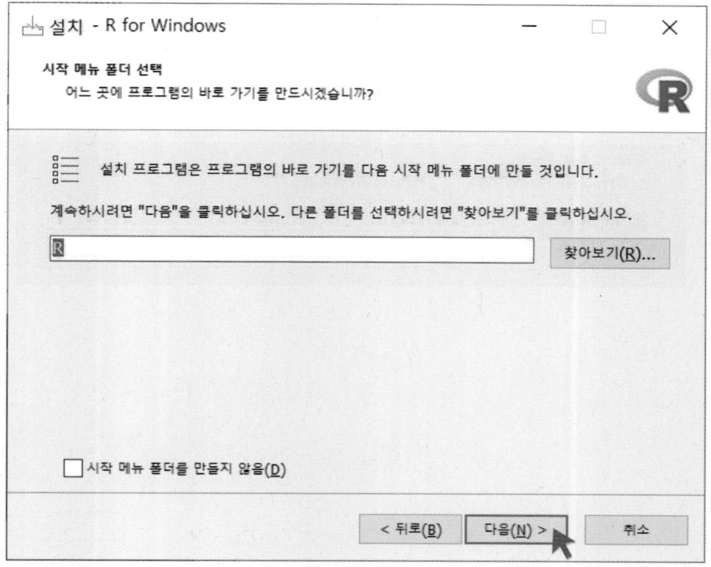

추가 사항 설정

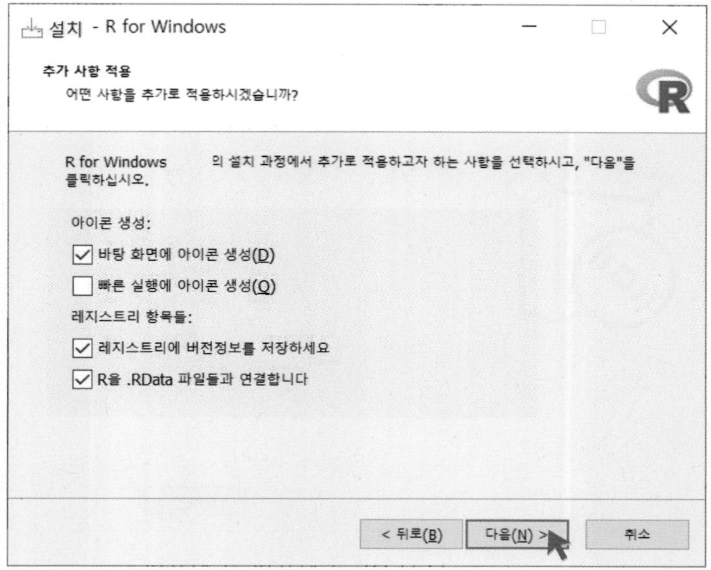

◌ 설치 진행

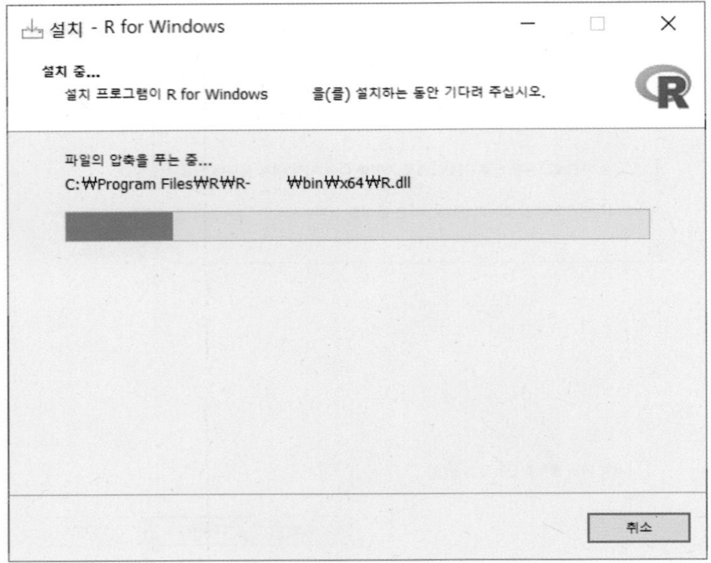
설치 - R for Windows
설치 중...
설치 프로그램이 R for Windows 을(를) 설치하는 동안 기다려 주십시오.
파일의 압축을 푸는 중...
C:₩Program Files₩R₩R- ₩bin₩x64₩R.dll
취소

◌ 설치 완료

설치 - R for Windows
R for Windows 설치 완료
설치 프로그램이 R for Windows 의 설치를 완료했습니다. 설치된 바로 가기를 실행하시면 프로그램이 실행됩니다.
"완료"를 클릭하여 설치를 완료하십시오.
완료(F)

◌ R 실행 (시작 메뉴 또는 바탕화면의 아이콘)

(2) RStudio 설치

- Posit 홈페이지(https://posit.co)에서 "DOWNLOAD RSTUDIO"를 클릭하거나 "PRODUCTS RStudio IDE" 메뉴 클릭

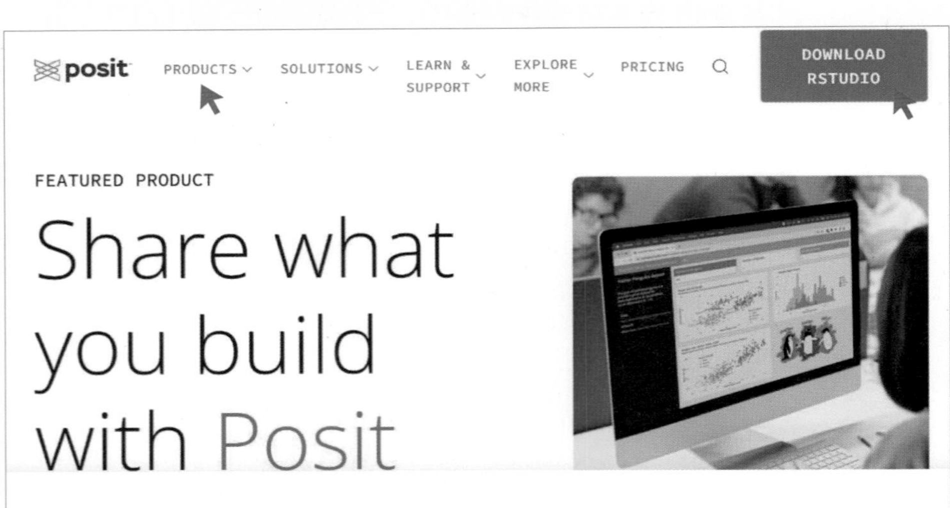

◌ 무료 버전 선택

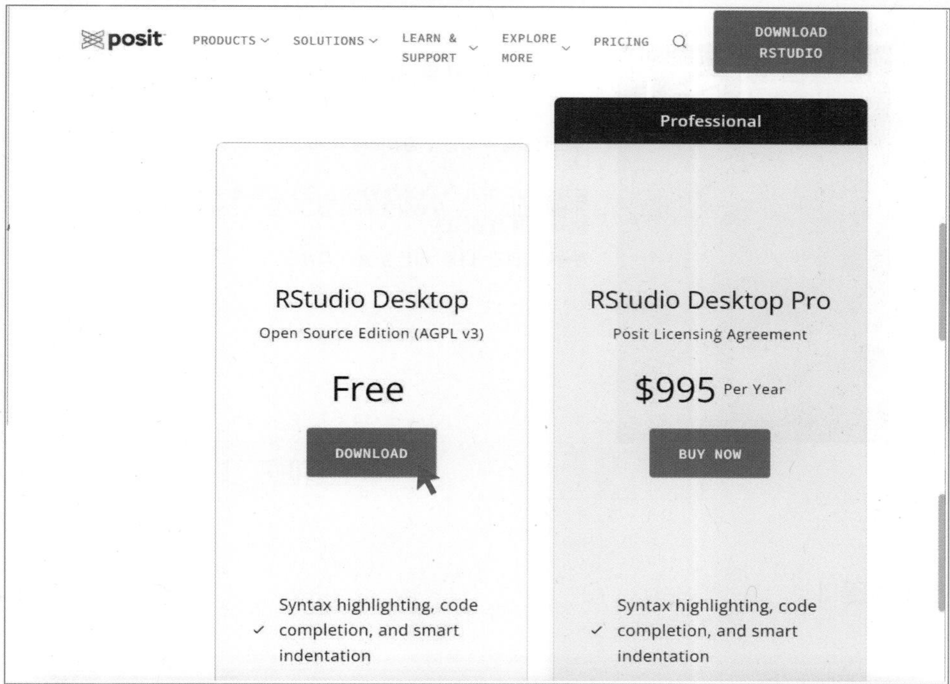

◌ "다운로드" 및 "실행"

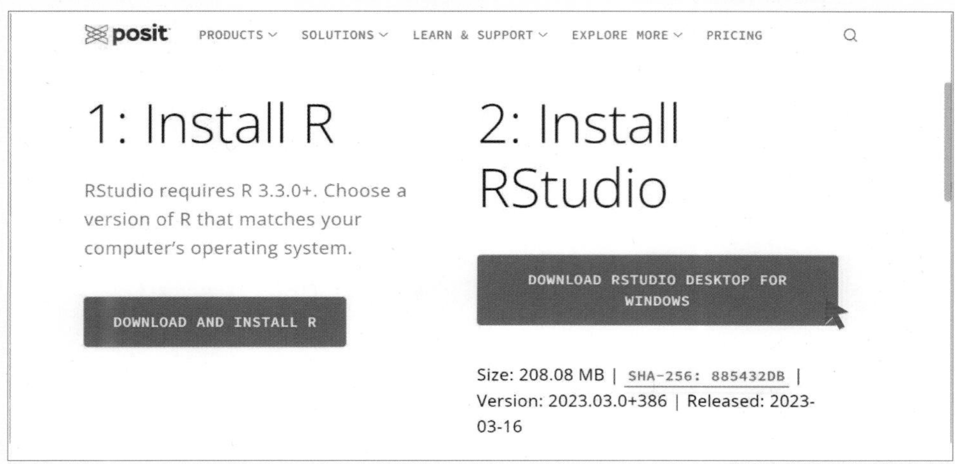

◌ 설치 시작

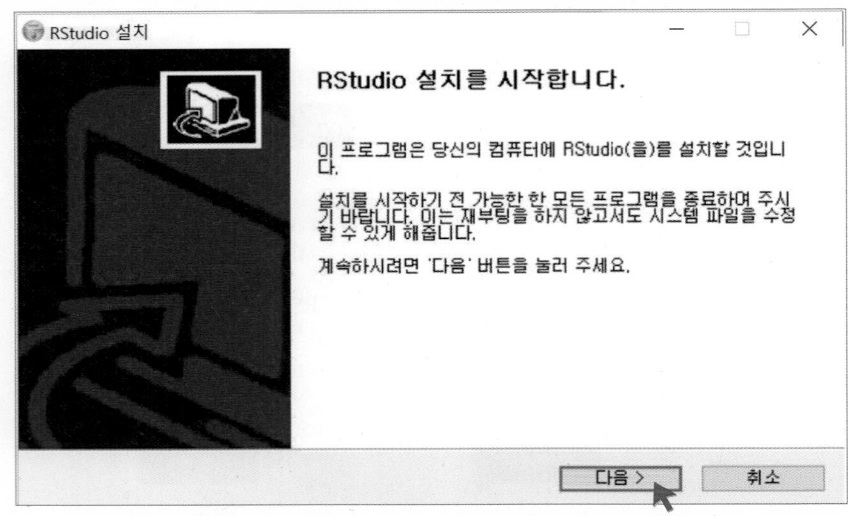
RStudio 설치
RStudio 설치를 시작합니다.
이 프로그램은 당신의 컴퓨터에 RStudio(을)를 설치할 것입니다.
설치를 시작하기 전 가능한 한 모든 프로그램을 종료하여 주시기 바랍니다. 이는 재부팅을 하지 않고서도 시스템 파일을 수정할 수 있게 해줍니다.
계속하시려면 '다음' 버튼을 눌러 주세요.
다음 >
취소

◌ 설치 폴더

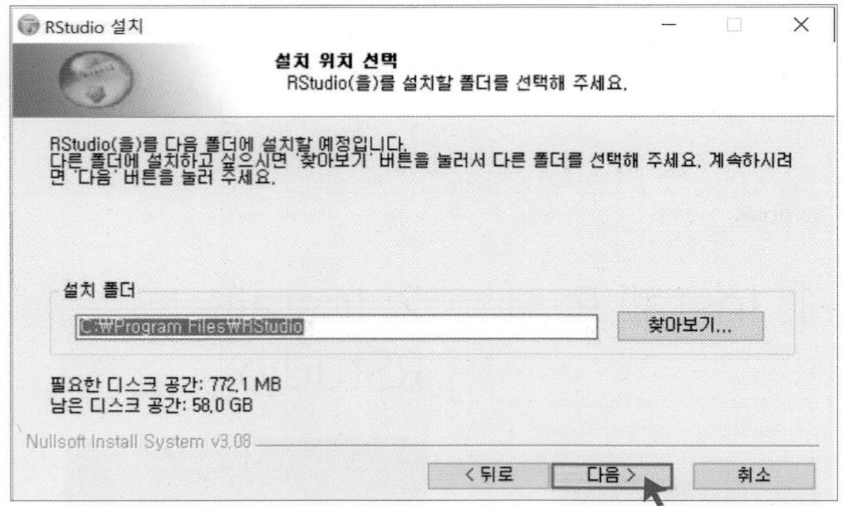
RStudio 설치
설치 위치 선택
RStudio(을)를 설치할 폴더를 선택해 주세요.
RStudio(을)를 다음 폴더에 설치할 예정입니다.
다른 폴더에 설치하고 싶으시면 '찾아보기' 버튼을 눌러서 다른 폴더를 선택해 주세요. 계속하시려면 '다음' 버튼을 눌러 주세요.
설치 폴더
C:₩Program Files₩RStudio
찾아보기...
필요한 디스크 공간: 772.1 MB
남은 디스크 공간: 58.0 GB
Nullsoft Install System v3.08
< 뒤로
다음 >
취소

○ "시작 메뉴 폴더" 선택

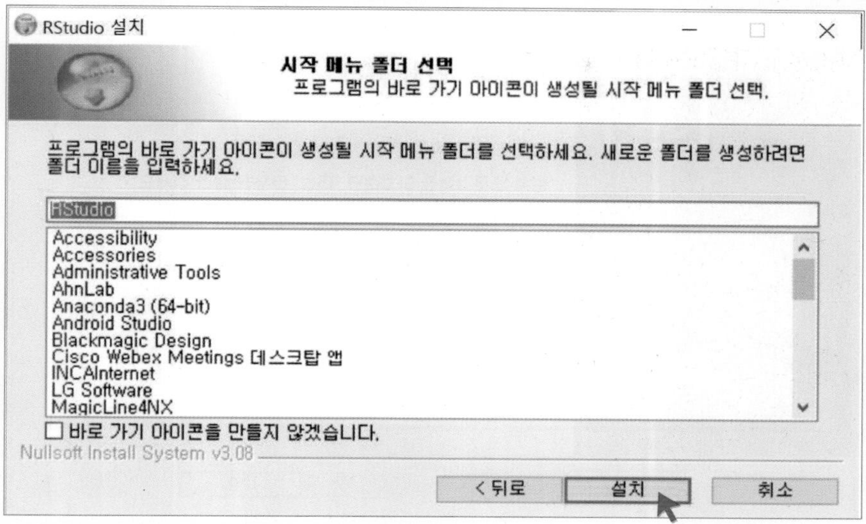

○ 설치 진행

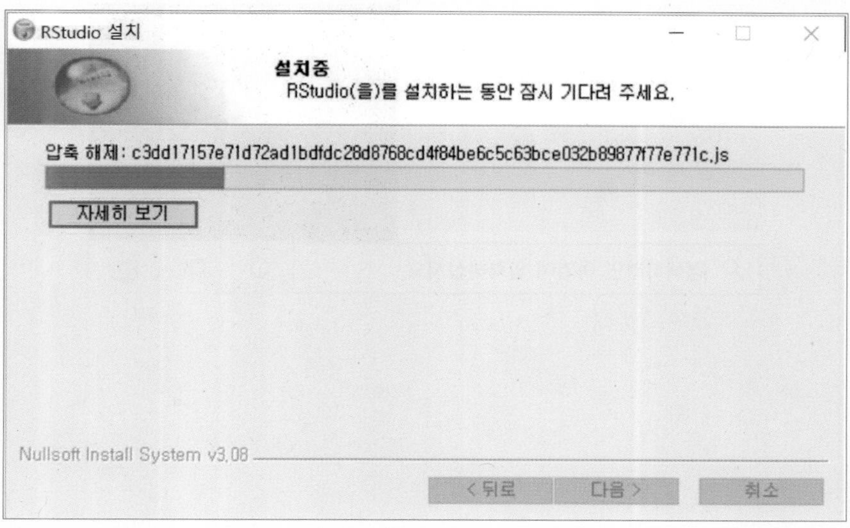

◌ 설치 완료

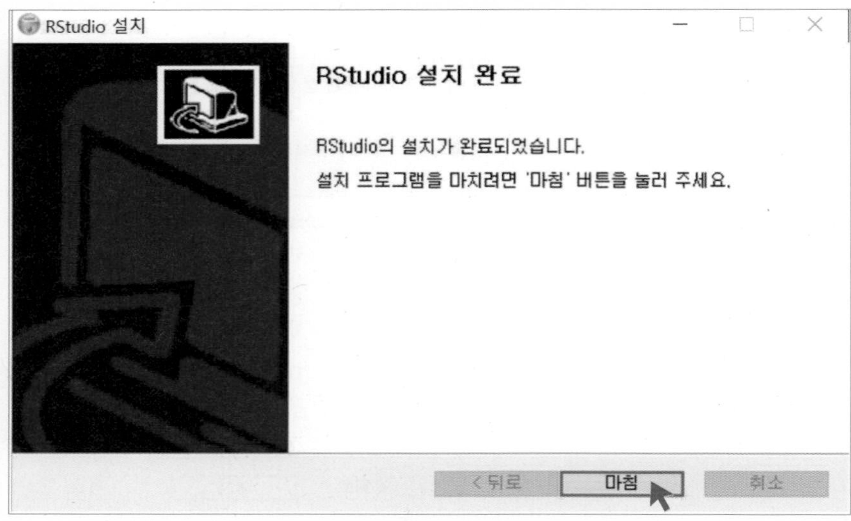

◌ RStudio 실행 (시작 메뉴)

부록2: graphics 패키지를 이용한 그래프(4장 참조)

(1) 줄기-잎 그림

줄기-잎 그림stem plot은 데이터의 분포를 개략적으로 쉽게 파악할 수 있는 그림이다. 강의 길이에 대한 분포를 파악해보자. rivers는 R에 내장된 북미의 주요 강 길이에 대한 141개 데이터이다.

[R-스크립트 5-1] 줄기-잎 그림

```
rivers
```

출력 결과

```
  [1]  735  320  325  392  524  450 1459  135  465  600
 [11]  330  336  280  315  870  906  202  329  290 1000
 [21]  600  505 1450  840 1243  890  350  407  286  280
 [31]  525  720  390  250  327  230  265  850  210  630
 [41]  260  230  360  730  600  306  390  420  291  710
 [51]  340  217  281  352  259  250  470  680  570  350
 [61]  300  560  900  625  332 2348 1171 3710 2315 2533
 [71]  780  280  410  460  260  255  431  350  760  618
 [81]  338  981 1306  500  696  605  250  411 1054  735
 [91]  233  435  490  310  460  383  375 1270  545  445
[101] 1885  380  300  380  377  425  276  210  800  420
[111]  350  360  538 1100 1205  314  237  610  360  540
[121] 1038  424  310  300  444  301  268  620  215  652
[131]  900  525  246  360  529  500  720  270  430  671
[141] 1770
```

```
stem(rivers)
```

출력 결과

왼쪽의 줄기 부분은 100자리 수, 오른쪽의 잎 부분은 10자리 수
☞ 전반적으로 왼쪽 봉우리가 높고, 오른쪽으로 길게 기울어진 분포

```
   0 | 4
   2 | 011223334555566667778888899990001111223333344455555666688888999
   4 | 1112223334455566779001233344567
   6 | 000112233578012234468
   8 | 045790018
  10 | 04507
  12 | 1471
  14 | 56
  16 | 7
  18 | 9
  20 |
  22 | 25
  24 | 3
  26 |
  28 |
  30 |
  32 |
  34 |
  36 | 1
```

10자리수가 2와 5
2515 : 15 ⇒ 20(10자리수로 반올림)
2348 : 48 ⇒ 50(10자리수로 반올림)

2,200 이상~2,400 미만

줄기 잎

```
stem(rivers, scale=2)
```
기본적으로 출력되는 줄기 수를 2배로 증가

출력 결과

```
   1 | 4
   2 | 0112233345555666677788888999
   3 | 0000111122333334445555566668888
   4 | 111222333445566779
   5 | 001233344567
   6 | 000112233578
   7 | 012234468
   8 | 04579
   9 | 0018
  10 | 045
  11 | 07
  12 | 147
  13 | 1
  14 | 56
  15 |
  16 |
  17 | 7
  18 | 9
  19 |
  20 |
  21 |
  22 |
  23 | 25
  24 |
  25 | 3
  26 |
  27 |
  28 |
  29 |
  30 |
  31 |
  32 |
  33 |
  34 |
  35 |
  36 |
  37 | 1
```
줄기 잎

(2) 원 그래프

시도별 초미세먼지 농도를 원 그래프로 그려 보자.

• 지역별 초미세먼지 일평균 농도 •

시도명	초미세먼지 농도(μg/m³)
서울	18
부산	21
대구	21
인천	17
광주	8
대전	11
울산	25

원 그래프

```
city <- c("서울", "부산", "대구", "인천", "광주", "대전", "울산")   지역명
pm25 <- c(18, 21, 21, 17, 8, 11, 25)   초미세먼지 농도
colors <- c("red", "orange", "yellow", "green", "lightblue", "blue", "violet")
pie(pm25, labels=city, col=colors, main="지역별 초미세먼지 농도")
```

색

출력 결과

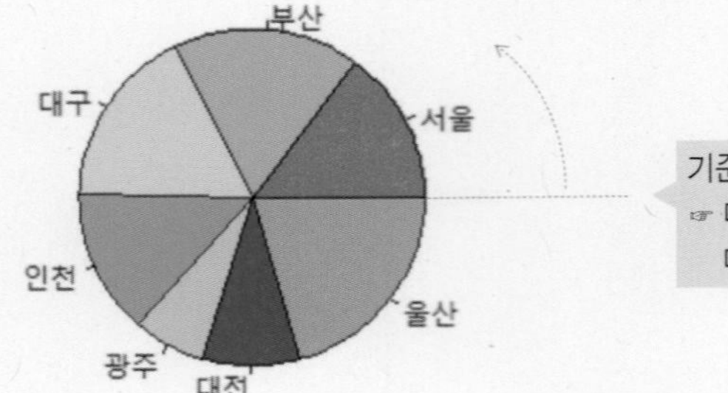

기준 선
☞ 디폴트는 3시 방향에서 반시계방향으로 데이터가 나타남

```
pie(pm25, labels=city, col=colors, main="지역별 초미세먼지 농도",
    init.angle=90, clockwise=T)
```

기준 선과 방향 설정

출력 결과

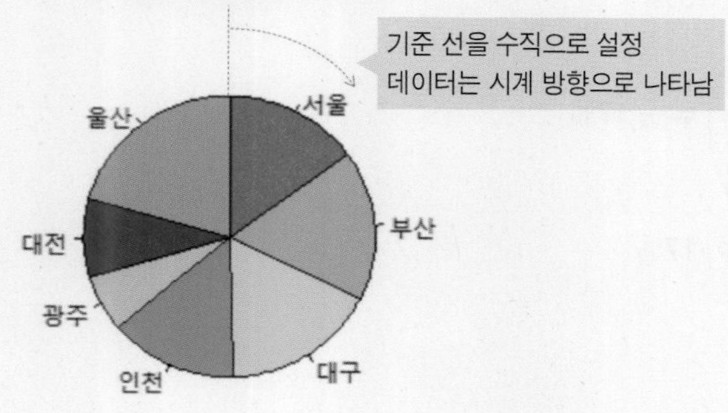

원 그래프는 라벨에 정량적인 정보를 추가하면 더 비교가 쉽다. 다음은 라벨에 백분율을 추가한 경우이다.

라벨 변경과 팔레트 사용

```
#install.packages("RColorBrewer")
library(RColorBrewer)

greens<-brewer.pal(7, 'Greens')
pct    <-round(pm25/sum(pm25)*100, 0)
city_label <-paste(city, ", ", pct, "%", sep="")
pie(pm25, labels=city_label, col=greens, main="지역별 초미세먼지 농도",
    init.angle=90, clockwise=T)
```

각 초미세먼지 농도(pm25)를 전체 농도로 나누고 100을 곱한 후 소수점 없이 반올림하여 정수로 만듦

지역명, 백분율, '%' 기호를 순서대로 공백 없이 빈문자열을 붙임(sep는 구분자를 의미함)

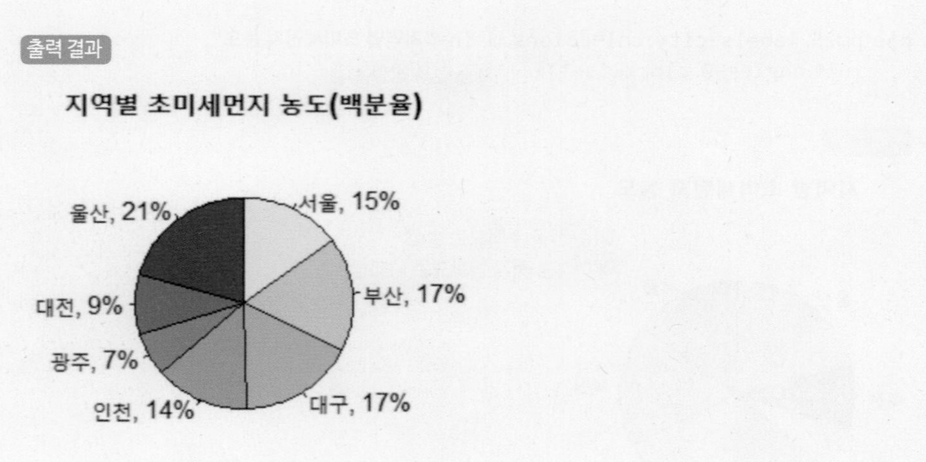

(3) 막대 그래프

다음 1, 2분기의 부서별 영업실적을 막대 그래프로 비교해 보자. 먼저 1분기 실적으로 비교하고, 1분기와 2분기를 구분해서 그룹형(group)과 스택형(stack)으로 비교해 보자.

• 부서별 영업실적(억 원) •

부서	1분기	2분기
영업 1팀	4	12
영업 2팀	12	8
영업 3팀	5	8
영업 4팀	8	4

막대 그래프

```
dept <- c("영업 1팀", "영업 2팀", "영업 3팀", "영업 4팀")   ◀ 부서명
sales01 <- c(4, 12, 5, 8)   ◀ 1 분기 영업실적

barplot(sales01, names.arg=dept,
        main="부서별 영업 실적(1분기)",
        col=rainbow(length(dept)),
        xlab="부서", ylab="영업 실적(억 원)",
        ylim=c(0, 15))
```

막대 그래프 출력
names.arg: 막대 라벨
main: 차트 제목
col: 막대 색
xlab, ylab: X, Y출 라벨
ylim: Y출 크기(지정하지 않으면 막대 최대 크기에 맞추어 자동 출력)

출력 결과

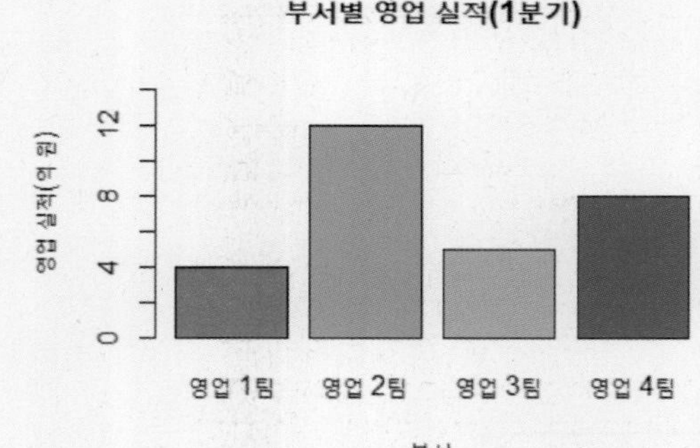

■ **수평 막대 그래프**

부서가 많을 때는 가로로 나열하기 힘들기 때문에, 세로 축으로 표현하는 방법은 대안이 될 수 있다.

막대 그래프의 회전

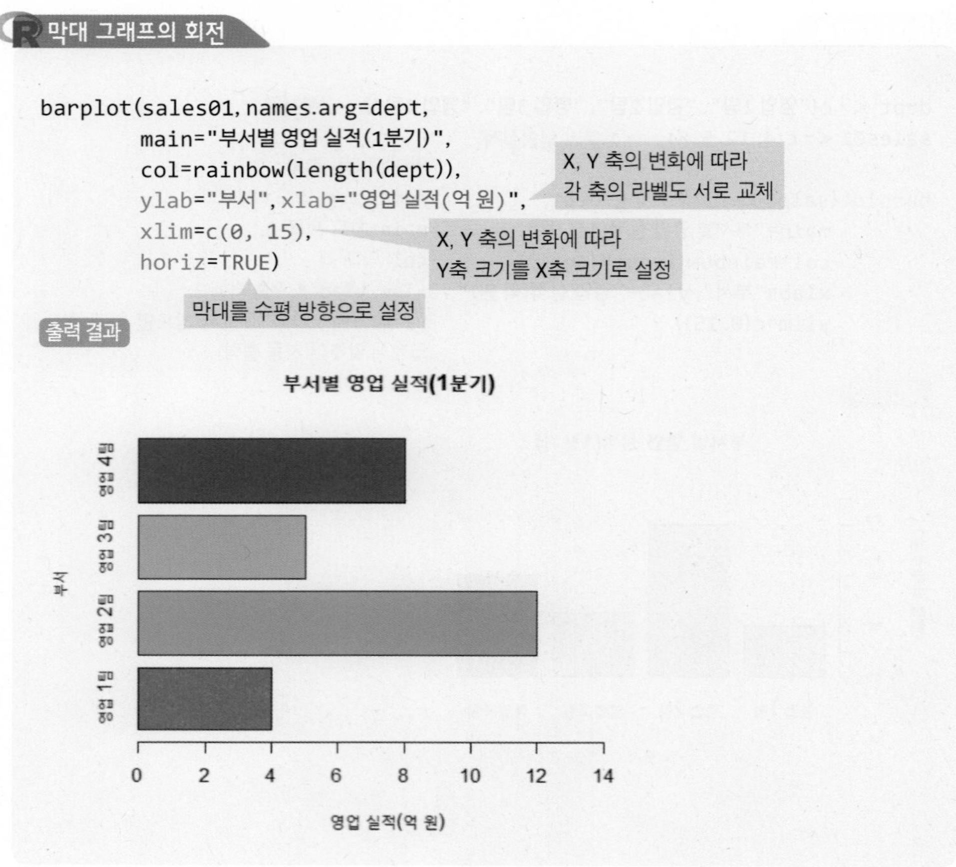

■ **스택형과 그룹형 막대 그래프**

부서별로 1~2 분기 영업실적을 스택형으로 표시해서 전체 영업실적을 비교해보자. 그리고 그룹형으로 변환해서, 분기별로 실적이 어떻게 변했는지 비교해보자.

스택형 막대 그래프

```
dept <- c("영업 1팀", "영업 2팀", "영업 3팀", "영업 4팀")
sales01 <- c(4, 12, 5, 8)
sales02 <- c(12, 8, 8, 4)
sales <- rbind(sales01, sales02)    # 1, 2분기 영업실적을 각 행으로 하는 배열을 만듦
sales
```

출력 결과

```
        [,1] [,2] [,3] [,4]
sales01    4   12    5    8
sales02   12    8    8    4
```

```
barplot(sales, main="부서별 영업 실적(1~2 분기)",
        names.arg=dept,
        xlab="부서", ylab="영업 실적(억 원)",
        col=c("green","orange"),            # 분기별 막대 색
        legend.text= c("1 분기", "2 분기"),  # 범례 라벨
        ylim=c(0, 30),    # 범례 출력 영역을 고려한 Y축 크기
        args.legend = list(x = "top", ncol = 2))
```

범례를 중앙 위쪽에 출력, 열을 2개로 하여 범례 배치

출력 결과

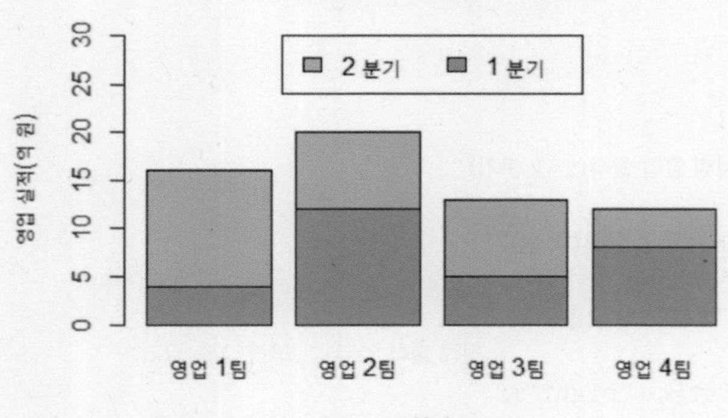


```
barplot(sales, main="부서별 영업 실적(1~2 분기)",
        names.arg=dept,
        xlab="부서", ylab="영업 실적(억 원)",
        col=c("green","orange"),
```

```
legend.text= c("1 분기", "2 분기"),
xlim=c(0, 7),
args.legend = list(x = "right"))
```

범례 출력 영역을 고려한 X축 크기
☞ 막대 1개는 대략 1단위 정도

범례를 차트 오른쪽 영역의 중앙에 출력

출력 결과

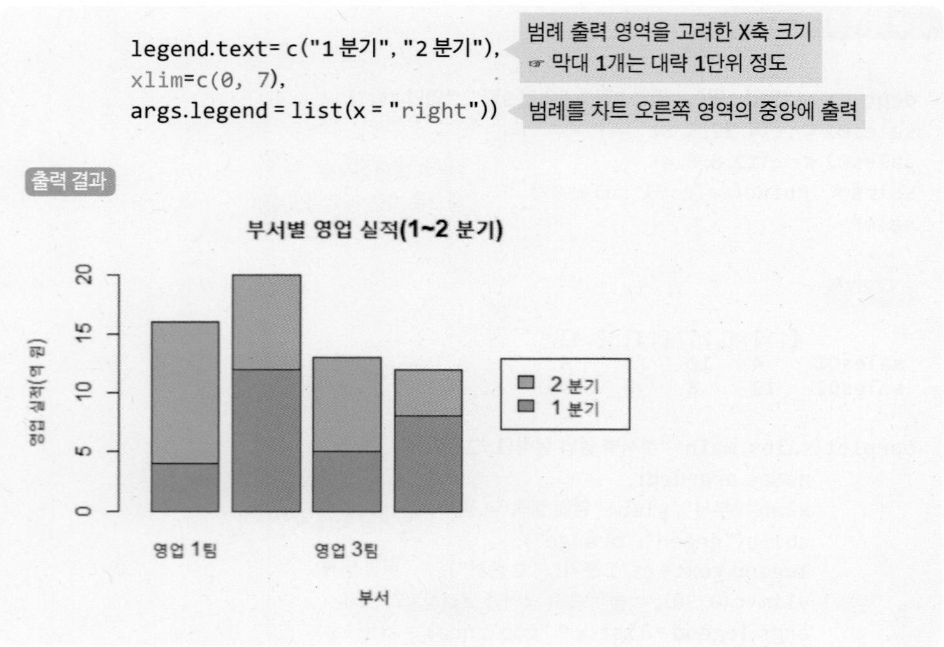

스택형을 그룹형으로 변환하고, 범례를 차트 밖의 영역에 표시해보자.

그룹형 막대 그래프

```
barplot(sales, main="부서별 영업 실적(1~2 분기)",
        names.arg=dept,
        xlab="부서", ylab="영업 실적(억 원)",
        col=c("green","orange"),
        legend.text= c("1 분기", "2 분기"),
        xlim=c(0, 17),
        args.legend = list(x = "right"),
        beside=TRUE)
```

범례 출력 영역을 고려한 X축 크기

두 그룹의 막대를 나란히 배치

출력 결과

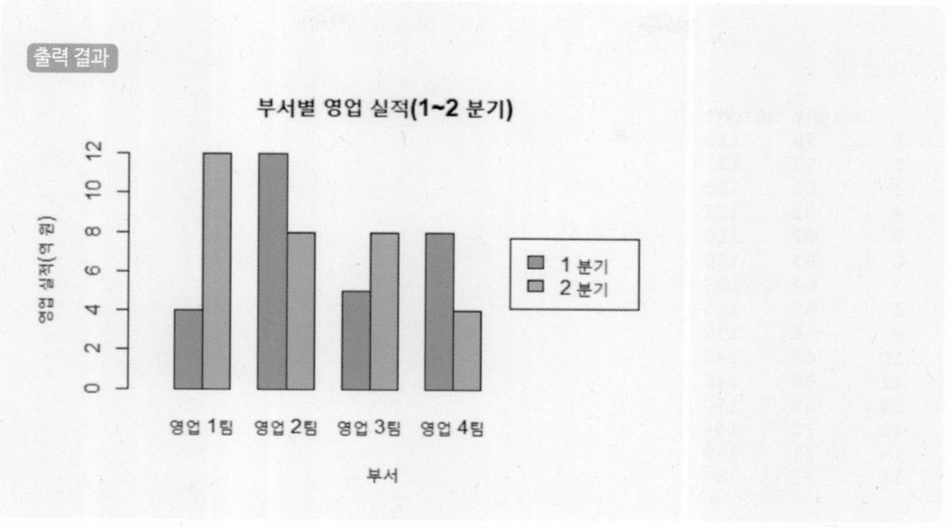

(4) 산포도

키와 몸무게는 비례적으로 늘어날까? R에 내장된 30~39세의 미국 여성 15명의 키(height, 인치 단위)와 몸무게(weight, 파운드 단위)에 관한 데이터 프레임 'women'으로부터 키가 크면 몸무게도 비례적으로 늘어나는 현상을 볼 수 있는지 산포도로 살펴보자.

산포도

```
women
```

women 데이터세트 출력

출력 결과

```
   height weight
1      58    115
2      59    117
3      60    120
4      61    123
5      62    126
6      63    129
7      64    132
8      65    135
9      66    139
10     67    142
11     68    146
12     69    150
13     70    154
14     71    159
15     72    164
```

```
height <- women$height
weight <- women$weight
plot(x=height, y=weight,
     xlab="키", ylab="몸무게",
     main="키와 몸무게의 변화",
     pch=23, col="blue", bg="yellow", cex=1.5)
```

women 데이터 세트의 height를 height 값으로 할당

height에 따른 weight의 그래프 출력

플로팅 문자의 설정
23번 기호, 테두리 색은 청색,배경 색은 노란색, 기호의 크기는 1.5배로 출력

출력 결과

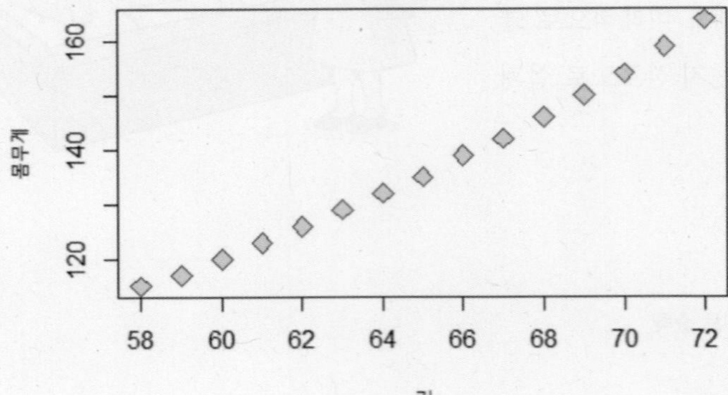

■ 그래프의 유형

type에 따라 그래프는 다음과 같이 여러 형태로 나타난다.

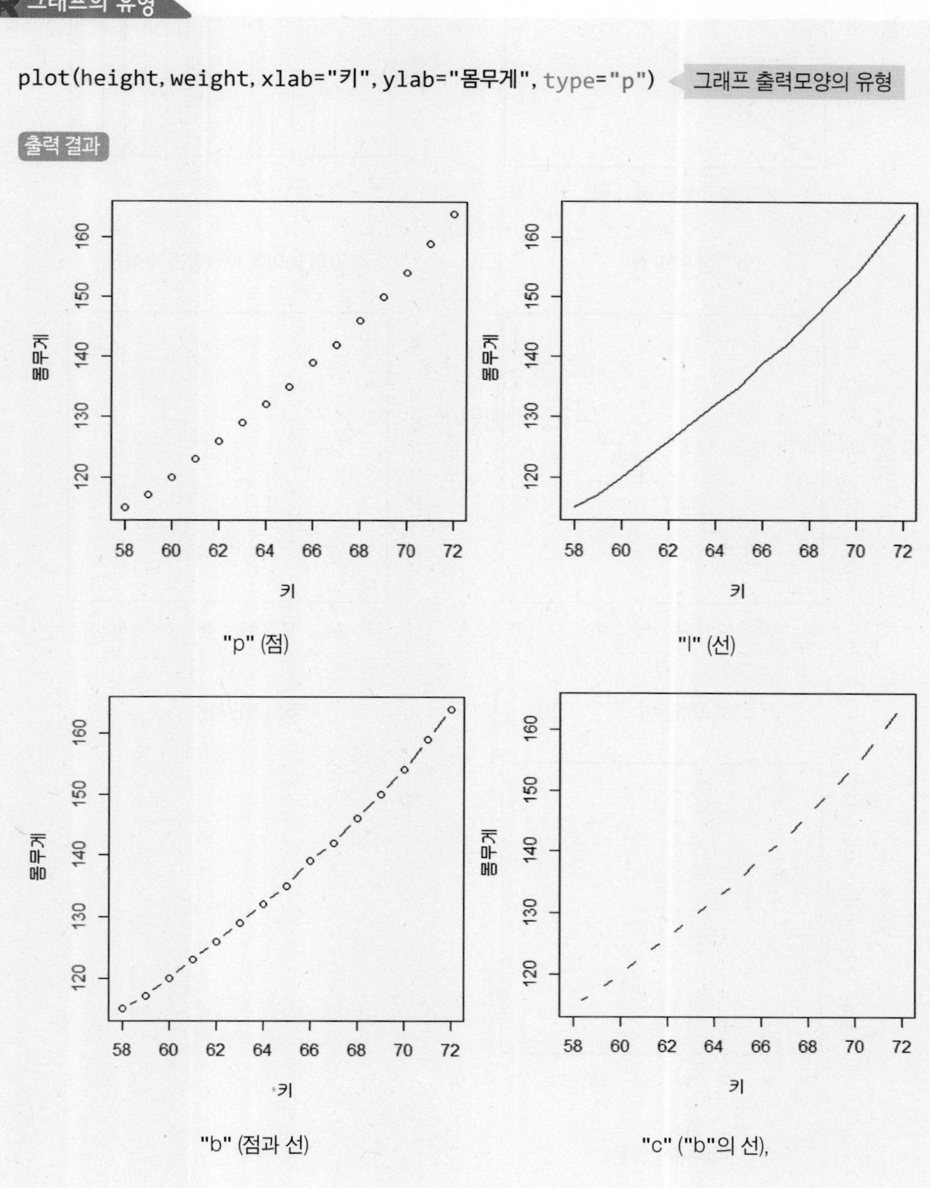

"p" (점)

"l" (선)

"b" (점과 선)

"c" ("b"의 선),

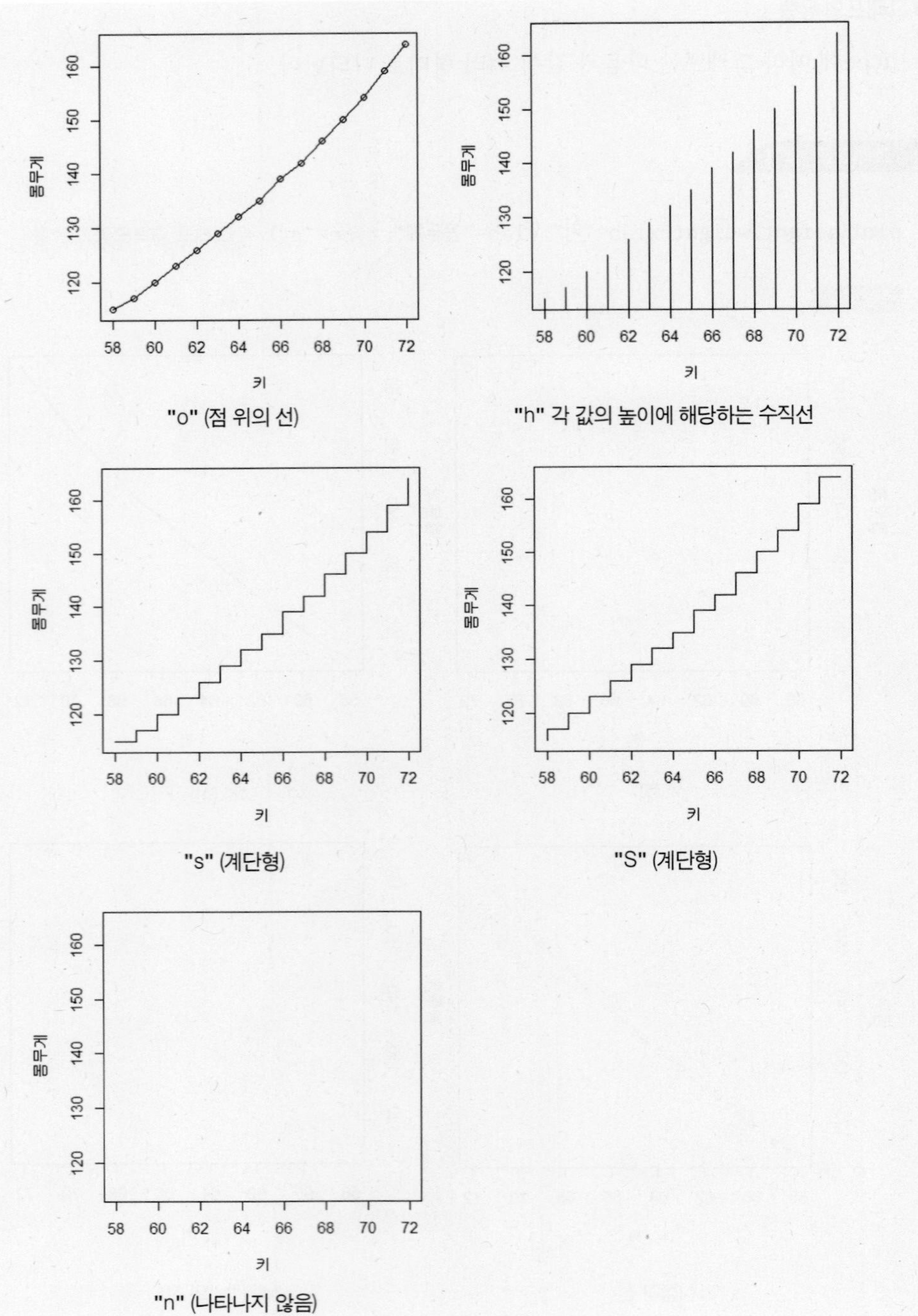

"o" (점 위의 선)

"h" 각 값의 높이에 해당하는 수직선

"s" (계단형)

"S" (계단형)

"n" (나타나지 않음)

■ 선의 유형

선은 유형lty과 굵기lwd 설정이 가능하다.

선의 유형

```
plot(height, weight, xlab="키", ylab="몸무게", type="l", lty=1, lwd=1)
```

선의 굵기는 디폴트 이며, 2로 지정하면 두 배가 된다.

출력 결과

(5) 히스토그램

R에 내장된 datasets 패키지에 quakes 데이터 세트(위도, 경도, 진원지, 지진규모, 관측소 번호)는 오세아니아에 있는 피지(Fiji) 섬나라 근처에서 발생한 1,000개 지진 정보를 담고 있다. 피지 근처에서 발생한 지진 규모를 히스토그램으로 분포를 파악해 보자.

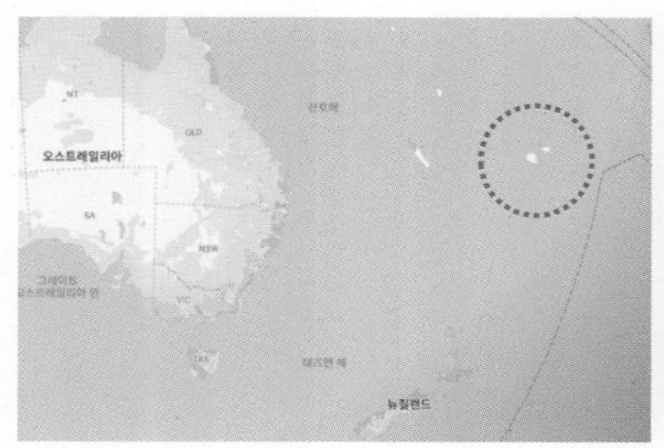

지진의 강도에 대한 히스토그램

```
quakes
```
기본 패키지인 dataset에 있는 quakes 데이터 세트 불러오기

출력 결과

```
      lat   long depth mag stations
1   -20.42 181.62   562 4.8       41
2   -20.62 181.03   650 4.2       15
3   -26.00 184.10    42 5.4       43
4   -17.97 181.66   626 4.1       19
5   -20.42 181.96   649 4.0       11
6   -19.68 184.31   195 4.0       12
7   -11.70 166.10    82 4.8       43
...
195 -32.20 179.61   422 4.6       41
196 -20.36 181.19   637 4.2       23
197 -23.85 182.53   204 4.6       27
198 -24.00 182.75   175 4.5       14
199 -20.41 181.74   538 4.3       31
200 -17.72 180.30   595 5.2       74
 [ reached 'max' / getOption("max.print") -- omitted 800 rows ]
```
5개 변수, 1,000개 지진 정보: 위도, 경도, 진원지(깊이, km),지진규모(국지적 규모 또는 리히터 크기), 관측소 번호

```
mag <- quakes$mag
mag
```
지진 규모

출력 결과

```
  [1] 4.8 4.2 5.4 4.1 4.0 4.0 4.8 4.4 4.7 4.3 4.4 4.6 4.4 4.4 6.1
 [16] 4.3 6.0 4.5 4.4 4.4 4.5 4.2 4.4 4.7 5.4 4.0 4.6 5.2 4.5 4.4
 [31] 4.6 4.7 4.8 4.0 4.5 4.3 4.5 4.6 4.1 4.4 4.7 4.6 4.4 4.3 4.6
 [46] 4.9 4.5 4.4 4.3 5.1 4.2 4.0 4.6 4.3 4.2 4.4 4.5 4.0 4.4 4.3
 [61] 4.7 4.1 5.0 4.6 4.9 4.7 4.1 5.0 4.5 5.5 4.0 4.5 4.3 5.2 4.4
 [76] 4.3 4.1 4.5 4.2 5.3 5.2 4.5 4.6 4.3 4.0 4.3 4.7 4.5 4.2 4.3
...
[931] 4.5 4.2 4.6 4.6 5.6 5.4 4.0 5.2 4.2 4.7 4.3 4.8 4.6 5.4 4.8
[946] 4.6 4.2 5.5 4.7 4.7 4.5 5.5 4.5 4.1 4.0 4.3 4.7 4.9 4.5 4.7
[961] 4.5 4.8 4.3 4.1 5.4 4.1 4.8 4.2 4.8 5.4 4.4 5.2 4.7 4.9 4.9
[976] 4.2 4.4 4.4 4.3 4.9 5.0 4.7 4.9 4.3 4.5 4.2 5.2 4.8 4.0 4.7
[991] 4.3 4.3 4.9 4.0 4.2 4.4 4.7 4.5 4.5 6.0
```

```
hist(mag,
     main="지진 발생 강도의 분포",
     xlab="지진 강도", ylab="발생 건수",
     col=rainbow(10))
```
지진 규모에 대한 히스토그램

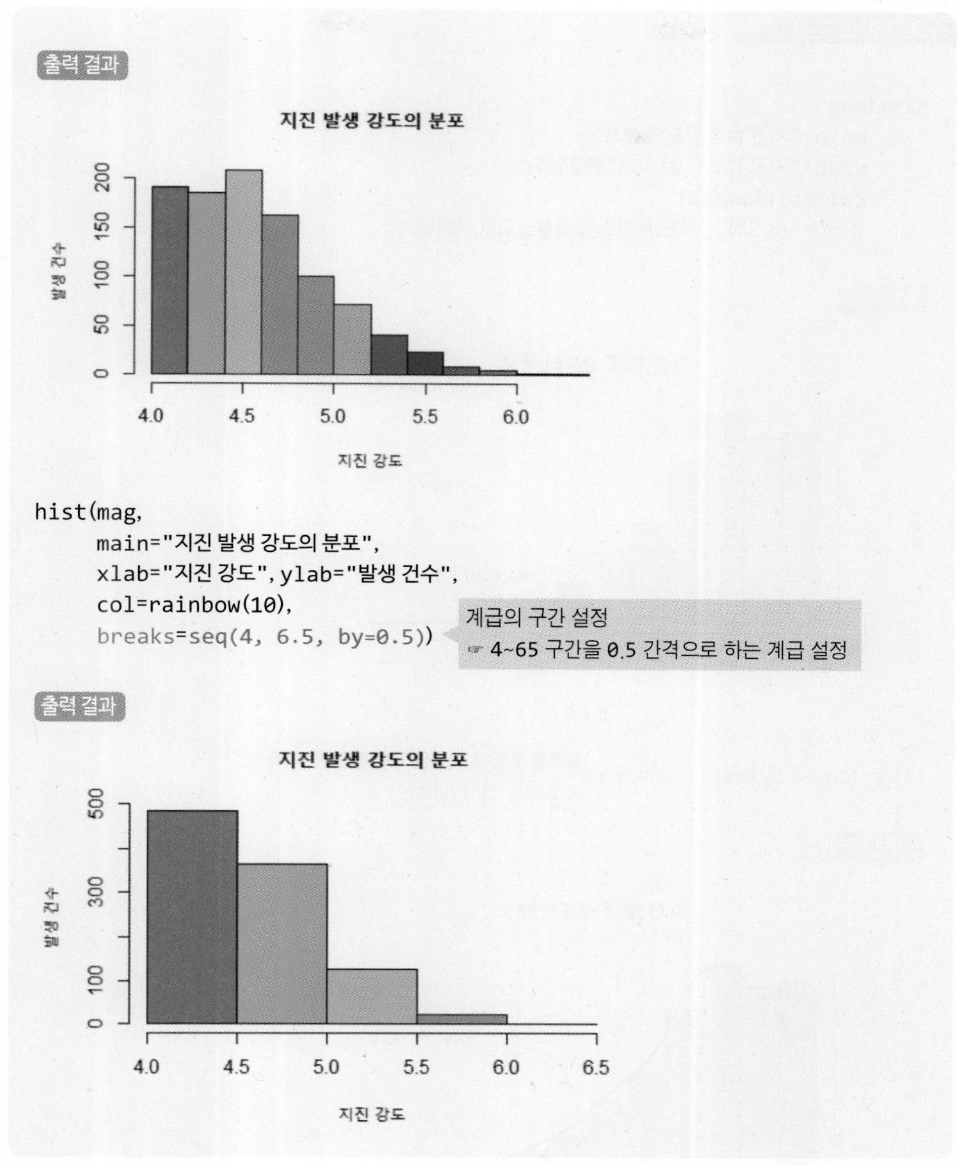

히스트그램을 확률밀도 그래프로 표현해보자. 확률밀도는 단위 길이당 확률로서, 확률은 임의 구간별 면적으로 나타난다. 그래프의 총 면적은 1이 된다.

확률밀도 곡선

```
hist(mag,
     main="지진 발생 강도의 분포",
     xlab="지진 강도", ylab="확률밀도",
     col=rainbow(10),
     freq=FALSE)
```

히스토그램을 확률밀도로 나타내기

출력 결과

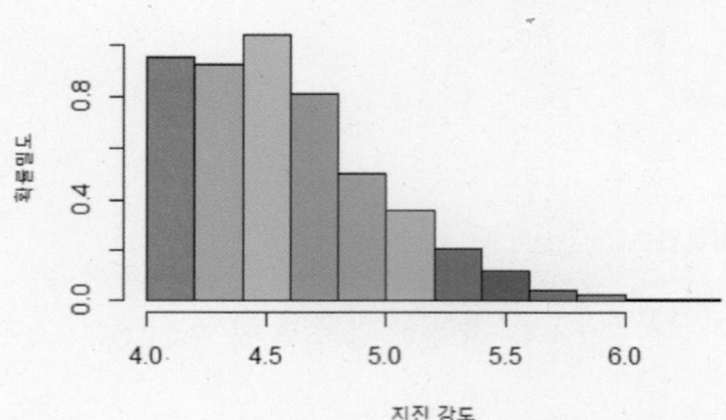


```
lines(density(mag), lwd=2)
```

히스토그램에 확률밀도를 선으로 추가
☞ lwd는 선의 너비

출력 결과

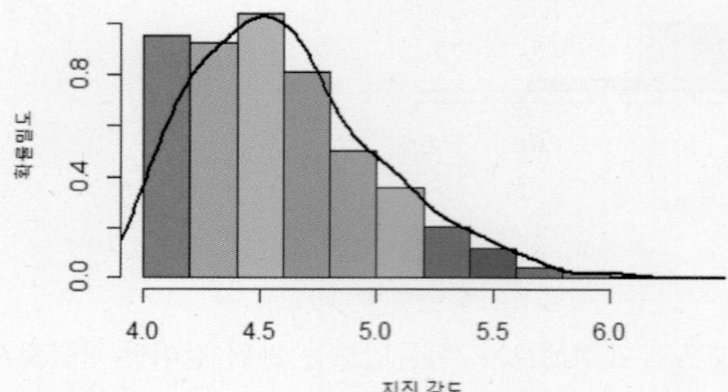

(6) 박스 플롯

quakes 데이터 세트의 지진 강도 분포를 박스 플롯으로 살펴보자. 박스 플롯은 데이터의 최소, 최대, 중앙값, 1사분위수, 3사분위수 등의 수로부터 개략적인 분포의 형태를 파악할 수 있다.

지진 발생 강도의 분포

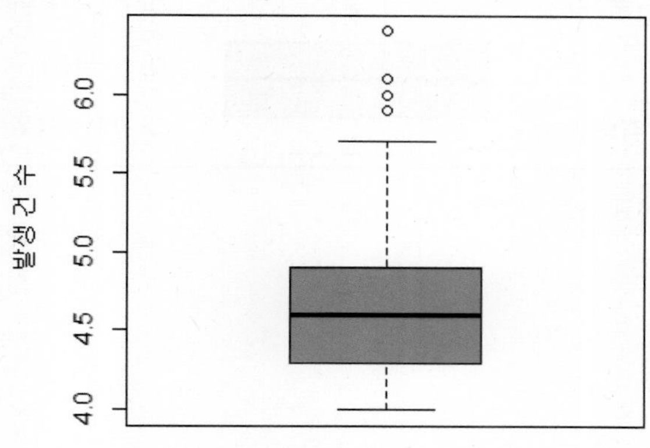

지진

박스 플롯

```
mag <- quakes$mag
boxplot(mag,
        main="지진 발생 강도의 분포",
        xlab="지진", ylab="지진 규모",
        col="red")
```

지진 강도

박스 플롯 출력

출력 결과

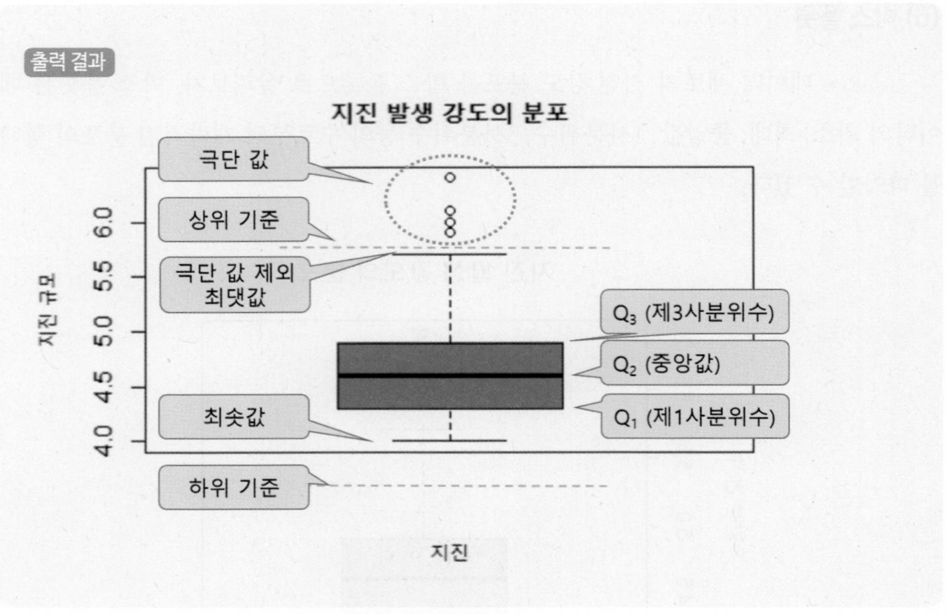
지진 발생 강도의 분포
극단 값
상위 기준
극단 값 제외 최댓값
최솟값
하위 기준
Q3 (제3사분위수)
Q2 (중앙값)
Q1 (제1사분위수)
지진 규모
4.0
4.5
5.0
5.5
6.0
지진

부록3: 네트워크 분석(12장 참조)

(1) 근접 중심성과 중심화

근접 중심성closeness centrality은 한 점이 다른 모든 점들에 얼마나 가까운 가를 나타내는 지표로서, 직접 연결만으로 네트워크의 영향력을 파악하는 연결정도 중심성의 한계를 보완하기 위한 것이다. 각 노드(i)의 근접 중심성 $c_c(i)$는 각 노드(i)에서 직접 및 간접적으로 연결된 모든 노드(j)들까지의 경로에 대한 거리의 합 $\Sigma_j d_{ij}$를 역수로 하여 측정한다. 즉, 노드 i에서 j까지의 거리가 멀면 근접성은 떨어지게 됨을 의미한다. 이론적인 최대 근접 중심성 $c_{C,max}$는 $1/(n-1)$이 된다. 한편, 이론적으로 가능한 근접 중심화의 최댓값 $T_{C,max}$는 $(n-2)/(2n-3)$이 된다. 따라서, 근접 중심성과 근접 중심화는 다음과 같다.

구분	지표	정규화된 지표
중심성	$c_C(i) = \dfrac{1}{\sum_j d_{ij}}$	$c_C(i)' = \dfrac{\frac{1}{\sum_j d_{ij}}}{\frac{1}{n-1}} = \dfrac{n-1}{\sum_j d_{ij}}$
중심화	$C_C(G) = \sum_i \{c_c{}^* - c_c(i)\}$	$C_C(G)' = \dfrac{C_C(G)}{\frac{n-2}{2n-3}}$

각 네트워크 유형별 근접 중심성과 중심화 값들을 예시하면 다음과 같다.

네트워크 구조별 근접정도 비교

네트워크 구조	근접 정도

스타형

n=6

노드	$c_C(i)$	$c'_C(i)$	$c_C^* - c_C(i)$
A	5^{-1}=0.20① (c_C*)	$\{5/(6-1)\}^{-1}$=1	0.2-0.2=0
B	9^{-1}=0.11②	$\{9/(6-1)\}^{-1}$=0.56	0.2-0.11=0.09
C	9^{-1}=0.11	$\{9/(6-1)\}^{-1}$=0.56	0.2-0.11=0.09
D	9^{-1}=0.11	$\{9/(6-1)\}^{-1}$=0.56	0.2-0.11=0.09
E	9^{-1}=0.11	$\{9/(6-1)\}^{-1}$=0.56	0.2-0.11=0.09
F	9^{-1}=0.11	$\{9/(6-1)\}^{-1}$=0.56	0.2-0.11=0.09
$C_C(G)$			0.45
$T_{C,max}$			(6-2)/(2X6-3)=0.44
$C'_C(G)$			1.02③

① c_c(A): $\{1(A-B)+1(A-C)+1(A-D)+1(A-E)+1(A-F)\}^{-1}$ = 5-1
② c_c(B): $\{1(B-A)+2(B-A-C)+2(B-A-D)+3(B-A-E)+2(B-A-F)\}^{-1} = 9^{-1}$
③ 계산 과정의 반올림 오차로서, 1의 값과 같음

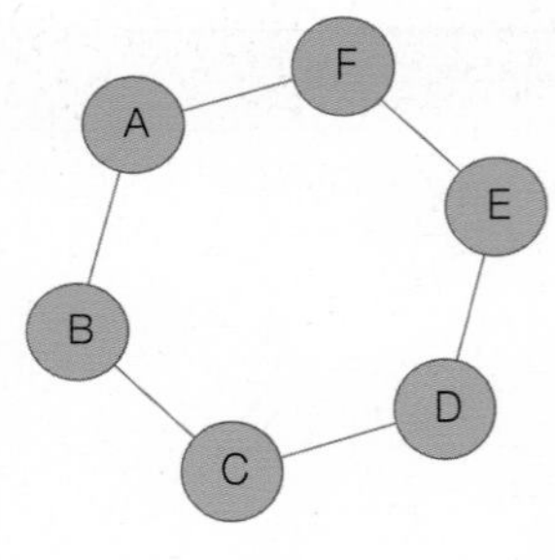

원형

n=6

노드	$c_C(i)$	$c'_C(i)$	$c_C^* - c_C(i)$
A	9^{-1}=0.11①(c_c*)	$\{9/(6-1)\}^{-1}$=0.56	0.11-0.11=0
B	9^{-1}=0.11	$\{9/(6-1)\}^{-1}$=0.56	0.11-0.11=0
C	9^{-1}=0.11	$\{9/(6-1)\}^{-1}$=0.56	0.11-0.11=0
D	9^{-1}=0.11	$\{9/(6-1)\}^{-1}$=0.56	0.11-0.11=0
E	9^{-1}=0.11	$\{9/(6-1)\}^{-1}$=0.56	0.11-0.11=0
F	9^{-1}=0.11	$\{9/(6-1)\}^{-1}$=0.56	0.11-0.11=0
$C_C(G)$			0
$T_{C,max}$			(6-2)/(2X6-3) =0.44
$C'_C(G)$			0

① c_c(A): $\{1(A-B)+2(A-B-C)+3(A-B-C-D)+2(A-E)+1(A-E-F)\}^{-1} = 9^{-1}$

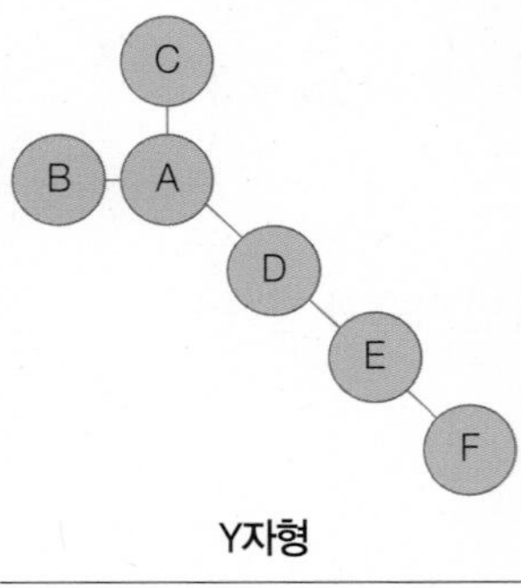

Y자형

n=6

노드	$c_C(i)$	$c'_C(i)$	$c_C^* - c_C(i)$
A	8^{-1}=0.125① (c_c*)	$\{8/(6-1)\}^{-1}$=0.625	0.125-0.125=0
B	12^{-1}=0.083②	$\{12/(6-1)\}^{-1}$=0.417	0.125-0.083=0.042
C	12^{-1}=0.083	$\{12/(6-1)\}^{-1}$=0.417	0.125-0.083=0.042
D	8^{-1}=0.125③	$\{8/(6-1)\}^{-1}$=0.625	0.125-0.125=0
E	10^{-1}=0.1④	$\{10/(6-1)\}^{-1}$=0.5	0.125-0.1=0.025
F	14^{-1}=0.071⑤	$\{14/(6-1)\}^{-1}$=0.357	0.125-0.071 =0.054
$C_C(G)$			0.163
$T_{C,max}$			(6-2)/(2X6-3) =0.44
$C'_C(G)$			0.367

네트워크 구조	근접 정도
	① c_c(A): {1(A-B)+1(A-C)+1(A-D)+2(A-D-E)+3(A-D-E-F)}$^{-1}$ = 8^{-1} ② c_c(B): {1(B-A)+2(B-A-C)+2(B-A-D)+3(B-A-D-E)+4(B-A-D-E-F)}$^{-1}$ = 12^{-1} ③ c_c(D): {1(D-A)+2(D-A-B)+2(D-A-C)+1(D-E)+2(D-E-F)}$^{-1}$ = 8^{-1} ④ c_c(E): {2(E-D-A)+3(E-D-A-B)+3(E-D-A-C)+1(E-D)+1(E-F)}$^{-1}$ = 10^{-1} ⑤ c_c(F): {3(F-E-D-A)+4(F-E-D-A-B)+4(F-E-D-A-C)+2(F-E_D)+1(F-E)}$^{-1}$ = 14^{-1}

스타형의 A 노드와 같이 근접 중심성이 클수록 네트워크에 참여하는 모든 주변으로부터 직접 또는 간접적으로 정보를 얻을 확률이 높다. 근접 중심성이 큰 사람들은 직접 또는 간접적으로 많은 사람들과 관계를 맺고 있기 때문에 정보를 주고 받을 확률이 높고 권력이 커질 수 있다. 스타형의 예로 근접 중심성과 중심화를 찾는 방법을 살펴보자.

근접 중심성과 중심화

```
closeness(G.star, normalized=FALSE)
```

근접 중심성(비정규형)

출력 결과

```
        A         B         C         D         E         F
0.2000000 0.1111111 0.1111111 0.1111111 0.1111111 0.1111111
```

```
closeness(G.star, normalized=TRUE)
```

근접 중심성(정규형)

출력 결과

```
        A         B         C         D         E         F
1.0000000 0.5555556 0.5555556 0.5555556 0.5555556 0.5555556
```

```
CC <- centralization.closeness(G.star, normalized = FALSE)
CC$centralization / (6-1)
```

근접 중심화(비정규형)

근접 중심화
☞ igraph 패키지의 오류: (노드수-1)로 나누면 됨

출력 결과

```
[1] 0.4444444
CC$theoretical_max / (6-1)
```

이론적인 최대 근접 중심화
☞ igraph 패키지의 오류: (노드수-1)로 나누면 됨

출력 결과

```
[1] 0.4444444
```

```
CC$centralization / CC$theoretical_max
```

정규화된 근접 중심화

출력 결과

```
[1] 1
```

(2) 중개 중심성과 중심화

중개 중심성betweenness centrality은 연결망에서 한 노드가 다른 노드들 사이에 위치하는 정도를 나타내는 지표로서, 노드 간의 중개 역할에 초점을 두고 있다. 중개 노드(i)의 중개 중심성은 임의의 두 노드들(j,k)이 중개 노드(i)를 거치는 최단거리 경로의 수 $g_{jk}(i)$를 두 노드들(j,k) 간 최단거리 경로의 수 g_{jk}로 나눈 값들의 합인 $\Sigma_{j<k} g_{jk}(i)/g_{jk}$로 측정한다. 임의 노드 i를 거치는 이론적인 최대 중개 중심성인 $\mathrm{C}_{\mathrm{B,max}}$는 $(n-1)(n-2)/2$ 가지가 있다. 한편, 이론적으로 가능한 중개 중심화의 최댓값 $\mathrm{T}_{\mathrm{B,max}}$는 $(n-1)2(n-2)/2$이 된다. 따라서, 중개 중심성과 중개 중심화는 다음과 같다.

구분	지표	정규화된 지표
중심성	$c_B(i) = \sum_{j<k} \frac{g_{ik}(i)}{g_{ik}}$	$C_B(i)' = \frac{C_B(i)}{\frac{(n-1)(n-2)}{2}}$
중심화	$C_B(G) = \sum_{i} \{c_B{}^* - c_B(i)\}$	$C_B(G)' = \frac{C_B(\mathrm{G})}{\frac{(n-1)^2(n-2)}{2}}$

각 네트워크 유형별 중개 중심성과 중심화 값들을 예시하면 다음과 같다.

네트워크 구조별 중개정도 비교

네트워크 구조	중개 정도

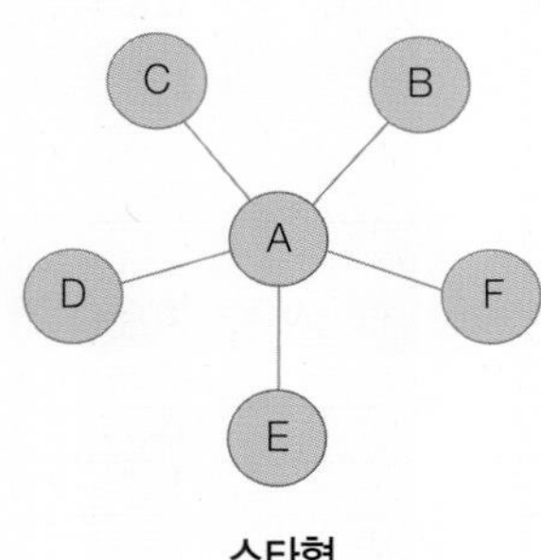

스타형

n=6

노드	$c_B(i)$	$c'_B(i)$	$cB^* - cB(i)$
A	10① (c_B^*)	10/{(6-1)(6-2)/2}=1	10-10=0
B	0②	0/{(6-1)(6-2)/2}=0	10-0=10
C	0	0/{(6-1)(6-2)/2}=0	10-0=10
D	0	0/{(6-1)(6-2)/2}=0	10-0=10
E	0	0/{(6-1)(6-2)/2}=0	10-0=10
F	0	0/{(6-1)(6-2)/2}=0	10-0=10
$C_B(G)$			50
$T_{B,max}$			(6-1)2(6-2)/2=50
$C'_B(G)$			1

① c_B(A)

B와 C 사이에는 A가 중개되는 최단경로가 1개 있음

$g_{B,F}$(A)=1(B-A-C)

한편, A의 중개와 관계 없이 최단경로가 1개 있음

$g_{B,F}$=1(B-A-C)

따라서 A가 중개되는 최단경로의 경우들을 고려하면,

c_B(A): 1(B-A-C)/1(B-A-C)+1(B-A-D/1(B-A-D)
+1(B-A-E)/1(B-A-E)+1(B-A-F)/1(B-A-F)
+ 1(C-A-D)/1(C-A-D)+1(C-A-E)/1(C-A-E)
+1(C-A-F)/1(C-A-F)
+ 1(D-A-E)/1(D-A-E)+1(D-A-F)/1(D-A-F)
+1(E-A-F)/1(E-A-F) = 10

② B, C, D, E, F는 중개 역할을 못함

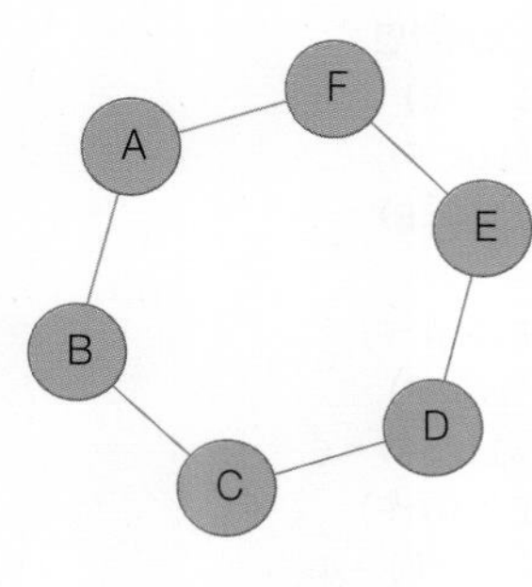

원형

n=6

노드	$c_B(i)$	$c'_B(i)$	$c_B^* - c_B(i)$
A	2① (c_B^*)	2/{(6-1)(6-2)/2}=0.2	2-2=0
B	2	2/{(6-1)(6-2)/2}=0.2	2-2=0
C	2	2/{(6-1)(6-2)/2}=0.2	2-2=00
D	2	2/{(6-1)(6-2)/2}=0.2	2-2=0
E	2	2/{(6-1)(6-2)/2}=0.2	2-2=0
F	2	2/{(6-1)(6-2)/2}=0.2	2-2=0
$C_B(G)$			0
$T_{B,max}$			$(6-1)^2(6-2)/2=50$
$C'_B(G)$			0

① c_B(A)

B와 F 사이에는 A가 중개되는 최단 경로 있음

$g_{B,F}$(A)=1(B-A-F)

$g_{B,F}$=1(B-A-F)

<table>
<tr><th>네트워크 구조</th><th>중개 정도</th></tr>
<tr><td></td><td>B와 E 사이에는 A가 중개되는 최단 경로 있음
$g_{B,E}$(A)=1(B-A-F-E.)
$g_{B,E}$=2(B-A-F-E, B-C-D-E)
C와 F 사이에는 A가 중개되는 최단 경로 있음
$g_{C,E}$(A)=1(C-B-A-F.)
$g_{C,E}$=2(C-B-A-F, B-C-D-E-F)
그 외 노드 간에는 $g_{j,k}$(A) = 0
예를 들면, C와 E 사이에는 A가 중개되는 C-B-A-F-E 보다 더 짧은 최단 경로 C-D-E가 있기 때문에 gC,E(A) = 0
따라서,
c_B(A): 1/1 + 1/2 + 1/2 = 2</td></tr>
<tr><td>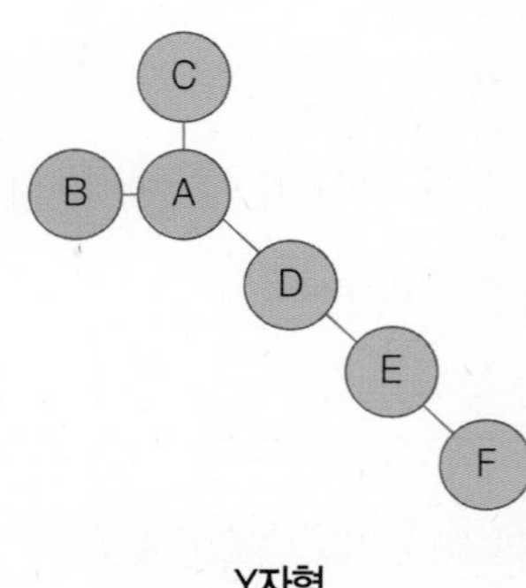

Y자형</td><td>n=6
<table>
<tr><th>노드</th><th>$c_B(i)$</th><th>$c'_B(i)$</th><th>$c_B^* - cB(i)$</th></tr>
<tr><td>A</td><td>7① (c_B^*)</td><td>7/{(6-1)(6-2)/2}=0.7</td><td>7-7=0</td></tr>
<tr><td>B</td><td>0</td><td>0</td><td>7-0=7</td></tr>
<tr><td>C</td><td>0</td><td>0</td><td>7-0=7</td></tr>
<tr><td>D</td><td>6②</td><td>6/{(6-1)(6-2)/2}=0.6</td><td>7-6=1</td></tr>
<tr><td>E</td><td>4③</td><td>4/{(6-1)(6-2)/2}=0.4</td><td>7-4=3</td></tr>
<tr><td>F</td><td>0</td><td>0</td><td>7-0=7</td></tr>
<tr><td>$C_B(G)$</td><td></td><td></td><td>25</td></tr>
<tr><td>$T_{B,max}$</td><td></td><td></td><td>$(6-1)^2(6-2)/2=50$</td></tr>
<tr><td>$C'_B(G)$</td><td></td><td></td><td>0.5</td></tr>
</table>
① c_B(A)
B와 C 사이에는 A가 중개되는 최단경로가 1개 있음
$g_{B,F}$(A)=1(B-A-C)
한편, A의 중개와 관계 없이 최단경로가 1개 있음
$g_{B,F}$=1(B-A-C)
따라서 A가 중개되는 최단경로의 경우들을 고려하면,
c_B(A): 1(B-A-C)/1(B-C)+1(B-A-D/1(B-D)
+1(B-A-E)/1(B-E)+1(B-A-F)/1(B-F)
+ 1(C-A-D)/1(C-D)+1(C-A-E)/1(C-E)
+1(C-A-F)/1(C-F) = 7
② c_B(D): 1(A-D-E)/1(A-E)+1(A-D-F/1(A-F)
+1(B-D-E)/1(B-E)+1(B-D-F)/1(B-F)
+ 1(C-D-E)/1(C-E)+1(C-D-F)/1(C-F) = 6
③ c_B(E): 1(A-E-F)/1(A-F)+1(B-E-F/1(B-F)
+1(C-E-F)/1(C-F)+1(D-E-F)/1(D-F) = 4</td></tr>
</table>

각 네트워크에서 중개 중심성이 큰 노드는 다른 노드들의 의존도가 커지기 때문에

중개자 역할이 커지고 영향력을 높을 수 있다. 네트워크 중심화 경향은 연결정도, 근접, 중개 관점에서 모두 스타형 > Y자형 > 원형 순의 경향을 띠는 것을 볼 수 있다. 스타형의 예로 중개 중심성과 중심화를 찾는 방법을 살펴보자.

중개 중심성과 중심화

```
betweenness(G.star, normalized=FALSE)
```
중개 중심성(비정규형)

출력 결과

```
 A  B  C  D  E  F
10  0  0  0  0  0
```

```
betweenness(G.star, normalized=TRUE)
```
중개 중심성(정규형)

출력 결과

```
A B C D E F
1 0 0 0 0 0
```

```
CB <- centralization.betweenness(G.star, normalized=FALSE)
CB$centralization
```
중개 중심화(비정규형) / 중개 중심화

출력 결과

```
[1] 50
```

```
CB$theoretical_max
```
이로적인 최대 중개 중심화

출력 결과

```
[1] 50
```

```
CB$centralization / CB$theoretical_max
```
중개 중심화(정규형)

출력 결과

```
[1] 1
```

부록4: 인공신경망을 이용한 분류문제(13장 참조)

붓꽃iris는 세 가지 종이 있다. dataset 패키지에 있는 iris 데이터 세트를 이용해서 학습하고 새로 관측한 붓꽃을 분류하는 방법을 살펴보자. iris는 꽃잎과 꽃받침의 크기와 너비에 따라 세 가지 종별로 각각 50개씩의 분류되어 있는 데이터 세트이다(10장 참조).

setosa

versicolor

virginica

분류문제를 위한 데이터 분석 절차는 분류를 위한 라벨(출력 데이터)를 원-핫 인코딩one-hot encoding으로 변환하고, 학습용과 테스트용 데이터 세트로 분리한 다음, 입력 데이터는 표준화한다. 학습용 데이터로 인공신경망 모형을 학습 후에, 테스트용 데이터로 예측하고 정확도를 평가한다.

먼저, 패키지들을 로딩하고, iris 데이터를 확인해보자(데이터 전처리 과정은 생략, 10장 참조).

데이터 확인

```
#install.packages("data.table")   data.table로 변환 함수
#install.packages("mltools")
#install.packages("neuralnet")     one_hot() 함수
library(data.table)
library(mltools)
library(neuralnet)

iris   datasets 패키지에 있는 iris 데이터 세트 출력
```

출력 결과

```
    Sepal.Length Sepal.Width Petal.Length Petal.Width   Species
1            5.1         3.5          1.4         0.2    setosa
2            4.9         3.0          1.4         0.2    setosa
3            4.7         3.2          1.3         0.2    setosa
4            4.6         3.1          1.5         0.2    setosa
5            5.0         3.6          1.4         0.2    setosa
6            5.4         3.9          1.7         0.4    setosa
7            4.6         3.4          1.4         0.3    setosa
146          6.7         3.0          5.2         2.3 virginica
147          6.3         2.5          5.0         1.9 virginica
148          6.5         3.0          5.2         2.0 virginica
149          6.2         3.4          5.4         2.3 virginica
150          5.9         3.0          5.1         1.8 virginica
```

입력은 표준화, 출력은 원-핫 인코딩을 위해 각각 X, Y로 구분하여 할당한다. Species는 Y 벡터로 할당된다.

입출력 데이터

```
# 입력과 출력 데이터
X <- iris[,1:4]
Y <- iris[,5]
```

학습용과 테스트 데이터를 80대 20으로 분리한다.

데이터 분리

```
# 데이터 세트의 행의 수
n <- nrow(X)
# 난수 생성 초기화
set.seed(1234)
# 학습용으로 분리할 행번호 추출
index <- sample(1:n, round(0.8*n))
index
```

난수를 이용해서 1~n 사이의 행번호 중에 80%에 해당하는 숫자를 무작위로 추출

출력 결과

```
  [1]  28  80 101 111 137 133 144 132  98 103  90  70  79 116  14
 [16] 126  62   4 143  40  93 122   5  66 135  47 131 123  84  48
 [31] 108   3  87  41 115 100  72  32  42  43   2 138  54  49 102
 [46]  56  51   6 107 130  96 106  57   8  26  17  63  97  22  35
 [61] 117 149 119  86 142  10  55  92  25  88  50 139  20 140  94
 [76]  71  61 104 109  27 121  60  65  36 150  19   9 134  30  52
 [91]  95  38  83 141  21 105 113  13  69 110 118  73  16  11  67
[106]  91 146  46 129  59  89  64  68  58  29 114  99  24  76 125
```

```
# 학습용 데이터
train.X <- X[index,]
train.Y <- Y[index]

# 테스트용 데이터
test.X <- X[-index,]
test.Y <- Y[-index]
```

학습용과 테스트의 입력 데이터를 표준화한다.

R 표준화

```
# 학습용 데이터의 표준화
train.X.scaled <- scale(train.X)
train.X.scaled
```

출력 결과

```
    Sepal.Length Sepal.Width Petal.Length Petal.Width
28   -0.79508486  1.11256709 -1.34225733 -1.36777866
80   -0.19502081 -1.04853445 -0.20193252 -0.31225815
101   0.52505604  0.63232230  1.22347350  1.66684280
111   0.76508166  0.39219991  0.71032733  1.00714249
137   0.52505604  0.87244469  0.99540853  1.53490274
76    0.88509446 -0.08804488              5  0.21550210
125   1.00510727  0.63232230  1.052 .2478  1.13908255
attr(,"scaled:center")
Sepal.Length  Sepal.Width Petal.Length  Petal.Width
    5.862500     3.036667     3.854167     1.236667
attr(,"scaled:scale")
Sepal.Length  Sepal.Width Petal.Length  Petal.Width
   0.8332444    0.4164543    1.7538862    0.7579199
```

각 열별 평균

각 열별 표준편차

```
# 학습용 데이터의 표준화 스케일러
X.avg <- attr(x = train.X.scaled, which = "scaled:center")
X.std <- attr(x = train.X.scaled, which = "scaled:scale")
X.avg
```

출력 결과

```
Sepal.Length  Sepal.Width Petal.Length  Petal.Width
    5.862500     3.036667     3.854167     1.236667
```

```
X.std
```

출력 결과

```
Sepal.Length  Sepal.Width Petal.Length  Petal.Width
    5.862500     3.036667     3.854167     1.236667
```

학습용 표준화 스케일러로 표준화함

```
# 테스트용 데이터의 표준화
test.X.scaled <- scale(test.X, center = X.avg, scale = X.std)
```

분류를 위한 출력 데이터를 원-핫 인코딩one-hot encoding으로 변환한다. 원-핫 인코딩은 범주형 변수의 값을(setosa, versiclor, virginica)에 대응하는 새로운 변수들을 만들고, 해당 변수에는 TRUE(1), 그 외 변수는 모두 FALSE(0)으로 하는 인코딩을 말한다.

원-핫 인코딩

```
train.Y <- as.factor(train.Y)    팩터로 되어 있는 경우, 변환 생략 가능
train.Y.one_hot <- one_hot(as.data.table(train.Y))
train.Y.one_hot
```

출력 결과

```
     train.Y_setosa train.Y_versicolor train.Y_virginica
  1:              1                  0                 0
  2:              0                  1                 0
  3:              0                  0                 1
  4:              0                  0                 1
  5:              0                  0                 1
 ---
116:              0                  0                 1
117:              0                  1                 0
118:              1                  0                 0
119:              0                  1                 0
120:              0                  0                 1
```

학습용 데이터로 인공신경망 모형을 학습한다.

학습

```
# 학습용 입출력 데이터의 병합
train <- cbind(train.X.scaled, train.Y)
train
```

출력 결과

```
   Sepal.Length Sepal.Width Petal.Length Petal.Width    입력 변수
1:   -0.7950849   1.1125671   -1.3422573  -1.3677787
2:   -0.1950208  -1.0485344   -0.2019325  -0.3122582
3:    0.5250560   0.6323223    1.2234735   1.6668428
4:    0.7650817   0.3921999    0.7103273   1.0071425
5:    0.5250560   0.8724447    0.9954085   1.5349027    출력 변수
6:    0.6450688  -0.5682897    0.9954085   1.2710226
   train.Y_setosa train.Y_versicolor train.Y_virginica
1:              1                  0                 0
2:              0                  1                 0
3:              0                  0                 1
4:              0                  0                 1
5:              0                  0                 1
6:              0                  0                 1
```

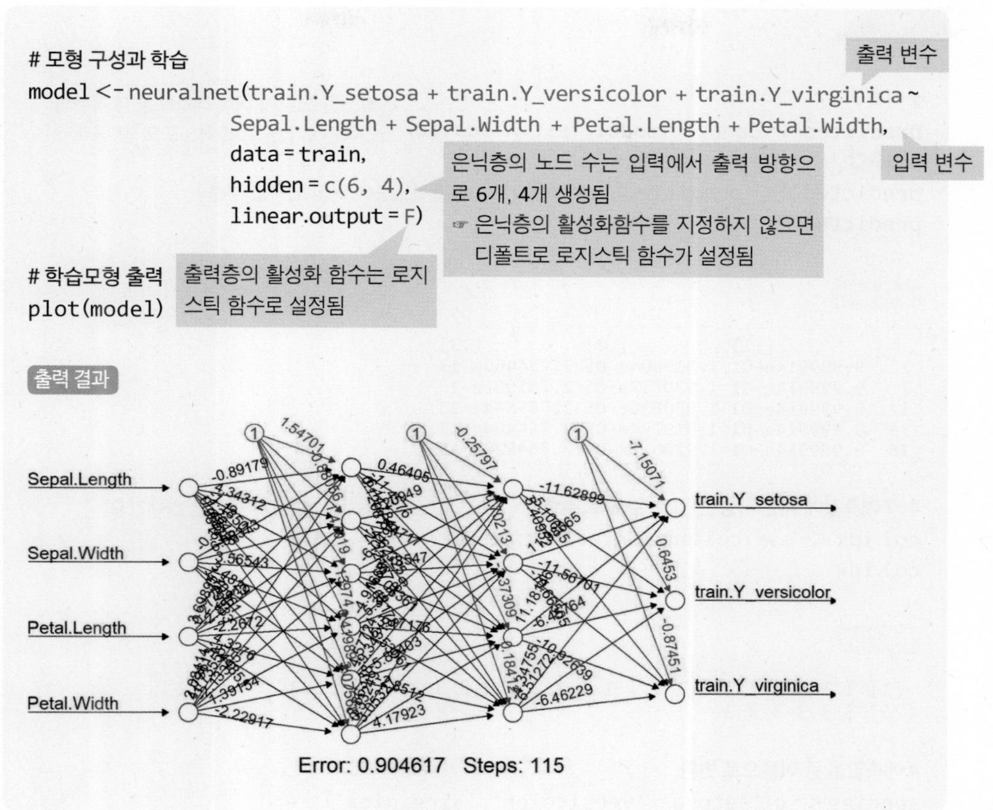

테스트용 데이터에 대해 예측한다.

R 예측

```
# 예측
predicted <- compute(model, test.X.scaled)
# 예측값
predicted.Y <- predicted$net.result
predicted.Y
```

학습된 모형에 대해 테스트용 데이터의 입력변수 값들로 출력노드의 값 예측

출력노드에 해당하는 값 추출

출력 결과

```
            [,1]         [,2]         [,3]
1    9.999914e-01 1.919804e-05 2.754460e-13
7    9.999914e-01 1.920717e-05 2.755991e-13
12   9.999914e-01 1.920630e-05 2.755844e-13
15   9.999914e-01 1.919794e-05 2.754464e-13
18   9.999914e-01 1.920017e-05 2.754820e-13
```

```
# 각 예측값에 대한 가장 큰 값의 열 번호 추출
col.idx <- max.col(predicted$net.result)
col.idx
```

예측 데이터의 각 행별로 최댓값을 갖는 열의 위치

출력 결과

```
 [1] 1 1 1 1 1 1 1 1 1 1 1 1 1 2 2 2 2 3 2 2 2 3 2 3
[25] 3 3 3 3 3 3
```

```
# 예측값을 종 이름으로 변환
species <- c('setosa', 'versicolor', 'virginica')

test.predicted <- species[col.idx]
test.predicted
```

예측 데이터를 해당 종의 이름으로 대체

출력 결과

```
 [1] "setosa"     "setosa"     "setosa"     "setosa"     "setosa"
 [6] "setosa"     "setosa"     "setosa"     "setosa"     "setosa"
[11] "setosa"     "setosa"     "setosa"     "versicolor" "versicolor"
[16] "versicolor" "versicolor" "virginica"  "versicolor" "versicolor"
[21] "versicolor" "virginica"  "versicolor" "virginica"  "virginica"
[26] "virginica"  "virginica"  "virginica"  "virginica"  "virginica"
```

예측 값을 실제 종의 분류와 비교하여 정확도를 평가한다. 예측 값과 테스트 데이터에 있는 원래 종으로 이원분류표를 만들어 본다. 주대각선에 있는 원소들은 정확히 예

측한 수이며, 주대각선 위와 아래 부분은 잘못 예측한 경우이다, 따라서, 정확도를 측정하면 93.3%의 예측력을 보이고 있다.

정확도 평가

```
# 실제값 대비 예측값 비교(분포)
t <- table(test.Y, test.predicted)
t
```

출력 결과

```
              test.predicted
test.Y          setosa versicolor virginica
  setosa            13          0         0
  versicolor         0          7         1
  virginica          0          1         8
```

예측값

실제값

```
# 정확도
acc <- sum(diag(t)) / sum(t)
acc
```

출력 결과

```
[1] 0.9333333
```

찾아보기

T

W